Von Ackermann bis Ziegelhütte

Studien 36
zur Frankfurter Geschichte

Im Auftrag des Frankfurter Vereins für Geschichte und Landeskunde
in Verbindung mit der Frankfurter Historischen Kommission
herausgegeben von Wolfgang Klötzer und Dieter Rebentisch

Von Ackermann bis Ziegelhütte

Ein Jahrhundert Kleingartenkultur in Frankfurt am Main

Von Gert Gröning und
Joachim Wolschke-Bulmahn

1995 Verlag Waldemar Kramer Frankfurt am Main

Gedruckt mit Unterstützung der Stadt Frankfurt am Main
Institut für Stadtgeschichte

Die Deutsche Bibliothek – CIP-Einheitsaufnahme

Gröning, Gert:
Von Ackermann bis Ziegelhütte : ein Jahrhundert
Kleingartenkultur in Frankfurt am Main / von Gert Gröning
und Joachim Wolschke-Bulmahn. – Frankfurt am Main :
Kramer, 1995
(Studien zur Frankfurter Geschichte; 36)
ISBN 3-7829-0452-4
NE: Wolschke-Bulmahn, Joachim; GT

Anschrift der Autoren:
Prof. Dr. Gert Gröning, Fachgebiet Gartenkultur und Freiraumentwicklung,
FB Architektur, Hochschule der Künste Berlin, Hardenbergstraße 33, 10595 Berlin
Dr. Joachim Wolschke-Bulmahn, Center for Studies in Landscape Architecture, Dumberton Oaks,
Harvard University, 1703 32nd Street, N.W., Washington, D.C. 20007, USA

Schriftleitung:
Prof. Dr. Dieter Rebentisch, Institut für Stadtgeschichte, Karmelitergasse 5,
60311 Frankfurt am Main

Titelbild: Anlagenpflege am Trutzdurchbruch, Wallanlage, um 1925

Auslieferung für den Buchhandel:
Verlag Waldemar Kramer, Frankfurt am Main
ISBN 3-7829-0452-4

Druck von W. Kramer & Co. Druckerei-GmbH in Frankfurt am Main

Inhalt

Geleitwort

Gärten haben seit jeher einen festen Platz im Leben der Frankfurter Bürger, sei es als Nutz- und Ziergärten oder als Orte der Geselligkeit und des Vergnügens. Schon Johann Wolfgang von Goethe beschreibt in „Dichtung und Wahrheit", wie sein Großvater jeden Abend im Garten an der Friedberger Gasse verbrachte: „. . . mit behaglicher Geschäftigkeit eigenhändig die feinere Obst- und Blumenzucht besorgend, indes ein Gärtner die gröbere Arbeit verrichtete". Der Wunsch, ein der Natur gemäßes Leben zu führen, ließ die Frankfurter viele schöne Gärten errichten, die zumeist vor den Toren der Stadt lagen. Wegen seiner Gärten erlangte Frankfurt sogar eine gewisse Berühmtheit.

Wenn das Frankfurter Stadtbild bis heute so reich durchgrünt erscheint, dann ist dies weniger auf diese alten Gärten zurückzuführen, als vielmehr auf bewußte stadtplanerische Entscheidungen. Die Umgestaltung der alten Befestigungswerke zu Promenaden und Grünanlagen umgab die Innenstadt mit den notwendigen Freiflächen. Außerdem konnten weitläufige Gartengelände, die vermögende Frankfurter Familien wie die Holzhausens, die Bethmanns und die Rothschilds bei ihren Sommersitzen vor der Stadt angelegt hatten, in allgemein zugängliche Volksparks umgewandelt werden.

So sehr Grünflächen und Gärten das Stadtbild prägten, so waren sie ursprünglich doch nur dem kleinen Teil der wohlhabenden Bevölkerung vorbehalten. Die Mehrheit der Frankfurter hatte keine Mittel und Möglichkeiten, eigene Gärten zu erwerben. In den engen Gassen der Altstadt gab es allenfalls einige Sommerterrassen auf dem Dach, die typischen Frankfurter Belvedere'chen.

Je größer Frankfurt wurde, um so mehr Menschen lebten in beengten Wohnverhältnissen. In diesem Zusammenhang gewannen die Kleingartenvereine nach dem Vorbild der „Schrebergärten" eine große städtebauliche und soziale Bedeutung. Nicht zufällig entstanden die ersten Kleingartenanlagen, die außer dem Naturerlebnis auch einen Zuschuß zum Lebensunterhalt und die Erfahrung nachbarschaftlicher Solidarität boten, am Rande von Stadtteilen mit hoher Arbeiterbevölkerung. Mit der systematischen Anlage von Dauerkleingärten und ihrer Aufnahme in die Stadtentwicklungspläne entstand als wichtige kommunale Interessenvertretung die Stadtgruppe der Frankfurter Kleingärtner. Etwa 16.000 Kleingärtner aus allen Schichten der Bevölkerung gibt es heute in Frankfurt. Sie sind in 110 Vereinen organisiert.

In den Notzeiten unseres Jahrhunderts spielten die Kleingärten für die Nahrungsproduktion eine wichtige Rolle. Später erkannte man ihren Freizeit- und Erholungswert. Neuerdings gewinnt zunehmend der ökologische Gartenbau an

Bedeutung. Überall sucht man die Verbundenheit mit der Natur. Und für viele Gartenfreunde sind ein paar Stunden im Freien und im Grünen zugleich ein Stück persönlicher Freiheit. Doch jeder, der einen Garten besitzt, weiß, es sind harte Arbeit und ständige Pflege nötig, ehe Pflanzen und Blumen gedeihen.

Im Auftrag des Gartenamts haben Professor Dr. Gert Gröning und Dr. Wolschke-Bulmahn erstmals die Entstehung und Entwicklung der Kleingärten in Frankfurt am Main erforscht. Die Darstellung enthält eine Vielzahl bislang unbekannter Dokumente und Informationen zur Geschichte des Kleingartenwesens. Ich wünsche den Kleingärtnern eine interessante Lektüre und ich sage ihnen meinen Dank dafür, daß sie mithelfen, Frankfurt als lebendige und lebenswerte Stadt zu erhalten.

Andreas von Schoeler
Oberbürgermeister

(im März 1995)

Vorwort

„Wenn die Igel in der Abendstunde still nach ihren Mäusen geh'n ...", so beginnt Kurt Tucholsky im Jahr 1928 ein Gedicht, vorzutragen von einem achtstimmigen Männerchor. Es ist die Zeit, in der das Neue Frankfurt in großem Stil neue Siedlungen entstehen läßt, die nicht nur dringend benötigten Wohnraum bieten, sondern auch ein Netz von Grünflächen mit vielen Gärten an den Häusern, Mietergärten und Kleingartenkolonien an den Siedlungsrändern. Die zugrundeliegende Grünphilosophie stammt aus der Gartenreformbewegung der Zeit nach dem 1. Weltkrieg, mit dem Ziel vielseitig nutzbarer und ertragreicher Gärten in der Stadtlandschaft und dem Grundprinzip des biologischen Gartenbaus. Leberecht Migge ist einer der bekanntesten und auch in Frankfurt am Main wirkenden Vertreter dieser Gartenökonomie und -ökologie. Heutige und moderne ökologische Gesichtspunkte bei der Anlage, Pflege und Bewirtschaftung von Stadtgrün und Gärten bauen darauf auf.

Schon zuvor waren Kleingärten wichtige Bestandteile der klassischen Volksparks mit heute noch vorbildlichen und bei Gartenliebhabern begehrten Anlagen am Ostpark, am Huthpark, im Lohrpark und am Stadtpark Höchst.

Nach einer aus der Notsituation städtischer Bevölkerung sowie hygienischen und gesundheitlichen Mißständen geborenen Entwicklung solcher kleiner Gärten in der Großstadt Frankfurt am Main vor über 100 Jahren, verbunden mit pädagogischen Zielen und dem Wunsch der Stadtmenschen und Kinder nach direkter Naturerfahrung und Erholung im Grünen, ist seit Beginn des Jahrhunderts die Bedeutung der Kleingärten als Element des Stadtgrüns und als Gegenstand von Gartenarchitektur und Gartenkunst erwachsen. Auch heute sind sie im Idealfall als private Refugien eingebettet in öffentliche Stadtparks und in größere Grünzusammenhänge bis hin zum die ganze Stadt umgreifenden GrünGürtel.

Für die Bürgerinnen und Bürger ist ein solcher Garten ein Freiraum im doppelten Sinne: Ergänzung zur Stadtwohnung und zugleich ein Ort für relativ freie Entfaltung der Lebensbedürfnisse. Auf begrenzter Fläche tragen sie Verantwortung für die Qualität unserer Umwelt, für Boden, Grundwasser und Luft. Der Garten schafft Lebensraum für Pflanzen und Tiere und Erlebnisqualität durch Pflanzenvielfalt und persönliche Gestaltung. Damit sind die Kleingärtner praktizierende Ökologen, deren Leistung in ihren kleinen Biotop-Bausteinen sich im Zusammenhang mit allen Kleingärten und den anderen Gärten in der Stadt zigtausendfach verstärkt. Tucholskys Igel sind auch Indikatoren für gute ökologische Bedingungen.

Die Anpassungsfähigkeit des klassischen Kleingartens an sich wandelnde Gartenwünsche, an gesellschaftliche und wirtschaftliche Verhältnisse macht ihn jeweils modern und in der heutigen und zukünftigen Grünpolitik unverzichtbar.

Für die Entwicklung des Kleingartenwesens und der Kleingärten in Frankfurt am Main, einer Stadt mit einer langen Tradition auf diesem Gebiet, fehlte bislang eine zusammenfassende Darstellung. Sie liegt nun in fundierter und anschaulicher Form vor. Allen Beteiligten und insbesondere den Bearbeitern danke ich für das Engagement und die sorgfältige Arbeit, der Stadtgruppe der Kleingärtner und ihrem Vorsitzenden, Herrn Dieter Steinhauer, für die auch bei diesem Vorhaben gute Zusammenarbeit. Zu danken ist auch den Sponsoren, die letztlich diese Veröffentlichung möglich gemacht haben.

Mit der Verbreitung dieses Buches in den örtlichen Kleingärtnervereinen, in der interessierten Öffentlichkeit und auch weit über die Stadt hinaus eröffnet sich die Chance, ein durch unzureichende Information begünstigtes Vorurteil gegenüber Kleingärten, Kleingärtnerinnen und Kleingärtnern, welches beides mit kleinbürgerlichen Einstellungen und Verhaltensmustern gleichsetzt, abzubauen und eine sachliche Behandlung dieses Themas zu fördern.

Auch unter diesem Gesichtspunkt ist der „Frankfurter Fallstudie Kleingartenwesen“ eine neugierige und aufgeschlossene Leserschaft und eine weite Verbreitung zu wünschen.

Tom Koenigs
Dezernat für Umwelt, Energie und Brandschutz

Vorwort

Die ersten einhundert Jahre Frankfurter Kleingartengeschichte liegen hinter uns und sind in hervorragender Weise in diesem Buch dargelegt.

Die Schaffung von Kleingärten begann mit der Verstädterung der Bevölkerung in der zweiten Hälfte des 19. Jahrhunderts. Die Industrialisierung der Städte mit ihrem rapiden Wachstum und der damit zwangsläufig verbundenen Wohnungsnot ließ die Erschaffung von Gärten nach der Idee von Dr. Schreber immer dringender werden. Die soziale Not stand an der Wiege vieler Kleingärtner.

Der Garten sollte sowohl die beengte Wohnung erweitern, als auch einen Beitrag an Obst und Gemüse zum Lebensunterhalt liefern. Heute sind andere Zielsetzungen in den Vordergrund getreten. Die 230 Kleingartenanlagen – grüne Oasen – in unserer Stadt sind eingebunden in das öffentliche Grün und erfüllen hier einen wesentlichen Beitrag zur Verbesserung des Klimas und helfen somit, den Sauerstoffgehalt auszugleichen und dienen darüber hinaus der sinvollen Freizeitgestaltung der Kleingärtner in einer Großstadt. Wir Kleingärtner sind uns dabei unserer Aufgabe bewußt geworden, nicht nur zum eigenen Nutzen zu wirken, sondern wir erfüllen wichtige, im öffentlichen Interesse liegende ökologische und soziale Aufgaben.

Neben der Schaffung von wohnungsnahen Neuanlagen, entsprechend dem Wachstum der Bevölkerung in unserer Stadt, ist es eine wichtige Aufgabe, die in den einzelnen Stadtteilen gewachsenen Anlagen zu erhalten. Wir sind mit Recht stolz auf unsere über 100-jährige Geschichte. Es gilt, unsere soziale Aufgabe und soziale Stellung in unserer Gesellschaft zu erhalten.

Ich möchte mich bei den beiden Autoren, Herrn Professor Dr. Gert Gröning und Herrn Dr. Wolschke-Bulmahn, für das gelungene Werk sehr herzlich bedanken. Mein Dank gilt ferner dem Leitenden Gartenbaudirektor Dipl.-Ing. Frank Blecken als dem Urvater dieser Dokumentation für seine nicht unerheblich geleistete Arbeit.

Ferner gilt unser Dank der Stadt Frankfurt am Main, die mit ihrer finanziellen Förderung das Zustandekommen dieser Arbeit und die Herausgabe des Buches ermöglichte. Mein besonderer Dank gilt meinen Freunden, den namentlich im Anhang genannten Sponsoren, denn ohne deren Spende wäre das Buch aufgrund der heute allzeit bekannten Finanznot der Stadt Frankfurt am Main nicht mehr erschienen.

Ich wünsche allen Leserinnen und Lesern frohe Stunden beim Lesen und Studieren dieser nicht nur für Kleingärtner bis heute einmaligen Dokumentation über die Kleingartenkultur in Frankfurt am Main.

Dieter Steinhauer
1. Vorsitzender der Stadtgruppe Frankfurt der Kleingärtner e.V.

1. Vorbemerkung

Bei der hier vorliegenden Arbeit über einhundert Jahre Kleingartenkultur, in der beispielhaft die Geschichte des Frankfurter Kleingartenwesens untersucht wurde, haben uns viele Fachleute tatkräftig unterstützt.

Der Umweltdezernent Tom KOENIGS und der Leitende Gartenbaudirektor Dipl. Ing. Frank BLECKEN ermöglichten maßgeblich die Durchführung dieses Forschungsprojektes. Im Garten- und Friedhofsamt Frankfurt wurde uns wichtige organisatorische und informative Hilfe zuteil. Herr Otmar GERLACH gab uns wichtige Einblicke in diesen Bereich des Frankfurter Kleingartenwesens. Herr Horst BREITENBACH erschloß uns die wertvollen Foto-, Plan- und Dokumentenbestände der Plankammer des Garten- und Friedhofsamtes.

Die Stadtgruppe Frankfurt der Kleingärtner e.V. mit ihrem Vorsitzenden Herrn Dieter STEINHAUER und der stellvertretenden Vorsitzenden Frau Sigrid KURZIDIM sowie der Mitarbeiterin Frau BARTON war sehr hilfsbereit und unterstützte uns auf vielfältige Weise.

Bei der Erschließung bedeutender Dokumente zur Entwicklung Frankfurter Kleingärten in der ersten Hälfte des 20. Jahrhunderts waren uns im Stadtarchiv Frankfurt Herr Dr. Konrad SCHNEIDER und viele andere, insbesondere Frau KRÜGER-RABENER und Frau REICH, behilflich.

Zahlreiche Gespräche mit meist älteren Repräsentanten der Frankfurter Kleingartenbewegung und mit von städtischer Seite für die Kleingartenpolitik in Frankfurt Verantwortlichen machten uns auf die vielfältigen Facetten von über 100 Jahren Frankfurter Kleingartengeschichte aufmerksam. Sie vermittelten uns persönliche Einschätzungen sowie manche Hinweise und halfen uns so die spezifische Entwicklung des Kleingartenwesens in Frankfurt am Main zu verstehen. Danken möchten wir unter anderem dem langjährigen Leiter der Stadtgruppe, Herrn Bernhard GRESSER, dem Vorsitzenden des Kleingärtnervereins Riederwald e.V., Herrn Dieter HAVERKAMP, dem ehemaligen Stadtbaurat und heute noch aktiven Kleingärtner, Herrn Dr. Hans KAMPFFMEYER, dem freien Bildjournalisten Hans Rudolf OESER, dem langjährigen Mitarbeiter des Gartenamtes, Herrn Erich OSTERMEYER und Herrn Leitenden Gartenbaudirektor a.D. Prof. Dr. Johannes SALLMANN. Herrn Dr. Johann B. WALZ von der Zeitschrift ‚Fachberater für das deutsche Kleingartenwesen' danken wir für die Überlassung von Abbildungen.

Für die sorgfältige Redaktionsarbeit danken wir Ingrid und Frank BLECKEN.

Für die mittlerweile schon traditionell zu nennende langjährige gute Zusammenarbeit in fototechnischen Fragen sei besonders Frau WIEDEMANN von der Firma Foto HOERNER in Hannover gedankt.

Schließlich sei dem Leiter des Instituts für Stadtgeschichte, Herrn Prof. Dr. Dieter Rebentisch für sein beharrliches Engagement Dank ausgesprochen und die Hilfe der Frankfurter Historischen Kommission und des Frankfurter Vereins für Geschichte und Landeskunde e.V. bei der Drucklegung ausdrücklich erwähnt. Sie trugen wesentlich dazu bei, daß die Arbeit in der vorliegenden Form veröffentlicht werden konnte.

Arbeitsgruppe Gartenkultur
Berlin – Washington, D.C.

Gert Gröning — Joachim Wolschke-Bulmahn

2. Einleitung

Im 19. Jahrhundert entstand in Deutschland eine neue Form städtischen Freiraums, der Kleingarten. Weniger unter dem Aspekt städtischer sondern vielmehr dem staatlicher Fürsorge hatte Franz von Anhalt-Dessau schon im ausgehenden 18. Jahrhundert den Armen in seinem Staat Gartenland zum Anbau von Obst und Gemüse überlassen. Diesem Beispiel folgten viele Städte. Infolge der Industrialisierung und des Städtewachstums im 19. Jahrhundert hatten sich die Lebens- und Arbeitsbedingungen für große Teile der Bevölkerung so verschlechtert, daß zunehmend mehr Haushalte gezwungen waren, Land mit Kartoffeln, Gemüse und Obst zu bebauen, um ihre Ernährung zu sichern. Vielfach schlossen sich die so Gartenbau Betreibenden zu Vereinen zusammen und bildeten im Verlauf weniger Jahrzehnte die Kleingartenbewegung. Sie erlangte in Deutschland eine beachtliche Bedeutung. Die Gründe für das Interesse an Kleingärten wandelten sich allerdings zeitspezifisch.

Zur geschichtlichen Entwicklung des Kleingartenwesens in Deutschland liegen mehrere Arbeiten vor, in denen auch soziale und ökonomische Aspekte dargestellt werden[1]. Die vorliegende Untersuchung setzt sich mit dieser Entwicklung am Beispiel des Kleingartenwesens in Frankfurt am Main auseinander. Da Frankfurt sowohl kommunal- wie auch reichspolitisch in der Kleingartenbewegung eine bedeutsame Rolle spielte, haben die Ergebnisse dieser Untersuchung auch über Frankfurt am Main hinaus Bedeutung. Läßt man das organisierte Kleingartenwesen in Frankfurt mit der Gründung des „Versuchsgartenvereins Sachsenhausen" beginnen, der sich frühzeitig auch den Kleingärten widmete, so kann man in Frankfurt im ausgehenden 20. Jahrhundert von einer mehr als einhundertjährigen Geschichte der Kleingärten sprechen.

Insgesamt verfügt die Frankfurter Gartenkultur allerdings über eine wesentlich ältere Tradition, auf die hier nur stichwortartig und in großen Zeitsprüngen verwiesen werden soll. Es ist bekannt, daß schon die Römer in Frankfurt Weinbau betrieben. Die Gärtner wurden als Zunft „schon 1355 unter den damals bestehenden 14 Handwerkerinnungen erwähnt"[2]. Ob und welche Flächen gärtnerisch genutzt werden sollten, war auch schon vor langer Zeit Gegenstand unterschiedlicher sozialer Interessen. Um 1500 z.B. setzten sich die Gärtner dafür ein, die im Rahmen der damals praktizierten Dreifelderwirtschaft anfallende Brache zu bestellen. Die Metzger dagegen wollten die Brache beibehalten, weil sie ihrem Vieh als Weide diente. „So wurden von seiten der Gärtner um jedes Stückchen Land große Kämpfe vor dem damals bestehenden Ackergericht geführt"[3].

Gegen Ende des 17. und im Verlauf des 18. Jahrhunderts kam in Frankfurt ein neues bürgerliches Interesse an Gartenland auf. „Der Handel brachte viel Geld nach

Frankfurt, und der gehobene Bürger wußte gut zu leben. So gehörte es bald zum guten Ton, ein Stück Gartenland sein Eigen zu nennen. Es war jetzt Mode geworden, sich auf eigenem Gelände ein Gartenhaus zu bauen und während des Sommers ganz dorthin überzusiedeln. So entstanden in der Neustadt und bald auch schon außerhalb der Mauern große Gartenanlagen der begüterten Frankfurter Familien"[4]. Zwischen 1720 und 1800 gab das sogenannte Ackergericht beispielsweise mehr als 500 Gesuchen auf den Bau von Gartenhäusern statt[5].

Dieses bürgerliche Interesse an Gartenkultur war jedoch nicht so stark, daß es die Überbauung der Gärten im Verlauf des 19. Jahrhunderts verhindert hätte. Viele wurden zugunsten einträglicherer Nutzungen aufgegeben. Neue Freiflächen schienen weiter draußen vorhanden und wurden nicht zuletzt durch Eingemeindungen zugänglich. So wurden 1877 Bornheim, 1895 Bockenheim, 1900 Niederrad, Oberrad und Seckbach, 1910 die Gemeinden des Landkreises Frankfurt und 1928 Höchst mit seinen Vororten sowie Schwanheim, Griesheim, Fechenheim und Nied eingemeindet. Einige der bürgerlichen Gärten blieben jedoch erhalten und wurden später an die Kommune verkauft, die sie als Teil ihres Freiflächensystems der Öffentlichkeit erschloß. Nach öffentlichen Anlagen, die einst als Gärten an Schlössern adliger Familien gedient hatten, sucht man in Frankfurt vergeblich, denn „anders als frühere fürstliche Residenzstädte", hatte man dort „kein Erbe an großen repräsentativen Schloßparkanlagen antreten können"[6].

Frankfurts Entwicklung weist also im Vergleich zu anderen deutschen Großstädten historisch einige für die Freiflächensituation und Freiflächenpolitik bedeutsame Besonderheiten auf. Die industrielle Entwicklung setzte in der vom Handel geprägten Stadt relativ spät ein. Noch bis in das letzte Drittel des 19. Jahrhunderts galt Frankfurt, ähnlich wie Hannover, als ausgesprochen industriefeindlich.

Zunehmende Überbauung der einst an den Häusern noch vorhandenen Gärten verringerte die innerstädtisch noch vorhandenen Freiräume immer mehr. Diesem Prozeß wurde vor allem um die Wende zum 20. Jahrhundert, unter dem von 1891 bis 1912 als Oberbürgermeister tätigen Franz Adickes, durch eine systematische kommunale Gesamtplanung entgegenzuwirken versucht. Ein wesentlicher Aspekt dieser Planungen war „die Schaffung eines zweiten Anlagenrings als breitem, beidseitig von Fahrwegen flankiertem Alleenring mit parkartigen Erweiterungen". An verschiedenen Stellen sollte der Anlagenring von radial kreuzenden Alleen durchschnitten werden, die den inneren Promenadenring (Abb. 1) „an den neuen Ring und weiter hinaus an Einzelparks und die freie Landschaft anschließen"[7].

Um ein ansprechendes kommunales Freiflächensystem zu planen, zu unterhalten und zu entwickeln ist eine leistungsfähige Gartenverwaltung erforderlich. Auch diesbezüglich kann Frankfurt auf eine lange Tradition zurückblicken. Der erste namentlich bekannte Stadtgärtner war Johann Nikolaus Wohlrath, mit dem das Bauamt am 17. März 1765 einen Vertrag abschloß[8]. Wenn Frankfurt in den eineinhalb Jahrhunderten von 1806 bis 1957 mit nur fünf Gartendirektoren 'ausgekommen' ist[9], so läßt dies auf eine hohe Kontinuität in der gartenkulturellen Entwicklung

Abb. 1 Frankfurts Altstadt mit den Wallanlagen, um 1928

Abb. 2 Transport von Pflanzen durch einen LKW des Garten- und Friedhofswesens Frankfurt, um 1930

Abb. 3 Rasenwalze des Städtischen Garten- und Friedhofswesens Frankfurt, um 1920

Abb. 4 Elektrokarren des Städtischen Bestattungsamtes/Friedhofsverwaltung Frankfurt, um 1930

Abb. 5 Blick auf die Gärten des Gallus, im Hintergrund der Messeturm

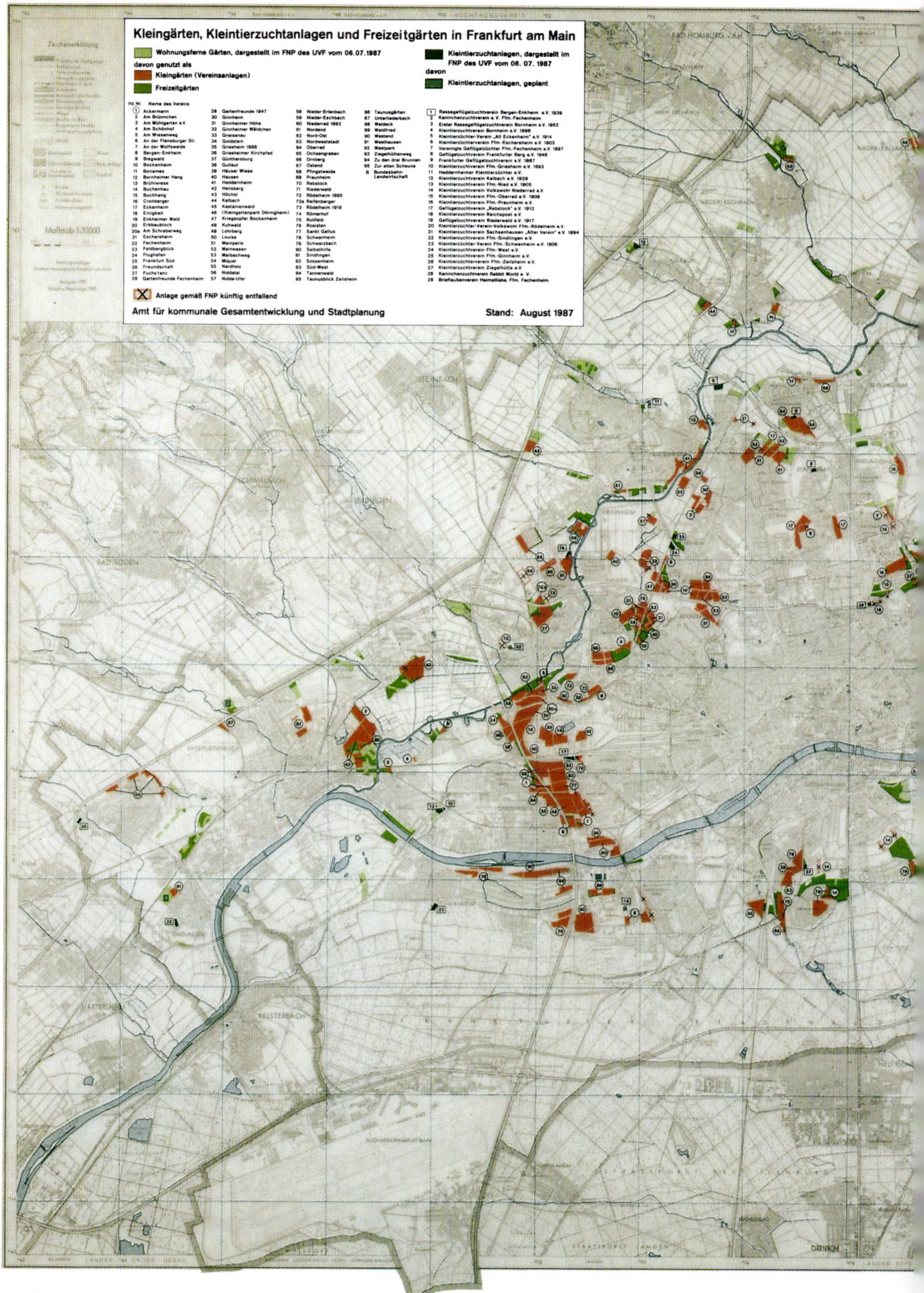
Kleingärten, Kleintierzuchtanlagen und Freizeitgärten in Frankfurt am Main
Wohnungsferne Gärten, dargestellt im FNP des UVF vom 06.07.1987
davon genutzt als
Kleingärten (Vereinsanlagen)
Freizeitgärten
Kleintierzuchtanlagen, dargestellt im FNP des UVF vom 06. 07. 1987
davon
Kleintierzuchtanlagen, geplant
lfd. Nr. Name des Vereins
1 Ackermann
2 Am Brünnchen
3 Am Mühlgarten e.V.
4 Am Schönhof
5 Am Wiesenweg
6 An der Flensburger Str.
7 An der Wolfsweide
8 Bergen-Enkheim
9 Biegwald
10 Bockenheim
11 Bonames
12 Bornheimer Hang
13 Brühlwiese
14 Buchenhau
15 Buchhang
16 Cronberger
17 Eckenheim
18 Einigkeit
19 Enkheimer Wald
20 Erbbaublock
20a Am Schreberweg
21 Eschersheim
22 Fechenheim
23 Feldbergblick
24 Flughafen
25 Frankfurt Süd
26 Freundschaft
27 Fuchstanz
28 Gartenfreunde Fechenheim
29 Gartenfreunde 1947
30 Ginnheim
31 Ginnheimer Höhe
32 Ginnheimer Wäldchen
33 Gneisenau
34 Goldstein
35 Griesheim 1888
36 Griesheimer Kirchpfad
37 Günthersburg
38 Gutleut
39 Häuser Wiese
40 Hausen
41 Heddernheim
42 Heilsberg
43 Höchst
44 Kalbach
45 Kastanienwald
46 (Kleingartenpark Dörnigheim)
47 Kriegsopfer Bockenheim
48 Kuhwald
49 Lohrberg
50 Louisa
51 Mainperle
52 Mainwasen
53 Marbachweg
54 Miquel
55 Nardholz
56 Niddatal
57 Nidda-Ufer
58 Nieder-Erlenbach
59 Nieder-Eschbach
60 Niederrad 1893
61 Nordend
62 Nord-Ost
63 Nordweststadt
64 Oberrad
65 Ochsengraben
66 Ornberg
67 Ostend
68 Pfingstweide
69 Praunheim
70 Rebstock
71 Riederwald
72 Rödelheim 1895
72a Reifenberger
73 Rödelheim 1919
74 Römerhof
75 Rollfeld
76 Rosisten
77 Sankt Gallus
78 Schwanheim
79 Schwarzbach
80 Selbsthilfe
81 Sindlingen
82 Sossenheim
83 Süd-West
84 Tannenwald
85 Taunusblick Zeilsheim
86 Taunusgärten
87 Unterliederbach
88 Waldeck
89 Waldfried
90 Westend
91 Westhausen
92 Westpark
93 Ziegelhüttenweg
94 Zu den drei Brunnen
95 Zur alten Scheune
8 Bundesbahn-Landwirtschaft
1 Rassegeflügelzuchtverein Bergen-Enkheim e.V. 1939
2 Kaninchenzuchtverein e.V. Ffm.-Fechenheim
3 Erster Rassegeflügelzuchtverein Bornheim e.V. 1952
4 Kleintierzuchtverein Bornheim e.V. 1896
5 Kleintierzüchter-Verein „Alt Eckenheim" e.V. 1914
6 Kleintierzüchterverein Ffm.-Eschersheim e.V. 1903
7 Vereinigte Geflügelzüchter Ffm.-Fechenheim e.V. 1897
8 Geflügelzuchtverein Frankfurter Berg e.V. 1946
9 Frankfurter Geflügelzuchtverein e.V. 1867
10 Kleintierzuchtverein Ffm.-Griesheim e.V. 1893
11 Heddernheimer Kleintierzüchter e.V.
12 Kleintierzuchtverein Kalbach e.V. 1929
13 Kleintierzuchtverein Ffm.-Nied e.V. 1905
14 Kleintierzuchtverein Volkswohl Niederrad e.V.
15 Kleintierzuchtverein Ffm.-Oberrad e.V. 1906
16 Kleintierzuchtverein Ffm.-Praunheim e.V.
17 Geflügelzuchtverein „Rebstock" e.V. 1912
18 Kleintierzuchtverein Reichspost e.V.
19 Geflügelzuchtverein Riederwald e.V. 1917
20 Kleintierzüchter-Verein-Volkswohl Ffm.-Rödelheim e.V.
21 Kleintierzuchtverein Sachsenhausen „Alter Verein" e.V. 1894
22 Kleintierzuchtverein Ffm.-Sindlingen e.V.
23 Kleintierzüchter-Verein Ffm.-Schwanheim e.V. 1906
24 Kleintierzuchtverein Ffm.-West e.V.
25 Kleintierzuchtverein Ffm.-Ginnheim e.V.
26 Kleintierzüchterverein Ffm.-Zeilsheim e.V.
27 Kleintierzuchtverein Ziegelhütte e.V.
28 Kaninchenzuchtverein Rabbit World e. V.
29 Brieftaubenverein Heimatliebe, Ffm. Fechenheim
Anlage gemäß FNP künftig entfallend
Amt für kommunale Gesamtentwicklung und Stadtplanung
Stand: August 1987

Abb. 6 Karte der Kleingärten, Kleintierzuchtanlagen und Freizeitgärten in Frankfurt am Main, 1987

Abb. 7 Frank Blecken, Ltd. Gartenbaudirektor (rechts), Günter Gartz, Präsident des „Bundesverbandes Deutscher Gartenfreunde“ (Mitte), Ernst Gerhardt, Stadtkämmerer der Stadt Frankfurt (links), 1989

der Stadt schließen. Zu den Aufgaben kommunaler Gartenämter gehören maßgeblich Planung, Bau, Pflege und Unterhaltung der verschiedenen Freiflächenarten (Abb. 2 und 3). Die Zuständigkeit für die kommunalen Friedhöfe allerdings liegt nicht in allen Kommunen beim Gartenamt, sondern bisweilen bei eigenständigen Friedhofsämtern. So gab es z.B. auch in Frankfurt am Main einige Zeit ein eigenständiges Bestattungsamt mit Friedhofsverwaltung (Abb. 4).

Mit der Wende zum 20. Jahrhundert begann in Frankfurt auch die Schaffung von Kleingärten als kommunale Aufgabenstellung begriffen zu werden. Seit den 20er Jahren wurden maßgeblich durch das Gartenamt Kleingartenanlagen geschaffen, die bis heute ein wesentlicher Bestandteil des Frankfurter Freiflächensystems sind (Abb. 5 und 6)[10].

Auf die Tätigkeit des Garten- und Friedhofsamtes[11] (Abb. 7) wird hier nur im Hinblick auf die Entwicklung des Frankfurter Kleingartenwesens als Bestandteil kommunaler Gartenkultur eingegangen. Schwerpunkt unserer Darstellung ist das Frankfurter Kleingartenwesen, die Tätigkeit der Kleingartenvereine, die „Stadtgruppe Frankfurt der Kleingärtner“, das Verhältnis der Kleingärtner zum Garten- und Friedhofsamt sowie die politische Dimension des Kleingartenwesens als Teil urbaner Kultur des 20. Jahrhunderts.

3. Vom „Versuchsgartenverein Sachsenhausen“ zur „Stadtgruppe Frankfurt am Main der Kleingärtner e.V.“

Die „Stadtgruppe Frankfurt am Main der Kleingärtner e.V.“ kann auf eine bewegte Vergangenheit zurückblicken. Aspekte dieser vielfältigen Geschichte wurden unter anderem von Gresser sowie von Steinhauer und Kurzidim anläßlich des 50jährigen bzw. 75jährigen Jubiläums dargestellt. Im folgenden Kapitel soll auf der Grundlage bisher nicht berücksichtigter historischer Quellen die Entwicklung des organisierten Kleingartenwesens in Frankfurt von dessen Anfängen bis in die ersten Jahre der Bundesrepublik in einem größeren gesamtgesellschaftlichen Zusammenhang diskutiert werden. Besondere Berücksichtigung findet die „Stadtgruppe Frankfurt am Main der Kleingärtner e.V.“

Die Entwicklung des Kleingartenwesens in Frankfurt am Main setzt im Vergleich zu Leipzig ungefähr anderthalb Jahrzehnte später ein. In Leipzig war am 10. Mai 1864 ein „Erziehungsverein, der ‚zum verdienten Gedächtnis des vortrefflichen ärzt-

Abb. 8 Auf dem Schreber-Platz der Südvorstadt Leipzig

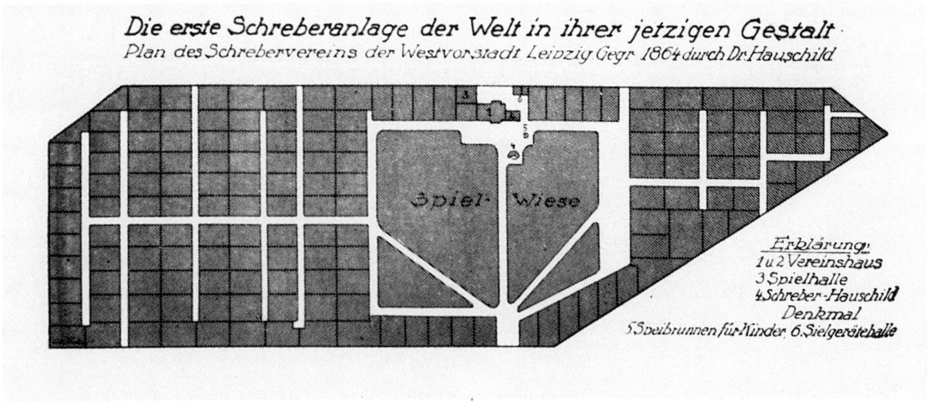

Abb. 9 Plan des Schrebervereins der Westvorstadt Leipzig

lichen Pädagogen‘ den Namen ‚Schreberverein‘ erhielt“[12] gegründet worden. Das Interesse dieses Leipziger „Erziehungsvereins“ lag zunächst darin, für die Kinder der Mitglieder Spielflächen im Freien zu sichern, die offenbar in Leipzig zusehends der Überbauung weichen mußten (Abb. 8). Nachdem die Idee des „Spielvaters“ Gesell, durch die Anlage von „Kinderbeeten“ die Kinder der bürgerlichen Vereinsmitglieder für die Gartenarbeit zu gewinnen, gescheitert war, hatte 1869 „ein Teil der Elternschaft die verwahrlosten Gärten“ übernommen. Aus den Kinderbeeten waren Elterngärten geworden. 1870 wurden sie eingefriedigt und Lauben darin errichtet. Die so entstandenen Gärten wurden „fortan, weil sie am Rande der Spielwiese des Schrebervereins lagen, Schrebergärten genannt“[13] (Abb. 9). Spielen war jedoch immer noch ein wesentliches Element dieses Schrebervereins, wie das Beispiel der „Spielleiterin“ Reichenbach zeigt, die diese Tätigkeit 50 Jahre, von 1864 bis 1914, in dem Verein ausübte[14].

3.1. Frankfurter Kleingärten in der Zeit des Kaiserreiches

Siebzehn Jahre nach Gründung des „Schrebervereins“ als des ersten Kleingartenvereins in Leipzig wurde in Frankfurt am Main am 9. September 1881 der „Versuchsgartenverein Frankfurt a. M. – Sachsenhausen“ ins Leben gerufen. Sein Gelände lag in der Nähe des 1878 eingeweihten, am Mainufer errichteten Städelschen Kunstinstituts. Ausschlaggebend für die Gründung dieses Vereins, der sich erst später kleingärtnerischen Aufgaben zuwandte, war nicht das Interesse, armen Frankfurtern Land für kleingärtnerische Zwecke zur Verfügung zu stellen. Vielmehr waren es „die Folgen der strengen Winter am Ende der siebziger und Anfang der achtziger Jahre“, die „den Anlass zur Gründung des Versuchsgartenvereins gegeben haben. In der Gemarkung Sachsenhausen waren die schönsten Bäume der strengen Kälte erlegen, und so hielten es die Gründer des Vereins für ihre erste Pflicht, in der Anlage eines Obstgartens ein Muster für Behandlung und Pflege der Obstbäume zu schaffen"[15]. In diesem Verein drückt sich bereits eine für das Kleingartenwesen in Frankfurt typische, vorwiegend klein- und bildungsbürgerliche Orientierung aus. Es unterschied sich dort und an anderen Orten Deutschlands vom Kleingartenwesen, wie es sich z.B. in Berlin entwickelte. Allerdings war es in Frankfurt weder ausschließlich eine Angelegenheit des Klein- und Bildungsbürgertums, noch in Berlin ausschließlich eine der Arbeiter und Proletarier, doch ist die klein- und bildungsbürgerliche Orientierung im Frankfurter Kleingartenwesen deutlicher als in Berlin sichtbar.

Zu den Intentionen des Versuchsgartenvereins, die dessen erster Leiter, Obergärtner Volkmann, sich umzusetzen bemühte, gehörte neben der Unterhaltung des Obst- und Gemüsegartens auch ein „Landschaftsgarten, eine schulbotanische Abteilung und eine solche für den Anbau landwirtschaftlicher Gewächse"[16]. Dies stellte sich jedoch schnell als letztlich nicht durchhaltbare Zielsetzung heraus. Schon 1886 mußte das Gartengelände in der Nähe des Städelschen Kunstinstituts der Bebauung weichen, und der Verein mußte sich mit seinem Obergärtner Wellmann, der „erstmals im Winter 1884 Unterrichtskurse für Gärtnerlehrlinge und Gehilfen eingerichtet"[17] hatte, nach einem neuen Grundstück umsehen. Das fand sich stadtauswärts an der Forsthausstraße, der heutigen Kennedyallee. Doch dort wurde dem Verein nach zwölf Jahren erneut das Gelände gekündigt und „diesmal ersah sich der Vorstand ein, man darf wohl sagen, verstecktes Plätzchen". Es lag etwas weiter draußen, ebenfalls an der Forsthausstraße, „zwischen den hohen Bahndämmen" der Frankfurt – Bebraer und der Verbindungsbahn und grenzte an das Gelände des „Sport-Clubs Forsthausstraße". Offenbar war dieses Gelände „vor der Gefahr beschützt, über kurz oder lang auch in Baugelände verwandelt zu werden"[18].

Der „Versuchsgartenverein Frankfurt am Main – Sachsenhausen", der auch den damaligen Gartendirektor Heicke zu seinen Mitgliedern zählte, gehörte zum Zusammenschluß des 1915 entstandenen „Verbandes der Kleingartenbau-Vereine Frankfurt und Umgebung"[19]. Einige Pächter von Gärten des Versuchsgartenvereins haben sich 1924 zum „Gartenbauverein Louisa e.V.", dem heutigen „Kleingärtnerverein Louisa e.V.", zusammengeschlossen[20]. Der Versuchsgarten-Verein löste sich im Jahre 1937 aus bislang unbekannten Gründen auf. Sein Vermögen fiel satzungsgemäß der Stadt Frankfurt a. M. zu und wurde der „Allgemeinen Fürsorgestiftung" überwiesen[21].

Wenn auch ursprünglich nicht als Kleingartenverein ins Leben gerufen, so markiert das Jahr 1881, das Gründungsjahr des Versuchsgartenvereins, doch den Beginn der organisierten Kleingärtnerbewegung in Frankfurt am Main. 1888, im sogenannten Dreikaiserjahr, wurde der älteste noch existierende Kleingartenverein in Frankfurt, der „Obst- und Gartenbauverein Griesheim", gegründet[22] (Abb. 10). Es folgten 1893 der „Kleingartenverein Niederrad"[23] und 1894 der von dem späteren

Kleingärtnerverein 1888 eV
Frankfurt-Griesheim

100 Jahre
1888 bis 1988

Festschrift
zum
100jährigen Vereinsjubiläum

Abb. 10 Titelblatt der Festschrift zum 100jährigen Jubiläum des „Kleingärtnervereins 1888 e.V. Frankfurt-Griesheim“

ROSEN-FEST

SOMMERFEST DES FRANKFURTER ROSISTEN-VEREINS SONNTAG, 16. JUNI, NACHMITTAGS 4 UHR, IN DER RESTAURATION ZUR LUISA, KÖNIGSBRUNNENWEG No. 23.

MUSIK- UND GESANGSVORTRÄGE, KINDERSPIELE, TOMBOLA, TANZ UND ANDERE VOLKSBELUSTIGUNGEN IM FESTLOKAL U. D. GEGENÜBERLIEGENDEN VEREINSGARTEN. DER REINERTRAG IST ZUR VERSCHÖNERUNG D. GARTENS BESTIMMT. BEI UNGÜNSTIGER WITTERUNG 8 TAGE SPÄTER.

Abb. 11 Einladung zum Sommerfest des Frankfurter-Rosisten-Vereins, vermutlich 1920er Jahre

„Redakteur der ‚Rosenzeitung‘ und Geschäftsführer des ‚Vereins Deutscher Rosenfreunde‘, C. P. Straßheim“[24] gegründete „Frankfurter Rosistenverein“ (Abb. 11). Der Rosistenverein war jedoch – darin dem Leipziger Schreberverein durchaus ähnlich[25] – nicht von Anfang an ein Verein, dessen Mitglieder ausschließlich Kleingärten bewirtschafteten, sondern bestand zunächst einmal aus „Rosenzüchtern und Liebhabern“. Bereits im ersten Geschäftsjahr beschlossen die Vereinsmitglieder, „in Verbindung mit dem Kongreß des ‚Vereins Deutscher Rosenfreunde‘ 1897 in Frankfurt eine große Rosenausstellung abzuhalten“. Daran erinnert im Frankfurter Stadtbild „heute noch das ‚Rosengärtchen‘ am Holbeinplatz“[26].

Die Gründung des „Vereins Deutscher Rosenfreunde“ im Jahr 1883 hatte in Deutschland das Entstehen einer Reihe von spezifischen Pflanzen-Gesellschaften eingeleitet. Eine der jüngeren ist die „Deutsche Iris-Gesellschaft“ aus dem Jahr 1950[27]. Ähnlich dem Leipziger Kleingartenverein waren auch bei den Frankfurter Rosisten kleinbürgerliche und bürgerliche Interessen an Gartenkultur ausschlaggebend für die Vereinsgründung. 1898 entschieden sich die Rosisten, „die Rosenkultur im Rahmen der Kleingartenbewegung zu fördern und zu unterstützen“. Erst 1904 konnten sie ihren ersten Pachtvertrag für die heutige Anlage I am Königsbrunnenweg, „auf rauhem, unebenem Ackerboden“[28], abschließen.

1895 wurde der „Kleingartenverein Rödelheim", 1898 „Eschersheim"[29] und der „Verein zur Förderung des Kleingartenbaues", der heutige „Kleingärtnerverein Cronberger e.V."[30], ins Leben gerufen. Von der Stadtverwaltung wurden in Frankfurt über die Stadtkämmerei mehrheitlich bis zum Ersten Weltkrieg Kleingärten an Einzelpächter vergeben. So standen z.B. im Jahr 1912 950 städtischen Pachtgärten für Einzelpächter nur 55 Vereins-Pachtgärten des „Kleingartenbauvereins Bockenheim", 274 des „Vereins zur Förderung des Kleingartenbaues" und 100 des „Volksbau- und Sparvereins" auf städtischem Grundbesitz gegenüber[31].

Mögen Kleingartenvereine bis ins zweite Jahrzehnt des 20. Jahrhunderts hinein vielfach wie ein weiterer Ableger privater deutscher Vereinsmeierei angesehen worden sein und daher nur wenig gesamtgesellschaftliche Aufmerksamkeit genossen haben, so gewannen sie im Ersten Weltkrieg eine völlig neue öffentliche Dimension.

Schon am 31. März 1914 hatten sich auf Anregung des „Vereins zur Förderung des Kleingartenbaues e.V." die Vertreter von neun Vereinen getroffen. Sie beabsichtigten einen „Zusammenschluß wegen seiner mannigfachen Vorteile" und hatten einen „Ausschuß von vier Herren, B. Cronberger, H. Eicke, A. Grabe und E. Ihn zur Beratung der Satzungen gewählt". Dessen Tätigkeit wurde aber durch die Kriegslage beeinträchtigt. 1915 erfolgte schließlich „der Zusammenschluß der Kleingartenbauvereine Frankfurt und der Umgegend"[32] aus dem Wunsch, sich einem „teuflischen Plan unserer übermächtigen Feinde, uns auszuhungern", entgegenstellen zu sollen.

Am 8. Mai 1915 traten auf Anregung des Reg. Rates Drescher die Vorstände der verschiedenen Kleingartenbauvereine wieder zusammen und gründeten endgültig den „Verband der Kleingartenbau-Vereine Frankfurt und Umgebung". Ihm hatten sich inzwischen angeschlossen:

„ 1. Der Versuchsgartenverein.
2. Der Obst- und Gartenbauverein Rödelheim.
3. Der Obst- und Gartenbauverein Eschersheim.
4. Die Gartenbaugesellschaft Niederrad.
5. Der Kleingartenbauverein Westend.
6. Der Kleingartenbauverein Gut Leut.
7. Der Kleingartenbauverein Südwest.
8. Gartenbauverein Vilbel.
9. Langer-Gartenfreunde.
10. Der Gartenbauverein Offenbach.
11. Die Stadtkämmerei.
12. Der Eisenbahn-Verein.
13. Der Verein der Pfad-Finderinnen.[33]
14. Der Verein zur Förderung des Kleingartenbaues."[34].

Wirtschaftliche Notzeiten, insbesondere während der beiden Weltkriege, haben immer wieder zu einer Intensivierung der Gartenkultur nicht nur in Deutschland, sondern auch in anderen Ländern geführt. Aus derselben Motivation heraus, aus der Zusammenschlüsse wie der „Verein zur Förderung des Kleingartenbaues" in Deutschland versuchten, durch die Förderung des Gartenbaus ihren Beitrag zum Weltkrieg zu leisten, wurde in den USA mit deren Kriegseintritt im Jahre 1917 systematisch eine sogenannte „War-Garden"-Bewegung (Kriegsgärtenbewegung) ins Leben gerufen. Sie wurde wenig später in „Victory Garden"-Bewegung (Siegesgartenbewegung) umbenannt[35]. Die politische Vereinnahmung der Gartenkultur wies dabei auf beiden Seiten durchaus Ähnlichkeiten auf.

In Deutschland wurde in der Zeitschrift „Gartenwelt" 1914 durch den Gartenarchitekten Rasch beispielsweise mit den folgenden Worten gegen die Kriegsgegner polemisiert: „Wer Gartenkunst, Blumenbinderei und Boxen nicht bei den gelben Schuften studiert hatte und das dortige Krüppelzeug einführte, durfte überhaupt nicht mitreden und wer das Tanzen nicht von Bären, Hottentotten oder südamerikanischen Banditen gelernt hatte, war nicht gesellschaftsfähig. So sah es bei uns vor dem Kriege aus. Noch schlimmer, sogar die Tagespresse war zum Teil verseucht, und man durfte es gar nicht wagen, gegen die Unkultur aufzutreten. Jede Zeitung lehnte so etwas ab. Gott sei Dank, jetzt darf man schon die Wahrheit sagen"[36]. In den Vereinigten Staaten wurde im „Garden Magazine", einer der „Gartenwelt" vergleichbaren Zeitschrift, in ähnlichen Worten und mit aussagekräftigen Titelbildern gegen „Hindenburgs Hunnen" und für intensive Gartenkultur und verstärkte Bemühungen Obst, Gemüse – und den „Kaiser" – (Abb. 12) einzumachen, geworben.

In Frankfurt am Main hatte also die Sorge um die Sicherung der alltäglichen Ernährung 1915 zum Zusammenschluß von 13 Frankfurter Vereinen sowie der Stadtkämmerei im „Verband der Kleingartenbauvereine Frankfurt a. M. und Umgegend"[37], geführt und diese „Frucht des Krieges" reifen lassen. Demokratischen Gepflogenheiten entsprechend war in der aus sieben Sätzen bestehenden Satzung des Verbands im Satz 5 geregelt worden: „Der Verband wählt aus seiner Mitte einen Vorstand, bestehend aus einem Vorsitzenden, einem Schriftführer und einem Schatzmeister, sowie aus zwei Beisitzern"[38].

Bereits 1880 hatte sich in Leipzig ein örtlicher Verband der Schrebervereine gebildet. 1889 gehörten dem „Verband Leipziger Schrebervereine" sechs, 1907 dem „Allgemeinen Verband der Schrebervereine" bereits 15 Vereine an[39]. 1910 war der „Verband Bremischer Gartenbauvereine" gegründet worden[40].

In Berlin hatten sich 1900 Kleingärtner in der „Vereinigung sämtlicher Pflanzervereine Berlins und Umgebung" zusammengeschlossen, die 1910 in „Bund der Laubenkolonisten Berlins und Umgebung" umbenannt wurde. Dieser Bund hatte sich in den letzten Jahren des Kaiserreiches immer stärker zu einem demokratischen politischen Faktor entwickelt und, insbesondere 1915, Demonstrationen gegen Massenkündigungen von Kleingartenland organisiert[41].

In Frankfurt waren Kündigungen von Kleingartenland ebenfalls an der Tagesordnung, doch scheinen die Verhältnisse, nicht zuletzt wegen der Tätigkeit der

Abb. 12 Titelblatt, Garden Magazine, 1918, Victory Garden, „Can Vegetables, Fruit AND the Kaiser too", USA

Kleingartenbau-Vereine, weniger zugespitzt als in Berlin gewesen zu sein. Zudem hatte die Stadtkämmerei, die Mitglied im „Verband der Kleingartenbauvereine Frankfurt“ war, „den einzelnen Kleingartenbauvereinen große Landflächen überlassen“ und „600 Teilnehmer hatten von diesen Kriegsäckern Nutzen“[42].

Die Bedeutung der Vereine wurde auch vom Stadtverordneten Hopf auf einer Sitzung der Stadtverordneten-Versammlung im Februar 1914 betont, auf der er die Situation in Frankfurt positiv gegenüber der in Berlin abhob: „Die Kleingartenbau-Vereine sind natürlich ein Segen für diese kleinen Leute, dadurch haben wir die Zustände vermieden, wie sie in Berlin bestehen, wo in den Laubenkolonien Generalpächter sind, die nur an diejenigen Gärtchen abgeben, die das nötige Quantum Flaschenbier konsumieren u.s.w.“. Dennoch berichtete Hopf auch von einem Fall in Frankfurt am Main, „in welchem ein Spezereihändler in der Rödelheimer Landstraße von der Stadtkämmerei einen größeren Komplex gepachtet hat, der das Land nur an solche Leute abgibt, die Spezereiwaren von ihm kaufen“. Er machte außerdem darauf aufmerksam, „daß das Stiftungsland, die sogenannten Armenäcker, immer noch nicht stiftungsgemäß verwendet werden“, da ein großer Teil dieser Äcker noch an Landwirte verpachtet sei. Dabei seien diese Äcker „lediglich dazu da, daß sie von den kleinen Leuten bebaut werden, damit sie sich ihre Kartoffeln u.s.w. darauf pflanzen können“. Hopf bat schließlich, „darauf zu achten, daß diese Ländereien künftig nicht an Landwirte verpachtet, sondern daß sie den stiftungsmäßigen Zwecken zugeführt werden“[43]. Hopf könnte dabei z.B. an die 1841 aus Anlaß der Silberhochzeit des Senators Sebastian de Neufville und seiner Frau Johanna gestifteten 8000 Gulden gedacht haben, mit denen Grundstücke „zwecks unentgeltlicher Überlassung als Kraut- und Kartoffeläcker“ angekauft werden sollten, um so die „Unterstützung von Bedürftigen der Frankfurtischen Dorfgemeinden“[44] in Bornheim, Ober- und Niederrad, Niedererlenbach, Bonames, Hausen, Niederursel und Dortelweil zu bewirken. Diese Äcker waren 1912 „von der Stadtkämmerei im Einverständnis mit dem Waisen- und Armenamt dem Besitzer gekündigt“ und gleich wieder vom „Verein zur Förderung des Kleingartenbaues“ gepachtet worden, „um die seitherigen Pächter im Besitze ihrer gut gepflegten Äcker zu belassen und ihnen keinen Schaden zuzufügen“[45].

Ausschlaggebend für die Gründung des „Verbandes der Kleingartenbauvereine“ war jedoch die Aktivität des Lehrers Bernhard Cronberger (1860–1934). Cronberger, der sich auch in der Schulgartenbewegung engagierte[46], war Vorsitzender des damals wohl am besten von allen Frankfurter Kleingartenvereinen organisierten „Vereins zur Förderung des Kleingartenbaues“ (vgl. dazu auch Kapitel 4) und wurde zum Vorsitzenden des Verbandes gewählt. Im Satz 2 der „Satzungen des Verbandes der Kleingartenbau-Vereine in Frankfurt a. M. und Umgebung“ war festgelegt worden: „Zweck des Verbandes ist, den Kleingartenbau nach allen Richtungen zu fördern, insbesondere im Einvernehmen mit Behörden, Körperschaften, Vereinen und Privatpersonen die Einrichtung von Gartenkolonien anzuregen, den gemeinschaftlichen Bezug von Gartenbedarfsartikeln zu übernehmen, das Ausstellungswesen zu heben, Redner zu vermitteln, bezw. alle diese Bestrebungen nach Möglichkeit und mit Geldmitteln zu unterstützen"[47].

Bei Cronberger mag auch das Interesse an der Stärkung einer eigenständigen bürgerlichen bzw. kleinbürgerlichen Organisation der Kleingartenpächter, die ja keine Grundbesitzer waren, durch eine fürsorglich-erzieherische Ausdehnung gartenkultureller Ambitionen auf proletarische Gruppen der Bevölkerung eine Rolle gespielt haben. 1911 war in der Stadtverordneten-Versammlung der Antrag des Magistrats auf „die Einrichtung von Kleingärten am Riederbruch" verhandelt worden. Die in dieser Versammlung geäußerte Furcht des Stadtverordneten Hopf, daß diese „nur für Arbeiter und kleine Leute" gedachten Gärtchen „Leute, wie Lehrer und höhere Beamte ... in Pacht nehmen" oder andere, „die sich eine Badereise gestatten können"[48], scheint nicht unbegründet gewesen zu sein. 1914 sah sich der „Verein zur Förderung des Kleingartenbaues" veranlaßt, „da vielfach eine falsche Meinung über die sozialen Verhältnisse unserer Gartenpächter, namentlich bei unseren Behörden herrscht", eine „Übersicht über die sozialen Verhältnisse unserer Pächter"[49] zu veröffentlichen. Danach standen einer Gesamtzahl von 271 Pächtern 62 „Arbeiter, Taglöhner", entsprechend 23 Prozent, 84 „Beamte, mittlere", 52 „Unterbeamte", 7 „Lehrer u. Lehrerinnen", die möglicherweise auch beamtet waren, 7 „Pensionäre", die vielleicht ehemalige Beamte waren, insgesamt also 150 Beamte, entsprechend 55 Prozent, gegenüber. Weitere 14 Prozent, d.h. 37 Pächter, waren „Handwerker und Gewerbetreibende", 6 Prozent, d.h. 16 Pächter, „unselbständige Kaufleute". Vier Pächter wurden als „Privatleute" und zwei als „Invaliden" bezeichnet. Der Anteil der Arbeiter und Tagelöhner lag also sicher weit unter dem, den die Stadt Frankfurt am Main damals aufzuweisen hatte, der über 50 Prozent gelegen haben dürfte[50].

Im Jahr 1913 war der Umstand, „daß bei Uebernahme eines Gärtchens infolge Versetzung, Wegzugs oder Tod vom Nachfolger eine verhältnismäßig hohe Abfindungssumme für gepflanzte Obstbäume, Einfassung der Beete, Gartenhäuschen u.s.w. gefordert wird", in der Stadtverordneten-Versammlung Anlaß, ein stärkeres Engagement der Stadt Frankfurt für den Kleingartenbau zu fordern. „Es sind", so stellte der Stadtverordnete Thormann fest, „sehr wenig Schrebergärten in Frankfurt vorhanden, und wie ich aus dem Etat sehe, werden bis jetzt nur zwei Vereine, der Verein zur Förderung des Kleingartenbaues und der Bockenheimer Kleingartenbauverein von der Stadt unterstützt. Es ist meines Erachtens Aufgabe der Stadt Frankfurt, die Kleingartenbewegung etwas mehr zu unterstützen und auch von sich selbst aus zu fördern"[51].

Kommunale Sorge um Kleingärten war also in der Zeit vor dem Ersten Weltkrieg durchaus vorhanden, wenn auch in sehr bescheidenem Umfang. Das sah auch Cronberger, dessen Verein 1915 mehr als 10 ha Fläche als „Arbeiteräcker" ausschließlich „an kleine Leute verpachtet" und damit 358 Familien „einen wesentlichen wirtschaftlichen Vorteil zugewandt" hatte. „Welcher Heißhunger in der niederen Bevölkerung nach dem Besitz eines Äckerchens herrscht", so wird in dem

Bericht über die Arbeiteräcker fortgefahren, „beweist uns die Eigenmächtigkeit, mit welcher sich verschiedene kleine Leute in diesem Jahre in den Besitz eines Feldstückes zu setzen wußten"[52]. Die Integration dieser „‚wilden Pächter'"[53] war ein wesentliches Ziel der Vereins- und Verbandspolitik von Cronberger.

Gleichzeitig wird daran erneut die starke kleinbürgerliche und bürgerliche Orientierung im Frankfurter Kleingartenwesen erkennbar. Sie läßt sich auch an anderen Aktivitäten des „Vereins zur Förderung des Kleingartenbaues" aufzeigen. So hatte der Verein schon 1912 „zur Bequemlichkeit der Zahlungen jeder Art" für seine Mitglieder ein „Postscheckkonto" eingerichtet, das allerdings „noch nicht in dem Maße benützt (wird), wie es für beide Teile – Geschäftsführer und Mitglieder – wünschenswert wäre"[54]. Ein weiterer Hinweis auf diese Orientierung ist die jährlich stattfindende Beurteilung der Kleingärten des Vereins durch Preisrichter. 1912 wurden dafür die Grundsätze, auf die sich die Preisrichter geeinigt hatten, im Jahresbericht veröffentlicht. Sie sollen wegen ihrer richtungweisenden Bedeutung für das Kleingartenwesen in Frankfurt im folgenden insgesamt wiedergegeben werden:

„Grundsätze zur Beurteilung der Kleingärten

1) Der Kleingarten unserer Anlagen soll den Charakter eines Hausgartens tragen. Er soll also nicht ausschließlich einer Kultur genügen, nicht vorzugsweise dem Obst- oder dem Gemüsebau dienen.

2) Dementsprechend soll auch dem Blumenschmuck, wenn auch in bescheidenem Maße Rechnung getragen werden.

3) Ganz besonderes Gewicht ist auf die Anlage des Gartens zu legen. Der Hauptweg soll besonders gepflegt, die Ränder womöglich eingefaßt und mit entsprechenden Pflanzen besetzt sein.

4) Die Beete sind gleichmäßig umzugraben und regelmäßig einzuteilen. Ihre Bepflanzung mit Gemüse und dergl. muß mit der größten Sorgfalt und Regelmäßigkeit, jedoch nicht zu dicht geschehen.

5) Bei der Beurteilung spielt der Stand der Kulturpflanzen eine besonders wichtige Rolle. Spiegelt sich doch in ihrer Entwicklung in der Regel die ganze Sorgfalt der Pflege wieder.

6) Auf eine peinliche Sauberkeit des Gartens ist in jeder Jahreszeit zu sehen, namentlich ist alles Unkraut zu entfernen.

7) Ein besonderer Schmuck der Laube mit Kletter- oder Schlingpflanzen, wie wilder Wein, Efeu, Aristolochia u. dergl. trägt wesentlich zur Zierde des ganzen Gartens bei.

8) Ein hübscher Abschluß des Gartens im Hintergrund durch Buschwerk von Johannistrauben und dergl. ist besonders nach der äußeren Grenze hin wünschenswert.

9) Die Preisrichter stellen an die Leistungen in den Gärten höhere Anforderungen, die von gelernten Gärtnern teilweise oder vollständig bewirtschaftet werden, ebenso, wenn es dem Besitzer möglich ist, recht viel Zeit auf seinen Garten zu verwenden."[55].

Außerdem unterhielt der „Verein zur Förderung des Kleingartenbaues" mindestens seit 1903 eine „unentgeltliche Auskunftsstelle" (Abb. 13), die „merkwürdiger Weise ... von auswärtigen Interessenten mehr benützt" wurde „als von einheimischen, am wenigsten von unseren Mitgliedern". Für diese „unentgeltliche Auskunftsstelle" hatte sich der Verein „den Rat und die Mitarbeit einer großen Zahl von Sachverständigen in schwierigen Fällen gesichert"[56]. Die Berufung dieses Beirats herausragender Fachleute dokumentiert jedoch nicht nur die Interessenlage des Vereins. Sie macht gleichzeitig die grundlegende Bedeutung dieses Vereins für die Entwicklung der Gartenkultur im frühen 20. Jahrhundert in Frankfurt sichtbar. Die Fachberatung in Kleingartenfragen, heute ein wesentliches Anliegen des „Bundesverbandes Deutscher Gartenfreunde" (Abb. 14), der Landesgruppe Hessen, der Stadtgruppe Frankfurt und der einzelnen Vereine, wurde also bereits damals systematisch betrieben. Nach dem Ersten Weltkrieg bestand der Beirat jedoch nicht mehr. Die Fachgebiete und ihre Vertreter im Beirat waren:

„Gartenbau im Allgemeinen: Max Hesdörffer, Berlin, Gartenbauschriftsteller (Herausgeber der Gartenwelt);
Gartenkunst- und Gartenarchitektur: Gartendirektor J. Heicke, Frankfurt a. M., Willy Lange, Wannsee;
Obstbau: Oekonomierat F. Lucas, Direktor des Pomolog. Instituts in Reutlingen, Garteninspektor K. Huber, Oberzwehren;
Gemüsebau: Obergärtner H. Schlegel in Östrich;
Blumenpflege: Max Hesdörffer, Berlin.
Staudenkultur: W. Müller, Kunstgärtnereibesitzer in Darmstadt;
Rosenzucht: P. Lambert, Rosenzüchter, Trier a. M.;
Kakteen und Sukkulenten: A. Purpus, Garteninspektor, Darmstadt;
Allgem. Botanik: M. Dürer, Privatmann;
Botanische Mikroskopie: Prof. Dr. Möbius, Docent am Senckenbergianum, Frankfurt a. M.;
Obst- und Gemüseverwertung: M. Hotop, Obstbauinspektor, Homburg v.d.H.; Garteninspektor K. Huber, Oberzwehren; Dr. Hoffmann, Friedberg;
Kellerwirtschaft: Fritz Rackles, i. F. A. Rackles, Äpfelwein-Kelterei in Frankfurt a. M.;
Schädlinge und Krankheiten der Nutzpflanzen: Prof. Dr. Lüstner, Geisenheim a.Rh.; Dr. H. Nördlinger, Flörsheim; Dr. Hoffmann, Friedberg;
Käfer und Schmetterlinge: Arthur Vogt, Lehrer, Frankfurt a. M.;

Abb. 13 Werbung für die Auskunftstelle des „Vereins zur Förderung des Kleingartenbaues“, 1902

Abb. 14 Empfang einer Seminargruppe des „Bundesverbandes Deutscher Gartenfreunde" durch Stadtrat Heinz Daum, 2.v.r., Ltd. Gartenbaudirektor Frank Blecken, 2.v.l., 1989

Gartenbau-Literatur: Max Hesdörffer, Berlin;
Gärtnerisches Schulwesen: Director Otto Schindler, Proskau;
Vogelschutz: Friedrich Schwabe, Seebach"[57].

Die Aktivitäten und Veröffentlichungen des „Vereins zur Förderung des Kleingartenbaues in Frankfurt" lassen sich in gewisser Weise mit denen des 1823 in Berlin gegründeten, staatlich geförderten „Vereins zur Beförderung des Gartenbaues in den Königlich Preußischen Staaten" vergleichen, der in der ersten Hälfte des 19. Jahrhunderts auf nationaler Ebene eine bedeutende Rolle bei der Entwicklung der Gartenkultur gespielt hatte[58].

Im übrigen sei hier auf das Kapitel „Eine Besonderheit in der Geschichte des Kleingartenwesens in Frankfurt am Main – Der Verein zur Förderung des Kleingartenbaues" verwiesen.

Der 1915 gegründete „Verband der Kleingartenbauvereine für Frankfurt am Main und Umgebung" vergrößerte sich zusehends, 1918 waren darin 23 Vereine zusammengeschlossen[59]. Im Oktober 1920 gehörten dem Verband, wie aus einer von seinem Vorsitzenden Heinrich Förster (Abb. 15) für den Frankfurter Bürgermeister erstellten Statistik hervorgeht (Abb. 16a, b, c), bereits 20.778 Mitglieder in 50 Vereinen an, 36 davon in Frankfurt und 14 in der Umgebung. In den Vereinen der Umgebung aus Eschborn, Fechenheim, Griesheim, Homburg v.d.H., Kelsterbach,

Abb. 15 Heinrich Förster (1876–1938)

Langen, Neu-Isenburg, Nied, Niederursel, Schwanheim, Groß-Steinheim, Vilbel und Dortelweil waren 2.765, in denen der Stadt Frankfurt 18.013 Mitglieder organisiert, von denen 725 bzw. 5.148 „Mitglieder ohne Land"[60] waren, d.h. Vereinsmitglieder, die noch auf die Pacht eines Kleingartens warten mußten.

Allein der „Verein zur Förderung des Kleingartenbaues" hatte seine Mitgliederzahl zwischen Oktober 1918 und Oktober 1920 um zwei Drittel von 1.536[61] auf 2.546[62] erhöht.

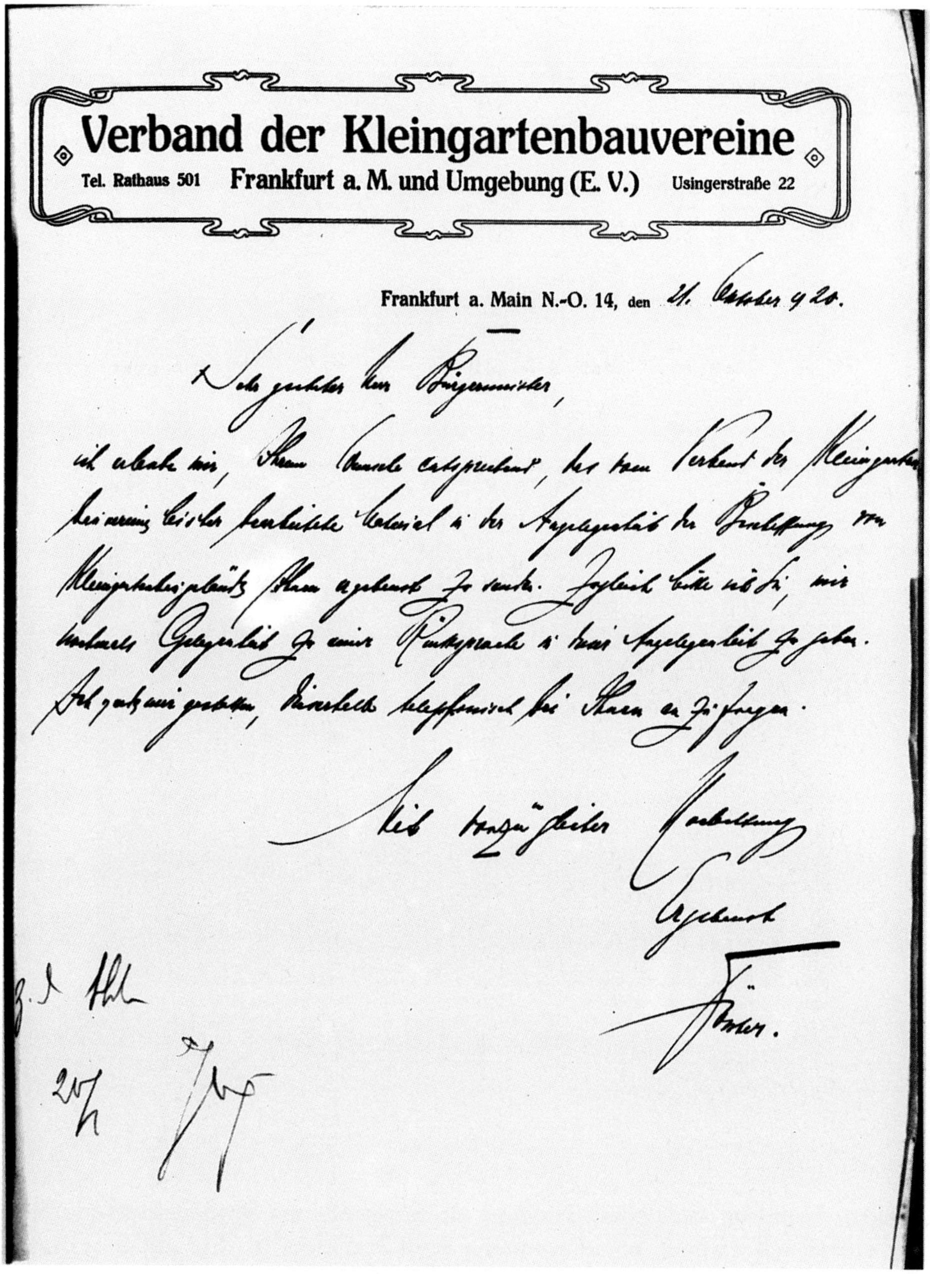
Verband der Kleingartenbauvereine

Tel. Rathaus 501 Frankfurt a. M. und Umgebung (E. V.) Usingerstraße 22

Frankfurt a. Main N.-O. 14, den

Abb. 16 a, b, c Statistik des „Verbandes der Kleingartenbauvereine Frankfurt a. M. und Umgebung", die der Vorsitzende Förster am 21. Oktober 1920 an den Bürgermeister der Stadt Frankfurt schickte

Abschrift.

Verband der Kleingartenbauvereine

Tel. Rathaus 501 **Frankfurt a. M. und Umgebung (E. V.)** Usingerstraße 22

Frankfurt a. Main N.-O. 14, den ....

Die Statistik über die dem Verband der Kleingartenbauvereine angeschlossenen Vereine.

Lfde. Nr	Name des Vereins	Zahl der Mitglieder	Mitglieder ohne Land.	Davon Kriegs-beschädigte.
1.	Berkersheim	40	32	2
2.	Bockenheim	811	344	70
3.	Buchenhau	107	18	
4.	Einigkeit	290	100	
5.	Eintracht	112	65	4
6.	Verband der Eisenbahn.Kleingärtner	3260		
7.	Eisenbahn.Kleingartenbau und Kleintierzucht	112		
8.	Eschersheim	393	100	
9,	Frankfurt a.M.	50	20	
10.	St.Gallus	580	210	38
11.	Ginnheim	290	130	40
12.	Gneisenau	220	18	10
13.	Gutleut	160	20	
14.	Hausen	230	50	
15.	Heddernheim	690	80	14
16.	Bund der Kinderreichen	966	500	
17.	Kuhwald	500	150	50
18.	Landarbeitsgemeinschaft des Altstadt-Mütter-Abend	35	25	5
19.	Lohrberg	96	9	
20.	Niederrad	550	119	
21.	Nordend	40		
22.	Oberrad	228	110	24
23.	Ostend	193	100	
24.	Praunheim	140	22	1
25.	Riederwald	675	290	60
26.	Rödelheim (alt)	415	120	30
27.	Rödelheim (neu)	820	272	15
28.	Reistenverein	650	380	50
29.	Südwest	142		
30.	Strassenbahn.Bockenheim	225	80	20

Verband der Kleingartenbauvereine

Tel. Rathaus 501 **Frankfurt a. M. und Umgebung (E. V.)** Usingerstraße 22

Frankfurt a. Main N.-O. 14, den ....

Die Statistik über die dem Verband der Kleingartenbauvereine angeschlossenen Vereine.

(Fortsetzung).

Lfde. Nr.	Name des Vereins	Zahl der Mitglieder	Mitglieder ohne Land.	Davon Kriegsbeschädigte.
31.	Strassenbahner "Nordost"	335	126	
32.	Strassenbahner "Süd"	150	116	5
33.	Verein zur Förderung des Kleingartenbaus Frankfurt a M.	2546	1142	320
34.	Versuchsgarten	273		
35.	Wartburgverein (e.V.)	75		8
36.	Westend	1619	400	116
		18013	5148	882

Die auswärtigen Vereine, die dem Verband angeschlossen sind.

Lfde. Nr.	Name des Vereins	Zahl der Mitglieder	Mitglieder ohne Land.	Davon Kriegsbeschädigte.
37.	Eschborn	80		
38	Fechenheim a.M.	120		
39.	Griesheim a.M.	440	50	10
40	Homburg v.d.H.	184	115	6
41.	Kelsterbach a.M.	298		
42.	Langen i.Hess.	79		
43.	Neu-Isenburg i.Hess. (Westend)	180		
44.	Neu-Isenburg (neu)	300	211	
45.	Nied a.M.	179	70	75
46.	Niederursel	60	30	
47.	Schwanheim a.M.	180	105	50
48.	Gr-Steinheim a.M.	95	44	
49.	Vilbel	525	55	6
50.	Oertelweil	45	45	
		2765	725	149

Förster

3.2. Der Aufschwung kommunaler Gartenkultur in der Weimarer Republik

Die mit der Errichtung der Weimarer Republik verbundene veränderte gesamtpolitische Situation führte auch auf der Ebene der Kommunalverwaltung zu einer Reihe von Veränderungen. Zwar galt das Gemeindeverfassungsgesetz von 1867 weiter, doch konnten sich erstmals in der Verwaltung auch andere Interessen artikulieren. Noch im Kaiserreich, im Jahr 1917, hatte Otto Ernst Sutter, ein Redakteur der „Frankfurter Zeitung", der nach dem Ersten Weltkrieg am Wiederaufbau der Frankfurter Messe entscheidend beteiligt war, auf einer Sitzung des „Vereins zur Förderung des Kleingartenbaues" die „Schaffung einer Zentralstelle in unserer Stadt" gefordert, „die zugleich amtlichen Charakter hat". Das städtische Kleingartenbau-Amt, so Sutter, sei „eine dringende Notwendigkeit". Zu seinen Aufgaben sollten gehören: „die Erschließung und Verteilung von Kleingartenbau-Gelände; die Versorgung der Kleingärtner mit Saatgut und Dünger, die Errichtung neuer Anlagen mit Umzäunungen und Lauben, ferner die Anlegung von Versuchs- und Mustergärten, die Anstellung von geschulten Kräften zur praktischen Unterweisung der Kleingärtner. Eine Hauptaufgabe erblickt er endlich in der Errichtung von kleingärtnerischen Daueranlagen, die bei den Entwürfen von Stadt-Bebauungsplänen zukünftig zu berücksichtigen seien. Sie ließen sich recht gut an Stelle von Schmuckplätzen und sogenannten Grünflächen in neu entstehende Stadtviertel einschieben, wenn sie gewissen ästhetischen Anforderungen genügten. Damit in Zusammenhang stünde übrigens auch die Ueberwachung des von privater Seite zur Verpachtung kommenden Geländes hinsichtlich der Höhe der Pachtzinsen"[63].

Die offenbar recht eindrucksvollen Vorstellungen von einem städtischen Kleingartenbauamt, die Sutter auf dieser Sitzung des „Vereins zur Förderung des Kleingartenbaues" vorgetragen hatte, sollten auch bei anderen „Kleingartenbau-Vereinigungen der Stadt Frankfurt" zu Gehör gebracht werden, „um mit ihnen gemeinsam bei Magistrat und Stadtverordneten-Versammlung die Schaffung eines gemeindlichen Kleingartenbau-Amtes in Vorschlag zu bringen"[64]. Als Sutter jedoch 1918 seine Vorstellungen von einem städtischen Kleingartenbauamt „den Vertretern der verschiedenen Vereine" vortrug, wurden sie von jenen „abgelehnt, weil sie sich der Meinung nicht erwehren konnten, durch ein solches Amt allzusehr bevormundet zu werden, und darin eher eine Hemmung als eine Förderung der Kleingartenbaubestrebungen erblickten"[65].

Im Februar 1918 hatte Sutter eine Schrift „Schafft Kleingartenämter!" verfaßt und darin Kleingartenämter „als Einrichtungen von Dauer"[66] gefordert. Sie sollten den Kleingartenbau „in größtem Stil und so umfassend wie man sich das nur denken kann" fördern. Die nach dem Ende des Krieges zu erwartenden schwierigen Zeiten sollten durch ein zugleich einfacheres und freundlicheres Leben charakterisiert sein. Das sollte „auf der einen Seite durch die Pflege einer großzügigen Volksbildung, so etwa, wie sie in Frankfurt durch den ‚Ausschuß für Volksvorlesungen' und in der Umgebung Frankfurts durch den ‚Rhein-Mainischen Verband für Volksbildung' mustergültig betrieben wird, und auf der anderen Seite durch eine nicht minder planmäßige und ernste Unterstützung des Kleingartenbaues geschehen. Dort Förderung des Geisteslebens, hier Förderung wirtschaftlicher Interessen, zugleich Pflege der Gesundheit und der Freude und Liebe zur Heimat und zur Natur"[67].

Im August 1920 bat der „Verband der Kleingartenbauvereine" in einem mit zahlreichen Beispielen fundierten Schreiben den Magistrat, „die zahlreichen Bewerber um Kleingartengelände, deren Zahl sich nach den Feststellungen des Verbandes auf schätzungsweise 5000 beläuft, nach Möglichkeit mit Gelände zu versehen" und „der Frage der Bereitstellung von Kleingartengelände seine besondere Aufmerksamkeit zuzuwenden"[68]. Die hier vorgetragene Bitte macht deutlich, wieviel überzeugender von einem Verband als von dem einzelnen Kleingärtner oder auch einem einzelnen Verein auf die Notwendigkeit der Bereitstellung von Gartenland verwiesen werden kann. Der Verband forderte auch die „Vergebung des Geländes durch die Vermittlung der Vereine, da bei der direkten Vergebung von Land an einzelne Personen erfahrungsgemäss mancherlei Unstimmigkeiten entstehen"[69].

Das ist eine unmißverständliche Reaktion auf die bereits angedeutete, vor Beginn des Ersten Weltkriegs in der Stadtverordneten-Versammlung zur Sprache gekommene Problematik einer sozial ausgewogenen Verteilung der zur Verfügung gestellten Gartenflächen. Hier wird noch ein weiterer Grund für die Landvergabe über die Vereine aufgezeigt, die „Landhamsterei", die wegen der noch uneinheitlichen Vergabepraxis von Kleingartengelände möglich war. So konnten „Mitglieder, die von den Vereinen Gelände zugewiesen bekamen, nachträglich auch noch Gelände von der Stadtkämmerei" erhalten. Der Verband wies daher klar auf „die in den Ausführungsbestimmungen zur Kleingarten- und Kleinpachtlandordnung vom 27. Januar 1920 geforderte Einrichtung eines Kleingartenlandverzeichnisses hin, worin das gesamte zu Kleingärten geeignete oder zu diesem Zweck verwend- und beschaffbare Land im Orte und der Umgegend, sowie sämtliche vorhandene und neu einzurichtenden Kleinpachtgärten, soweit sie unter die Verordnung vom 31. Juli 1919 (die Kleingarten- und Kleinpachtlandordnung, G. G. und J. W.-B.) fallen, aufzunehmen sind"[70]. Im Magistrat wurde dagegen offenbar noch die Vorkriegsauffassung vertreten, die Stadt Frankfurt solle nicht den Kleingartenbau-Vereinen, sondern den einzelnen Interessenten Kleingartenland überlassen[71]. Schließlich wies der Verband noch darauf hin, daß er „aus Laien und Fachleuten bestehende Kommissionen eingerichtet" habe, „welche zum Zwecke der Kontrolle sämtliche Kolonien im Verlaufe des Jahres mehrmals besichtigen. Das Urteil dieser Kommissionen wird den Vertretern der Vereine in öffentlicher Sitzung bekanntgegeben; Vereinsmitglieder, welche ihre Gärten in verwahrlostem Zustand liegen lassen, werden aus den Vereinen ausgeschlossen"[72].

Der Zusammenschluß der Kleingärtnervereine in einem Verband scheint wesentlich dazu beigetragen zu haben, die schwierige Aufgabe der sozial verträglichen Verteilung des zur Verfügung stehenden Geländes umsichtig, sorgfältig und selbständig zu bewältigen. Die Vorbehalte gegen die Einrichtung einer städtischen Einrichtung, die sich im Kaiserreich eher als Obrigkeit gegenüber den häufig als unbotmäßig eingestuften Untertanen gezeigt hatte, sind daher nur zu verständlich. Hinzu kam, daß innerhalb der Kleingartenbewegung zwei unterschiedliche Strömungen entstanden waren, die sich wesentlich in ihrer Staats- und Gesellschaftsauffassung unterschieden.

Im Jahr 1906 hatten sich bereits die stark hierarchisch nach dem Patronatssystem organisierten ersten Arbeitergärten-Vereine, die insbesondere auf Initiative des als leitender Beamter im Reichsversicherungsamt tätigen Geheimrats Bielefeldt beim Roten Kreuz in Berlin eingerichtet worden waren, mit anderen Vereinen, so z.B. dem „Obst- und Gartenbauverein für Neumünster und Umgebung" und dem „Gartenbauverein für Flensburg und Umgebung" zum „Verband deutscher Arbeitergärten" und 1909 zum „Zentralverband deutscher Arbeiter- und Schrebergärten" zusammengeschlossen[73]. Im Oktober 1919 erfolgte „in bewußtem und absichtlichem Gegensatz zu dem ‚Zentralverband der Arbeiter- und Schrebergärten'" die Gründung des Zentralverbandes der Kleingartenvereine Deutschlands. Es war, so schreibt Otto Albrecht, der Schriftleiter des ab 1903 erscheinenden Bundesorgans dieses Zentralverbandes ‚Der Laubenkolonist'[74], im Jahr 1919 „einfach ein Gebot der Zeit und der Notwendigkeit, dem alten bürgerlich-patriarchalischen Verbande den neuen proletarisch-demokratischen ‚Zentralverband der Kleingartenvereine Deutschlands' entgegenzusetzen"[75].

Mit der Weimarer Republik konnte auf der Ebene der Kommunen, dort, wo das nun erstmals ausübbare allgemeine, gleiche und geheime Wahlrecht für eine Veränderung der politischen Mehrheitsverhältnisse gesorgt hatte, auch eine andere Kommunalpolitik betrieben werden. Auf der Ebene der schon im Kaiserreich etablierten Administration der Staatsministerien herrschte jedoch noch durchweg das alte kaiserlich preußische obrigkeitliche Staatsverständnis. Konflikte zwischen diesen Ebenen waren also absehbar. Deren drohende Eskalation, die sich beispielhaft vielleicht auch in der Ablehnung des kommunalen Kleingartenamtes durch die Vertreter des „Verbandes der Kleingartenbauvereine von Frankfurt a. M." andeutete, wurde letztlich durch die Verabschiedung der Kleingarten- und Kleinpachtlandordnung (KGO) vom 31. Juli 1919, der Vorläuferin des heutigen Bundeskleingartengesetzes, und die Vereinigung der beiden unterschiedlichen Zentralverbände zum „Reichsverband der Kleingartenvereine Deutschlands" im Jahr 1921[76] vermieden.

Die Verabschiedung der KGO wie auch die Einrichtung von Kleingartenämtern war wesentlich durch die Tätigkeit des „Verbandes der Laubenkolonisten" bewirkt worden. Im November 1900 war im Berliner Volkspark Friedrichshain die Gründung der „Vereinigung sämtlicher Pflanzervereine Berlins und Umgegend" beschlossen und am 9. Februar 1901 vollzogen worden. 1910 wurde ihr Name in „Bund ..." und 1911 in „Verband der Laubenkolonisten Berlins und Umgegend" geändert. Dieser Verband hatte 1915 zusammen mit dem Roten Kreuz und dem „Bund der

Vereine für naturgemäße Lebens- und Heilweise“ in Berlin den „Kriegsausschuß der Großberliner Laubenkolonien“ gegründet. Dort waren schon im Februar 1918 Leitsätze für eine „Verordnung über Herabsetzung der Pachtpreise, der Beseitigung der Generalpächter“ formuliert worden. Solche Leitsätze hatte der „amtierende Verbandsvorsitzende Steinweg in einer Unterredung mit dem damaligen preußischen Landwirtschaftsminister Braun gefordert“[77]. Von Kriener, dem Vorstandsmitglied des Verbandes der Laubenkolonisten und Karnatz überarbeitet, waren sie am 8. Januar 1919 als „Eingabe an den Rat der Volksbeauftragten“ gerichtet worden. Am 1. Februar beauftragte das Reichsernährungsministerium den im Reichsversicherungsamt tätigen Geheimrat Alwin Bielefeldt zu dem Fragenkomplex Stellung zu nehmen. Bielefeldt hatte den in Opposition zum Verband der Laubenkolonisten stehenden Zentralverband deutscher Arbeiter- und Schrebergärten gegründet und war Vorsitzender der „Zentralstelle für den Gemüsebau im Kleingarten“. In der Sitzung des Beirats der Zentralstelle am 23. Februar 1919, der auch der Bezirksamtmann Dr. Kaisenberg vom Reichswirtschaftsministerium beiwohnte, äußerte sich Bielefeldt.

„Es bedurfte dann noch einiger aufmunternder Pressenotizen, um inzwischen aufgetauchte Bedenken der Regierung zu beseitigen, so daß schließlich am 12. Mai der Deutschen Nationalversammlung eine entsprechende Gesetzesvorlage unterbreitet wurde. Zu dieser Vorlage reichte der Berliner Verband am 23. Juni Abänderungsanträge für die §§ 1, 3, 5, und 7 ein, die von den Abgeordneten Löbe, Rauch und Taubadel aufgenommen und von dem mit der Beratung betrauten Haushaltsausschuß angenommen wurden, so daß die Kleingarten- und Kleinpachtlandordnung am 19. Juli verabschiedet und unter dem 31. Juli als Reichsgesetz verkündet werden konnte“[78].

Die preußischen Ausführungsbestimmungen zur Kleingarten- und Kleinpachtlandordnung vom 22. Oktober 1919 regelten schließlich nüchtern: „Allen in Betracht kommenden größeren Gemeinden, insbesondere den Großstädten, ist die Einrichtung solcher Kleingartenämter eindringlichst nahe zu legen, die ihre Tätigkeit in enger Fühlung mit den sonst vorhandenen städtischen Aemtern, deren Aufgaben mit der Boden- und Wohnungsfrage in Beziehung stehen (Tiefbauamt, Wohnungsamt, Grundstücksamt) auszuüben haben und gegebenenfalls mit einem dieser Aemter verschmolzen werden können“[79]. Im November 1919 warb der Berliner Verband „für die Errichtung von Kleingartenämtern in den Vororten und deren Zusammenschluß zu einem Zentral-Kleingartenamt“[80]. Am 27. Januar 1920 wurde durch Erlaß des Preußischen Ministeriums für Volkswohlfahrt jeder Stadt- und Landkreis aufgefordert „eine bestimmte Amtsstelle mit der Wahrnehmung der der unteren Verwaltungsbehörde zugewiesenen Rechte und Pflichten zu beauftragen (Kleingarten-Amt)“[81].

Den Eingaben des „Verbandes der Kleingartenbauvereine Frankfurt am Main und Umgebung“ vom 19. April und vom 11. August 1920, die Stadt Frankfurt am Main möge ein Kleingartenbau-Amt einrichten, folgte am 31. August 1920 ein Beschluß der Stadtverordneten-Versammlung, in dem „die Errichtung eines Kleingartenbau-Amtes für dringend notwendig“ gehalten wurde. Der Magistrat wurde ersucht, „der gemischten Deputation zur Errichtung städtischer Aemter alsbald entsprechende Vorlage zu machen“[82].

Ordnung

betr. die Errichtung einer gemischten Deputation für das Kleingarten- und Kleintierzuchtwesen.

§ 1.

Auf Grund der Ausführungsbestimmungen zur Kleingarten- und Kleinpachtlandordnung vom 31. Juli 1919 (R.-G.-Bl. S. 1371) und gemäß § 66 des Gemeindeverfassungs-Gesetzes vom 25. März 1867 wird neben und in Verbindung mit dem Hochbau-Amt (Stadtgärtnerei) — im übrigen jedoch als selbständige Einrichtung — eine gemischte Deputation mit der Bezeichnung „Deputation für das Kleingarten- und Kleintierzuchtwesen“ eingesetzt.

Der Deputation wird die zusammenfassende Bearbeitung aller Fragen auf dem Gebiete des Kleingarten- und Kleintierzuchtwesens übertragen.

§ 2.

Die Deputation besteht aus drei Mitgliedern des Magistrats, welche vom Oberbürgermeister unter gleichzeitiger Bestimmung des Vorsitzenden und seines Stellvertreters ernannt werden, aus dem Direktor der Stadtgärtnerei, dem Direktor der Stadtkämmerei und zehn von der Stadtverordneten-Versammlung zu wählenden Mitgliedern, von denen vier der Stadtverordneten-Versammlung angehören sollen.

Die Amtszeit der der Stadtverordneten-Versammlung angehörenden Mitglieder endigt mit dem Ablauf ihrer Wahlperiode oder mit ihrem etwaigen früheren Ausscheiden aus der Stadtverordneten-Versammlung. Die übrigen Mitglieder werden auf 6 Jahre gewählt mit der Maßgabe, daß Ersatzwahlen für die während der Wahlperiode ausscheidenden Mitglieder nur für den Rest der Amtsdauer dieser Mitglieder stattfinden.

§ 3.

Die Deputation kann für bestimmte Zweige ihrer Tätigkeit oder für einzelne Aufgaben Ausschüsse einsetzen. Die Ausschüsse werden vom Vorsitzenden des Amtes oder seinem von ihm bezeichneten Stellvertreter geleitet. Sie unterstehen den Anordnungen des Amtes; ihre Zuständigkeit wird durch das Amt bestimmt. Zu den Sitzungen des Amtes und der Ausschüsse können städtische Angestellte und Sachverständige hinzugezogen werden.

§ 4.

Der Vorsitzende beruft die Deputation und die Ausschüsse zu ihren Sitzungen. Zur Beschlußfähigkeit ist die Anwesenheit der Hälfte der Mitglieder erforderlich. Die Beschlüsse werden mit Stimmenmehrheit gefaßt, bei Stimmengleichheit entscheidet der Vorsitzende.

§ 5.

Alle lediglich einleitenden, vorbereitenden und ausführenden Verfügungen, alle Sachen, die ihren angewiesenen Gang haben, alle unerheblichen Gegenstände oder solche, bei denen die Entscheidung auf unzweifelhaften oder ausdrücklichen Bestimmungen beruht, werden durch den Vorsitzenden oder in seinem Auftrag durch die der Deputation unterstehenden Dienststellen ohne Vortrag erledigt. Der Vorsitzende ist befugt, in allen dringenden Fällen die erforderlichen Entschließungen zu treffen, vorbehaltlich der Vorlage der Angelegenheit an die Deputation in der nächsten Sitzung.

Der Vorsitzende vertritt die Deputation nach außen und leitet die gesamte Geschäftsführung. Er übt die Dienstaufsicht über das im Geschäftsbereiche der Deputation beschäftigte städtische Personal aus. Sämtliche Schreiben, Verfügungen und Urkunden der Deputation werden von ihm oder in seinem Auftrag von den ihm unterstellten Dienststellen oder Dezernenten gezeichnet.

Im übrigen richtet sich die Erledigung der Geschäfte der Deputation nach der von ihr mit Genehmigung des Magistrats im Bedarfsfall zu erlassenden Geschäftsordnung. Sie kann insbesondere auch über die Uebertragung von Befugnissen des Vorsitzenden auf einzelne der Deputation unterstellte Beamte und Angestellte Bestimmung treffen.

§ 6.

Zur Ausführung der Geschäfte werden der Deputation die Einrichtungen des Hochbau-Amts (Stadtgärtnerei) bis auf weiteres zur Verfügung gestellt.

§ 7.

Diese Ordnung tritt mit dem heutigen Tage in Kraft.

Frankfurt a. M., den 14. Februar 1921.

Der Magistrat.

Abb. 17 Ordnung betr. die Errichtung einer gemischten Deputation für das Kleingarten- und Kleintierzuchtwesen, 1921

Die Ausführungsbestimmungen zur KGO vom 27. Januar 1920 ordneten die Einrichtung von Kleingartenämtern in den Land- und Stadtkreisen sowie die Bildung eines „Sachverständigenbeirates zur gutachterlichen Stellungnahme in allen Pachtpreisen und sonstigen wichtigen Fragen“ an. Demzufolge wurde in Frankfurt am Main am 14. Februar 1921 „eine gemischte Deputation mit der Bezeichnung ‚Deputation für das Kleingarten- und Kleintierzuchtwesen‘ eingesetzt“ und ihr „die zusammenfassende Bearbeitung aller Fragen auf dem Gebiete des Kleingarten- und Kleintierzuchtwesens übertragen“[83] (Abb. 17). Die staatliche und kommunale Kontrolle über das Kleingartenwesen war also eine Folge der ersten gesetzlichen Regelung zum Kleingartenwesen, der Kleingarten- und Kleinpachtlandordnung vom 31. Juli 1919. Dabei spielten die Frankfurter wie auch die Berliner Kleingärtner eine große Rolle.

Die in Frankfurt am Main insgesamt 15 Personen umfassende gemischte Deputation für das Kleingarten- und Kleintierzuchtwesen bestand „aus drei Mitgliedern des Magistrats, welche vom Oberbürgermeister unter gleichzeitiger Bestimmung des Vorsitzenden und seines Stellvertreters ernannt“ wurden, „aus dem Direktor der Stadtgärtnerei, dem Direktor der Stadtkämmerei und zehn von der Stadtverordneten-Versammlung zu wählenden Mitgliedern, von denen vier der Stadtverordneten-Versammlung angehören“[84] sollten. Von einer ausdrücklichen Mitgliedschaft von Vertretern der Kleingärtnervereine und der Kleintierzuchtvereine, wie in dem bereits 1919 eingerichteten elfköpfigen Ausschuß der Stadt Hannover, der der dortigen Amtsstelle für Kleingartenbau zugeordnet war[85], ist nicht die Rede. Um die Geschäftsführung der Deputation zu gewährleisten, bildete der Direktor der Stadtgärtnerei, Max Bromme (Abb. 18), dem die „ordnungsgemäße Erledigung der Geschäftsstelle“[86] übertragen worden war, mit drei hauptamtlich beschäftigten Beamten[87] das Kleingartenamt.

Die anfänglich ablehnende Haltung einiger Vereine gegenüber diesem städtischen Kleingartenamt war offenbar im „Verband der Kleingartenbauvereine Frankfurt a. M.“ nicht mehrheitsfähig. Wenige Jahre später trat der Verband noch einmal ausdrücklich für die Erhaltung des Kleingartenamtes ein. Zunächst bestanden jedoch noch unterschiedliche Auffassungen zwischen der als „selbständige Einrichtung“ eingesetzten, „neben und in Verbindung mit dem Hochbauamt (Stadtgärtnerei)“[88] organisatorisch angesiedelten Deputation und dem „Verband der Kleingartenbauvereine“, der sich durchaus eigenständig entwickelt hatte.

Beträchtliche Spannungen gab es damals zwischen Landwirten, Berufsgärtnern und Kleingärtnern[89], weil sich erstere u.a. durch die Tätigkeit der Kleingärtner in ihren Absatzmöglichkeiten eingeschränkt sahen. 1917 hatte z.B. der „Verein zur Förderung des Kleingartenbaues“ 14.922,50 kg Saatkartoffeln, 75 kg Bohnensamen, 50 kg Erbsensamen, 6 kg Zwiebelsamen, 1 kg Spinatsamen sowie 2.500 kg Thomasmehl, 2.500 kg Kali, 1.400 kg Ammoniak und 90 Sack Kalk für seine Mitglieder bezogen[90]. Die Relationen mag ein Vergleich aus der damaligen Zeit verdeutlichen. Unter der wohl realistischen Annahme, „daß jeder Kleingärtner im Durchschnitt

Abb. 18 Stadtgartendirektor Max Bromme (rechts) um 1936

3–4 Zentner Kartoffeln erntet, so bedeutet dies einen jährlichen Ertrag von 80.000 Zentner Kartoffeln“ (bei 20.000 Kleingärtnern in Frankfurt am Main, G. G. und J. W.-B.). „Man vergleiche damit die Tatsache, daß einer der größten hiesigen Gutshöfe, Hof Grünhof, mit einer Jahresernte von 6–7.000 Zentner Kartoffeln rechnet“[91].

Im Oktober 1921 wiederholte und erweiterte der „Verband der Kleingartenbauvereine Frankfurt a. M. und Umgegend“ in einer ausführlichen „Denkschrift über die Lage des Kleingartenbaus zu Frankfurt am Main", die auch in der Novemberausgabe 1921 des Werbeblatts für Kleingartenbau auszugsweise abgedruckt worden war, seine bereits im August 1920 vorgetragene Bitte um Kleingartengelände. In der Form von Anträgen bat er den Magistrat:

„1. Das von den hiesigen Kleingartenbauvereinen auf Grund der amtlichen Feststellungen benötigte Kleingartengelände möge bereit gestellt und für die restlose Durchführung der gesetzlichen Bestimmungen, wie sie in der Kleingarten- und Kleinpachtlandordnung vom 31. Juli 1919 und in dem Erlaß des Preuß. Ministers für Volkswohlfahrt vom 27. Jan. 1920 festgelegt sind, Sorge getragen werden.
2. Die Pachtpreise für Kleingartengelände mögen auf der Grundlage geregelt werden, daß für städtisches und Stiftungsgelände die Normalpachtpreise 10, 8, 6 M festgesetzt und daß kleingärtnerisch und landwirtschaftlich genutztes Gelände hinsichtlich der laufenden und der neuen Pachtverträge nach denselben Grundsätzen behandelt werde.
3. Der Deputation für Kleingartenbau und Kleintierzucht ist der Abschluß der Pachtverträge für kleingärtnerisch genutztes Gelände zu übertragen, die bestehenden Pachtverträge sind einer zeitgemäßen Umarbeitung zu unterziehen, und der Abschluß langfristiger Pachtverträge ist nach Möglichkeit zu erstreben.
4. Die Einordnung der Kleingartenkolonien als Dauerkolonien in den Stadtbebauungsplan möge alsbald in Angriff genommen werden.
5. Die Schaffung von Lehr- und Mustergärten für Kleingärtner sowie einer ausreichenden Zahl von Schülergärten ist in die Wege zu leiten"[92] (Abb. 19).

Aus dem Entwurf eines Antwortschreibens des Magistrats aus dem Jahr 1922 geht hervor, wie gegensätzlich die Auffassungen zwischen Kleingartenverband und Verwaltung noch waren. In dem Briefentwurf wird auf einen Beschluß des Kleingartenamtes abgehoben (gemeint ist wohl ein Beschluß der gemischten Deputation für das Kleingarten- und Kleintierzuchtwesen, G. G. und J. W.-B.). Der Bitte des Verbandes, „künftig alle Pachtverträge zwischen den einzelnen Amtsstellen u. den Pächtern der zerstreut liegenden Einzelparzellen zu schließen, die Vereine die Pachtzinsen von den Pächtern erheben und an die Stadtkasse abführen zu lassen"[93], könne nicht entsprochen werden, weil sie dem erwähnten, nicht näher bezeichneten Beschluß des Kleingartenamtes entgegenstehe. In dem Entwurf des Schreibens wird auch vermutet, „dass durch die von Ihnen vorgeschlagenen Maßnahmen weniger das moralische Ansehen der Vereine gehoben werden soll, als dass die Pächter der städtischen Grundstücke veranlasst werden sollen, den Vereinen beizutreten"[94].

Der Nachfragedruck nach Kleingartengelände war in den ersten Jahren der Weimarer Republik außerordentlich groß. 1923 wird von 6.000 Familien berichtet, die sich um Kleingartenland bewarben und auf die Zuweisung eines Gartens warteten.

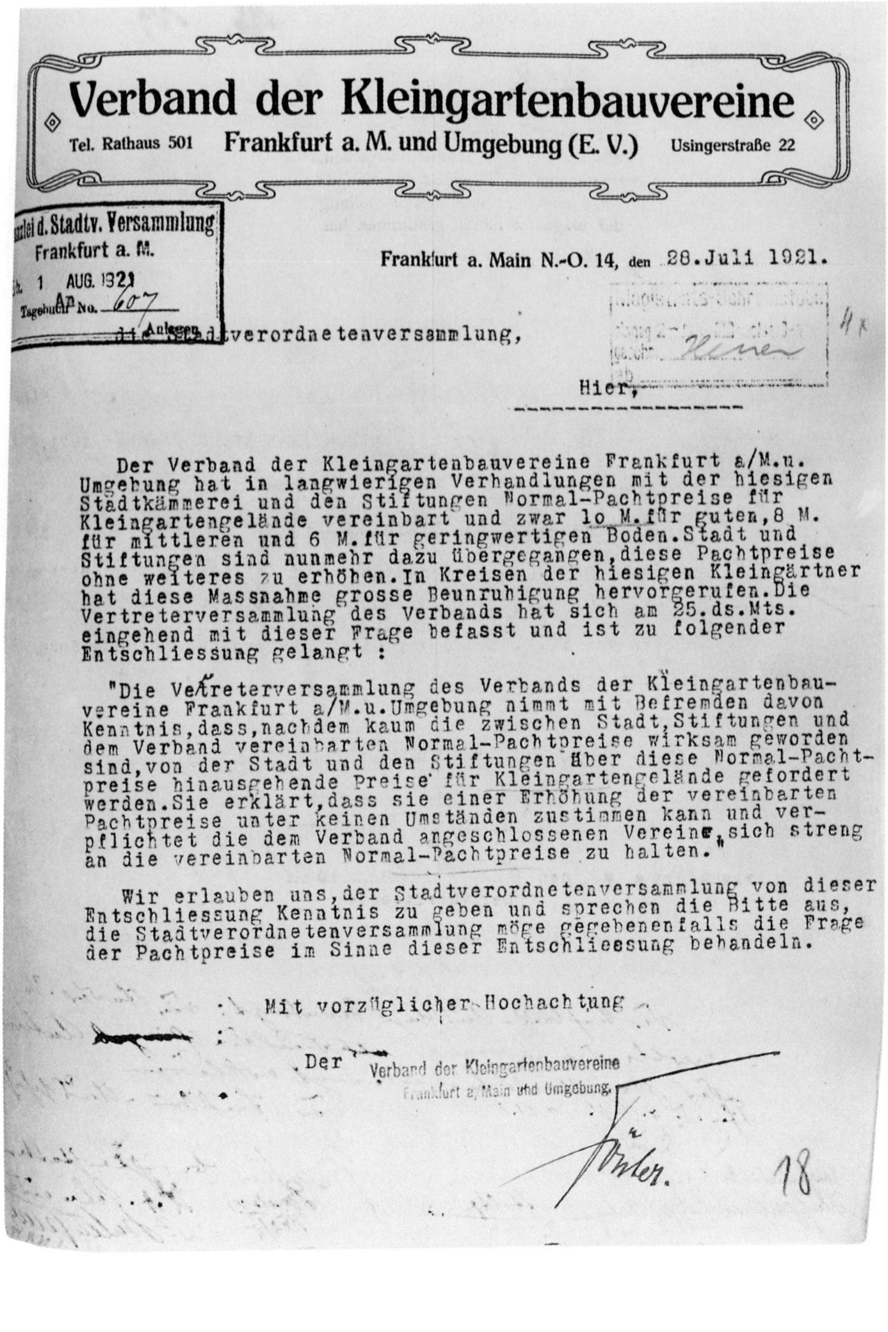

Verband der Kleingartenbauvereine

Tel. Rathaus 501 **Frankfurt a. M. und Umgebung (E. V.)** Usingerstraße 22

[...]zlei d. Stadtv. Versammlung
Frankfurt a. M.
[...]h. 1 AUG. 1921
Tagebuch No. 607
Anlagen

Frankfurt a. Main N.-O. 14, den 28. Juli 1921.

An die Stadtverordnetenversammlung,

Hier.

Der Verband der Kleingartenbauvereine Frankfurt a/M.u. Umgebung hat in langwierigen Verhandlungen mit der hiesigen Stadtkämmerei und den Stiftungen Normal-Pachtpreise für Kleingartengelände vereinbart und zwar 10 M. für guten, 8 M. für mittleren und 6 M. für geringwertigen Boden. Stadt und Stiftungen sind nunmehr dazu übergegangen, diese Pachtpreise ohne weiteres zu erhöhen. In Kreisen der hiesigen Kleingärtner hat diese Massnahme grosse Beunruhigung hervorgerufen. Die Vertreterversammlung des Verbands hat sich am 25.ds.Mts. eingehend mit dieser Frage befasst und ist zu folgender Entschliessung gelangt :

"Die Vertreterversammlung des Verbands der Kleingartenbauvereine Frankfurt a/M.u.Umgebung nimmt mit Befremden davon Kenntnis, dass, nachdem kaum die zwischen Stadt, Stiftungen und dem Verband vereinbarten Normal-Pachtpreise wirksam geworden sind, von der Stadt und den Stiftungen über diese Normal-Pachtpreise hinausgehende Preise für Kleingartengelände gefordert werden. Sie erklärt, dass sie einer Erhöhung der vereinbarten Pachtpreise unter keinen Umständen zustimmen kann und verpflichtet die dem Verband angeschlossenen Vereine, sich streng an die vereinbarten Normal-Pachtpreise zu halten."

Wir erlauben uns, der Stadtverordnetenversammlung von dieser Entschliessung Kenntnis zu geben und sprechen die Bitte aus, die Stadtverordnetenversammlung möge gegebenenfalls die Frage der Pachtpreise im Sinne dieser Entschliessung behandeln.

Mit vorzüglicher Hochachtung

Der Verband der Kleingartenbauvereine
Frankfurt a. Main und Umgebung.

Abb. 19 Schreiben des „Verbandes der Kleingartenbauvereine Frankfurt a. M." an die Stadtverordnetenversammlung betr. Erhöhung der Pachtpreise für Kleingartenland, 1921

„Neben der Bereitstellung von Gelände auf dem Wege der Kündbarkeit sowie des Zwangspachtverfahrens“ überprüfte das Kleingartenamt die „Größe der bereits früher an Kleingärtner verpachteten Grundstücke“. Der Magistrat hatte beschlossen, „die Normalgröße eines Kleingartens auf 3 Ar festzusetzen und alle Pachtungen, die über diese Größe hinausgehen, zu beseitigen. Um dabei Härten zu vermeiden, hat die Deputation für Kleingarten- und Kleintierzuchtwesen bestimmte Richtlinien aufgestellt“, nach denen die Nachprüfungen erfolgten. Dort, wo Überschreitungen festgestellt wurden, sollte „zum nächst zulässigen Termin“ gekündigt werden, „sofern der Pächter nicht freiwillig zugunsten eines Kleingartenlandbewerbers vorzeitig verzichtet“. So konnten immerhin rund 800 wartenden Familien Gärten zur Verfügung gestellt werden[95].

Wie groß die Nachfrage nach Kleingartenland seinerzeit war, zeigt eindrücklich das Beispiel einer gewaltsamen Landnahme durch Mitglieder des „Kleingärtnervereins Rödelheim“ auf dem Gelände der Firma Philipp Holzmann. Diese lehnte 1923 in einem Beschwerdebrief an den Frankfurter Magistrat die weitere Ansiedlung von Kleingärtnern auf dem Gelände ihrer Ziegelei in Rödelheim ab und verwies dabei „besonders auf die Ausschreitungen am 4. Februar dieses Jahres, wobei ca. 100 Kleingärtner des Kleingartenbauvereins Rödelheim unter Führung des Vorsitzenden ohne jegliche Erlaubnis widerrechtlich in unseren Betrieb eingedrungen sind und versuchten sich mit Gewalt in den Besitz von Teilen unseres Fabrikgeländes zu setzen“[96].

Die Schwierigkeiten des Staates, die Reparationsforderungen für die im ersten Weltkrieg angerichteten Schäden zu begleichen, führten schon früh in der Weimarer Republik zur intensiven Suche nach Sparmöglichkeiten in den staatlichen und kommunalen Haushalten. Obwohl die Deputation und das Kleingartenamt in dieser Zeit sichtbar und erfolgreich an der Lösung der Gartenlandfrage arbeiteten, waren sie davon nicht ausgenommen. Keine vier Jahre nach dessen Einrichtung ging es schon wieder um den Fortbestand oder die Aufhebung des Kleingartenamts. Im April 1924 nahm der „Verband der Kleingartenbauvereine Frankfurt a. M. und Umgebung e.V.“ dazu in einem Schreiben an den Bürgermeister Stellung und führte u.a. aus: „Der Frankfurter Verband der Kleingartenbauvereine hat bisher stets den Grundsatz vertreten, dass die von ihm an das Amt gestellten Forderungen unter möglichster Rücksichtnahme auf die städtischen Finanzen erfolgen müsse. Er hat daher in den letzten Jahren davon Abstand genommen, Anträge auf Unterstützung der Vereine durch die Stadt zu stellen. Er vertritt auch heute die Auffassung, dass die kleingärtnerischen Organisationen im wesentlichen sich auf Selbsthilfe einstellen müssen. Nur da, wo die Organisation ausserordentliche Schwierigkeiten hat, die Aufgaben des Kleingartenbaus zu lösen, wie dies bei der Bereitstellung von Gelände, bei der Verteilung des Geländes und bei der Führung des Katasters, also bei den dem Kleingartenamt durch Gesetz und Verordnung zugemessenen Aufgaben, der Fall ist, können wir die Hilfe des Kleingartenamtes nicht entbehren. Wir vertreten daher heute den Standpunkt, dass die Deputation für Kleingartenbau und Kleintierzuchtwesen, sowie deren Geschäftsstelle, das Kleingartenamt in der jetzigen Form eines selbständigen Amtes zu erhalten sind ...“[97].

Das städtische Revisionsamt sah das jedoch anders. Zwar war es ebenfalls der Auffassung, daß „der Aufgabenbereich des Kleingartenamtes ... durch reichs- und landesgesetzliche Regelungen in allen Einzelheiten festgelegt“ sei „und zwar in einer für die Gemeinden zwingenden Form“, doch stünden die gesetzlichen Vorschriften einer „Beseitigung des Kleingartenamtes in seiner jetzigen Form einer selbständigen Deputation und Überweisung seiner Aufgaben an ein anderes Amt“ nicht entgegen; vorgeschrieben sei lediglich ein Sachverständigen-Beirat. Schließlich bedeute „der Wegfall einer Deputation allein bereits eine effektive Ersparnis, die sich dadurch steigert, dass im Rahmen größerer Organisationen untergebrachte Spezialverwaltungen eine zweckmässige Beschränkung ihres Expansionsdranges erfahren“. Als neues Amt, dem der Aufgabenbereich des Kleingartenamts übertragen werden solle, wurde die Stadtkämmerei vorgeschlagen, die weniger als die Stadtgärtnerei „gerade dem Kleingartenbau verwandte Aufgaben erledigt“ und „auch die konkurrierenden Interessen der allgemeinen Verwaltung kennt, zu pflegen und auszugleichen hat“. Schließlich könne „bei einer etwaigen späteren Umgestaltung der Stadtkämmerei ... das Siedlungsamt als geeignet zur Übernahme der Aufgaben des Kleingartenamtes in Betracht kommen“.

Das städtische Revisionsamt beantragte daher am 12. April 1924, „der Magistrat wolle ... mit Zustimmung der Stadtverordneten-Versammlung beschliessen: 1. Die gemäss Ordnung vom 14.2.21 (Beschl. der St.V.V. v. 17.3.21 260/ des Mag. v. 20.3.21 Nr. 8997) errichtete ‚gemischte Deputation für das Kleingarten- und Kleintierzuchtwesen‘ wird aufgehoben“[98]. Dem Antrag des Städtischen Revisionsamtes wurde entsprochen, die selbständige Deputation und ihre Geschäftsstelle wurden aufgehoben. Offenbar hatte auch die von Förster und Sutter 1924 verfaßte und vom „Reichsverband der Kleingartenvereine Deutschlands“ vertriebene Schrift „Kleingartenämter und Kleingärtnerbeiräte“[99] daran nichts mehr ändern können. Die Schwierigkeiten der Kleingärtnervereine und des Verbandes ließen sich so jedoch nicht verringern.

Die sich in der Stellungnahme des Städtischen Revisionsamtes abzeichnende Umorganisation der Kommunalverwaltung in Frankfurt am Main wurde schließlich mit der Einrichtung der Siedlungs-Deputation am 8. März 1926 umgesetzt. Der neuen Siedlungs-Deputation wurden „vom Garten- und Friedhofsamt die Geschäfte des städtischen Gartenwesens und des Kleingartenwesens (Kleingartenamtes) sowie die gartentechnischen und künstlerischen Angelegenheiten der Friedhofsverwaltung“ übertragen. Die Geschäftsstelle der Siedlungs-Deputation führte den Namen Siedlungs-Amt und gliederte sich in acht Abteilungen. Abteilung F war die „Abteilung für Garten- und für Kleingartenwesen (Kleingartenamt) – nach Angliederung der Grundbesitzverwaltung“[100].

Dem „Verband der Kleingartenbauvereine“ war mit der Auflösung der Deputation für das Kleingarten- und Kleintierzuchtwesen eine wichtige Institution genommen, in der er seine Interessen zu Gehör bringen und administrativ verankert wissen konnte. Die Schwierigkeiten bei der Landbeschaffung blieben, der Druck, mehr Gelände für Kleingärten zur Verfügung zu stellen, bestand auch aufgrund der sich verschlechternden wirtschaftlichen Bedingungen vieler Privathaushalte Mitte der 20er Jahre weiterhin.

1924, nur wenige Monate nach der Aufhebung des Kleingartenamtes, stand in Frankfurt der Ausbau des Flugplatzes Rebstock, den insbesondere die im gleichen Jahr gegründete Südwestdeutsche Luftverkehrs A.G. betrieb, etwa dort, wo heute der Rebstockpark liegt, zu einem Zentralflughafen zur Debatte. Der größere Teil des Geländes des von der Stadt Frankfurt erworbenen Hofes Rebstock diente bis „1924 dem Ackerbau bzw. Kleingartenbau, während der kleinere Teil als Landeplatz für Luftschiffe und der Aufstellung der Luftschiffhalle diente“[101]. Auf dem Gelände hatten sich, neben dem Fluggelände und dem Flugplatz, fast 1.000 Familien aus dem „Industrie- oder Gallusviertel“ im Vertrauen auf Verträge, in denen das Gelände als Dauerkolonien bezeichnet wurde, Kleingärten eingerichtet, die nun gekündigt werden sollten. Der „Verband der Kleingartenbauvereine Frankfurt am Main und Umgebung“ forderte statt dessen, die „Schaffung eines Flugplatzes von größtem Ausmaße und mit der Möglichkeit zu ungehinderter Ausbreitung weit außerhalb der Stadt, am besten vielleicht linksmainisch im Anschluß an die Eulerwerke in der Nähe von Main, Stadion und Stadtwald“, die „Erhaltung des bisherigen Fluggeländes, der anstoßenden Kleingärten und des Biegwaldes als Lunge für die westlichen Stadtteile“ und den „Ausbau des Fluggeländes zu einem Volkspark für die westlichen Stadtteile und Umwandlung der Kleingartenanlagen in Dauerkolonien“[102].

In den folgenden Jahren wurden weiter Kleingärten zu Hunderten gekündigt. Die Beziehungen zwischen dem Verband und der von Bromme[103] geleiteten Abteilung für Garten- und für Kleingartenwesen des Siedlungsamtes waren daher deutlich getrübt[104].

Auf einer vom Verband einberufenen öffentlichen Versammlung am 27. Januar 1928 klagte der damalige Vorsitzende Grabe, „die sich immer weiter ausdehnende Großstadt ist rücksichtslos über ihr Gelände (das der Kleingartenkolonien, G. G. und J. W.-B.) hinweggeschritten: dem Flugplatz im Westen, der Großmarkthalle im Osten mußten über 1.000 Kleingärtner weichen, der neue israelitische Friedhof ist auf dem Gelände der Bornheimer Jubiläumsanlage entstanden und wird in Bälde auch noch die mit den schönsten Obstbäumen ausgestattete Anlage am Marbachweg verschlingen; die Heddernheimer neuen Siedlungen haben der schönen Daueranlage an der Römerstadt den Garaus gemacht. Und dabei hätte manche Härte vermieden werden können, heute noch sind große Gebiete des Kleingartengeländes an der Gutleutstraße, welche vor fünf bis sechs Jahren angeblich wegen Bebauung geräumt werden mußten, unbebaut und werden jetzt landwirtschaftlich ausgenutzt. Und hätten wir uns nicht gewehrt, so wären heute auch die Anlagen an der Miquelstraße mit ihren etwa 400 Gärten, die zum Dezember dieses Jahres bereits gekündigt waren, verschwunden, obwohl einwandfrei feststeht, daß an eine Bebauung dieses

Geländes im nächsten Jahre nicht gedacht werden kann, selbige sogar wahrscheinlich noch einige Jahre wird auf sich warten lassen. Ebensogut hätte die von Bethmannsche Verwaltung mit ihren Kleingärtnern auf dem Wege gütlicher Verhandlungen neue Pachtverträge abschließen können, ohne durch die unberechtigte Kündigung in über 1.000 Kleingärtnerfamilien Aufregung, Angst und Sorge zu bringen"[105].

Seine Kritik machte Grabe konkret an Bromme und dem ihm unterstehenden Kleingartenamt fest: „Wir haben ein Kleingartenamt; wir erwarten und verlangen von ihm, daß es mehr als bisher unsere Kleingärtner schützt und dafür sorgt, daß sie nicht heimatlos werden. Darum müssen alle Kündigungen von Kleingartenland über das Kleingartenamt gehen"[106]. So aber war die Position des Kleingartenamts in dem seinerzeitigen Vorschlag des städtischen Revisionsamts, der 1924 von Magistrat und Stadtverordneten-Versammlung akzeptiert worden war, eben genau nicht vorgeschlagen worden. Der „Ortsverband der Kleingartenbauvereine Frankfurt am Main" forderte konsequenterweise in einer auf dieser öffentlichen Versammlung gefaßten Entschließung, „daß das im Jahre 1920 eingerichtete städtische Kleingartenamt, das die Form einer selbständigen Deputation hatte und leider 1924 den Abbaubestrebungen zum Opfer fiel, wieder eingerichtet werde"[107]. Schon zwei Tage später, am 30. Januar 1928, war im Büro der Stadtverordnetenversammlung ein Schreiben des Verbandsvorsitzenden Grabe eingegangen, in dem er diese Forderung seiner Organisation[108] mitteilte.

In der ersten Hälfte der 20er Jahre entwickelte sich allenthalben in der Weimarer Republik[109], und so auch in Frankfurt und Hessen, eine Verbandsstruktur der Kleingartenbauvereine. Entscheidenden Anteil daran hatte Heinrich Förster (1876–1938), der den „Verband der Kleingartenbauvereine Frankfurt a. M. und Umgebung" als Nachfolger Cronbergers von 1918 bis 1923 leitete[110]. Förster, seit 1912 Rektor der Weidenbornschule in Frankfurt am Main, hatte 1915 einen Schülergarten angelegt und außerdem das Fach „Gartenarbeit" eingeführt. Er initiierte die Ausstellung „Hof und Garten" 1919, für die er auch einen Mustergarten entwarf und die „Plan und Bildschau des Reichsverbandes der Kleingartenvereine Deutschlands", die 1927 anläßlich des 5. Reichskleingärtnertags in Frankfurt am Main eröffnet worden war (vgl. Kapitel 6). Förster gab sein Amt als Verbandsvorsitzender an Grabe weiter, der es von 1923 bis 1931 ausübte[111].

Schon im März 1920 richtete Förster ein Schreiben an verschiedene kleingärtnerische Organisationen. Darin plädierte er, unter Hinweis auf einzelne Provinzen, wie z.B. Schlesien, Schleswig-Holstein, Sachsen, in denen „die Kreisverbände zu grossen, einheitlich geleiteten Provinzialverbänden zusammengefasst worden" seien, für „die Schaffung einer großen, starken Organisation, die sich über ganz Hessen und Nassau erstreckt". Seine Vorstellungen faßte er in dem Satz zusammen: „Der Provinzialverband der Kleingärtner von Hessen und Nassau sei unser gemeinsames Ziel"[112].

Als Folge des Krieges um die Vorherrschaft in Deutschland hatte Preußen 1866 Hannover, Kurhessen, Nassau und Frankfurt am Main annektiert und 1868 daraus u.a. die preußische Provinz Hessen-Nassau gebildet. Ihr gehörten bis 1929, als das Land Waldeck dazukam, Hessen-Kassel, das Herzogtum Nassau, die bayrischen Bezirke Gersfeld und Orb, die darmstädtischen Kreise Homburg, Biedenkopf und Vöhl sowie die Freie Stadt Frankfurt an.

1921 hatte Förster den „Südwestdeutschen Verband der Kleingartenbauvereine" in Wiesbaden mit über 25.000 Mitgliedern gegründet. „Kurze Zeit nach der Gründung des Südwestdeutschen Verbandes, im Dezember 1921, trat der Ortsverband Offenbach a. M. aus dem Verbande aus ... Der Provinzialverband Hessen und Hessen-Nassau wurde damit zum Provinzialverband der Kleingartenvereine von Hessen-Nassau"[113]. Am 14. Januar 1923 wurde schließlich „in Darmstadt der Landesverband der Kleingartenbauvereine von Hessen gegründet mit dem Sitz in Offenbach a. M."[114]. Danach bildeten die in der Stadt Frankfurt tätigen Kleingartenbauvereine wohl den „Ortsverband der Kleingartenbauvereine von Frankfurt a. M.", der wiederum Mitglied des Provinzialverbandes Hessen-Nassau wurde. Firmiert wurde allerdings nachweislich noch 1929 als „Verband der Kleingartenbau-Vereine Frankfurt a. M. und Umgebung e.V."[115]. Am 1. Oktober 1925 wurden aus dem „Provinzialverband der Kleingartenbauvereine von Hessen-Nassau" zwei Verbände, der Regierungsbezirksverband Wiesbaden, zu dem der Frankfurter Ortsverband gehörte, und der Regierungsbezirksverband Kassel[116]. Da die heutigen Grenzen Hessens von den damaligen abweichen, sei hier noch in aller Kürze auf die weitere Entwicklung verwiesen. 1945 wurden diese, dazwischen noch wieder in ihrer Zusammensetzung geänderten Provinzen durch die amerikanische Militärregierung mit den rechtsrheinischen Teilen von Hessen-Darmstadt zu Groß-Hessen, dem späteren Bundesland Hessen, vereinigt. Für dieses Bundesland Hessen wurde am 26. September 1946 in Frankfurt der Landesbund, der heutige „Landesverband Hessen der Kleingärtner e.V." gegründet[117], dem auch die Stadtgruppe Frankfurt angehört.

Förster war am 21. Mai 1923 auf dem dritten Reichs-Kleingärtnertag in Erfurt zum Vorsitzenden des „Reichsverbandes der Kleingärtner Deutschlands" gewählt worden, nachdem Bielefeldt, der Präsident der Hanseatischen Landesversicherungsanstalt und der erste Vorsitzende des Verbandes, seinen Rücktritt erklärt hatte. Dieser Reichsverband war unter maßgeblicher Mitwirkung von Förster an Pfingsten 1921 auf dem ersten Reichs-Kleingärtnertag in Berlin und am 13. August 1921 auf dem 2. Reichs-Kleingärtnertag in Bremen aus dem Zusammenschluß des „Zentralverbands der Kleingartenvereine Deutschlands" und des „Zentralverbands Deutscher Arbeiter- und Schrebergärten" und „der noch nicht zentral zusammengeschlossenen Verbände und Vereine"[118] entstanden. Auf dem 2. Reichs-Kleingärtnertag in Bremen war übrigens von Pauly vom Preußischen Ministerium für Volkswohlfahrt „als Kleingärtnerflagge das Grün der Hoffnung, das Gelb der Lebensfreude und das Weiß der Parteilosigkeit"[119] empfohlen worden. In München auf dem 4. Reichs-Kleingärtnertag vom 30. Mai bis 1. Juni 1925 waren dann als Farben des Reichsverbandes grün-weiß-gelb beschlossen worden.

Ursprünglich hatte dieser dritte Reichs-Kleingärtnertag in Frankfurt stattfinden sollen. Er war jedoch „mit Rücksicht auf die Kosten und die bedrohte Lage Frankfurts“[120] wegen der ab 11. Januar 1923 erfolgenden Besetzung des Ruhrgebiets durch Frankreich (das französisch besetzte Gebiet reichte unmittelbar an die Westgrenze Frankfurts) nach Erfurt einberufen worden. 1922 und 1923 nahm die Geldentwertung in Deutschland immer dramatischere Ausmaße an. So mußte man z.B. am 3. November 1923 für einen Dollar eine Billion (10^{12} = eine Million Millionen) Mark bezahlen[121]. Auch der „Reichsverband der Kleingartenvereine“ bekam das zu spüren. Rückblickend stellte Förster fest: „Die Beiträge der Verbände liefen derart entwertet ein, daß beide Einrichtungen des Reichsverbandes (es handelt sich um die „Neue Zeitschrift für Kleingartenwesen“ und die Geschäftsstelle, G. G. und J. W.-B.) nicht mehr durchgehalten werden konnten. Der bisherige hauptamtlich tätige Geschäftsführer, Herr Steinweg, sah sich mit Rücksicht auf die traurige Finanzlage des Reichsverbandes genötigt, seine Kündigung zum 1. August 1923 einzureichen. Die Bürokraft wurde entlassen. Die Räumlichkeiten der Geschäftsstelle wurden ihrer früheren Bestimmung zurückgegeben. Die Geschäftsstelle wurde nach Frankfurt am Main verlegt“[122].

Im August 1928 wurde der „Ortsverband der Kleingartenbauvereine von Frankfurt a. M.“ erstmals mit einer Eingabe an den Frankfurter Magistrat und die Stadtverordnetenversammlung aktiv. Es ging um die „Notlage des Frankfurter Kleingartenbaues verursacht durch die drohenden Kündigungen“[123]. Von der Forderung, das Kleingartenamt in der Form der selbständigen Deputation wieder einzurichten, die noch im Januar erhoben wurde, war in dieser Eingabe nicht mehr die Rede. Dagegen wurden Magistrat und Stadtverordnetenversammlung gebeten, „unserm Verbande in einer gemeinsamen Aussprache zwischen dem Ausschuß der Siedlungs-Deputation und unserem Vorstande Gelegenheit“ zu geben, alle in der Eingabe „erwähnten Fragen einmal gründlich zu erörtern und die Mittel und Wege zu besprechen, wie der Not unseres Kleingartenbaues gesteuert werden kann“[124].

Der politisch mögliche Kompromiß zwischen der Ortsverbandsforderung nach Wiedereinrichtung einer Deputation für den Kleingartenbau und dem kommunalen Verständnis von den Aufgaben eines Kleingartenamts schien offenbar in dem Vertrauen auf das Versprechen kommunaler und zusätzlicher staatlicher Mittel für die Errichtung von „Dauerkolonien, die im Gesamtbebauungsplan eingegliedert sind“[125], zu liegen. Die Idee, mit Bebauungsplänen die Schwierigkeiten kommunaler Flächenentwicklung steuern zu können, war in der zweiten Hälfte des 19. Jahrhunderts entwickelt worden. Sie erhielt mit dem Preußischen Fluchtliniengesetz von 1875, dem Vorläufer des Bundesbaugesetzes bzw. Baugesetzbuchs, eine legale Basis, die es den Gemeinden ermöglichte, ihre Bodennutzung im Rahmen der kommunalen Selbstverwaltung selber zu bestimmen. Da bis zum Ende des Kaiserreichs 1918 noch das Dreiklassenwahlrecht herrschte und daher in Berlin z.B. über 50 Prozent der Mitglieder der Stadtverordnetenversammlung Hausbesitzer waren, die aber kaum ein Prozent der Bevölkerung ausmachten, erfolgte die Verabschiedung entsprechender Bebauungspläne nur dann, wenn sie den Interessen dieser Gruppe nicht zuwiderlief. Mit der Änderung der Mehrheitsverhältnisse in der Weimarer Republik richteten sich die Hoffnungen der bislang in Bebauungsplanangelegenheiten hoffnungslos unterlegenen Teile der Stadtbevölkerung auch darauf, ihre Interessen durch entsprechend gestaltete Bebauungspläne zu verbessern.

Das mit jeder unerwarteten Kündigung und Verlagerung von Kleingärten drängender werdende Anliegen, Dauerkleingärten einzurichten, war schon 1911 vom „Verband der Laubenkolonisten Berlins und Umgegend" zusammen mit der „Gemeinnützigen Gesellschaft zur Hebung der Lage der unteren Klassen" artikuliert worden. In Frankfurt hatte Sutter 1917 als „Hauptaufgabe" des von ihm geforderten Kleingartenamts die „Errichtung von kleingärtnerischen Daueranlagen" genannt, „die bei den Entwürfen von Stadt-Bebauungsplänen zukünftig zu berücksichtigen seien"[126].

Ein Antrag des Magistrats vom 22. Mai 1919 empfahl, „den Ausbau des Parkgeländes auf dem Lohrberg zu dauernden Kleingartenkolonien" vorzunehmen. „Die Gartenhäuschen", so heißt es dort, seien „in praktischem, aber dabei gefälligem Aufbau zu errichten"[127]. Die Forderung nach einer Daueranlage auf dem Lohrberg wurde in der Folge beispielhaft verwirklicht. Das geschah allein auf der Grundlage eines Entwurfs der Stadtgärtnerei, die dem Hochbauamt zugeordnet war, also ohne Beteiligung der Deputation für das Kleingartenwesen und des unterdessen eingerichteten Kleingartenamts. Ob der „Verband der Kleingartenbauvereine Frankfurt a. M." sich für diese Lösung stark gemacht hat, ist unklar. Deutlich ist jedoch, daß mit den Kleingärten im Lohrbergpark den Kleingärtnern in Frankfurt erstmals ein „bisher hier nicht zugestandenes, aber von den Zentralverbänden der Schrebergärtner, ferner von den Zentralstellen für Volkswohlfahrt und Wohnungsfürsorge längst gefordertes Recht zugebilligt" wurde, „nämlich in der künftigen Bebauung als dauernder Bestandteil eingereiht zu werden"[128].

In der Diskussion der Stadtverordnetenversammlung im Jahr 1919 über den Ausbau des Parkgeländes auf dem Lohrberg (Abb. 20, 21, 22) wurde auch auf einen besonderen Aspekt der kommunalen Parkpolitik in Frankfurt verwiesen. Wie der Stadtverordnete Schneider aus Seckbach ausführte, wurde die Anlage des Parks auf dem Lohrberg „zu einer Zeit beschlossen ... als wir noch im Ueberfluß lebten". Das von ihm gebrauchte „wir" bezieht sich wohl auf die Grundbesitzer, die sich mit der Zustimmung zum Huthpark und zum Park auf dem Lohrberg offenbar ein Ideal bürgerlichen Wohnens am Stadtrand, das der Villa mit großem Garten, der an einen Park angrenzt, umzusetzen gedachten und dafür auch bereit waren zu bezahlen. Die „Erwerbskosten der beiden Parks in Höhe von 1 Million Mark und 300.000 M" wurden „nicht etwa von der Allgemeinheit getragen", sondern von den Anliegern der beiden Parkanlagen". Nachdem nun demokratische Verhältnisse die Kommunalpolitik bestimmten und „diese Parkanlagen ganz anders verwertet werden, wie seinerzeit bei der Errichtung der Parkanlagen geplant war", meinte Schneider, sei „nun auch die letzte Voraussetzung für die Erhebung der Parkbeiträge

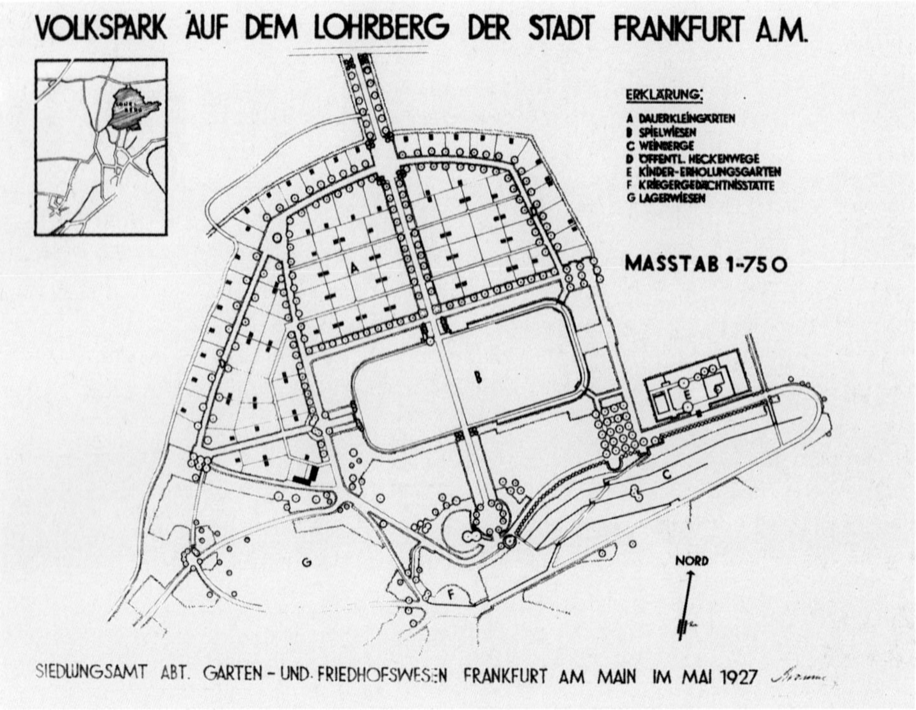

Abb. 20 Plan des Volksparks auf dem Lohrberg, 1927

gefallen". Er forderte daher, „daß diese Steuer in der nächsten Zeit vollständig beseitigt werden muß". Im übrigen sei es „eine schreiende Ungerechtigkeit, diese Parkbeiträge von einzelnen Bürgern zu erheben, während sie der Allgemeinheit dienen"[129].

Wenige Jahre später, 1922, „wurde die Dauerkolonie am Riederbruch mit 114 Gärten eingerichtet (Abb. 23). Im Jahre 1926 folgte die Kolonie an der Homburger Landstraße mit 58 Gärten"[130] (Abb. 24, 25).

Am 30. und 31. Juli 1927 veranstaltete der „Reichsverband der Kleingartenvereine Deutschlands" mit seinem Frankfurter Vorsitzenden Förster den 5. Reichs-Kleingärtnertag in Frankfurt am Main. „In der deutschen Kleingärtnerschaft" hatte sich in der zweiten Hälfte der 20er Jahre immer mehr die Überzeugung durchgesetzt, „daß das Schwergewicht und die Bedeutung des deutschen Kleingartenwesens nicht auf dem Gebiet der Nahrungsmittelerzeugung, sondern in den kulturellen Leistungen, zu denen das Kleingartenwesen in hervorragender Maße befähigt ist, liegt". Dieser Aspekt wurde jedoch, aus der Sicht der Kleingärtner, „in der Öffentlichkeit und auch bei den Sachverständigen noch nicht genügend berücksichtigt". Der Vor-

Abb. 21 Volkspark Lohrberg, um 1930

Abb. 22 Volkspark Lohrberg, um 1930

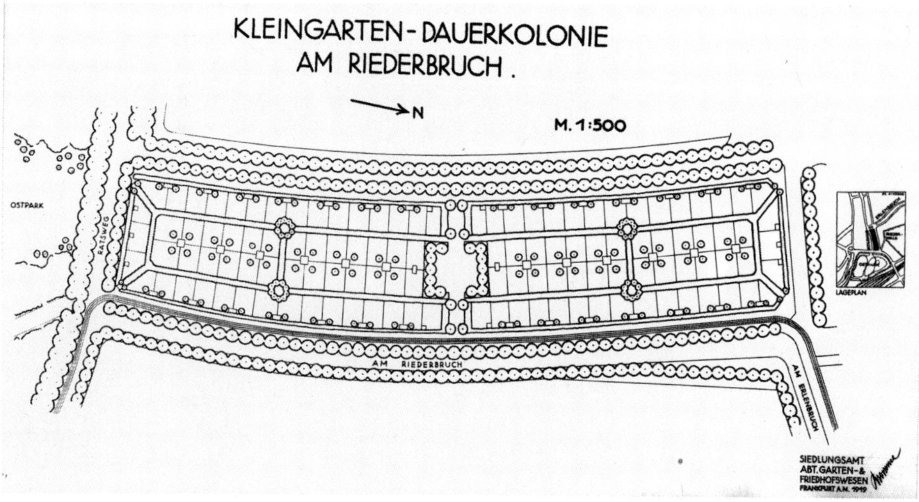

Abb. 23 Plan der Kleingarten-Dauerkolonie Am Riederbruch, 1919

stand des Reichsverbandes hatte daher beschlossen, „die volksgesundheitlichen Aufgaben des deutschen Kleingartenwesens in den Mittelpunkt der Beratungen des Reichs-Kleingärtnertages zu Frankfurt a. M. zu setzen“[131]. Dazu wurde am 29. Juli eine eindrucksvolle Plan- und Bildschau im Gesellschaftssaal des Palmengartens eröffnet (siehe Kapitel 6.2).

Albrecht hatte im Auftrag des Reichsverbandes der Kleingartenvereine Deutschlands einen Entwurf von „Grundlinien für ein Preußisches Haus- und Kleingartengesetz“ ausgearbeitet, der 1924 vom Reichsverband der Preußischen Regierung und dem Preußischen Landtag als Eingabe zugeleitet worden war. Darin war die Forderung enthalten, „bei Aufstellung neuer Bebauungspläne ... zu berücksichtigen, daß sowohl für die neu zu erstellenden als auch für die schon vorhandenen Wohnungen eine ausreichende Gartengelegenheit geschaffen und erhalten wird, die als nicht ersetzbarer Bestandteil der öffentlichen Gesundheitspflege in Rechnung zu stellen ist“[132]. Nachdem dieser Gesetzentwurf offenbar folgenlos geblieben war, hatte 1927 der „Reichsverband der Kleingartenvereine Deutschlands“ „Richtlinien für Dauer-Kleingartengebiete“ erstellt, deren erster Punkt der Ausweisung von Kleingärten in den Bebauungsplänen galt. Er lautete: „Kleingartendauergebiete sind im Flächenaufteilungs- oder Bebauungsplan durch Ortsgesetz auszuweisende und als Kleingartenanlagen auszubauende, im volkswirtschaftlichen und städtebaulichen Sinne öffentliche Erholungsanlagen, deren bedeutsamste Aufgabe Erweiterung des Wohnraumes für die hausgartenlosen Familien ist“. „Bei Laubenbauten“, so wurde in diesen Richtlinien vorgeschlagen, „ist auf planvolle Anordnung, schöne Form und Farbe Sorgfalt zu verwenden. Die Verwendung nur einer Laubenform für die

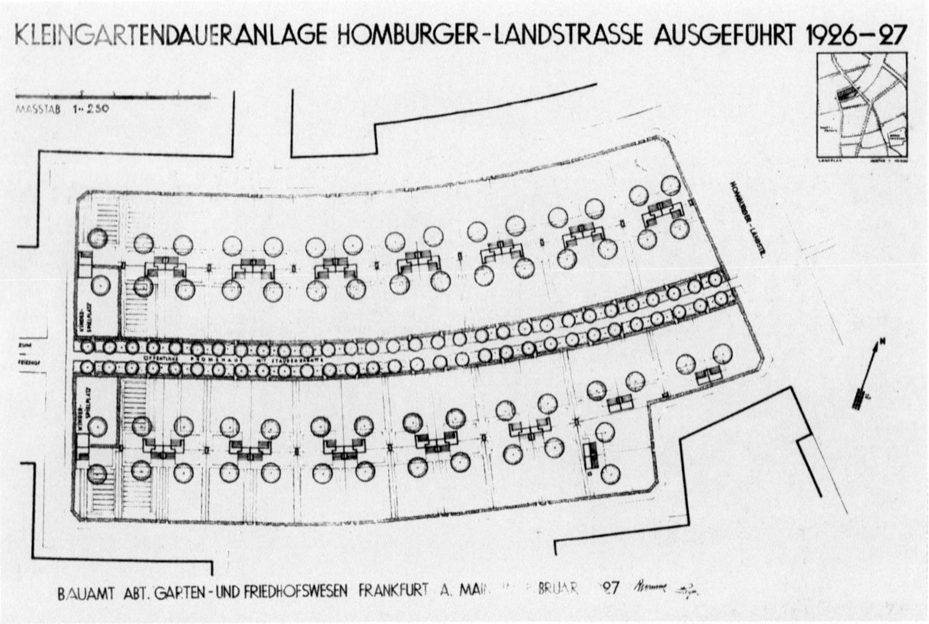

Abb. 24 Plan der Kleingarten-Daueranlage Homburger Landstraße, 1927

ganze Anlage wirkt eintönig und unschön. Man einige sich auf mehrere passende Typen. Auch die Farbengebung überlasse man nicht der Willkür"[133].

Der 1928 unternommene Vorstoß des städtischen Gartendirektors Bromme, „Dauerkolonien, die im Gesamtbebauungsplan eingegliedert" und „in sich gut gestaltet sind", zu errichten, griff also im wesentlichen auf die bereits ein Jahrzehnt früher geäußerten Vorstellungen bei der Anlage am Lohrberg, entsprechende Passagen des Entwurfs für ein Preußisches Haus- und Kleingartengesetz sowie die aktuellen Richtlinien des „Reichsverbandes der Kleingartenvereine Deutschlands" zurück. Dabei bewegte sich Bromme auf der Linie des damaligen Stadtbaurats von Frankfurt, Ernst May (1886–1970). Der Architekt und Stadtplaner May war 1925 Leiter des Hochbau- und Siedlungsamtes der Stadt Frankfurt geworden. Seine wohnungspolitischen Vorstellungen kamen in zahlreichen Siedlungen zum Ausdruck, von denen die „Römerstadt" am bekanntesten wurde. Von May berichtete Pauly aus Berlin in seinem Vortrag auf der Jahreshauptversammlung des Landesverbands Sachsen der Schreber- und Gartenvereine e.V. 1928 in Dresden, daß nach „Äußerungen von 20 Großstadt-Bauräten, die … Leberecht Migge über die ‚Kleingärten in der Stadtplanung' einmal erbeten hat, … eigentlich nur Stadtbaurat May in Frankfurt a. M. sie bedingungslos aufnehmen will (was er im Begriff ist, in die Tat umzusetzen)"[134].

Abb. 25 Weg in der Kleingartenkolonie Homburger Landstraße, um 1930

Während viele Kleingärtner ein Stück Land bewirtschaften wollten, sah Bromme „die wichtigsten städtebaulichen Forderungen beim Kleingartenbau, die in erster Linie auf Vereinheitlichung in der baulichen Ausstattung (Gartenhäuschen, Lauben, Gemeinschaftsräume, Einzäunungen) hinzielen, sowie die ebenso wichtigen Gartengestaltungsansprüche, die eine gute Aufteilung und Gliederung der Gesamtanlage sowie einheitliche gartentechnisch richtige Bepflanzung erstreben, unerfüllt". Mit seinen Vorstellungen von Daueranlagen wollte er nicht nur dem Interesse der Kleingärtner an einer langfristigen Nutzung ihrer Gärten sondern auch seinem Interesse an einer guten Gestalt dieser Gärten nachkommen. Für ihn waren die „Bretterbuden und Hütten" der Kleingärtner „innerhalb der künftigen Grünfläche und an landschaftlich hervorragender Stelle" eine „Verschandelung, an der die Oeffentlichkeit mit Recht herbe Kritik üben würde". Um diese „Verschandelung" zu verhindern, forderte er „Baukostenzuschüsse für ... Lauben und Gemeinschaftsräume, Einfriedigungen u.s.w."[135]. Die Probleme der Kleingärtner waren damit allein jedoch nicht zu beheben (vgl. dazu auch Kapitel 7).

Offenbar war die Ausweisung von Kleingärten in Bebauungsplänen immer noch sehr umstritten. Am 28. Januar 1930 verhandelte die Stadtverordnetenversammlung eine „Entschliessung" des Regierungsbezirksverbandes Wiesbaden des Reichsverbandes der Kleingartenvereine Deutschlands. Darin wurde die Erwartung geäußert, daß die Stadt Frankfurt am Main „die schon lange versprochene Bereitstellung von Dauerkleingartengelände mit allen Mitteln und mit tunlichster Beschleunigung" herbeiführen werde. Der Stadtverwaltung wurde empfohlen, „behufs schnellerer Erstellung der in dem neuen Generalbebauungsplan vorgesehenen Dauerkolonien ... unter weitgehender Anwendung der Bauumlegungsgesetze eine bezirksweise Umlegung des Grundbesitzes im Stadtkreis Frankfurt durchzuführen, wobei ein angemessener Teil des umgelegten Geländes zu Kleingartenzwecken bereitzustellen ist". Diese weitgehende Forderung dürfte die Schwere eines solchen Eingriffs in die bestehenden Grundbesitzverhältnisse und die Mehrheitsverhältnisse in der Stadtverordnetenversammlung unterschätzt haben. Wie unzufrieden die Kleingartenbauvereine nach wie vor mit der Berücksichtigung ihrer Interessen im Rahmen der kommunalen Selbstverwaltung waren, wird aus der zuletzt in der „Entschliessung" wiederholten Forderung, „dass das Kleingartenamt fernerhin nicht mehr als ein einflussloses Anhängsel des Siedlungsamtes (d.h. des von Bromme geleiteten Amtes für Garten- und Kleingartenwesen, G. G. und J. W.-B.) dahinvegetiere, sondern dass es wieder den Charakter einer selbständigen Deputation erhalte wie in den Jahren 1920–1924"[136].

Zwar wurde am 4. August 1930 die Siedlungs-Deputation umorganisiert, doch erhielt dabei das Kleingartenwesen noch weniger Gewicht als bisher. In der alten Geschäftsordnung von 1926 war mit der „Abteilung für Garten- und Kleingartenwesen (Kleingartenamt)" zumindest im Titel noch die Bedeutung der Kleingärten klar erkenntlich. In der nun vom Magistrat genehmigten Geschäftsordnung oblag in der Abteilung „Garten- und Friedhofsverwaltung (G. u. B.)", die dem Siedlungs-

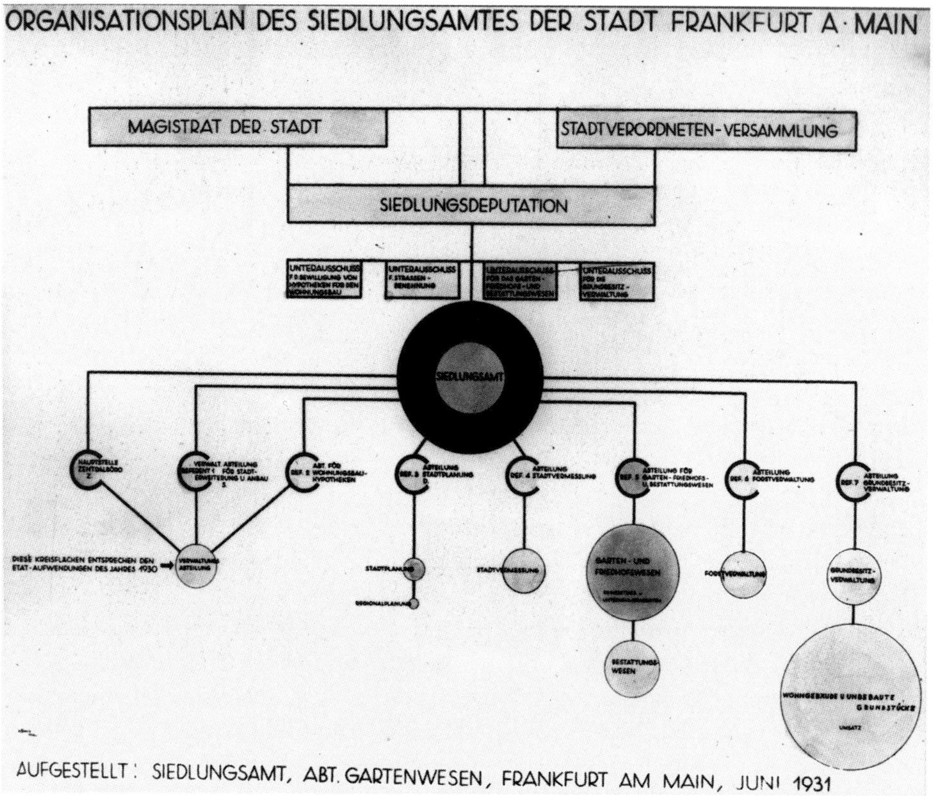

Abb. 26 Organisationsplan des Siedlungsamtes der Stadt Frankfurt am Main, 1931

amt unterstand, „die Bearbeitung der Gartenangelegenheiten der Unterabteilung Gartenwesen (G), der auch die Kleingartenangelegenheiten übertragen werden“[137] (Abb. 26).

Zumindest nach außen hin hatte die Umorganisation der Stadtverwaltung Wirkung. Für Briefköpfe wie auch Verwaltungsberichte etc. wurden modern gestaltete Buchstaben verwendet, die ein neues Selbstbewußtsein der kommunalen Selbstverwaltung hätten signalisieren können. Die „Einkommensverhältnisse“ vieler Kleingärtner haben sich, wie der „Ortsverband der Kleingartenbauvereine Frankfurt a. M.“ in einem Schreiben an den Magistrat im Juni 1932 darlegte, „seit 1½ Jahren in geradezu verheerendem Masse verschlechtert“. Als Folge der offensichtlich von Bromme gegen den Widerstand der Kleingärtner durchgesetzten anspruchsvollen Gestaltung der Kleingartenlauben in den städtischen Dauerkolonien (Abb. 27, 28), für die relativ hohe Mieten zu zahlen waren, kam es „in den einzelnen Vereinen

Abb. 27 Lauben in der Kleingartenkolonie Goldsteinufer, Mai 1936

zu ausserordentlichen Auseinandersetzungen, weil die Laubenmieten für diejenigen, die im letzten Jahre erstellt wurden, weit, weit billiger sind als die der ersterstellten". Der Ortsverband sah sich gezwungen, den Magistrat zu bitten, „die notwendigen Vorbereitungen zu treffen und eine Sitzung einzuberufen, wo über die Herabsetzung der Pachthöchstpreise insbesondere für die Daueranlagen und über die Herabsetzung der Laubenmieten, wie Zinsen für Amortisation der für die Daueranlagen aufgewendeten Mittel, verhandelt wird"[138]. Auf Vorschlag der Abteilung Gartenwesen beschloß der Magistrat, „den Antrag des Verbandes auf allgemeine Herabsetzung der Pachthöchstpreise abzulehnen" und „die Laubenmiete, soweit sie im Einzelfall 25 RM im Jahre beträgt, um 20%, also auf 20 RM herabzusetzen"[139]. Die Unterstützung durch die Stadt hielt sich also in eher bescheidenem Rahmen.

Mit einem Runderlaß des Ministers für Volkswohlfahrt vom 19. September 1931 „betr. Kleingartenwesen und Erwerbslosenfürsorge"[140] war in Preußen die vermehrte Schaffung von Kleingärten für Arbeitslose initiiert worden. Am 6. Oktober 1931 waren aufgrund der 3. Notverordnung der Reichsregierung vom „neu eingesetzten Reichssiedlungskommissar" Richtlinien für die Bereitstellung von Pachtland für Erwerbslose herausgegeben worden. Unter Mithilfe der Frankfurter

Abb. 28 Lauben-Viererblock in der Kleingartenkolonie Homburger Landstraße, um 1928

Abb. 29 Erwerbslosenkolonie Gutleutstraße im Bau, 1932

Stiftungen konnten auf dieser Basis bis Ende Oktober 1932 2.874 Erwerbslosen Parzellen zugeteilt werden. Daraus entstand z.B. der „Kleingärtnerverein Miquel e.V.“[141]. Auf den Parzellen wurden „als Unterkunft gegen Unwetter ... zunächst alte Bauhütten aufgestellt. Später jedoch ließ sich die Erstellung von Gartenlauben nicht umgehen, obwohl diese im Programm des Reichskommissars nicht vorgesehen waren“[142]. Auch die damalige Erwerbslosenkolonie Gutleutstraße (Abb. 29) wurde im Rahmen dieser Maßnahmen angelegt.

3.3. Kleingärten und die Zeit des Nationalsozialismus

Am 13. September 1933 wurde das nationalsozialistische Gesetz über den vorläufigen Aufbau des Reichsnährstandes erlassen, das den Reichsminister für Ernährung und Landwirtschaft ermächtigte, „die bisherigen landwirtschaftlichen Organisationen aufzulösen und sie in den Reichsnährstand zu überführen. Dem Reichsnährstand gehören jetzt an: die gesamte deutsche Landwirtschaft einschließlich Forstwirtschaft, Gartenbau, Fischerei, Jagd, landwirtschaftliche Genossenschaften, Groß- und Kleinlandhandel, sowie Be- und Verarbeiter landwirtschaftlicher Erzeugnisse, z.B. Mühlen, Konserven-, Zucker-, Mineralwasser-Fabriken. Der Reichsnährstand ist ferner Rechtsnachfolger der Deutschen Landwirtschafts-Gesellschaft, der preußischen Hauptlandwirtschaftskammer und der öffentlich-rechtlichen Berufsvertretungen. In ihn sind sämtliche Standesvereine, wirtschaftlichen Vereinigungen und Verbände, Ein- und Verkaufs-, sowie Kreditgenossenschaften und Genossenschaftsbanken eingegliedert worden. Der Reichsnährstand gliedert sich in Landes-, Kreis- und Ortsbauernschaften. Das Reich zerfällt in 13 Landesbauernschaften mit einem Landesbauernführer an der Spitze“[143].

Wagner, der ehrenamtlich tätige Landesbauernführer von Hessen-Nassau, meldete sich am 16. September 1933 mit einem Schreiben der Nationalsozialistischen Deutschen Arbeiterpartei, Gauleitung Hessen-Nassau, bei der Stadtverwaltung Frankfurt. Das Schreiben war auch von Schmitt, dem Geschäftsführer der „Agrarpolitischen Abteilung“ der NSDAP unterzeichnet. Die „Agrarpolitische Abteilung“ besorgte den Aufbau des Reichsnährstandes. In einem handschriftlichen Zusatz zu diesem ruppigen Schreiben wurde gleich der Name des neuen „Stadtgruppenführers für Kleingärtner“, des ersten nationalsozialistischen Führers der Kleingärtner in Frankfurt, Otto Krug, mitgeteilt. Das Schreiben ohne Anrede hat folgenden Inhalt:

„Es dürfte Ihnen bekannt sein, dass der ehemalige Reichsverband der Kleingartenbauvereine Deutschlands unter Mitwirkung des Amtes für Agrarpolitik bei der Reichsleitung der NSDAP, Berlin in den Reichsbund der Kleingärtner und Kleinsiedler Deutschlands e.V. überführt worden ist.

Der Reichsbund und seine Untergliederungen stehen unter nationalsozialistischer Führung und hat sich die Aufgabe gestellt, die im Reichsbund vereinigte

Kleingärtnerschaft, die wie Ihnen wohl bekannt sein wird, zu einem erheblichen Teil im Marxistischen Lager stand, zum nationalsozialistischen Staat hinzuführen.

Zur Erreichung dieses hohen Zieles ist es erforderlich dass alle Kleingärtner im Reichsbund zusammengeschlossen werden. Ich möchte Sie deshalb bitten, diese Tatsache in einer amtlichen Verlautmachung öffentlich bekannt zu machen mit dem Hinzufügen, dass alle Pächter von städt. Kleingartenpachtland, soweit dies noch nicht geschehen sein sollte, bei der Stadtgruppe der Kleingärtner ihre Aufnahme in den Reichsbund der Kleingärtner und Kleinsiedler Deutschlands e.V. nachzusuchen haben, andernfalls Sie gezwungen wären, den Pachtvertrag zu kündigen. Heil Hitler"[144].

Unter Krug nahm der Zusammenschluß der Kleingärtnervereine in Frankfurt am Main den Namen „Stadtgruppe Frankfurt (Main) der Kleingärtner im ‚Reichsbund der Kleingärtner und Kleinsiedler Deutschlands e.V.' " an.

Die erste Verordnung über den vorläufigen Aufbau des Reichsnährstandes vom 8.12.1933 erklärte den Reichsnährstand zu einer Selbstverwaltungskörperschaft des öffentlichen Rechts mit Sitz in Berlin; eine „Selbstverwaltungskörperschaft" war er de facto wegen des Führerprinzips jedoch nicht. Der Reichsbauernführer wurde von Hitler ernannt. Der vom Reichsbauernführer Darré, „zugleich Reichs- und preußischer Minister für Ernährung und Landwirtschaft"[145], geführte, ebenfalls nach straffem Führerprinzip organisierte Reichsnährstand untergliederte sich in ein Stabsamt und ein Verwaltungsamt, unter denen drei Reichshauptabteilungen arbeiteten. „Den größten Aufgabenkreis", so eine zeitgenössische Darstellung, „hat die Reichshauptabteilung III. Sie ist Rechtsnachfolgerin aller wirtschaftlichen Verbände und Vereinigungen, die jetzt die Bezeichnung Fachgruppen führen mit einem Reichsbzw. Landes- oder Kreis-Fachschaftsleiter an der Spitze. Die größten Verbände, z.B. der Reichsverband des deutschen Viehhandels, des deutschen Gartenbaues, des Obst- und Gemüsebaues, gehören ebenso wie ihre Vermögen, die selbstverständlich zugunsten des Reichsnährstandes beschlagnahmt wurden, der Vergangenheit an ... Die Zahl der noch selbständigen Verbände ist gering. Zu ihnen gehört der Reichsverband der deutschen Diplom-Landwirte, der Reichsverband der deutschen Sportangler, der Reichsverband (gemeint ist der Reichsbund, G. G. und J. W.-B.) der Kleingärtner und Kleinsiedler. Der letzte ist korporativ dem Reichsnährstand angegliedert. Seine Mitglieder zahlen die Beiträge an den Verband und der Verband führt an den Reichsnährstand jährlich eine Pauschale ab. Im übrigen sind diese Verbände in ihrer Etatsgebarung noch (Juli 1936, G. G. und J. W.-B.) selbständig"[146].

Der „Reichsverband der Kleingartenvereine Deutschlands e.V. war auf dem 13. Reichskleingärtnertag in Nürnberg am 29. Juli 1933 ... in den Reichsbund der Kleingärtner und Kleinsiedler Deutschlands e.V. überführt worden"[147]. Die Anordnung dazu hatte aufgrund der „Bedeutung des deutschen Kleingarten- und Kleinsiedlungswesens im nationalsozialistischen Staate ... die Abteilung G (Siedlung) der Reichsleitung der NSDAP, Amt für Agrarpolitik, im Juni 1933" gegeben, wie der vom Reichsbauernführer ernannte Reichsbundführer Kaiser in den „Sondernachrichten des Reichsbundes der Kleingärtner und Kleinsiedler" 1936 mitteilte. Nach nationalsozialistischer Auffassung sicherte die „durch das Reichserbhofgesetz in ihrem Bestand gesicherte, erbgesunde bäuerliche Familie ... die Aufgabe der Blutzufuhr" vom Land in die Großstadt. Dort würde „dieses kostbare bäuerliche Blut" jedoch zugrunde gehen „oder nach einer verhältnismäßig kurzen Generationsfolge" aussterben. Das werde „jedoch solange der Fall sein, als dieses Bauernblut in der Stadt die Verbindung mit dem Boden verliert und somit das bäuerliche Denken preisgibt. Diesen Übelstand beseitigt", nach nationalsozialistischer Vorstellung, „das Kleingartenwesen ... Nicht die Erholung des Großstadtmenschen nach seiner beruflichen Betätigung", wie etwa in der Weimarer Republik argumentiert wurde, sei „also das Charakteristische für das nationalsozialistische Kleingartenwesen, vielmehr wird durch den Kleingarten das in der Stadt vorhandene erbgesunde deutsche Blut der bäuerlich denkenden Menschen erhalten"[148].

Hinzu käme, so im Artikel von Kaiser, daß „die kleingärtnerische Betätigung der Hunderttausende deutscher Kleingärtner im Rahmen der deutschen Volkswirtschaft eine nicht zu unterschätzende Rolle" spiele, weil „die deutsche Ernährungswirtschaft durch die Eigenversorgung der Kleingärtnerfamilien ... erheblich entlastet"[149] werde. Die Kleingärtner sollten in den „Kampf um die Deutsche Nahrungsfreiheit" einbezogen werden. Dieser Kampf sollte durch die im Herbst 1934 auf dem zweiten Reichsbauerntag in Goslar erstmalig proklamierte „Erzeugungsschlacht" und die auf dem vierten Reichsbauerntag 1936 verkündete „zweite Erzeugungsschlacht im Rahmen des Göringschen Vierjahresplanes" siegreich entschieden werden[150]. Schon im Sommer 1935 waren erste Schwierigkeiten bei der Sicherstellung der Versorgung der Bevölkerung mit Nahrungsmitteln als Folge der nationalsozialistischen Agrarpolitik sichtbar geworden. Sie sollten sich im Verlauf der nationalsozialistischen Herrschaft der kommenden Jahre noch bedeutend vergrößern.

Die Reichsbundorganisation der Kleingärtner bestand aus 25 Provinz- und Landesgruppen, die sich in Stadtgruppen und diese wiederum in Vereine gliederten[151]. Damit im nationalsozialistischen Sinne nichts schief gehen konnte, „wurde seit der Gründung des Reichsbundes größter Wert auf engste Zusammenarbeit mit der Partei gelegt, und zwar dahingehend, daß vor der Ernennung eines jeden Organisationsleiters innerhalb der Reichsbundorganisation der betreffende Partei- oder Volksgenosse von der zuständigen Parteidienststelle in bezug auf seine politische Zuverlässigkeit bestätigt werden muß. Die Landes- und Provinzgruppenführer sowie die Stadtgruppenführer wurden gleichzeitig beim Aufbau der Organisation in bezug auf ihre fachliche Befähigung von den zuständigen Dienststellen des agrarpolitischen Apparates der NSDAP. geprüft"[152].

Selbst Veranstaltungen der Kleingartenvereine unterlagen damals nationalsozialistischer Kontrolle und mußten von der NSDAP genehmigt werden, wie das Beispiel des „Kleingartenbauvereins der Kriegsbeschädigten Nordend" zeigt (Abb. 30).

So geführt, glaubte der Reichsbundführer 1936 sicher zu sein, daß es „heute im Reich fast keinen organisierten Kleingärtner, Kleinsiedler und Eigenheimer" gebe,

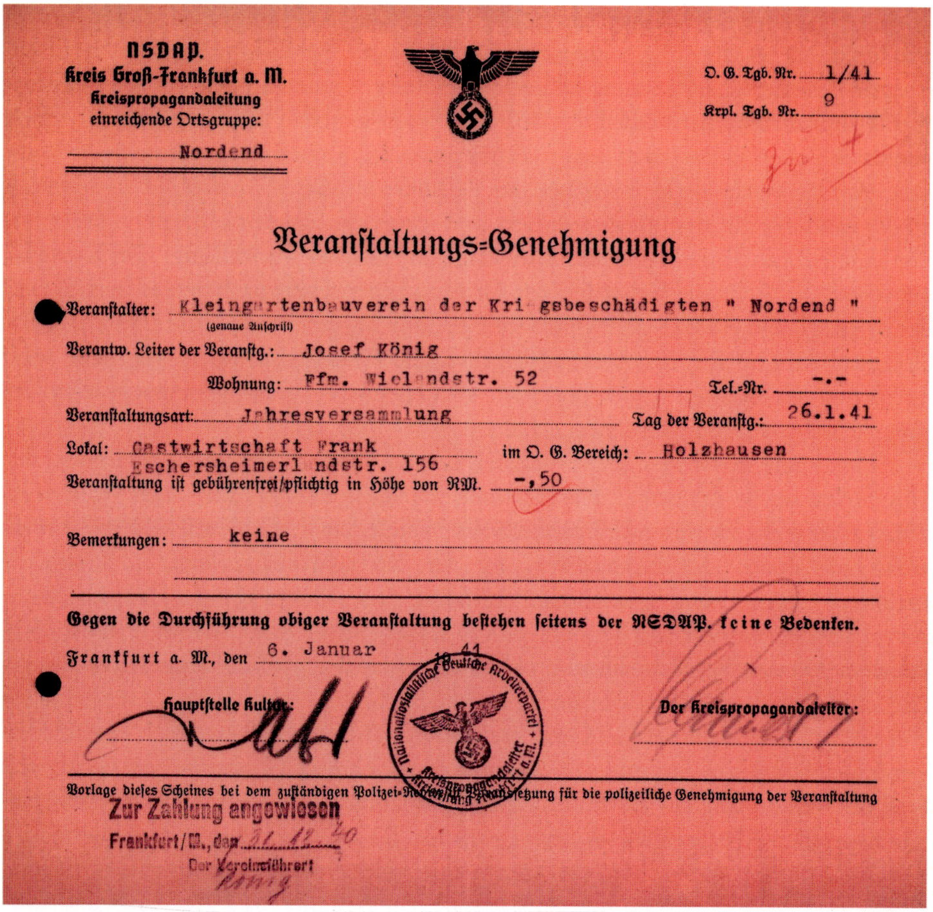
NSDAP.
Kreis Groß-Frankfurt a. M.
Kreispropagandaleitung
einreichende Ortsgruppe:

Nordend

O. G. Tgb. Nr. 1/41
Krpl. Tgb. Nr. 9

Veranstaltungs-Genehmigung

Veranstalter: Kleingartenbauverein der Kriegsbeschädigten " Nordend "
(genaue Anschrift)
Verantw. Leiter der Veranstg.: Josef König
Wohnung: Ffm. Wielandstr. 52 Tel.-Nr. -.-
Veranstaltungsart: Jahresversammlung Tag der Veranstg.: 26.1.41
Lokal: Gastwirtschaft Frank Eschersheimerlandstr. 156 im O. G. Bereich: Holzhausen
Veranstaltung ist gebührenfrei/pflichtig in Höhe von RM. -,50

Bemerkungen: keine

Gegen die Durchführung obiger Veranstaltung bestehen seitens der NSDAP. keine Bedenken.

Frankfurt a. M., den 6. Januar 1941

Hauptstelle Kultur:
Der Kreispropagandaleiter:

Vorlage dieses Scheines bei dem zuständigen Polizei-Revier ist Voraussetzung für die polizeiliche Genehmigung der Veranstaltung

Zur Zahlung angewiesen
Frankfurt/M., den 31. 12. 40
Der Vereinsführer
König

Abb. 30 Genehmigung der Kreispropagandaleitung Ortsgruppe Groß-Frankfurt a. M. der NSDAP für den „Kleingartenbauverein der Kriegsbeschädigten ‚Nordend'" zur Durchführung der Jahreshauptversammlung 1941

„der nicht durch den Reichsbund über die Bedeutung des Blut- und Bodengedankens für Volk und Staat unterrichtet ist und der nicht weiß, welche Pflichten er als erbgesunder deutschblütiger Volksgenosse im Rahmen der gesamten deutschen Bevölkerungs- und Rassepolitik zu erfüllen hat"[153].

Auch die Information über gartenkulturelle Fragen konnte den aus der Sicht des Nationalsozialismus führungsbedürftigen Kleingärtnern nicht mehr selber überlassen werden. Ein besonderer „Schulungs- und Arbeitsapparat" wurde als notwendig angesehen, der die Kleingärtner „dauernd über die wichtigsten Fragen des Gartenbaues und der Kleintierzucht" aufklären sollte. Damit nicht genug, er sollte den „Kleingärtner und Kleinsiedler zu einem sehenden Beobachter des göttlichen Schaltens und Waltens in der Natur" erziehen. Der Kleingärtner „soll sehen, daß materialistischer Atheismus nicht in Einklang zu bringen ist mit dem Leben und Sterben in der Natur, und er soll wissen, daß auch er im Rahmen dieses natürlichen Geschehens Pflichten gegenüber dem natürlichen Leben und gegenüber dem göttlichen Wesen zu erfüllen hat. Somit hat die fachliche Schulung nicht nur wirtschaftlichen, sondern auch ethischen Wert"[154]. „Ein bis ins kleinste durchorganisierter Schulungsapparat" sorgte dafür, daß „in jeder Landes- und Provinzgruppe ... für die Fachgebiete Gartenbau und Kleintierzucht sowie Vogelschutz und Pflanzenschutz je ein besonderer Landes- oder Provinzgruppenschulungsleiter ernannt" wurde. Die wiederum hatten die Aufgaben, „1. die Stadtgruppenschulungsleiter und Vereinsobleute für Gemüsebau, Kleintierzucht, Pflanzenschutz usw. auszubilden," und „2. die Tätigkeit der obengenannten Unterschulungsleiter zu überwachen"[155].

Die ideologische Beeinflussung der Kleingärtner im Sinne des Nationalsozialismus ließ sich so vielleicht bewerkstelligen; das Problem der Erhaltung von Kleingartenflächen ließ sich jedoch offenbar mit diesem zumindest verbal gewaltigen Apparat nicht bewältigen. Der Reichsbund wollte daher „sein Hauptaugenmerk bei den zukünftigen Arbeiten darauf legen ..., die deutschen Kleingärten systematisch in den deutschen Raum einzugliedern und sie als Teile des öffentlichen Grüns im Rahmen der Wirtschaftspläne der einzelnen Städte ausweisen zu lassen" und arbeitete „aus diesem Grunde ... nicht nur mit den zuständigen Landesplanungsstellen zusammen, sondern" legte gleichzeitig, so der Reichsbundführer Kaiser, „Wert auf die schönheitliche Ausgestaltung der deutschen Kleingärten, damit die stellenweise zu Recht bestehenden Vorurteile der Städtebauer gegen die Kleingärten an sich beseitigt und an ihre Stelle eine berechtigte Anerkennung der Kleingärten in Form von Dauerkleingartenanlagen tritt. Auch bei der Schulung der deutschen Kleingärtner auf dem Gebiete der schönheitlichen Ausgestaltung legt der Reichsbund größten Wert auf die Zusammenarbeit mit dem Reichsnährstand, und zwar mit den Gartengestaltern, soweit sie im Behördengartenbau als Beamte tätig sind. Nicht Schematisierung, sondern die Eingliederung der Kleingärten in die gegebene Landschaft soll hierbei im Vordergrund stehen"[156].

Bei seinen Ausführungen zur schönheitlichen Ausgestaltung von Kleingärten hatte Kaiser möglicherweise Vorstellungen aufgegriffen, wie sie vom „Amt Schönheit der Arbeit" der „N.S. Gemeinschaft Kraft durch Freude", einer Unterorganisation der Deutschen Arbeitsfront, propagiert wurden.

Vom Höhenflug der Reichsbundintentionen nun wieder in den Alltag der nationalsozialistischen Stadtgruppe der Kleingärtner in Frankfurt: Krug, der Führer der Stadtgruppe, behauptete 1936 in einem Schreiben mit dem Briefkopf „Landesgruppe Hessen-Nassau der Kleingärtner" an den Oberbürgermeister der Stadt Frankfurt, zwei Drittel des in Frankfurt kleingärtnerisch genutzten Geländes sei als Baugelände ausgewiesen, weswegen „die Frankfurter Kleingärtnerschaft immer weiter zurückgedrängt" werde. Er forderte daher, „Ersatzgelände in ausreichendem Maße für sie bereitzustellen" und schlug vor, eine bislang von einem Landwirt genutzte Fläche, die Angaben der Abteilung Gartenwesen beim Bauamt zufolge „nach dem Bebauungsplan der Stadt Frankfurt (Main) in einer vorgesehenen Grünfläche liege und daher als Kleingarten-Dauergelände in jeder Beziehung geeignet sei ... durch Zwangspacht zu entziehen"[157]. Dabei handelte sich Krug allerdings den wütenden Protest eines Vertreters der Zelle 3 der Deutschen Arbeitsfront (DAF), die am 2. Mai 1933, einen Tag nach der Besetzung der Gewerkschaftshäuser", gegründet worden war[158], ein. Es heißt in einem entsprechenden Schreiben: „Ich bin der Überzeugung, wenn das unser Führer wüßte, er würde mit der Faust hineinschlagen"[159]. Der „Führer" hätte dann zumindest auch dem Reichs- und Preußischen Arbeitsminister Zurückhaltung auferlegen müssen. Bei dem mehrten sich 1935/36 „die Klagen aus Kreisen der Kleingärtner", daß „trotz dem Schutze der Kleingarten- und Kleinpachtland-Ordnung vom 31.7.1919 mit Zustimmung der zuständigen Behörden Kleingartenanlagen für die verschiedensten Zwecke in Anspruch genommen worden sind". Daher drückte er die Überzeugung aus: „Nach einhelliger Ansicht der Reichsregierung ist das Kleingartenwesen neben der Kleinsiedlung das wichtigste Mittel, um der drohenden Verstädterung unseres Volkes mit all ihren verhängnisvollen Folgen entgegenzuwirken: Der Kleingarten verbindet die städtischen Familien mit dem Boden, sichert ihnen eine bessere und zweckdienliche Ernährung und läßt ihre Kinder gesund heranwachsen"[160].

Doch die Aussicht auf eine „bessere und zweckdienliche Ernährung" war durch die NS-Politik längst konterkariert worden. Aufgrund des allgemein herrschenden Lebensmittelmangels waren u.a. 1937 in der Pfalz Kurse abgehalten worden, „in denen die Frauen davon überzeugt werden, daß Pfeffer und andere ausländische Gewürze Gift und Blutverderber sind. Es wird darauf hingewiesen, daß es in Deutschland völlig unschädliche Gewürze gibt, die sogar von jeder Hausfrau im Blumentopf oder in der Zigarrenschachtel gezüchtet werden können. Die Parole heißt also, jede Frau muß ihr eigenes Gewürzgärtlein haben und so zur Verwirklichung des Vierjahresplanes beitragen". Doch damit nicht genug, auch Walnußbäume und Hagebutten sollten dem Lebensmittelmangel abhelfen: „Der Vorsitzende der Hauptvereinigung der deutschen Gartenbauwirtschaft erließ am 26. Juli (1937, G. G. und J. W.-B.) ein Verbot, Walnußbäume auf landwirtschaftlichen oder gärtnerischen Grundstücken, die 1,50 Meter (sic!) hoch sind und einen Durchmesser von 45 cm (sic!) haben, zu fällen oder zu beseitigen. Wer einen Walnußbaum fällt, muß einen neuen Walnußbaum pflanzen. In der Presse wird aufgefordert, Hagebutten zu sammeln und durch Hinweis darauf, daß die Früchte sich zum Einmachen als Brotaufstrich und zur Bereitung von Tee und Wein eignen. In den sächsischen Zeitungen werden die Kleingärtner, Garten- und Hausbesitzer aufgefordert, ‚die in den Gärten gezogenen Sonnenblumen nach Befreiung der Kerne im Rahmen des Vierjahresplanes an die örtlichen Sammelstellen abzuliefern'"[161].

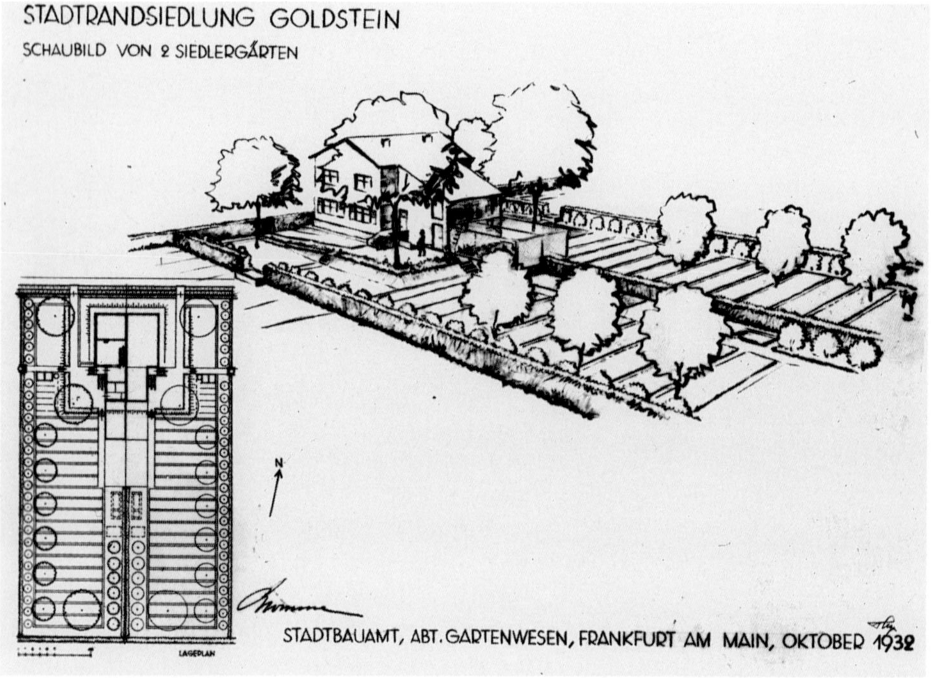

Abb. 31 Schaubild von zwei Siedlergärten der Stadtrandsiedlung Goldstein, 1932

Im Jahr 1938 waren die Schwierigkeiten bei der Versorgung der Bevölkerung mit Nahrungsmitteln bereits so groß geworden, daß eine spezifische ‚Verbrauchslenkung' für notwendig angesehen wurde. So sollte z.B. das fehlende Fett „durch kohlehydrathaltige Nahrungsmittel (Gemüse)" ersetzt werden und „die Rekordernte in Kartoffeln gestatte die Verwendung dieses Nahrungsmittels auch als Abendkost in Gestalt von Sago und Kartoffelmehl. Der Fleischgenuß müsse auf die jeweils vorhandenen Sorten abgestellt werden, ohne den Verbrauch zu vermehren: weniger Schweinefleisch, mehr Rind-, Kalb- und Hammelfleisch. Der reichliche Verbrauch von Weizenbrot und Weizenmehrbrot muß zugunsten des Roggenbrots eingeschränkt werden"[162].

Die nationalsozialistische Kriegswirtschaft brachte zusätzlich zu den Schwierigkeiten bei der Nahrungsmittelversorgung tarifliche Lohnsenkungen und Verlängerungen der Arbeitszeiten[163]. Im Zusammenhang mit der Erstellung von Kleinsiedlungen wurde 1938 schließlich Gartenarbeit geradezu als kontraproduktiv dargestellt, „denn ein guter Spezialarbeiter, der heute vielfach Überstunden machen müsse, verfüge nicht über genügend Kraftreserven, um in seiner Freizeit noch ein großes Grundstück von einem halben bis einem ganzen Morgen zu bearbeiten". Ley, der Führer der Deutschen Arbeitsfront, hatte „auf der Reichsarbeitstagung des

Abb. 32 Blick auf die Stadtrandsiedlung Goldstein von der „Reichskraftfahrbahn" aus, September 1934

Heimstättenamtes der Arbeitsfront Ende Oktober (1938, G. G. und J. W.-B.) ausgeführt, man müsse heute, um dem Facharbeitermangel zu begegnen, manchen Feinarbeiterberufen das Siedeln direkt verbieten, denn wer am Abend mit einer Hacke arbeite, könne nicht am nächsten Morgen feinste Präzisionsarbeit leisten"[164].

Die Leistungen der größtenteils erwerbslosen Bewohner der Stadtrandsiedlung Goldstein (Abb. 31, 32), die in den Jahren 1932 bis 1936 erbaut und bezogen wurde[165], hätten dieser Argumentation zufolge also nunmehr den Zielen des Nationalsozialismus geradezu kontraproduktiv gegenüberstehen können. Die Aussagen von Ley zeigen einmal mehr wie willkürlich seinerzeit versucht wurde, die eigene Position zu begründen.

Die nationalsozialistische Führung der Frankfurter Stadtgruppe erfolgte von 1938–1945 durch Dermer. In den einzelnen Vereinen wurden die Vorstände häufig abgelöst und im Sinne des Nationalsozialismus „gleichgeschaltete" Vorsitzende „übernahmen" die Vereine[166]. Teilweise mußten die Vorsitzenden auf Anordnung des „gleichgeschalteten" Reichsverbandes ihr Amt niederlegen[167], bisweilen trat der Vorstand geschlossen zurück[168]. Offenbar sollte im Nationalsozialismus auch bis dahin noch vorhandenes Geschichtsbewußtsein durch die Umbenennung von Vereinen verschüttet werden. So wurde z.B. der „Verein zu Förderung des Kleingartenbaues" in „Kleingärtnerverein Cronberger", der unter Mithilfe des „Vereins zur Förderung des Kleingartenbaues" 1917 gegründete „Verein zur Förderung des Kleingartenbaues in Heddernheim" in „Kleingärtnerverein Heddernheim e.V." umbenannt[169].

Auf außerordentlichen Versammlungen wurden neue Satzungen für die Vereine angenommen. Als Aufgaben eines Kleingartenvereins wurden nun, hier das Beispiel des Kleingärtnervereins Eckenheim, festgelegt: „Der Verein arbeitet im Dienste des nationalsozialistischen Staates. Er hat die Aufgabe: 1. die Nutzung des Kleingartenlandes im Sinne der Verbundenheit von Blut und Boden als Grundlage für Staat und Volk zu gewährleisten. 2. Das Kleingartenwesen im Verein nach dem Grundsatz ‚Gemeinnutz geht vor Eigennutz' zu fördern und die Selbstverwaltung seines Gartengeländes, sowie den ideellen und materiellen Schutz seiner Mitglieder zu besorgen"[170]. Im gleichen Verein hatte die im Jahr 1920 verabschiedete Satzung an dieser Stelle geregelt: „Der Verein hat den Zweck, den Kleingartenbau praktisch und wissenschaftlich zu fördern auf gemeinnütziger Grundlage. Im besonderen macht sich der Verein zur Aufgabe, im Sinne des Gesetzes vom 30. Juli 1919 über Kleingartenbau, den Kleingartenbau durch die Kultur von Gemüsen, Kartoffeln, Beeren- und Zwergobst bei seinen Mitgliedern zu fördern"[171].

Ganz im Sinne nationalsozialistischer Ideologie wurde in den neuen Satzungen auch die Arisierung der Kleingärtnervereine betrieben. In der Satzung aus der Zeit der Weimarer Republik war noch geregelt, „Mitglied des Vereins kann jede volljährige Person werden, die im Besitze der bürgerlichen Ehrenrechte ist". Die Namen „der zum Eintritt in den Verein Angemeldeten" wurden noch in den Mitgliederversammlungen durch Anschlag bekanntgegeben sowie „die Angemeldeten durch den Vorstand als Mitglieder in den Verein aufgenommen", wenn nicht „innerhalb 4 Wochen" eine „begründete Beanstandung"[172] erfolgte. Im Nationalsozialismus wurde den Vereinsmitgliedern keine Gelegenheit mehr zur „begründeten Beanstandung" der Anmeldung zur Mitgliedschaft in ihrem Verein gegeben. Nun wurde festgelegt: „Mitglied kann jeder Deutsche arischer Abstammung werden, der Kleingärtner werden will" und „die Bewerbung um einen Garten muß schriftl. beim Vereinsführer erfolgen". „Die Uebertragung" eines Gartens „wird nur durch den Vereinsführer oder seinen Beauftragten geregelt"[173]. Damit war es z.B. jüdischen Mitbürgern und Mitbürgerinnen sowie Angehörigen anderer ethnischer Gruppen nicht mehr möglich, einen Kleingarten zu pachten.

Welcher Abgrund sich für sie auftat, mag aus zwei Sätzen hervorgehen, die der stellvertretende Vorsitzende des „Vereins zur Beförderung des Kleingartenbaues" in seiner Begrüßungs- und Festansprache anläßlich des 40-jährigen Vereinsjubiläums 1939 von sich gab und die deutlich machen, daß Antisemitismus auch in der Frankfurter Kleingartenbewegung anzutreffen war. Er führte im Zusammenhang mit Geländeverlusten, die der Verein nicht zuletzt wegen des Baus von Kasernen hatte

Abb. 33 Mitarbeiter des Gartenamtes am 1. Mai 1936 bei der Teilnahme an der Versammlung der städtischen Bediensteten auf der Bertramswiese; 2.v.l. Erich Ostermeyer, Mitte Aschfalk, damals zuständig für das Kleingartenwesen, 2.v.r. Gartendirektor Max Bromme, r. Jareis

hinnehmen müssen, aus: „Dankbar aber erwähnen möchte ich dafür auch noch, daß der Anschlag der Juden auf unsere so wertvolle Anlage II, die sie für die Erweiterung ihres neuen Friedhofs haben wollten, mißglückt ist. Die Juden mögen sich auf ihrem jetzigen Friedhof, auf dem noch genug Platz für den verbliebenen Restbestand ist, begraben und uns in Zukunft in Ruhe lassen“[174].

Die Vorstandsmitglieder, die 1920 laut Satzung aus „dem 1. Vorsitzenden, dem 2. Vorsitzenden, dem 1. Schriftführer, dem 2. Schriftführer, dem Kassierer, dem Beisitzer und dem Obmann des Gartenausschusses“ bestanden, wurden in der Weimarer Republik „in der Hauptversammlung durch Stimmzettel auf die Dauer von 1 Jahr gewählt“; eine Wiederwahl war zulässig[175]. Im Nationalsozialismus wurde der Vereinsführer ohne jede Mitbestimmungsmöglichkeit der Vereinsmitglieder „vom Stadtgruppenführer berufen“ und konnte von ihm jederzeit abberufen werden[176]. Weiter bestimmte die geänderte Satzung zu den Rechten des Vereinsführers: „Der Vereinsführer beruft seine Mitarbeiter aus den Reihen der Mitglieder seines Vereins. Ihre Zahl wird von ihm festgesetzt und soll möglichst klein sein. Unter ihnen ernennt er einen zum Rechner, einen zum Schriftführer“[177]. Mitgliederversammlungen „zu welchen schriftlich oder in anderer geeigneter Weise eingeladen wird“, fanden in der Weimarer Republik „in der Regel monatlich“[178] statt, im Nationalsozialismus fanden sie „nach Bedarf statt“ und wurden „vom Vereinsführer einberufen durch Bekanntmachung an den hierzu bestimmten Tafeln oder auch im ‚Hessen-Nassauischen Kleingärtner‘ “[179].

Mit diesen nationalsozialistischen Regelungen wurde die Grundlage der demokratischen Selbstverwaltung in den Kleingartenvereinen abgeschafft. Trotz dieser staatlichen Zwangseingriffe in die demokratischen Strukturen der Selbstverwaltung und trotz der bereitwilligen Kooperation zahlreicher Kleingärtner mit den Nationalsozialisten scheint es aber in der Zeit des Nationalsozialismus letztlich nicht gelungen zu sein, demokratische Strukturen und demokratisches Verhalten innerhalb der einzelnen Vereine vollkommen zu zerstören.

Auch die Frankfurter Gartenverwaltung unterlag ähnlichen Zwangseingriffen. Zwar liegen keine konkreten Informationen über Berufsverbote vor, doch ist davon auszugehen, daß ‚politisch mißliebige‘ und ‚rassisch unerwünschte‘ Personen aus ihren Ämtern entfernt wurden. An nationalsozialistischen Propagandaveranstaltungen teilzunehmen, wurde für die Mitglieder der verschiedenen kommunalen Ämter zur Pflicht (Abb. 33). Viele traten 1933 freiwillig oder, weil sie dies als notwendig zur Erhaltung ihrer beruflichen Position ansahen, in die NSDAP ein, so auch Gartendirektor Bromme. Trotzdem scheint Bromme aber auch zu Zeiten des Nationalsozialismus die Bereitschaft zu kritischem und unbequemen Verhalten bewahrt zu haben. Er soll sich beispielsweise dagegen gewehrt haben, daß jüdischen Mitbürgern und Mitbürgerinnen seitens der NSDAP der Zugang zum Palmengarten verboten werden sollte[180].

Die Arbeit des Gartenamtes selber scheint unter der Leitung Brommes ähnlich wie in der Weimarer Republik vorrangig unter fachlichen Aspekten weitergeführt worden zu sein. So wurde weiterhin an der systematischen Planung und Ausweisung von Kleingartendauerkolonien gearbeitet, wenn auch unter erschwerten Umsetzungsbedingungen. Ein 1936 veröffentlichter „Kleingarten-Verteilungsplan der

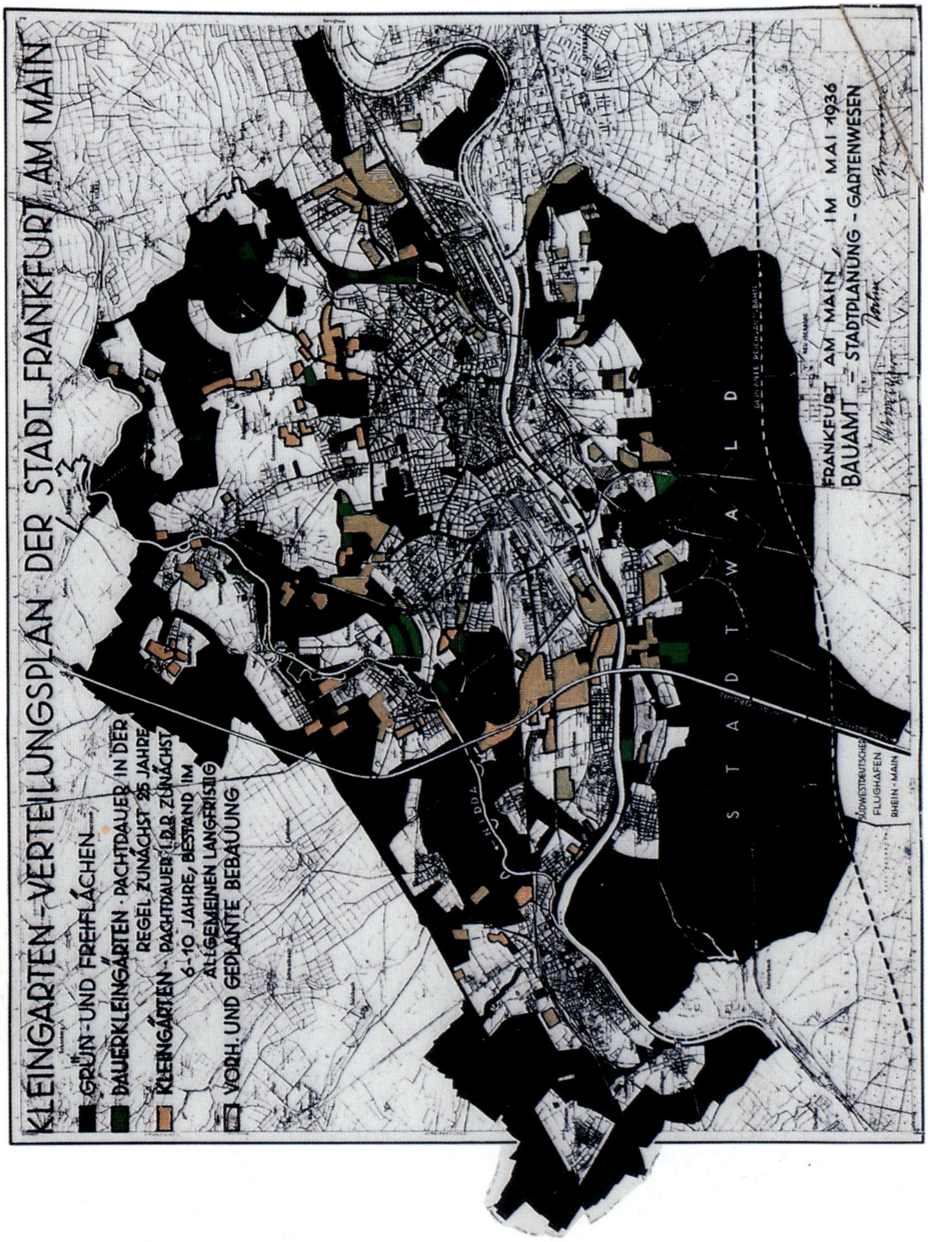

Abb. 34 Kleingarten-Verteilungsplan der Stadt Frankfurt am Main, Mai 1936

Stadt Frankfurt am Main" mag beispielhaft die Fortsetzung dieser Tätigkeit andeuten (Abb. 34).

Die erwähnten Regelungen konnten die im Lauf der nationalsozialistischen Herrschaft zunehmend schlechter werdende Ernährungslage nicht verbessern. In ihnen wurde mit keinem Wort mehr „die Kultur von Gemüsen, Kartoffeln, Beeren- und Zwergobst"[181] gefordert, stattdessen aber die angebliche „Verbundenheit von Blut und Boden als Grundlage für Staat und Volk"[182] beschworen. Die diesbezügliche Situation in Deutschland im Jahr 1939 wird u.a. in dem folgenden Auszug aus einem Bericht des Exilvorstands der Sozialdemokratischen Partei Deutschlands ersichtlich. Es heißt dort: „Auf der Dritten Reichs-Gartenschau, die Ende April (1939, G. G. und J. W.-B.) in Stuttgart stattgefunden hatte, machte Reichsernährungsminister Darré Ausführungen über Umfang und Ursache der Knappheit von Obst und Gemüse". Den Besitzern von Haus- und Schrebergärten wurde in der „Frankfurter Zeitung" vom 30.12.1938 empfohlen, „sich ausgiebiger als bisher mit Obstzucht zu beschäftigen", weil sie sich „mit größerer Liebe und Sorgfalt als der Bauer dieser Arbeit widmen könnten ... Der Vorsitzende der Hauptvereinigung der deutschen Gartenbauwirtschaft Böttner will es dahin bringen, daß die 5 ½ Millionen Haushaltungen, die über solche Gärten verfügen, mit der Zeit ihren Obstbedarf selbst

Abb. 35 Anbau von „Kriegsgemüse" im Nizza,
die frühere Rasenfläche ist mit Gemüsekohl bestellt, Juli 1942

Abb. 36 Kohlernte durch Mitarbeiter des Gartenamtes, 1941, Kriegsgemüsebau

decken. Auf diese Weise sollen also die Arbeitskräfte, die von der Landwirtschaft in die Rüstungsindustrie abgewandert sind, durch die zusätzliche Arbeit der Schrebergärtner ersetzt werden. Diesem Zweck dienen auch die Anweisungen des Reichsarbeitsministers an die Gemeinden, Land der öffentlichen Hand in möglichst großem Umfange zur Errichtung von Kleingartenanlagen zu verwenden. Der Kleingärtner müsse aber alle dazu erforderlichen Arbeiten selbst besorgen“[183].

Schon 1939 beeinträchtigte der Krieg kleingärtnerische Aktivitäten. Eine große Obstschau der Kleingärtner im Palmengarten konnte nicht mehr durchgeführt werden. Die Kleingärtner wurden in die „Kriegserzeugungsschlacht“ einbezogen. Über die Auswirkungen auf das Leben in den Kleingartenvereinen berichtete die Stadtgruppe 1940: „Der Gewinnung heimischen Tees als Ersatz für z.Z. fehlende ausländische Tees diente eine im Benehmen mit der Arbeitsgemeinschaft für Heilpflanzenkunde, Gauabteilung Hessen-Nassau in den Frankfurter Kleingärten durchgeführte Sammlung von Brombeerblättern ... Acht Vereinsführer sind zum Heeresdienst einberufen“[184].

Während des Zweiten Weltkriegs wurden auch die städtischen Grünanlagen für den Anbau von sogenanntem „Kriegsgemüse“ in Anspruch genommen (Abb. 35, 36), so der Brentanopark und das Nizza. Hier mag beispielhaft anhand des Brenta-

Abb. 37 Anbau von „Kriegsgemüse“ im Brentanopark, die Beete sind mit Lauch bepflanzt, die Einfassung besteht aus Roten Rüben, Juli 1942

Abb. 38 „Kriegsgarten eines patriotischen Bürgers“, formale Bepflanzung mit Gemüse als Blumenersatz in einem „Victory Garden“ in Cleveland, Ohio, USA; Garden Magazine, 1918

noparks im Jahre 1942 (Abb. 37) und eines amerikanischen Privatgartens im Jahre 1918 (Abb. 38) angedeutet werden, wie ähnlich zu verschiedenen Kriegszeiten und in verschiedenen Staaten die gartenkulturellen Bemühungen sein konnten, „Kriegsgemüsebau“ in öffentlichen und privaten Grünflächen auch ästhetisch ansprechend zu betreiben. Gemüse wurde in beiden Fällen entsprechend den Kriterien formaler Gartenkunst gepflanzt.

In Frankfurt hatte 1939, im sechsten Jahr der nationalsozialistischen Herrschaft, die Zahl der Dauerkleingärten von 1.530 am Ende der Weimarer Republik um ein Drittel auf 1.010 abgenommen. Von den 16.200 Kleingärten in Frankfurt insgesamt waren also nur noch diese 1.010, entsprechend 6,2 Prozent, als Dauerkleingärten anerkannt. Das Verhältnis von Dauerkleingärten zu Kleingärten insgesamt hatte sich also deutlich verschlechtert. Der Geschäftsbericht der Stadtgruppe für das Jahr 1939 stellt dazu fest: „Das Verhältnis ist völlig unbefriedigend“[185]. Zwar hatte der Reichsarbeitsminister Seldte für die Errichtung von Dauerkleingartenanlagen „zinslose Reichsdarlehen“ zur Verfügung gestellt, die jedoch kaum abgerufen wurden, weil „die Gemeinden und die Kleingärtner selbst noch teilweise erhebliche eigene Geldmittel beisteuerten, was besonders letzteren schwerfiel“[186]. Am 11. Oktober 1939 hatte der Reichsarbeitsminister „daher bekanntgeben lassen, daß fortan für neu zu errichtende Daueranlagen zinslose Reichsdarlehen bis zur Höhe von 300 RM. je Kleingarten gewährt werden“[187], was zweifellos eine deutliche Erhöhung der Darlehen bedeutete.

Im Zusammenhang damit hatte der Reichsarbeitsminister „den Reichsbund deutscher Kleingärtner als Spitzenverband ... beauftragt, im Zuge dieser Förderungsmaßnahmen die Werbung für ein Sofortprogramm in Angriff zu nehmen und die Kleingartenanwärter bei den örtlichen Gliederungen des Reichsbundes zu erfassen. Im Rahmen dieses Sofortprogramms sollen bis zum 1. März 1940 in Großdeutschland möglichst 50.000 neue Dauerkleingärten errichtet werden“[188].

Was in Jahrzehnten davor den intensiven Bemühungen der kleingärtnerischen Organisationen nicht gelungen war, sollte nun binnen weniger Monate, gleichsam in einem beispiellosen Kraftakt, durchgesetzt werden. Jedem, der mit den Schwierigkeiten, Dauerkleingärten einzurichten, vertraut ist, müssen bei diesen Vorstellungen des Reichsarbeitsministers elementare Zweifel gekommen sein. In Frankfurt sollten danach 1.000 neue Dauerkleingärten bereits im Frühjahr 1940 entstehen[189]. Die Unhaltbarkeit dieser Vorstellungen war schnell erwiesen.

In ihrem Geschäftsbericht für das Jahr 1939 wiegelte die dabei offensichtlich in die Pflicht genommene Stadtgruppe ab: „Es ist verständlich, dass sich einer so schnellen Durchführung des Vorhabens Schwierigkeiten entgegenstellten, deren Überwindung in kurzer Zeit nicht möglich war. In erster Linie war es die Frage der Beschaffung geeigneten Geländes, die fast unlösbar erschien“[190]. Auch diese Einschätzung muß vielen, die mit der Geschichte des Kleingartenwesens vertraut waren, wie alter Wein in neuen Schläuchen vorgekommen sein. Fast peinlich mutet schließlich das Eingeständnis der Stadtgruppe an, wenn sie feststellen mußte, daß die vom Reichsarbeitsminister vorgesehene Werbung zur Gewinnung von Kleingärtnern nicht den von der NSDAP gewünschten Erfolg zeitigte. Es heißt dazu: „Die Werbeaktion zeigte in den Kreisen früherer Kleingärtner eine bedauerliche Zurückhaltung, wenn nicht Ablehnung. Sie hatte ihren Grund in der Tatsache, daß sie (die Kleingärtner, G. G. und J. W.-B.) bereits mehrmals ihre Kleingärten aufgeben mussten und sich weitere Enttäuschungen ersparen wollen"[191].

Im Frühjahr 1940 hatte, wie die Stadtgruppe in einem Informationsblatt verlauten ließ, der Reichsarbeitsminister „Bestimmungen über die Förderung von Kleingärten herausgegeben und gleichzeitig Geldmittel zur Verfügung gestellt, um alsbald die Errichtung von Dauer-Kleingartenanlagen durch die Städte möglich zu machen. *Es wird angestrebt, jeder vierten Familie, die eine Mietwohnung inne hat, einen Kleingarten zu verschaffen*" (im Original unterstrichen, G. G. und J. W.-B.).

Dazu sollte zunächst der „Bedarf an Kleingärten" festgestellt werden. Ein „Fragebogen, der von den Bewerbern um einen Kleingarten auszufüllen" und „alsbald an den Vereinsführer des zuständigen Kleingartenvereins im Reichsbund Deutscher Kleingärtner zur Weiterleitung zu übergeben"[192] sei, war dafür entwickelt worden. Darin wurde u.a. nach der „deutschen Reichsangehörigkeit" gefragt, ob man „deutschen oder artverwandten Blutes" sei, ob die „Familie erbgesund" sei, ob man „Frontkämpfer", „Kämpfer für die nationale Erhebung", „gesundheitsbeschädigt als Kämpfer für die nationale Erhebung", „kriegsbeschädigt" oder „arbeitsbeschädigt" sei. Die Fragebogen konnten „vom Reichsbund Deutscher Kleingärtner, Berlin NW. 7, Schiffbauerdamm 19, kostenlos bezogen werden"[193]. Angesichts des jahrzehntelangen Kampfes der Kleingärtner um die Erhaltung ihrer Flächen und ihren ebensolangen Erfahrungen des Vorrangs anderer Flächenansprüche, muß die von der Stadtgruppe gestellte Frage, „Wie komme ich zu einem Dauer-Kleingarten", vielen wie der blanke Hohn vorgekommen sein.

Ebenfalls wie Hohn müssen allen, die jahrelang vergeblich auf einen Kleingarten gewartet oder sich auf der Verbandsebene für die Errichtung von Kleingärten eingesetzt hatten, die „10 Gärten" vorgekommen sein, mit denen sich die Stadtgruppe Frankfurt am Geschenk der „200 Kleingärten" beteiligte, „welche der Reichsbund Deutscher Kleingärtner dem Führer anlässlich seines 50. Geburtstages"[194] im Jahr 1939 übergab. Diese unter dem Namen „Zum Goldenen Spaten" zur Anlage erklärten 10 Gärten wurden „durch die NSDAP an verdiente Parteigenossen vergeben. Die Anlage gehörte zu dem Verein ‚Selbsthilfe Höchst' "[195] (Abb. 39). Die Funktionalisierung der Presse und die systematische Täuschung der Öffentlichkeit läßt sich wie an vielen anderen Beispielen, so auch an diesem Beispiel auf dem Gebiet des Kleingartenwesens sichtbar machen[196].

Wenige Jahre später, 1945, wurde mit der Verteilung von „Eisenmarken für Wasserversorgung, für Gartengeräte, RTE-Marken für Rechen und Gießkannen", die der Landesbund Hessen-Nassau an die einzelnen Kleingartenvereine ausgab, das Ende nationalsozialistischer Herrschaft im Kleingartenwesen greifbar. Selbst „an einzelne wilde Kleingärtner"[197] wurden Rechen und Gießkannen sowie Eisen abgegeben.

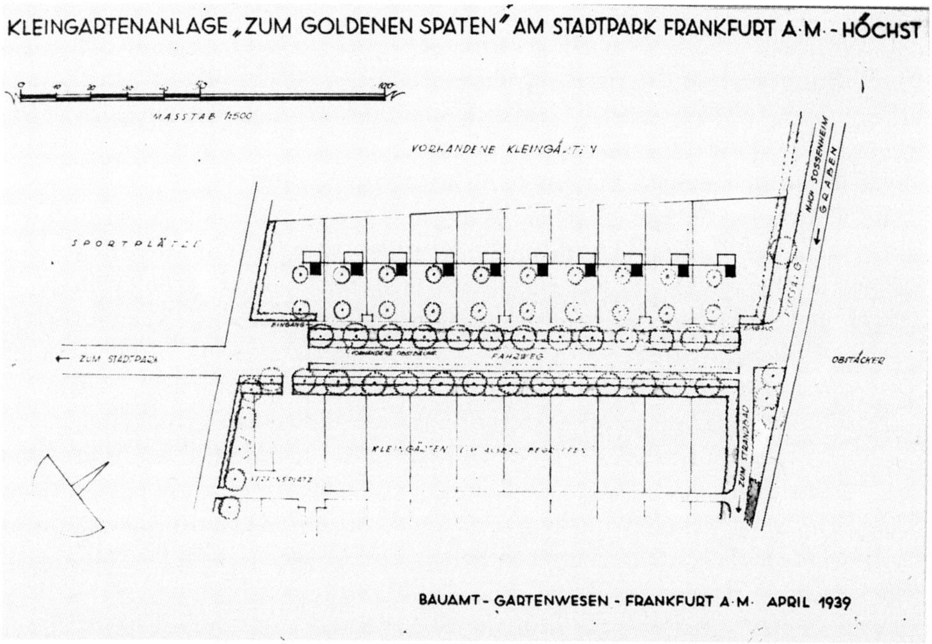

Abb. 39 Plan der Kleingartenanlage „Zum Goldenen Spaten", 1939

Mühsam wurde versucht, den Eindruck einer funktionierenden Organisation aufrechtzuerhalten. Der nationalsozialistische Landesbundleiter ließ sein Schreiben nur noch „im Auftrag" abzeichnen.

3.4. Zur Entwicklung des Kleingartenwesens in der Anfangsphase der Bundesrepublik

Das Jahr 1945 brachte das Ende der nationalsozialistischen Herrschaft. Am 5. März 1946 war das „Gesetz zur Befreiung von Nationalsozialismus und Militarismus" erlassen worden. Danach hatte jeder Deutsche über 18 Jahre einen Fragebogen des Military Government of Germany zur Mitgliedschaft in nationalsozialistischen Organisationen etc. auszufüllen. Neben Angaben zur Person wurde die Mitgliedschaft in einer der vielen NS-Organisationen, aber auch in anderen Organisationen, abgefragt.

Der Neubeginn in den sich allmählich auseinander entwickelnden Teilen der sowjetischen Besatzungszone in Deutschland einerseits und der amerikanischen, britischen und französischen andererseits wurde ebenfalls von einem Fragebogen geprägt. Als Erläuterung zu der „Application for Adult Club", dem „Bewerbungs-

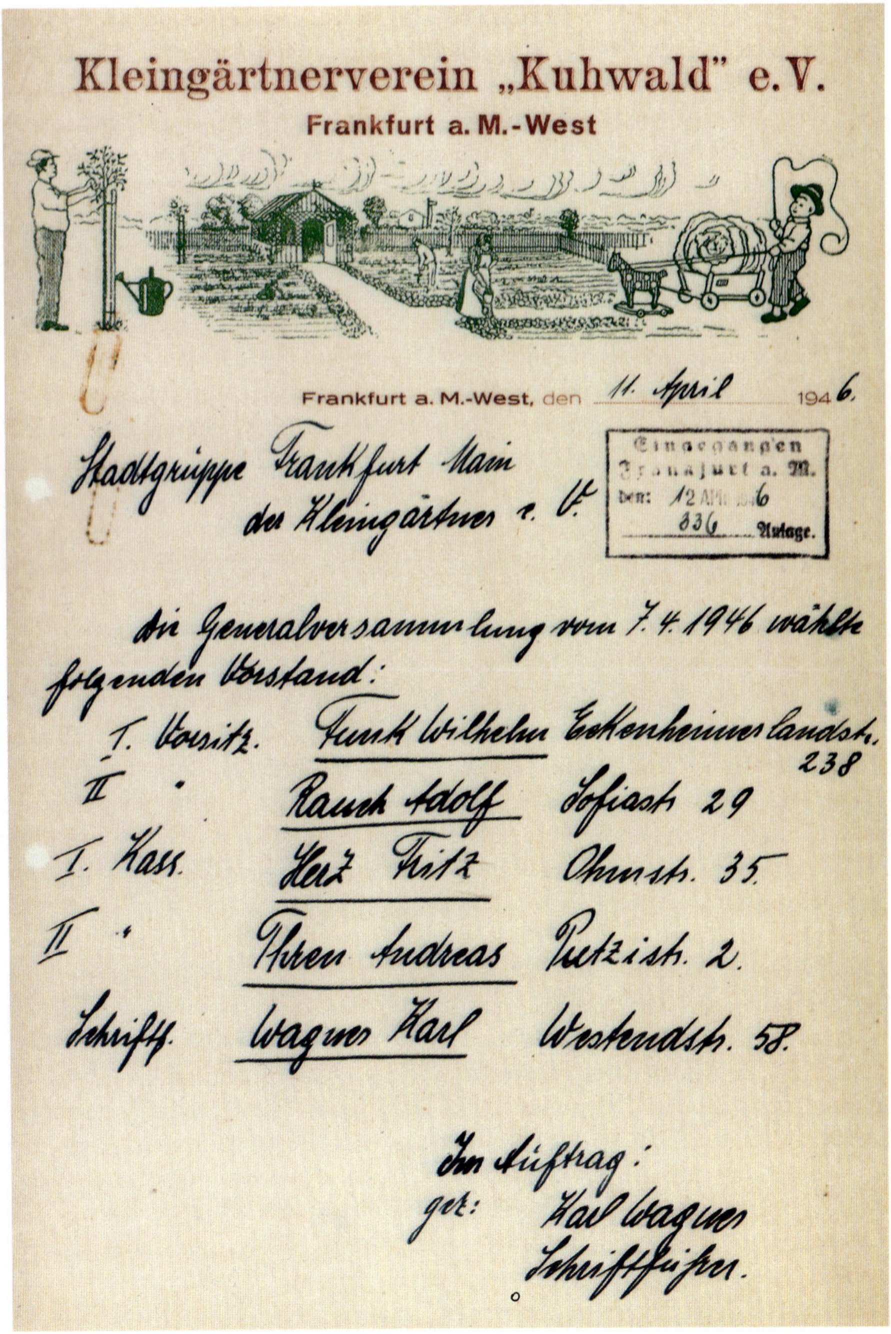

Kleingärtnerverein „Kuhwald" e.V.
Frankfurt a. M.-West

Frankfurt a. M.-West, den 11. April 1946.

Stadtgruppe Frankfurt Main
der Kleingärtner e. V.

Eingegangen
Frankfurt a. M.
den: 12 APR 1946
336 Anlage.

Die Generalversammlung vom 7.4.1946 wählte folgenden Vorstand:

I. Vorsitz.	Funk Wilhelm	Eckenheimerlandstr. 238
II "	Rauch Adolf	Sofiastr. 29
I. Kass.	Herz Fritz	Ohmstr. 35.
II "	Thren Andreas	Pietzistr. 2.
Schriftf.	Wagner Karl	Westendstr. 58.

Im Auftrag:
gez: Karl Wagner
Schriftführer.

Abb. 40 Mitteilung des „Kleingärtnervereins Kuhwald e.V."
über die Neuwahl des Vereinsvorstandes an die Stadtgruppe, April 1946

antrag zur Bildung eines Erwachsenenclubs", hatte das Städtische Gewerbeamt Frankfurt „Richtlinien für die Anträge auf Zulassung von unpolitischen Clubs, Vereinen, Vereinigungen usw.", erstellt und dabei auch Hinweise für das Ausfüllen des Fragebogens gegeben. So sollte z.B. bei der Frage nach den Mitgliedschaftsbedingungen in dem beantragten ‚Erwachsenenclub' „mindestens" eingesetzt werden „keine nationalsozialistische Betätigung". „Ehemalige aktive Offiziere oder Mitglieder der NSDAP" durften nicht im Vorstand eines Vereins sein. Die Mitglieder der Kleingartenvereine wählten neue Vorstände, die diesen Anforderungen gerecht wurden (Abb. 40).

Das Gewerbeamt machte auch darauf aufmerksam – was bei manchen nach 12 Jahren Nationalsozialismus vielleicht in Vergessenheit geraten sein mochte –, daß in den Satzungen „die demokratische Einsetzung des Vorsitzenden (Vorstandes), d.h. durch geheime Wahl bei einer Mitgliederversammlung sichergestellt sein"[198] mußte. Die ausgefüllten Fragebogen wurden von der Militärregierung der amerikanischen Zone, zu der Frankfurt gehörte, überprüft und dann an den Regierungspräsidenten in Wiesbaden „zur weiteren Veranlassung mit einer Genehmigungsbefürwortung abgegeben"[199]. Auch in dieser Phase, nun allerdings zur Unterbindung des Weiterwirkens nationalsozialistischer Einflüsse, mußten Kleingartenvereine ihre Veranstaltungen genehmigen lassen (Abb. 41).

Schon am 12. September 1945 hatte der damalige Oberbürgermeister Blaum Grundsätze für die „Vergebung von Kleingärten" herausgegeben. Darin war u.a. klar bestimmt: „Keine Gärten werden vermittelt oder zugewiesen an Bewerber und ihre Familien, die im folgenden unter a) bis h) genannt sind: a) Angehörige der SS, b) Träger des goldenen Ehrenzeichens, c) alte Kämpfer, d.h. solche, die bereits vor dem 30.1.33 (dem Tag der Machtübergabe von Hindenburg an Hitler, G. G. und J. W.-B.) der NSDAP oder einer ihrer Gliederungen (SA, NSBO usw.) angehört haben, d) politische Aktivisten der Bewegung, gleichgültig, ob sie schon vor der Machtübernahme, also dem 30.1.1933, oder erst nachher oder überhaupt nicht in die NSDAP oder eine ihrer Gliederungen eingetreten sind; das sind insbesondere: Politische Leiter vom Zellenleiter an aufwärts, Gauredner, Schulungsleiter, Betriebsobmänner der DAF, Ortsgruppenleiter der NSV, Frauenschaftsleiterinnen der Ortsgruppen, e) SA-Führer vom Hauptsturmführer (Hauptmannsrang) an aufwärts und die entsprechenden Dienstgrade beim NSKK und NSFK, f) die in der HJ ein führendes Amt bekleidet haben (vom Gefolgschaftsführer an aufwärts), g) Angehörige und Mitarbeiter des SD und der Gestapo, h) solche, die im Geiste des Nationalsozialismus vorsätzlich oder fahrlässig andere Personen bekämpft oder benachteiligt haben, auch wenn sie der Partei oder ihren Gliederungen nicht angehört haben. Bei Bedarf sind die städtischen und stiftungseigenen Gärten, die von den vorerwähnten Personen bewirtschaftet werden, zu kündigen". Weiter wurde in diesen für Verpächter wie für Generalpächter erstellten Richtlinien geregelt: „Im übrigen werden ehemalige Mitglieder der NSDAP wie die anderen Bürger behandelt, jedoch haben bei gleicher Würdigkeit und Bedürftigkeit Nicht-Pg. (Pg. = Parteigenosse,

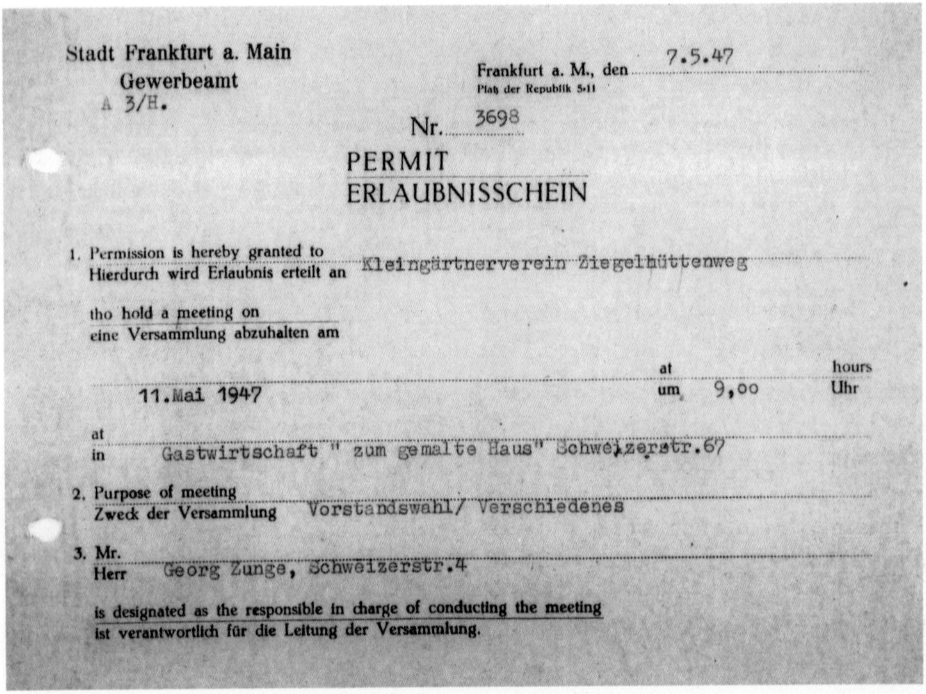

Stadt Frankfurt a. Main
Gewerbeamt
A 3/H.

Frankfurt a. M., den 7.5.47
Platz der Republik 5-11

Nr. 3698

PERMIT
ERLAUBNISSCHEIN

1. Permission is hereby granted to
Hierdurch wird Erlaubnis erteilt an Kleingärtnerverein Ziegelhüttenweg

tho hold a meeting on
eine Versammlung abzuhalten am

11.Mai 1947 at / um 9,00 hours / Uhr

at
in Gastwirtschaft " zum gemalte Haus" Schweizerstr.67

2. Purpose of meeting
Zweck der Versammlung Vorstandswahl/ Verschiedenes

3. Mr.
Herr Georg Zunge, Schweizerstr.4

is designated as the responsible in charge of conducting the meeting
ist verantwortlich für die Leitung der Versammlung.

Abb. 41 Genehmigung der Jahreshauptversammlung 1947
des „Kleingärtnervereins Ziegelhüttenweg“ durch das Gewerbeamt der Stadt Frankfurt

G. G. und J. W.-B.) den Vorrang vor ehemaligen Pg.. Abgesehen von den Einschränkungen in Ziff. 2 und 3 darf kein Bewerber wegen seiner Rasse, seines Glaubens, seiner Staatsangehörigkeit oder politischen Überzeugung benachteiligt werden“[200].

Eine für den 16. und 17. Januar 1947 nach Hamburg einberufene Konferenz, an der jedoch keine Vertreter aus Frankfurt bzw. Hessen teilnahmen, diente dem Wiederaufbau eines demokratisch verfassten Kleingartenwesens. Sie nahm damals „zur Frage der Entnazifizierung … folgende Haltung ein:

1. Die Frage der Mitarbeit ehemaliger Mitglieder der NSDAP und ihrer Gliederungen innerhalb der Kleingärtnerorganisationen kann nur durch Satzungsbestimmung geregelt werden.
2. Die Entfernung ehemaliger Nationalsozialisten aus ihren Gärten soll sich nur auf den Kreis der führenden und besonders belasteten Personen beschränken.
3. Das Entnazifizierungsverfahren darf nicht bei der Kleingartenorganisation liegen, sondern muß den von der Militärregierung eingesetzten Entnazifizierungsausschüssen zugewiesen werden.

4. Das Untersuchungsergebnis muß die Möglichkeit des Entzugs eines Kleingartens einschließen. Es ist deshalb die Aufnahme einer solchen Bestimmung in die Kündigungsschutzverordnung anzustreben"[201].

In den Frankfurter Richtlinien wurde schließlich auch noch geregelt, daß „die der Stadtgruppe Frankfurt a. M. der Kleingärtner angeschlossenen Kleingärtnervereine als Generalpächter, die Eigentümer (Stadt, Stiftungen) für die" Verpachtung der „freien Grundstücke"[202] zuständig sind.

Für den 8. Oktober 1947 ist eine Vorstandssitzung der Frankfurter Kleingärtner unter dem Vorsitz von Bauer dokumentiert. Die ersten Jahre nach dem Ende des zweiten Weltkriegs wie auch die ersten Jahre in der 1949 gegründeten Bundesrepublik brachten eine Welle von Kündigungen für Kleingärten. Von Dauerkleingärten, die in der Weimarer Republik zum Teil schon realisiert worden waren, war nicht mehr die Rede. 1951 wandte sich die „Stadtgruppe Frankfurt a. M. der Kleingärtner e.V." in einem Schreiben an den Oberbürgermeister, den Magistrat und an alle Stadtverordneten (Abb. 42). Darin bezeichnet sie „das abgelaufene Jahr 1950" als „ein Schreckensjahr für die Frankfurter Kleingärtner. Es verging kein Monat, in dem nicht eine Kündigung von Kleingartengelände oder zwangsweise Hinwegnahme von Kleingartenland auf der Tagesordnung stand." Die Stadtgruppe forderte daher „die für eine Großstadt erforderlichen Grünflächen als Lunge der Stadt planvoll zu schaffen in der Weise, daß die vorgesehenen Grünflächen als Dauerkleingärten ausgewiesen werden"[203]. Sie wandte damit, möglicherweise unbewußt, die biologistische Vorstellung von Stadt als menschlichem Organ an, die damals von manchem Stadtplaner und Landschaftsarchitekten vertreten wurde.

Der Stadtgruppe gehörten zu diesem Zeitpunkt 83 Vereine mit rund 20.000 Mitgliedern an. Auf Ersuchen der Stadtverordnetenversammlung, zu der Eingabe Stellung zu nehmen, machte der Magistrat deutlich, daß „mit dem Beginn der verstärkten Bautätigkeit ... zwangsläufig auch viele Kleingärten auf Baugelände geräumt werden" und behauptete, daß Ersatzland, „sofern es von den Vereinen verlangt wurde, in ausreichendem Umfange auf Dauergelände zur Verfügung gestellt" wurde. Im übrigen dürfe „jedoch nicht verkannt werden, dass bei dem grossen Landbedarf für die Entwicklung der Stadt die Forderung nach ausreichenden Dauerkleingartenflächen in tragbarer Entfernung von den Wohngebieten – bei gleichbleibender Gesamtfläche der Stadt – immer schwerer zu verwirklichen ist"[204].

Dieses Schreiben, das nur als Entwurf erhalten ist, zeigt bereits unmißverständlich an, daß das Frankfurter Kleingartenwesen rauhen und schweren Zeiten entgegenging. Wenn die zukünftige Stadt, wie aus diesem Schreiben abgeleitet werden könnte, nur noch aus umbautem und überbautem Raum bestehen sollte, dann war darin kein Platz mehr für Grünflächen enthalten. Die in der Weimarer Republik schon relativ weit entwickelten Vorstellungen für eine urbane Kleingarten- und Grünflächenpolitik hatten durch den Nationalsozialismus erhebliche Rückschläge erlitten. Von der Aufbruchstimmung im Kleingartenwesen, wie sie die Plan- und

Stadtgruppe Frankfurt a. M. der Kleingärtner e.V.

Fernsprecher 7 26 07
Postscheckkonto: Frankfurt (Main) 473 41

Frankfurt am Main, den 15.1.1951.
Siesmayerstraße 2

An den
Herrn Oberbürgermeister
den Magistrat
und alle Stadtverordneten
der Stadt Frankfurt am Main.

Die Stadtgruppe Frankfurt am Main der Kleingärtner e.V. als Vertreterin der organisierten Frankfurter Kleingärtner hat das Bedürfnis, mit Wünschen und Forderungen für das Jahr 1951 an Sie heranzutreten. Das abgelaufene Jahr 1950 war ein Schreckensjahr für die Frankfurter Kleingärtner. Es verging kein Monat, in dem nicht eine Kündigung von Kleingartengelände oder zwangsweise Hinwegnahme von Kleingartenland auf der Tagesordnung stand. Um für die Folge diese Maßnahmen zu verhindern, zu beseitigen oder zu lindern, treten wir als Treuhänderin der organisierten Kleingärtner und als Vertreter der Bürgerschaft an Sie heran. Es ist uns bekannt, daß der Stadt Frankfurt am Main heute nur beschränkte Flächen geeigneten Landes für Kleingartenzwecke zur Verfügung stehen und darum ist es notwendig, die für eine Großstadt erforderlichen Grünflächen als Lunge der Stadt planvoll zu schaffen in der Weise, daß die vorgesehenen Grünflächen als D a u e r k l e i n g ä r t e n ausgewiesen werden. Wir haben volles Verständnis dafür, daß der soziale Wohnungsbau dringend gefördert werden muß, um dem Wohnungselend zu steuern. Auch erkennen wir an, daß Industrie-Unternehmungen weitestgehend der Förderung bedürfen, damit Arbeitsmöglichkeiten für die Bevölkerung und finanzielle Einnahmen für die Stadtgemeinde entstehen.

Bei diesen Vorhaben wäre oft die Möglichkeit gegeben, vorgesehene Projekte an anderer Stelle zur Ausführung zu bringen, um seit Jahrzehnten bestehende Kleingartenanlagen mit wertvollem Obstbestand zu erhalten. Ist bei der Durchführung eines Bauvorhabens die Inanspruchnahme von Kleingartenland unabwendbar, so bitten wir die Körperschaften der Stadtverwaltung, welche über diese Vorhaben zu beschließen haben, um verständnisvolle Rücksichtnahme bei Kündigungsfristen, sowie um frühzeitige Bereitstellung von Ersatzgelände als D a u e r k l e i n g a r t e n l a n d.

Wir haben nicht die Absicht, mit diesem Schreiben unsere Wünsche und Forderungen mit statistischen Zahlen zu untermauern, möchten jedoch höflichst darum bitten, sich bei Beratungen über vorzunehmende Räumungen von Kleingärten dieses Schreibens zu erinnern.

Den nicht orientierten Damen und Herren möchten wir noch bekanntgeben, daß die Organisation der Kleingärtner unserer Vaterstadt z.Zt. 83 Vereine mit rund 20.000 Mitgliedern umfaßt. Das bedeutet nach kürzlich erfolgten statistischen Erhebungen rund 60.000 Familienangehörige. In diesem Zusammenhang gestatten wir uns, auch auf die Ernährungs- und Devisenwirtschaftlichkeit hinzuweisen.

Hochachtungsvoll
STADTGRUPPE FRANKFURT (MAIN) DER KLEINGÄRTNER E.V.

Bauer
Vorsitzender.

Abb. 42 Brief der „Stadtgruppe Frankfurt a. M. der Kleingärtner" an den Oberbürgermeister, den Magistrat und die Stadtverordneten der Stadt Frankfurt a. M., 15. Januar 1951

Bildschau des Reichsverbandes der Kleingartenvereine Deutschlands zum 5. Reichskleingärtnertag in Frankfurt am Main im Juli 1927 hatte vermitteln können, ist nun, zwei Jahrzehnte später, nichts mehr zu spüren.

Mit dem demokratischen Wiederanfang der Stadtgruppe Frankfurt der Kleingärtner enden hier die Ausführungen zur geschichtlichen Entwicklung des Kleingartenwesens in Frankfurt am Main. Im folgenden beschäftigen wir uns etwas ausführlicher mit einer historischen Besonderheit im Frankfurter Kleingartenwesen, dem Verein zur Beförderung des Kleingartenbaues. Das anschließende Kapitel ‚Die Kleingarteninteressen im Spiegel der kommunalen Haushaltspläne sowie der Magistrats- und Verwaltungsberichte' ergänzt und führt in gewissem Sinne die vorangegangenen Ausführungen zur geschichtlichen Entwicklung weiter.

4. Eine Besonderheit in der Geschichte des Kleingartenwesens in Frankfurt am Main – Der „Verein zur Förderung des Kleingartenbaues"

Als eine Besonderheit des Frankfurter Kleingartenwesens soll im folgenden ausführlicher auf einen Verein eingegangen werden, der gerade in der Entstehungsphase der Stadtgruppe herausragende Bedeutung gehabt hat, der „Verein zur Förderung des Kleingartenbaues". Dieser Verein wurde im Jahr 1898, zehn Jahre nach dem ältesten noch bestehenden Kleingartenverein in Frankfurt, dem „Kleingärtnerverein 1888 e.V. Frankfurt-Griesheim", am 29. März 1898 in der Wirtschaft von Peter Pflug von den Herren Werner, Keil, Schnitzer, Krebs, Lück, Vogt, Mauri und Cronberger ins Leben gerufen (Abb. 43). Wenngleich aus den zur Verfügung stehenden Unterlagen nicht ersichtlich ist, warum der Name gewählt wurde, sei dennoch auf die Namensähnlichkeit mit dem „Verein zur Beförderung des Gartenbaues im Preußischen Staate" hingewiesen[205]. Der Zweck dieses Vereins war es, den Gartenbau, „die Obstbaumzucht in all ihren Zweigen", den Bau der „Gemüse- und Handelskräuter, der Erziehung von Zierpflanzen, der Treibereien und der bildenden Gartenkunst"[206] zu befördern. Setzt man an die Stelle Gartenbau das Wort Kleingartenbau, so hätte sich der viel später gegründete „Verein zur Förderung des Kleingartenbaues in Frankfurt am Main" sicher auch noch mit diesen Aufgabenstellungen einverstanden erklären können.

Die „Beförderung des Kleingartenbaues" ging der Verein, auch darin dem „Verein zur Beförderung des Gartenbaues in den Königlich Preußischen Staaten" durchaus vergleichbar, mit einem obrigkeitlichen Verständnis sowie mit großem und zumindest bis zum Ende der Weimarer Republik recht erfolgreichem Engagement an.

Bereits nach wenigen Jahren Vereinstätigkeit, im Jahr 1902, war er offenbar in der Frankfurter Stadtverwaltung so angesehen, daß diese ihn angeregt hatte, sich an der Düsseldorfer Industrie- und Gewerbe-Ausstellung zu beteiligen. Der Verein übersandte „eine Mappe mit Jahresberichten, Satzungen, Plänen der Vereinsgärten, überhaupt alles ... was ein möglichst anschauliches Bild von unserer Tätigkeit geben konnte" und wurde „mit der broncenen Medaille preisgekrönt"[207]. Auch an der Internationalen Kunstausstellung und grossen Gartenbau-Ausstellung Düsseldorf 1904, auf der „neben der künstlerischen auch die sociale Seite des Gartenbaues in besonderer Weise"[208] betont werden sollte, beteiligte sich der Verein. In einem dem Anschreiben an die Stadt Frankfurt beigefügten Fragebogen war die Stadt u.a. gebeten worden, die folgenden beiden Fragen zu beantworten: „Sind von städtischer Seite in nächster Nähe der Stadt zusammenhängende größere Flächen bestimmt für billige Kleingärten nebst Spielplätzen? Wie groß sind die einzelnen zu vermietenden Flächen?"[209].

Abb. 43 Titelblatt der Festschrift „1899–1989. 90 Jahre Kleingärtnerverein Cronberger e.V."

Die Stadt Frankfurt wollte „ein möglichst umfangreiches und vollständiges Bild ihrer gärtnerischen Anlagen und Bestrebungen geben". Vertreten durch den Magistrat bzw. die Stadtkämmerei, die zu dem Verein gute Beziehungen unterhielt, sah sie in dem Verein, wohl nicht zu Unrecht, eine kompetente Stelle für die Beantwortung dieser Frage. Dessen Vorstand verfaßte einen längeren Bericht über die Vereinstätigkeit, den er der Stadtkämmerei übergab. Die Chance erkennend, auf der Ausstellung für die Beförderung des Kleingartenbaues wirken zu können, sandte der Verein eine Mappe mit Satzungen, Plänen, Jahresberichten und sonstigen Schriften nach Düsseldorf, so daß dort „auch unser Verein vertreten" ist, „ohne daß es uns besondere Kosten verursachte"[210].

Das Interesse des Vereins, ordentlich zu wirtschaften, kam nicht nur in dieser Randbemerkung sondern auch in manchen anderen Vereinsaktivitäten zum Tragen. 1899 z.B. wollte sich der Verein ins Vereinsregister eintragen lassen, was ihm jedoch vom Amtsgericht mit der Begründung verwehrt wurde, „der Verein sei ein wirtschaftlicher Verein, da er sich mit der Verpachtung von Gärten, der Beschaffung von Obstbäumen usw. befasse"[211]. Es wurde ihm also die Gemeinnützigkeit abgesprochen. Der Verein versuchte daraufhin, was vor der Einführung des Bürgerlichen Gesetzbuches im Jahr 1900 bei Vereinen durchaus üblich war, die Anerkennung von Kaisers Gnaden zu erlangen; dies scheiterte jedoch ebenfalls. Nach einer vereinseigenen Darstellung aus dem Jahr 1918 wurde er schließlich am 19. September 1901 in das Vereinsregister eingetragen, womit nicht zuletzt auch die Beschränkung in Haftungsfragen verbunden war. Andererseits wird in demselben Bericht abweichend von obiger Information erwähnt, daß „infolge der (kriegsbedingten, G. G. und J. W.-B.) Abwesenheit der bereits erwähnten Vorstandsmitglieder … auch in diesem Jahre eine Eintragung des Vorstands in das Vereinsregister des Amtsgerichts unterbleiben"[212] mußte.

Die Bewirtschaftung der Kleingärten finanzierte der Verein durch einen Schuldendienst. So wurde z.B. 1902 im 4. Jahresbericht festgestellt: „Von den Schulden der Vereinsgärten sind in diesem Jahre wiederum Mk. 1.400 abgetragen worden, so daß dieselben nunmehr noch Mk. 4.694,07 betragen"[213]. Von den ebenfalls vom „Verein zur Beförderung des Kleingartenbaues" verwalteten Armenäckern an der Dortelweilerstraße wird in obrigkeitlich getönter Sprache berichtet: „Die kleinen Leute zeigten hier, daß sie recht gut imstande sind, Kleingartenbau zu treiben. Die Beete waren durchweg bebaut und in guter Pflege gehalten; auch in diesem Jahre haben die meisten recht hübsche Erträgnisse von ihren Beeten gehabt"[214].

Das gemeinnützige Interesse des Vereins, das sichtlich durch eine solide ökonomische Basis unterstützt wurde, läßt sich jedoch an vielen Beispielen aufzeigen. Um den Vereinsmitgliedern Vorzugspreise oder Rabatt beim Kauf von Dünger, Sämereien, Blumen, Stauden, Sträuchern und Bäumen sowie Gartengeräten einräumen zu lassen, hatte der Verein einen aus verschiedenen einschlägigen Geschäften bestehenden Wirtschaftsverband initiiert, dessen Mitglieder zwischen 5 und 10 Prozent Rabatt „gegen Vorzeigung der Mitgliedskarte"[215] gaben.

Verein zur Förderung des Kleingartenbaues.

Sitzung:

Donnerstag, den 10. Januar 1901, abends 8½ Uhr,
bei Herrn **Peter Pflug,** Lübersgasse 47.

TAGES-ORDNUNG:

1. „Krankheiten und Feinde der Obstbäume", Ref. Herr Kreisobstbautechniker Biesterfeld aus Offenbach a. M.
2. Verlosung der Kartoffelbeete auf dem ehemal. Hoss'schen Grundstücke.
3. Geschäftliche Mitteilungen.
4. Pflanzenverlosung.

Gäste sind willkommen!

Hochachtungsvoll
DER VORSTAND.

Abb. 44 Tagesordnung zur Sitzung des
„Vereins zu Förderung des Kleingartenbaues", 10. Januar 1901

„Für alle gärtnerischen Angelegenheiten" hatte der Verein 1902 eine „unentgeltliche Auskunftsstelle" eingerichtet, die „recht oft schriftlich wie mündlich in Anspruch genommen" wurde. Im Vereinslokal hing ein Briefkasten, in den Briefe mit Fragen, „die sich durchweg auf den praktischen Gartenbau bezogen", geworfen werden konnten. Diese wurden dann „in den verschiedenen Versammlungen von den anwesenden Fachleuten eingehend beantwortet"[216] (Abb. 44).

Besonders hervorzuheben in der Tätigkeit des Vereins ist, daß die Vereinsleitung für die Vereinsmitglieder Weiterbildungsmöglichkeiten von bemerkenswerter Qualität bereitstellte. So waren eine Bibliothek und ein Lesezimmer vorhanden, in dem 25 Fachzeitschriften den Mitgliedern zur Verfügung standen, um ihnen auch die Gelegenheit zur selbständigen eigenen Beantwortung von Fragen, die mit dem Kleingartenbau zusammenhingen, zu geben. Die Zeitschriften wurden „teils durch Abonnement (die mit * bezeichneten), teils im Tauschverkehr"[217] mit der ab 1905 erscheinenden[218], offenbar sehr erfolgreichen, sich durch Anzeigen finanzierenden vereinseigenen Zeitschrift „Blätter für Kleingartenbau" bezogen. Die „Blätter für Kleingartenbau" erreichten 1918 eine beachtliche Auflage von 7.200 Exemplaren[219]. Die Vielfalt der angebotenen Zeitschriften verdeutlicht die Wiedergabe der folgenden Auflistung des Vereins:

„* 1. Möllers Deutsche Gärtnerzeitung.
2. Süddeutsche Gärtnerzeitung.
3. Wiener Gärtner-Zeitung.
4. Die Gartenwelt, Herausgeber Max Heßdörffer.
* 5. Der praktische Ratgeber im Obst- und Gartenbau, Frankfurt a. Oder.
* 6. Der Lehrmeister im Garten und Kleintierhof.
* 7. Praktischer Wegweiser (Würzburg).

* 8. Geisenheimer Mitteilungen für Obst- und Gartenbau.
* 9. Monatsschrift für Obst-, Wein- und Gartenbau (Halle a.S.)
10. Hannöversche Garten- und Obstbau-Zeitung.
11. Monatsschrift des Gartenbauvereins zu Darmstadt.
12. Gemeinnütziger Ratgeber (Essen-Ruhr).
13. Schleswig-Holstein'sche Zeitschrift für Obst- und Gartenbau.
* 14. Der Obst- und Gemüsegärtner (Offenbach).
15. Mitteilungen der königl. kaiserl. Gartenbau-Gesellschaft in Steiermark.
16. Blätter für Obst-, Wein- und Gartenbau (Brünn).
17. Illustrierte Nützliche Blätter (Wien).
18. Haus, Hof, Garten (Wochenbeilage zum Berl. Tagebl.).
19. Freund der Schrebergärten.
* 20. Die Frischhaltung (Herausgeber: J. Weck).
21. Fricks Rundschau (Wien).
22. Gemeinnützige Blätter für Hessen und Nassau.
23. Die Hilfe."[220]

Dazu wurden noch „eine Reihe kleinerer Schriften naturwissenschaftlichen Inhaltes" sowie die Zeitschriften „Kosmos" und „Aus der Heimat" bezogen, weil der Verein „korporatives Mitglied des ‚Lehrervereins für Naturkunde' in Stuttgart, sowie des ‚Kosmos, Gesellschaft für Naturfreunde' "[221] war. Bis 1918 hatte sich die Zahl der Zeitschriften auf 32 erweitert und „die ganze Bücherei", für die, so ein Chronist, „anläßlich des zehnjährigen Bestehens unseres Vereins im Jahre 1908 ... unsere Frauen ... einen wertvollen Bücherschrank aus Eichenholz"[222] gestiftet hatten, „hat einen Bestand von 838 Nummern aufzuweisen"[223].

1904 hatte der Verein mit dem Verkauf eines von dem Vereinsvorsitzenden Bernhard Cronberger verfaßten „Jahrbuchs für Kleingartenbau" begonnen. Das Jahrbuch war ein Taschenkalender mit Hinweisen auf die in den jeweiligen Monaten notwendigen Gartenarbeiten und mit kleinen gartenkulturellen Beiträgen für Laien. Ein Teil des Reingewinns daraus sollte den Vereinsgärten zukommen, die ebenfalls 1904 zu Ehren des Vorsitzenden „in Anbetracht seiner Verdienste um die Vereinssache in ‚Cronberger-Gärten' "[224] umgetauft worden waren. Im Jahr 1907 erschien das Jahrbuch „zum erstenmal mit Abbildungen und einer farbigen Tafel in einer Auflage von 1600 Stück". Es verhalf trotz nicht ganz vollständigen Absatzes zu einem „nennenswerten Gewinn von M 251.72"[225], der etwa 10 bis 15 Prozent der auf dem Konto des Vereins verzeichneten jährlichen Einnahmen ausmachte. 1918 hatte die Auflage 3.500 erreicht und „war bereits im Januar vollständig vergriffen"[226]. Für den „Jahrgang 1919" wurden „4.500 Stück"[227] aufgelegt.

Mit der Herausgabe eines Kalenders hatte Cronberger eine alte gartenkulturelle Tradition fortgeführt, an die nun auch von kleinbürgerlichen sowie proletarischen Haushalten angeknüpft werden konnte. Weit über 100 Jahre früher, 1783, hatte Hirschfeld, der Theoretiker der Gartenkunst, der 1773 in Leipzig seine „Anmer-

Abb. 45 Erinnerungsblätter an die Erntefeier
des „Vereins zur Förderung des Kleingartenbaues", 1902

Verein zur Förderung  **des Kleingartenbaues.**

Sich regen bringt Segen!

Familien-Abend

zur Feier des Mitgliederbestandes von 600 Personen

unter gütiger Mitwirkung der **„Frankfurter Liedertafel“** E. V.

am **1. Februar 1908,** abends 8 Uhr

in dem **Saalbau zur „weissen Lilie“** Bergerstrasse 273.

PROGRAMM.

1. **El Kapitain,** Festmarsch . . . . Sousa.
2. **Ouverture** zu „König Mydas“ . . . . Eilenburg.
3. **Weihe des Gesanges.**
(Frankfurter Liedertafel E. V.)
4. **Akademische Feier.**
5. **Ballsirenen-Walzer** aus „Die lustige Witwe“ . . . . Linke.

---

6. **Potpourri** aus der „Fledermaus“ . . . . Strauss.
7. **Heimatliebe** . . . . Wengert.
Was i hab' . . . . Altdeutsches Volkslied.
(Frankfurter Liedertafel E. V.)
8. **Ingenieur Charles Dunst.**
(Herr G. Overbeck.)
9. **Ständchen** . . . . Weckerlin.
Mein Verlangen . . . . Weber.
(Frl. Henny Lemerez.)
10. **Der Bajazzo** . . . . L. Gluthes.
(Herr Kuno Schlegelmilch.)
11. **Vilja-Lied** . . . . Linke.
12. **Ein Handelsgärtner.**
(Herr G. Overbeck.)
13. **Der Stolz der Batterie** . . . . Miris.
(Herr Kuno Schlegelmilch.)
14. **In der Ferne** . . . . Zöllner.
Wanderschaft . . . . Zöllner.
(Frankfurter Liedertafel E. V.)
15. **Im Theater-Bureau.**
Schwank in einem Akt.
Anton Anno.
Werner, Theater-Direktor.
Müller, Theater-Diener.
Fritz Müller, dessen Sohn.

TANZ

unter Leitung des Tanzmeisters Herrn **G. Overbeck.**

Vor Beendigung des Programms darf nicht geraucht werden.

Die Ausgabe der Tombola-Gewinne erfolgt erst am Schlusse des Programms.

Abb. 46 Programm des „Familien-Abends zur Feier des Mitgliederbestandes von 600 Personen“ des „Vereins zur Förderung des Kleingartenbaues“, 1908

Abb. 47 Gastkarte zum Erntefest des „Vereins zur Förderung des Kleingartenbaues“, 1904

kungen über die Landhäuser und die Gartenkunst“ publiziert hatte, einen Gartenkalender herausgegeben. Hirschfeld sah ihn als „ein gutes Vehikel zur schnellern Ausbreitung gemeinnütziger und schöner Kenntnisse“ an. Dessen Verbreitung war jedoch damals noch vielfältigen Repressalien ausgesetzt. Er mußte, weil er „hie und da Provinzmonopolen entgegenlief ... als eine Art von Contrebande, unter einem anderen Namen“ vertrieben werden, „weil manche Landesobrigkeiten es nicht erlauben wollten, daß ein anderer, als ein Eingebohrner, ihnen nebenher anzeigen dürfe, wie die Monate und Tage des Jahres auf einander folgen. Indem man wissenschaftliche und gemeine Volkskalender nicht unterschied“, so erläuterte Hirschfeld im Vorbericht zu seiner „Kleinen Gartenbibliothek“, die 1790 den Gartenkalender ersetzte, „so hatte der unschuldige Gartenkalender, wo er unter seinem wahren Namen anlangte, zuweilen das Unglück, schon vor dem Thore in Arrest zu kommen, und er muste, um einen Passirzettel zu erhalten, den Namen eines Taschenbuchs für Gartenfreunde annehmen“[228]. Von solchen Vertriebsschwierigkeiten war der Cronberger'sche Taschenkalender inzwischen offenbar weit entfernt.

Auch bei den alljährlich stattfindenden „Festlichkeiten“ des Vereins, einem „Sommerfest“ bzw. „Rosenfest“ und einem „Erntefest“ wurde so gewirtschaftet, daß davon Überschüsse der Vereinskasse zugeführt werden konnten. Ein Teil dieses Geldes wurde u.a. für Vogelfutter ausgegeben, das „an verschiedenen Punkten der Bornheimer Gemarkung, namentlich im Günthersburgpark und dem Friedhofe ... ausgiebig wochenlang“ für einen „wirksamen Schutz unserer einheimischen Vögel

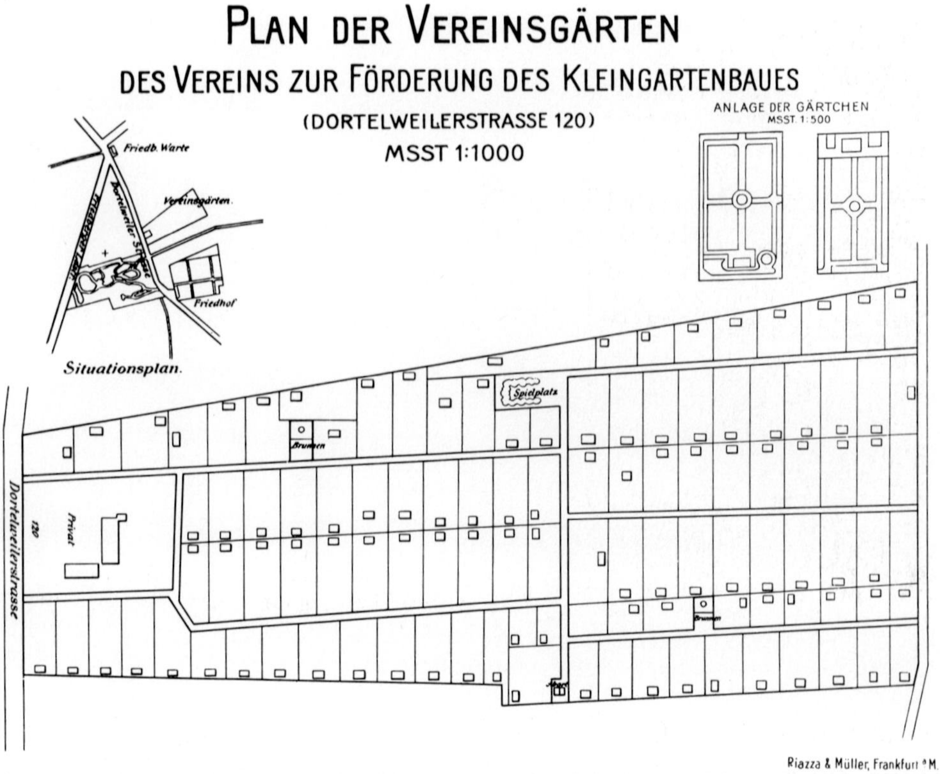

Abb. 48 Plan der Vereinsgärten
des „Vereins zur Förderung des Kleingartenbaues" an der Dortelweiler Straße, 1904

im Interesse unserer Landwirtschaft und unseres Gartenbaues"[229] gefüttert wurde. Die Feste des „Vereins zur Beförderung des Kleingartenbaues" waren wohlinszenierte Veranstaltungen, die dem Verein offenbar auch einen „guten Ruf ... als festgebende Gesellschaft"[230] in Frankfurt verschafften (Abb. 45, 46, 47).

In der Tat war der „Verein zur Beförderung des Kleingartenbaues" eher eine Dachorganisation für verschiedene gartenkulturelle Aktivitäten als der eigentliche Zusammenschluß von mehr oder weniger zufällig auf einem Stück Land nebeneinander in abgegrenzten Parzellen gärtnernden Pächtern. Die für das 19. Jahrhundert in Deutschland typische gesellschaftliche Klassenteilung spiegelte sich in gewisser Weise in der Vereinsstruktur wieder. Die sich als obere Klasse Verstehenden waren nicht Mitglied im Verein. Sie konnten ihr Interesse an Gartenkultur anders und in räumlich viel größeren Ausmaßen als den vom Verein angebotenen Kleingärten befriedigen, so sie wollten; sie traten allenfalls als mildtätige Spender für

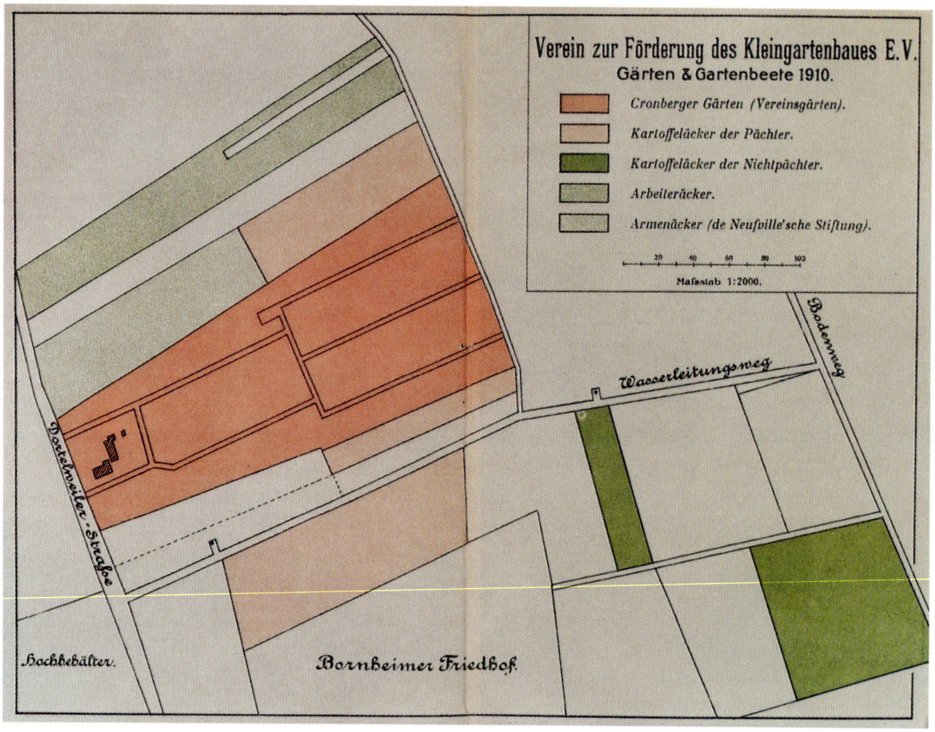

Abb. 49 Plan der „Gärten/Gartenbeete 1910" des „Vereins zur Förderung des Kleingartenbaues"

Vereinsaktivitäten in Erscheinung, so z.B. wenn sie „Geschenke für die Arbeiteräcker"[231] machten.

Auch der Vereinsvorstand selber schien keine Gärten in den zum Verein gehörenden Anlagen (Abb. 48, 49) gepachtet zu haben, zumindest tauchen seine Namen nicht in den bisweilen erstellten Pächterlisten auf. Die mittlere Klasse schien sich im wesentlichen in den Vereinsgärten, den „Bernhard Cronberger-Gärten", die auch als Vorzeigeobjekte dienten, versammelt zu haben und sich als maßgeblich für die soziale Wirksamkeit des Vereins zuständig anzusehen. Diese Gruppe von Pächtern scheint zumindest zeitweise zwei Gärten bewirtschaftet zu haben – einen, auf dem ganz überwiegend Obstbau, und einen weiteren, auf dem überwiegend Kartoffelbau betrieben wurde[232]. Sozial darunter lagen die „Arbeiteräcker", die von dem Verein verwaltet und auf dessen Antrag von der Stadt Frankfurt subventioniert wurden[233]. Gleichsam das kleingärtnerische Lumpenproletariat bildeten die „Armenäcker der de Neufvilleschen Stiftung", die bis 1906 „unentgeltlich an bedürftige Leute gegeben worden sind", für die dann jedoch, „auf Beschluß des Armenamtes", „eine kleine

Pacht von Mk. 2.– für 2a" erhoben wurde. Dort wurde vom Verein wiederholt „einer Anzahl dieser Leute gekündigt, die schon länger als fünf Jahre im Besitze eines solchen Gartenbeetes waren und deren Verhältnisse sich wesentlich gebessert hatten"[234]. Daß diesen Leuten an anderer Stelle ein Kleingarten zu anderen Bedingungen angeboten worden wäre, davon ist nicht die Rede.

Etwas besser gestellt schienen die, die eine Wohnung in einem der Häuser der „Aktienbaugesellschaft für kleine Wohnungen" hatten mieten können. Die Aktienbaugesellschaft war von dem Frankfurter Stadtrat Flesch ins Leben gerufen. Er war für das Armenamt zuständig und hatte dem „Verein zur Förderung des Kleingartenbaues" bereits 1900 die Verwaltung der de Neufville'schen Armenäcker[235] übertragen. 1904 war er als 400. Mitglied in den Verein bei einem „Festkommers mit Damen im Saalbau zum Schützenhof in Bornheim"[236] aufgenommen, 1908 wurde ihm die Ehrenmitgliedschaft verliehen[237]. Die „Aktienbaugesellschaft für kleine Wohnungen" hatte „bei ihren Häusern umfangreiche Höfe geschaffen" und „diese fast in ihrer ganzen Größe in den Dienst des Gartenbaues gestellt"[238], indem sie den Bewohnern erlaubte, dort Gartenbeete, eine Art Mietergärten, zu bestellen. Diese Beete wurden vom „Verein zur Förderung des Kleingartenbaues" „beaufsichtigt" und „von einem Preisausschuß, bestehend aus Herren unseres Vereins und aus 2–3 von dem Mieterausschuß des jeweiligen Häuserblocks gewählten Herren", besichtigt und „prämiiert"[239]. Helfend eingegriffen wurde „in den sämtlichen Häusern der Aktienbaugesellschaft" auch bezüglich der Blumenpflege, indem der Verein „jedes Frühjahr das Pflanzenmaterial den Leuten zur Weiterpflege liefert und im Spätsommer die bestgepflegten Blumen preiskrönt". Im Jahr 1906 waren „Begonia semperflorens, Salvia splendens und Heliotrop für den Wettbewerb gewählt"[240] worden.

Die Stimulierung gartenkulturellen Interesses bei den Mietern der Aktienbaugesellschaft weckte dort auch Nachfrage nach größeren Flächen zum Gärtnern. Dazu heißt es im 10. Jahresbericht: „So sind viele Einwohner des Nordendblocks Pächter unserer Arbeitergärten und schließlich auch Mitglieder unseres Vereins geworden". Schließlich war im Auftrag des „Vereins zur Beförderung des Kleingartenbaues" in jedem Block „an einem Tag in der Woche während des Frühjahrs und des Sommers ein Gärtner anwesend"[241], um dort den Gartenbau zu fördern. Das gelang offenbar recht gut, denn zum Jahresende 1910 bat der Verein den „Wohllöblichen Magistrat", er möge ihm „zur Förderung des Kleingartenbaues in verschiedenen Teilen der Frankfurter Gemarkung grössere Flächen Land zur Errichtung von sogenannten Schrebergärten geneigtest pachtweise überlassen"[242].

1913 war die Zahl der Mitglieder des Vereins von ursprünglich 75 am Ende des Geschäftsjahres 1899 über 507 im Jahr 1906 und 769 im Jahr 1910 auf 1.035 angewachsen. Ein Jahr zuvor hatte der von Anbeginn an die Geschäftsbücher des Vereins führende 2. Geschäftsführer Traut, der im 70. Lebensjahr stand, deutlich gemacht, daß es nunmehr „dringend" der „Anstellung eines Geschäftsführers im Hauptamte" bedarf. Der Vorstand mußte das einsehen und suchte nun nach einem „Kaufmann und Gärtner nach Möglichkeit mit gartentechnischer Bildung"[243]. Der ließ sich aber wohl nicht so ohne weiteres finden. Der Beginn des ersten Weltkrieges dürfte dann weiterhin der Anlaß gewesen sein, Traut erneut um die Weiterführung der Geschäftsbücher zu bitten, der schließlich erst 1918 aus dem Vorstand ausschied. Zum Ehrenmitglied ernannt, wurde dem 76jährigen Traut vom Verein „ein idyllisch gelegenes Grundstück unentgeltlich so lange überlassen, als er es zu bebauen wünscht"[244].

Von der Einstellung eines hauptamtlichen Geschäftsführers war seitdem keine Rede mehr. Die Mitgliederzahl stieg bis auf 2.573 am Jahresende 1921[245] und sank auf ungefähr 600 Ende der 50er Jahre des 20. Jahrhunderts[246]. Etwa auf diesem Stand blieb sie bis heute[247]. Eine Aufstellung aus dem Jahr 1939 vermittelt einen Eindruck von der Dynamik der Mitgliederbewegung in den vier Jahrzehnten, die in dem Verein bis zu diesem Zeitpunkt bestanden hatte. Bis zum Jahr 1916 konnte der Verein jährlich etwa zwischen 60 und 120 Neueintritte verzeichnen. Die Zahl der jährlichen Abgänge lag bis 1909 unter 50 sowie zwischen 1910 und 1916 zwischen 49 und 74 und blieb in diesem Rahmen bis 1921. Die Zahl der Zugänge schnellte allerdings 1917, im dritten Kriegsjahr, auf 307, 1919, im ersten Nachkriegsjahr, auf 457 und 1920, im zweiten Nachkriegsjahr, auf 612. Im 20. Jahresbericht des Vereins, der 1918 erschien, wird denn auch von einem „Heißhunger nach Land" gesprochen, der in Frankfurt nun auch „bei den Unentschlossenen und Saumseligen, die sich seither nicht zu dem Gartenbau verstehen konnten"[248], um sich gegriffen habe. Das Engagement des Vereins und vor allem Bernhard Cronbergers für den Gartenbau während des Krieges wurde 1917 durch die Verleihung des „Verdienstkreuzes" für Kriegshilfe an Cronberger gewürdigt (Abb. 50).

Der Verein verwaltete 1918 fast 3.369 ar „Gärten und Feldstücke" sowie 547,21 ar „Kriegsäcker"[249], insgesamt also fast 40 ha Gartenfläche. Gleichzeitig machte sich erstmalig ein gewisser Überdruß des Vorstands an den nicht zuletzt auch durch die Vereinsgröße gewaltigen Verwaltungsaufgaben bemerkbar. „Zahlreiche Vorstandssitzungen", so wird vermerkt, „meist mit sehr langen Tagesordnungen, daneben noch Ausschußsitzungen und häufige Verhandlungen mit Behörden waren zur Erledigung der großen Arbeitslast des Vorstands nötig. Leider blieben ihm neben der umfangreichen Tätigkeit Unannehmlichkeiten, Aerger und Verdruß nicht erspart, so daß manch anderer schon längst die Flinte ins Korn geworfen hätte"[250]. Ursache dafür mögen nicht zuletzt kriegsbedingt sich einstellende Schwierigkeiten bei der Bewirtschaftung der Gärten gewesen sein.

Den „Mißständen" in den Gärten wurde seitens des Vereinsvorstandes mit Schärfe und Unnachgiebigkeit nachgegangen. Aufgrund der zahlreich vorkommenden Diebstähle wurden „Rundschreiben ... zur Steuerung der immer mehr zunehmenden Felddiebstähle" verfaßt, leider, wie berichtet wird, „nur mit recht geringem Erfolge, im Gegenteil, fortgesetzt fast Tag für Tag gelangen an uns Beschwerden über neue Diebstähle oft von großem Umfange. Wir wußten tatsächlich nicht mehr, was wir noch machen sollten. Leider wurden auch verschiedene

Sich regen bringt Segen.

Bockenheimer Kleingartenbau-Verein E.V.

Gegründet 1908

Frankfurt a. M.-Bockenheim, den 13/12. 1917.

Sehr geehrter Herr Cronberger.

Mit Freuden habe ich vernommen, daß Ihnen das wohlverdiente „Verdienstkreuz" für Kriegshilfe, für Ihre allenthalben anerkannte außerordentliche Verdienste auf dem Gebiete des Kleingartenbaues verliehen wurde. Nehmen Sie meine herzlichste Gratulation entgegen, mit dem Wunsche, daß Sie noch recht lange Jahre, Ihre hochgeschätzte Kraft, unserer guten Sache zur Verfügung stellen werden.

Gleichzeitig muß ich Ihnen mitteilen, daß ich leider heute Freitagabend Ihrer Einladung nicht Folge leisten kann, indem ich auf heute Abend unsere letzte diesjährige Vorstandssitzung, da wir bis Sonntag d. 15. d. Mts Hauptversammlung haben einberufen habe, bitte daher mich zu entschuldigen.

Mit frdl. Gruß.

Ihr. Berghäuser

Abb. 50 Gratulationsbrief des „Bockenheimer Kleingartenbau-Vereins" vom 13. Dezember 1917 an Bernhard Cronberger anläßlich der Verleihung des Verdienstkreuzes für Kriegshilfe

Pächter beim Felddiebstahl überrascht, denen natürlich sofort ihr Land entzogen wurde"[251]. Zum Teil handelte es sich bei den Dieben um „Kinder, die leider während der Anwesenheit ihrer Angehörigen in Nachbargärten Früchte stahlen", die von „unserem rührigen Aufseher ... nach scharfer Beobachtung" gestellt worden waren.

Die Anstellung eines Aufsehers bzw. einer Wachperson wünschen sich im ausgehenden 20. Jahrhundert großstädtische Kleingärtner in einer ganz anderen Gegend der Erde, in Sao Paulo, Brasilien. Dort sind bis in die jüngste Zeit „angesichts des wachsenden Hungers im urbanen Raum und der herrschenden sozialpolitischen Misere ... während der Erntezeit Plünderungen"[252] der Gärten an der Tagesordnung.

Im damaligen Frankfurt war „unnachsichtige Kündigung, die der Vorstand unter Zuziehung der Gartenausschüsse aussprach, (war) die Folge. Aber auch einige Pächter selbst begingen Verstöße gegen unsere Gartenordnung, bzw. die feldpolizeilichen Bestimmungen, auch ihnen wurde ihr Garten auf den Herbst gekündigt ... Trotz wiederholter Vorstellung einiger Pächter ließ sich der Vorstand von seinem gefaßten Beschlusse nicht mehr abbringen"[253]. Dieses unnachsichtige Vorgehen erschien offenbar selbst dem Vorstand einer Rechtfertigung im Jahresbericht notwendig, doch stand er „auf dem Standpunkte, daß nur ein rücksichtsloses Vorgehen gegen die Pächter, die sich der Ordnung und gesetzlichen Bestimmungen nicht fügen wollen, die früher in unseren Gärten geherrschte Ordnung wiederherstellen kann"[254]. Im heutigen Sao Paulo werden „kleine Diebstähle geduldet ... solange sie nicht in Vandalismus"[255] ausarten. Andererseits galten die Kleingärten des „Vereins zur Förderung des Kleingartenbaues" in Frankfurt nach wie vor als „mustergiltig", wie die Besuche Externer, so z.B. des Magistratssekretärs Heckler am 4. Juli 1918, unter Beweis stellten.

Wie die allgemeinen Schwierigkeiten der Kriegswirtschaft auf die Kleingärtner durchschlugen, wird auch an den folgenden Beispielen deutlich. Von den 12 Versammlungen, die der Verein im Geschäftsjahr 1915/16 durchführte, war eine Veranstaltung über das Einmachen mit 300 Personen weitaus am besten besucht. Daran wird das pragmatische Interesse vieler Vereinsmitglieder an Gartenkultur in dieser Zeit deutlich[256]. Es mutet in diesem Zusammenhang erstaunlich an, daß bereits im Ersten Weltkrieg die „Fliegergefahr" das Vereinsleben beeinträchtigt haben soll. Es heißt dazu im 20. Jahresbericht für das Jahr 1918: „Leider ließ der Besuch an einigen Abenden recht viel zu wünschen übrig; er wurde durch die Fliegergefahr direkt beeinflußt. Auch die allzugroße Dunkelheit und die zunehmende Unsicherheit hielt manchen Aengstlichen von den Versammlungen ab"[257]. Weil die Kleingärtner von der Behörde als Selbstversorger angesehen wurden, verweigerte ihnen das Lebensmittelamt die Aushändigung von „Kartoffelbezugskarten". Der Kartoffelanbau wurde auf die Lebensmittelkarte angerechnet. Erst nach einer Intervention des Vereinsvorstands konnte erreicht werden, „daß wenigstens die Anbaufläche bis zu einem Ar freigegeben wurde(n)"[258].

Im Herbst 1917 wurden dem Verein, auf dessen Bitten, von der Stadtkämmerei 109,06 a speziell für „Gärten für Kriegsbeschädigte zugewiesen. Diese sollten im folgenden Jahr noch um etwa 50 a ergänzt werden. Das Gelände, eine „ehemalige Backsteingrube“, stellte „das denkbar ungeeignetste Land zur Einrichtung von Gärten“ dar. „Wahre Pionierarbeit“, so die Vereinschronik, „mußten die Leute bei Anlegung ihrer Gärten leisten. Ganze Berge von Backsteinnestern wurden zutage gefördert, die in tiefe Löcher des Hauptweges wieder versenkt wurden. Tagelang arbeitete oft die ganze Familie an der Urbarmachung des Landes ohne Verdruß und ohne Klage ... Einige Teile des überwiesenen Geländes waren in ihrem Bodenverhältnisse so schlecht und für den Umbau vollständig unbrauchbar, daß wir den betroffenen Pächtern noch ein anderes Gärtchen unentgeltlich überließen, um sie für ihre riesigen Anstrengungen bei der versuchten Urbarmachung des zuerst ihnen zugeteilten einigermaßen zu entschädigen“[259]. Diese Arbeit des Urbarmachens von Gelände, das zunächst kaum gartenkulturell genutzt werden konnte, war vielfach auch in den folgenden Jahrzehnten noch für die Neuanlage von Kleingärten typisch. Sie begründete wesentlich die Fassungslosigkeit und die tiefsitzende Enttäuschung vieler Kleingartenpächter, wenn sie später erfuhren, daß ihre Gärten nach jahre- oder gar jahrzehntelanger Bewirtschaftung, aus welchen Gründen auch immer, anderen Nutzungen weichen mußten.

Offensichtlich nutzte der Verein die gesellschaftlich relativ neue Qualifikation der Gartenarchitekten[260] und beauftragte den Gartenarchitekten Kuhn damit, einen Entwurf für die „Gärten für Kriegsbeschädigte“ vorzulegen. Dieser fertigte „einen sehr schönen Gartenplan zur Einteilung des Geländes“. „Die Kosten der Anlegung dieser Gärten beliefen sich auf M. 76,80 für die Anfertigung eines Planes und das Abstecken der einzelnen Gärtchen“[261].

1920 gab Cronberger den Vereinsvorsitz, der dann bis 1927 fast alljährlich in andere Hände überging, ab. 1921 überwog die Zahl der Neueintritte in den Verein mit 418 noch die Zahl der Abgänge, die mit 343 allerdings mehr als das Vierfache des Vorjahres und etwa das Zehnfache des Jahres 1917 betrug. Doch ab 1922 konnten die Zugänge, 243, die Abgänge, 422, nicht mehr ausgleichen, geschweige denn übertreffen.

Zumindest aus heutiger Sicht mutet die zu Beginn des Ersten Weltkriegs, 1914, geäußerte Auffassung des Vereinsvorstands eigenartig an, „der Völkerkrieg“ habe „doch ein Gutes“, in dem er „mächtiger als alle seitherige Agitation die Sache des Kleingartenwesens“ gefördert habe. Die Hoffnung auf „die kommende Friedenszeit, die ... eine Blütezeit für unseren Verein werden“[262] sollte, erfüllte sich nicht. Die Annahme, daß „viele, die heute in der Zeit der Not einen Retter in der Scholle gefunden haben“ und daher „dieselbe auch nach dem Kriege nicht mehr missen wollen“[263], erwies sich als trügerisch. In der Zeit der Weimarer Republik wurden dem Verein viele Flächen gekündigt. Die Errichtung der einen oder anderen Daueranlage konnte die Flächenverluste nicht auffangen. 1934 wurde der Verein gleichgeschaltet und in „Kleingärtnerverein Cronberger in Frankfurt am Main – Bornheim e.V.“ umbenannt.

Der stellvertretende Vorsitzende mahnte 1939, anläßlich der Jubiläumsfeier zum 40-jährigen Bestehen des Vereins, Gartenflächen an: „Der in den letzten Jahren dem Verein entstandene Schaden, der durch den Verlust sehr großer Geländeteile, namentlich durch den Bau der Kasernen an der Friedberger Warte, hervorgerufen ist, harrt noch immer der Wiedergutmachung durch Zuteilung von Ersatzgelände"[264]. Für das Jahr 1933 wurden zwei und für 1934 sogar noch einmal 58 mehr Neueintritte als Abgänge verzeichnet, doch nahm die Zahl der Mitglieder danach weiter deutlich ab und erreichte 1938 mit 1.136 etwa den Stand von 1916 mit 1.144[265]. Auch nach dem Ende des Zweiten Weltkriegs war die Zahl der Vereinsmitglieder weiterhin rückläufig. Für Kleingärten, die zu Bauzwecken in Anspruch genommen wurden, gab es „nur unzureichend Ersatzgelände ... Mancher Kleingärtner verlor den Mut, ein zweites, drittes oder gar viertes Mal einen Garten anzulegen. Der wirtschaftliche Anreiz schwand, viele Vereinsmitglieder fühlten sich für die Bewirtschaftung eines Gartens zu alt, für andere waren Wohnraumbeschaffung und ähnliche Dinge vordringlich", wird in der 1959 erschienenen Festschrift aus Anlaß des 60-jährigen Bestehens des Vereins nüchtern festgestellt.

Der Kleingärtnerverein Cronberger e.V. wurde zu einem der heute über 100 Vereine, die in der Stadtgruppe Frankfurt am Main zusammengeschlossen sind. Seine herausragende Rolle, die er in der Geschichte des Frankfurter Kleingartenwesens spielte, bleibt ihm unbenommen.

5. Die Kleingarteninteressen im Spiegel der kommunalen Haushaltspläne sowie der Magistrats- und Verwaltungsberichte

Im Verlauf des 19. und des 20. Jahrhunderts systematisieren sich die Tätigkeiten der Kommunalverwaltungen in Deutschland und differenzieren sich gleichzeitig aus. Sie umfassen, besonders in den sich allmählich herausbildenden Großstädten, sowohl die vorausschauende Planung wie auch die Analyse und Bewertung der geleisteten Arbeit. Dies lag und liegt nicht nur im wohlverstandenen Eigeninteresse der kommunalen Selbstverwaltung. Das sich allmählich entwickelnde Demokratieverständnis spiegelte sich im veränderten Verhältnis der Bevölkerung zur Verwaltung, insbesondere in der zweiten Hälfte des 20. Jahrhunderts, wieder. Auf kommunalpolitischer Ebene erforderte es, Planungen offenzulegen und über die geleistete Tätigkeit der Stadtverwaltungen gegenüber der Öffentlichkeit bzw. den Stadtparlamenten Rechenschaft abzulegen.

Sichtbarer Ausdruck dieser Entwicklung der kommunalen Selbstverwaltung und des öffentlichen Interesses daran sind zum Beispiel die kommunalen Haushaltspläne und die Magistrats- bzw. Verwaltungsberichte für die Stadtverordnetenversammlung. Beide Berichtsformen erscheinen in Frankfurt seit mehr als 100 Jahren. Die Haushaltspläne sind fast lückenlos vorhanden. Die Magistrats- und Verwaltungsberichte standen bis zum Jahr 1971 zur Verfügung. Dadurch ergibt sich die Chance, diesbezüglich beispielhaft dem Interesse an Kleingärten im Rahmen der kommunalen Selbstverwaltung nachzugehen und so die Geschichte der Frankfurter Kleingartenbewegung im Spiegel der kommunalen Haushaltspläne wie auch der Magistrats- und Verwaltungsberichte darzustellen, zu analysieren und einer Bewertung zu unterziehen.

5.1. Die Frankfurter Kleingartenbewegung im Spiegel der kommunalen Haushaltspläne

Ein nicht unwesentliches Indiz für die Bedeutung, die eine Kommune den unterschiedlichen Aufgabenbereichen wie Kultur, Sport, Arbeit, Soziales und eben auch dem Kleingartenwesen beimißt, ist die Höhe der finanziellen Aufwendungen, die für den jeweiligen Bereich in den jährlich zu verabschiedenden Haushaltsplänen ausgewiesen werden. Die Entwicklung der Kommunalverwaltungen seit der zweiten Hälfte des 19. Jahrhunderts hatte insbesondere auch den systematischen Ausbau der Haushaltswirtschaft und -planung zur Folge. So läßt sich auf der Grundlage der Haushaltspläne der Stadt Frankfurt am Main der Wandel der finanziellen Gewichtung des Frankfurter Kleingartenwesens in den vergangenen hundert Jahren relativ genau nachzeichnen und vor dem Hintergrund der gesamtgesellschaftlichen Entwicklung interpretieren[266].

Bei der folgenden statistischen Auswertung sind nur die Ausgaben erfaßt, die sich explizit auf das Kleingartenwesen, also auf einzelne Kleingartenvereine, den „Verband der Kleingartenbauvereine in Frankfurt/M. und Umgebung" oder das Kleingartenamt beziehen. Auch die der Kleingartenbewegung nahestehenden Kleintierzuchtvereine erhielten in einzelnen Jahren städtische Zuschüsse. Hier wurden sie allerdings nicht mit erfaßt. Darüber hinaus wurden durchaus auch in anderen Haushaltsposten Mittel für Kleingartenbelange eingestellt, die als solche aber nicht ohne weiteres erkennbar sind.

Sicher seit 1902, möglicherweise auch schon früher, wurden in Frankfurt nicht nur die gartenkulturellen Aktivitäten des professionellen Gartenbaus, sondern auch die von garteninteressierten Laien finanziell unterstützt. So wurde z.B. 1902 der „Versuchsgartenverein Sachsenhausen" mit 800,– M in der kommunalen Haushaltswirtschaft erwähnt. Es ist nicht bekannt, ob sich der Versuchsgartenverein schon 1902 auch kleingärtnerisch betätigte oder ob seine diesbezüglichen Aktivitäten erst später einsetzten. Spezifisch wurden Frankfurter Kleingärtner erstmals im Haushaltsjahr 1905 berücksichtigt. Der „Verein zur Förderung des Kleingartenbaues" erhielt den bescheidenen Betrag von 500,– M (Abb. 51). Das war deutlich weniger als der Versuchsgartenverein, der auch in diesem Jahr mit 800,– M rechnen konnte. Auch andere, der Kleingartenbewegung nahestehende Organisationen bekamen 1905 geringfügige städtische Zuschüsse, so der „Verein zur Hebung der Ziegenzucht" (Oberrad) und der „Ziegenzuchtverein" (Seckbach) je 75,– M.

Die finanzielle Unterstützung für die Frankfurter Kleingärtner stieg in den folgenden Jahren des Kaiserreichs nur unwesentlich an. 1909 erhielt der „Verein zur Förderung des Kleingartenbaus" immer noch 500,– M und damit genauso viel wie der „Ausschuß für Balkon- und Fensterschmuck". Erst 1912 wurde der städtische Zuschuß für das Kleingartenwesen auf 1.000,– M verdoppelt. Ab 1913 erhielt zusätzlich noch der „Kleingartenbau-Verein Bockenheim" 200,– M an Zuschüssen, 1915 folgte der „Gartenbau-Verein Süd-West" mit 300,– M (Abb. 52, 53). Ein deutlicher Sprung, dem allerdings eher symbolischer Charakter beizumessen ist, erfolgte im Kriegsjahr 1917, in dem der Umfang der Kleingartenförderung von insgesamt 1.800,– M auf 3.800,– M erhöht wurde. Dabei scheinen die „Frankfurter Pfadfinderinnen – Verein für Gartenbau-Zwecke" eine besonders gute Lobby in der Stadtverordneten-Versammlung und im Magistrat gehabt zu haben, denn sie erhielten auf Anhieb mit 1.000,– M wesentlich mehr als die Bockenheimer Kleingärtner und der „Gartenbau-Verein Süd-West", wenn auch weniger als der „Verein zur Förderung des Kleingartenbaus". Andere Kleingartenorganisationen wurden im damaligen Haushaltsplan nicht genannt.

Gemessen an den Ausgaben für das gesamte Garten- und Friedhofswesen fällt die Kleingartenförderung in der Zeit des Kaiserreichs in Frankfurt am Main noch kaum

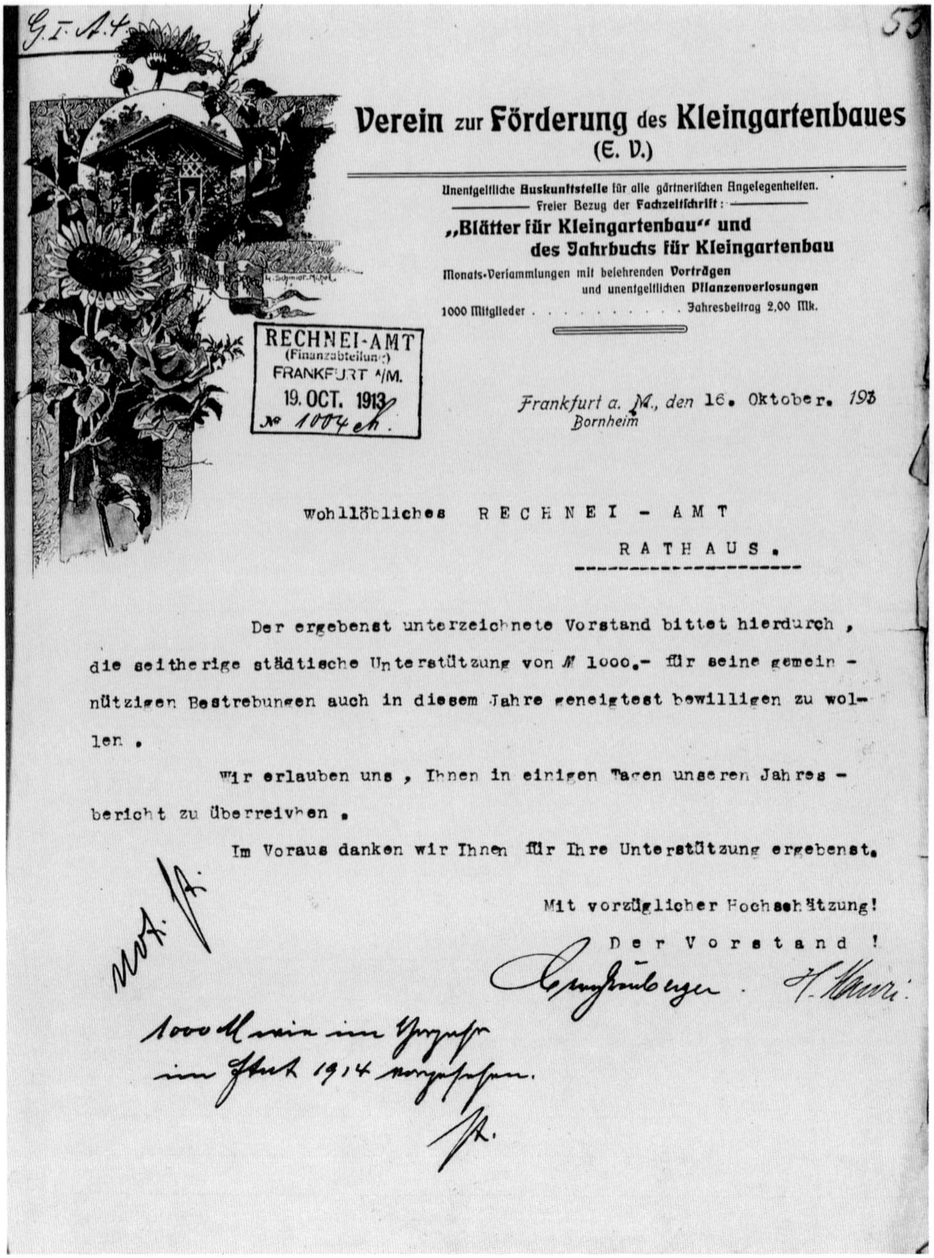

G. I. A. 4.

53

Verein zur Förderung des Kleingartenbaues
(E. V.)

Unentgeltliche Auskunftstelle für alle gärtnerischen Angelegenheiten.
Freier Bezug der Fachzeitschrift:
„Blätter für Kleingartenbau“ und
des Jahrbuchs für Kleingartenbau
Monats-Versammlungen mit belehrenden Vorträgen
und unentgeltlichen Pflanzenverlosungen
1000 Mitglieder . . . . Jahresbeitrag 2,00 Mk.

RECHNEI-AMT
(Finanzabteilung)
FRANKFURT A/M.
19. OCT. 1913
№ 1004 ch.

Frankfurt a. M., den 16. Oktober. 1913
Bornheim

Wohllöbliches R E C H N E I - A M T

R A T H A U S .

Der ergebenst unterzeichnete Vorstand bittet hierdurch, die seitherige städtische Unterstützung von M 1000.- für seine gemeinnützigen Bestrebungen auch in diesem Jahre geneigtest bewilligen zu wollen.

Wir erlauben uns, Ihnen in einigen Tagen unseren Jahresbericht zu überreichen.

Im Voraus danken wir Ihnen für Ihre Unterstützung ergebenst.

Mit vorzüglicher Hochschätzung!

D e r V o r s t a n d !

Abb. 51 Bitte des „Vereins zur Förderung des Kleingartenbaues“
an das Rechnei-Amt um 1.000 M Zuschuß, 16. Oktober 1913

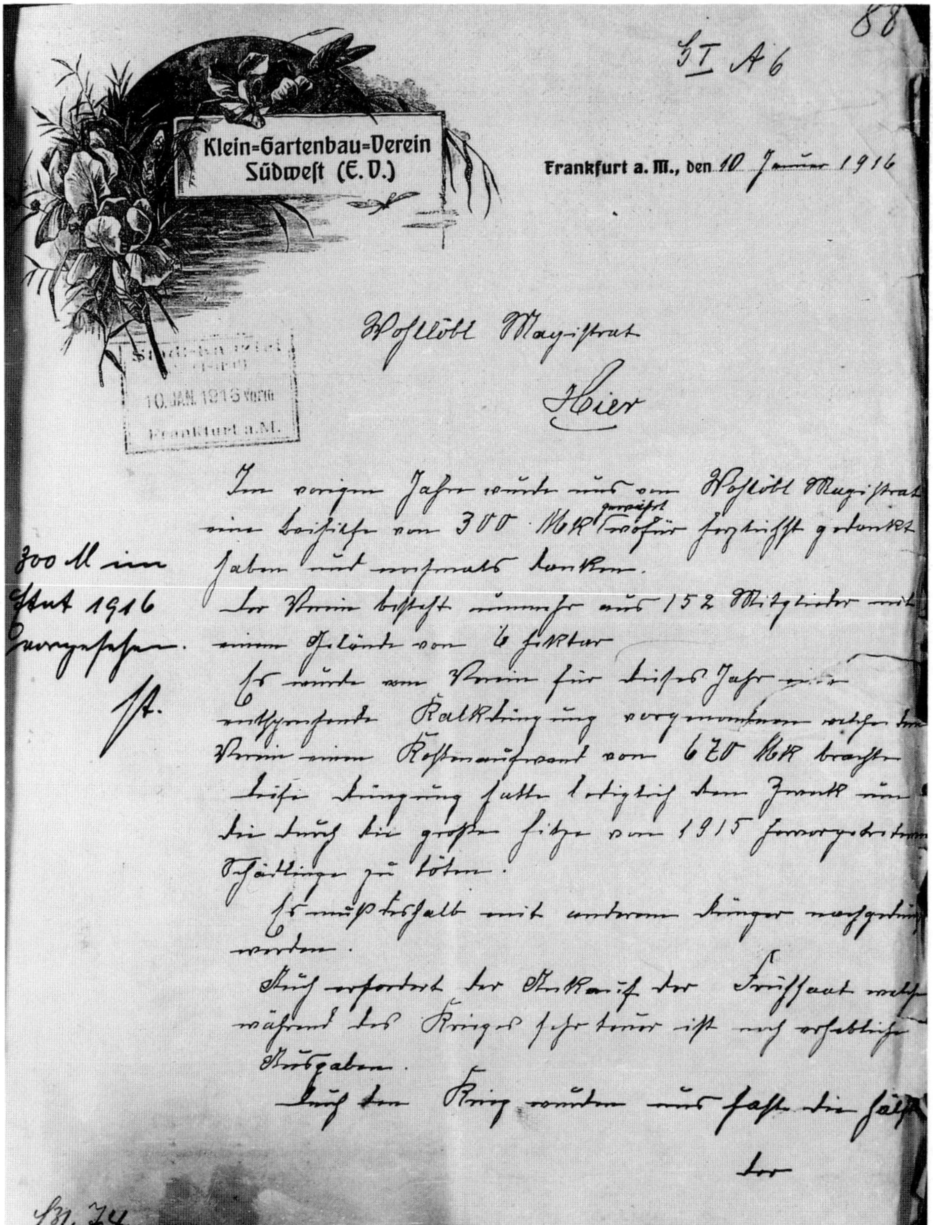

StI A 6

Klein=Gartenbau=Verein
Südwest (E. V.)

Frankfurt a. M., den 10 Januar 1916

Wohllöbl Magistrat

Hier

Im vorigen Jahr wurde uns vom Wohllöbl Magistrat eine Beihilfe von 300 Mk gewährt wofür herzlichst gedankt haben und nochmals danken.

Der Verein besteht nunmehr aus 152 Mitglieder mit einem Gelände von 6 Hektar

Es wurde vom Verein für dieses Jahr eine entsprechende Kalkdüngung vorgenommen welche dem Verein einen Kostenaufwand von 620 Mk brachte.

Diese Düngung hatte lediglich den Zweck um die durch die grosse Hitze von 1915 hervorgetretenen Schädlinge zu töten.

Es muß deshalb mit anderem Dünger nachgeholfen werden.

Auch erfordert der Ankauf der Frühsaat welche während des Krieges sehr teuer ist noch erhebliche Ausgaben.

Durch den Krieg wurden uns fast die Hälfte

der

300 M im Etat 1916 vorgesehen.

Bl. 74

Abb. 52 Dank des „Kleingartenbau-Vereins Südwest“
an den Magistrat für eine Beihilfe und Bitte um einen erneuten Zuschuß, 1913

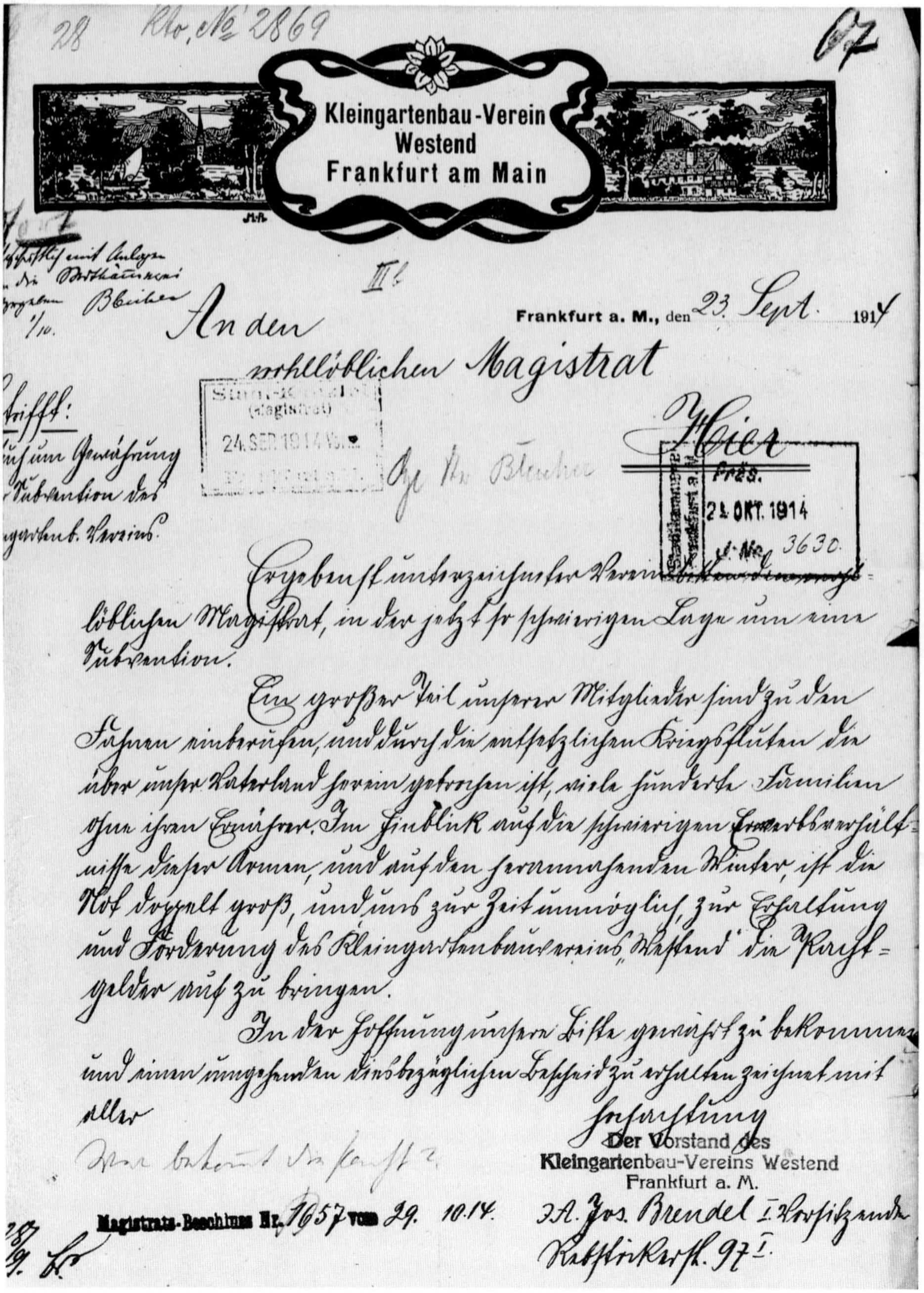

Abb. 53 Bitte des „Kleingartenbau-Vereins Westend" an den Magistrat um eine „Subvention", 23. September 1914

ins Gewicht. Sie stieg von 0,1 Prozent am Haushalt des Garten- und Friedhofswesens im Jahr 1905 auf etwa 0,4 Prozent im Jahr 1918. Also selbst während des Ersten Weltkriegs, in dem in den Großstädten des Deutschen Reiches erhebliche Ernährungsprobleme bestanden, blieben die Fördermittel für das Kleingartenwesen unter einem halben Prozent des Haushalts für das Garten- und Friedhofswesen.

Für den Gesamthaushalt des Garten- und Friedhofswesens läßt sich als Tendenz feststellen, daß der Anteil des Gartenwesens von etwa 25,5 Prozent im Jahr 1885 auf 58,2 Prozent im Jahr 1907 anstieg. Im gleichen Zeitraum fiel der Anteil des Friedhofswesens am Frankfurter Grünflächenhaushalt von 74,5 auf 41,8 Prozent der kommunalen Ausgaben. Gerade in der Zeit des Ersten Weltkriegs sank der Anteil des Gartenwesens von – noch vor Kriegsbeginn ausgewiesenen – 50,5 Prozent im Jahr 1914 auf nurmehr 26,9 Prozent im Jahr 1918. Die Vermutung, dem Kleingartenwesen könnten mittelbar aus dem Haushalt des Grünflächenwesens insbesondere während der Zeit des Ersten Weltkrieges Mittel zugeflossen sein, läßt sich also, zumindest auf der Basis dieser Zahlen, nicht bestätigen. Die Hintergründe für die finanziellen Schwerpunktverlagerungen im Frankfurter Grünflächenwesen können hier nicht diskutiert werden, sie bedürfen einer eigenen differenzierten Analyse.

Mit Beginn der Weimarer Republik trat eine Veränderung im kommunalen Ausgabenverhalten ein. Die Gelder wurden nun nicht mehr einzelnen Kleingartenvereinen, sondern dem 1915 maßgeblich durch die Initiative des „Vereins zur Förderung des Kleingartenbaus“ entstandenen „Verband der Kleingartenbau-Vereine Frankfurt a. M. und Umgebung“ zugewiesen. Insofern scheint mit Beginn der Weimarer Republik von kommunalpolitischer Seite ein Stück mehr Selbstbestimmung für die Kleingärtner ermöglicht worden zu sein, denn nun konnte der Dachverband der Frankfurter Kleingärtner erstmals eigenständig über die Verwendung der städtischen Gelder entscheiden. Diese Entscheidungsbefugnis wurde in gewisser Weise eingeschränkt. Von den 12.000,– M, die ihm 1919 zugewiesenen wurden, sollten 5.500,– M zweckgebunden „zur Erfüllung seiner eigenen Aufgaben“ und 6.500,– M „zur Unterstützung der einzelnen Vereine“ verwendet werden.

In der Zeit der Weimarer Republik ist insgesamt eine deutliche Erhöhung der kommunalen Ausgaben für das Kleingartenwesen feststellbar. Der Anteil der ordentlichen Ausgaben stieg von 0,4 Prozent 1919 auf maximal 1,9 Prozent im Jahr 1921[267]. Bezieht man im Haushaltsplan 1921 noch die als „Extra-Ordinarium“ ausgewiesenen 340.000,– M für die Anlage von Dauerkleingartenkolonien im Lohrbergpark und Riederbruch sowie für die Errichtung eines Obstmustergartens für Arbeiter und Schüler ein, so betrug der Anteil in diesem Jahr sogar 4,9 Prozent. Bezogen auf die Haushaltspläne von 1919 bis 1932, steht in der Weimarer Republik ein Durchschnittswert von 1,2 dem von etwa 0,2 Prozent im Kaiserreich gegenüber.

Angesichts der zahlreichen Beteuerungen von Repräsentanten des Staates, der Länder und der Kommunen, das Kleingartenwesen unterstützen zu wollen, sollte eine solche Steigerung der finanziellen Aufwendungen für das Kleingartenwesen nicht überbewertet werden. Sie ist aber u.E. zumindest für einen ersten Vergleich zwischen der Weimarer Republik und dem Kaiserreich aussagekräftig und deutet gewisse neue sozialpolitische Schwerpunktsetzungen mit Beginn der Weimarer Republik an.

Eine haushaltsrechtliche Veränderung trat in der Weimarer Zeit insofern ein, als ab 1921 nicht mehr der „Verband der Kleingartenbau-Vereine Frankfurt a. M. und Umgebung“ Adressat der Haushaltsmittel war, sondern die „Deputation für das Kleingarten- und Kleintierzuchtwesen“. Diesem kommunalen Gremium „stand zur sachlichen Vorberatung ein Sachverständigen-Ausschuß für das Kleingartenwesen und ein Ausschuß für das Kleintierzuchtwesen zur Seite“. Nachdem das Kaiserreich untergegangen, das Dreiklassenwahlrecht abgeschafft und kommunale Kleingartenämter eingerichtet waren, wurde in der Weimarer Republik der bürgerschaftlichen Partizipation an kommunalpolitischen Entscheidungsprozessen eine bislang noch nicht dagewesene Chance eröffnet[268]. In der Konsequenz wurde auch der Etat für das Kleingartenwesen stärker öffentlich kontrollierbar. Faktisch wurde 1921 in Frankfurt am Main ein Kleingartenamt gegründet, das dann auch die kommunalen Aufwendungen für Kleingärten verwaltete. Die Errichtung von kommunalen Kleingartenämtern war die Konsequenz aus lang anhaltenden Auseinandersetzungen im gesamten Kleingartenwesen in Deutschland im frühen 20. Jahrhundert. Sie mündeten 1919 in den Erlaß der Kleingarten- und Kleinpachtlandordnung (KGO). Die dazu erlassenen Ausführungbestimmungen regelten die Einrichtung von kommunalen Kleingartenämtern. Allerdings wurden die demokratischen Chancen „vom 12. Juni 1924 ab“, als „der Magistrat die Erledigung der kleingärtnerischen Aufgaben der Baudeputation (übertrug), die die Belange des Kleingarten- und Kleintierzuchtwesens dem neugebildeten Unterausschuß für das Garten- und Friedhofswesen übertragen hat, dessen Vorsitzender Magistratsmitglied und Mitglied der Baudeputation ist“[269], wieder etwas eingeschränkt.

Die Weltwirtschaftskrise des Jahres 1929 machte sich in Deutschland besonders bemerkbar. Auch die Ausgaben für das Kleingartenamt von 62.000,– M im Jahr 1929[270] wurden um ein Viertel auf 47.720,– M im Jahr 1932 gesenkt. Der prozentuale Anteil am Gesamthaushalt des Garten- und Friedhofswesens allerdings blieb in diesen Jahren konstant bei 1,3 Prozent. Auf die unübersehbaren Schwierigkeiten in der damaligen Zeit, die Ernährung breiter Bevölkerungsgruppen zu sichern, macht die Förderung der Zuchtvieh-Haltung in Kleingärten aufmerksam. 1931 standen dafür beispielsweise 46.100,– M im städtischen Haushalt bereit. Von dieser Summe waren immerhin 16.000,– M für die Unterstützung der Kleintierzüchter, die es in vielen Kleingärten gab, vorgesehen.

Auch die Stadt selbst betrieb aktiv Viehhaltung. Die Gemeinden waren durch ein Gesetz vom 14. Dezember 1920 zur Haltung von Ziegenböcken verpflichtet. Es war die Norm, für 80 deckungsfähige Ziegen einen Bock zu halten. Einerseits unterstützte die Stadt die Kleingärtner und Kleintierzüchter durch die Bereitstellung eines sogenannten Sprunggeldes bei der Bockhaltung. Andererseits hielt sie selbst einige Ziegenböcke, die der Zucht dienten (Abb. 54). Diesbezüglich heißt es 1921

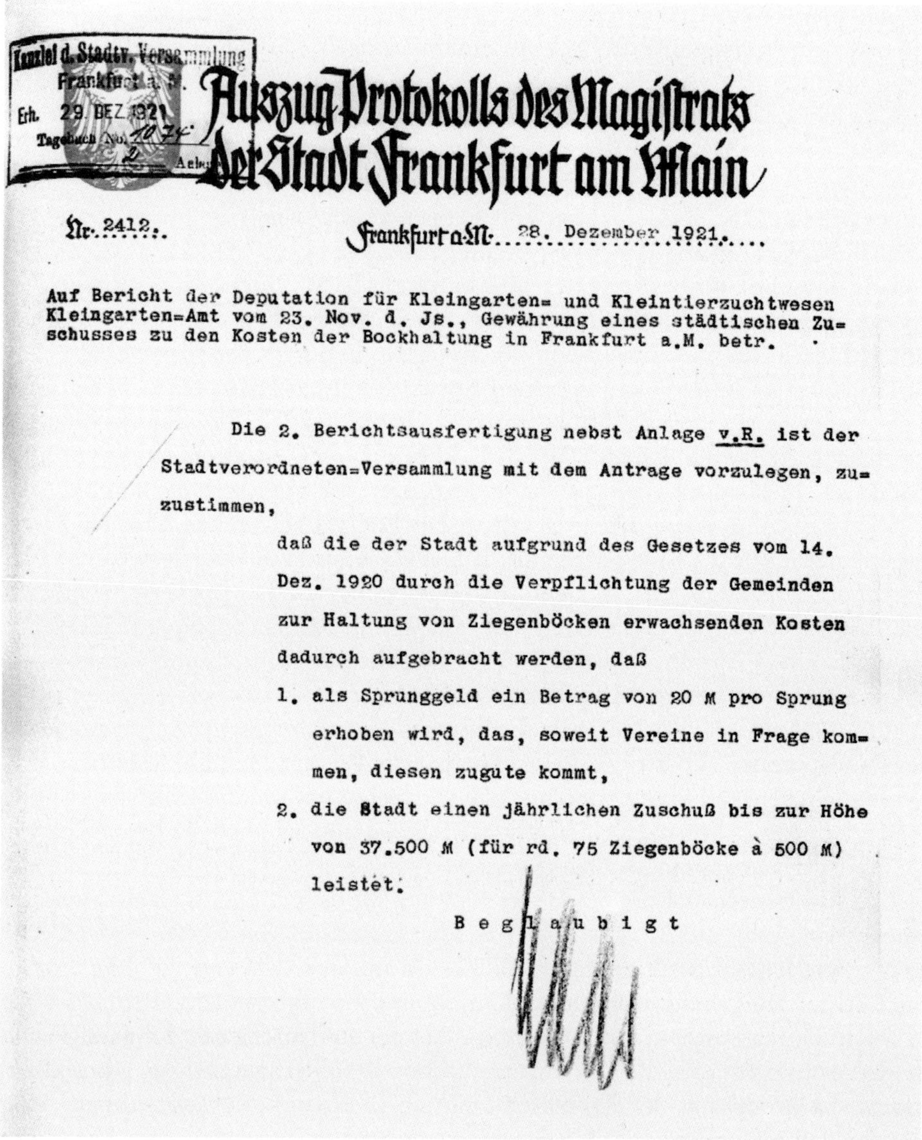

Kanzlei d. Stadtv. Versammlung
Frankfurt a. M.
Erh. 29. DEZ. 1921
Tagebuch No. 1074
2 Anl.

Auszug Protokolls des Magistrats der Stadt Frankfurt am Main

Nr. 2412. Frankfurt a. M. 28. Dezember 1921.

Auf Bericht der Deputation für Kleingarten= und Kleintierzuchtwesen Kleingarten=Amt vom 23. Nov. d. Js., Gewährung eines städtischen Zuschusses zu den Kosten der Bockhaltung in Frankfurt a.M. betr.

Die 2. Berichtsausfertigung nebst Anlage v.R. ist der Stadtverordneten=Versammlung mit dem Antrage vorzulegen, zuzustimmen,

daß die der Stadt aufgrund des Gesetzes vom 14. Dez. 1920 durch die Verpflichtung der Gemeinden zur Haltung von Ziegenböcken erwachsenden Kosten dadurch aufgebracht werden, daß

1. als Sprunggeld ein Betrag von 20 M pro Sprung erhoben wird, das, soweit Vereine in Frage kommen, diesen zugute kommt,
2. die Stadt einen jährlichen Zuschuß bis zur Höhe von 37.500 M (für rd. 75 Ziegenböcke à 500 M) leistet.

Beglaubigt

Abb. 54 Protokollauszug des Magistrats der Stadt Frankfurt/M. betr. „Gewährung eines städtischen Zuschusses zu den Kosten der Bockhaltung", 28. Dezember 1921

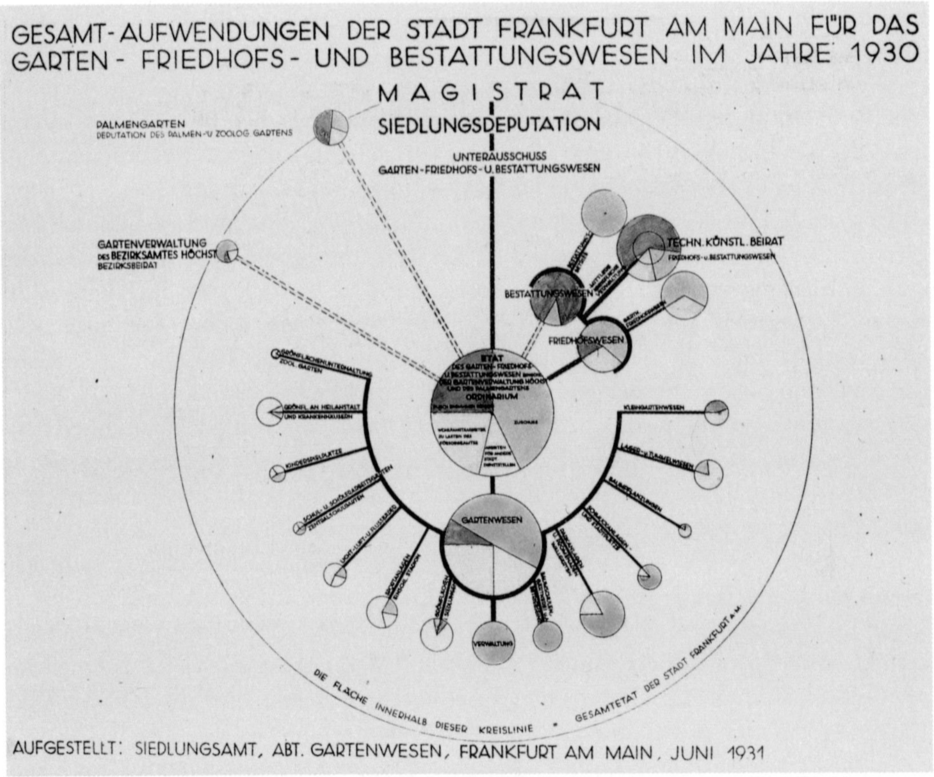

Abb. 55 Gesamtaufwendungen der Stadt Frankfurt am Main für das Garten-, Friedhofs- und Bestattungswesen im Jahr 1930; die Ausgaben für das Kleingartenwesen sind auf der unteren halbkreisförmigen Skala am rechten Ende angegeben

in den Akten der Stadtverordnetenversammlung etwas zweideutig: „Zur Zeit haben wir in Frankfurt sechs städtische Böcke“[271].

Eine differenzierte Graphik über die „Gesamt-Aufwendungen der Stadt Frankfurt am Main für das Garten-, Friedhofs- und Bestattungswesen im Jahre 1930“ machte 1931 auch optisch den politischen Gremien die Ausgabenpolitik der Stadt für das Garten- und Friedhofswesen deutlich (Abb. 55).

Die Zeit der Weimarer Republik unterscheidet sich, so kann man feststellen, was die Finanzierung des Kleingartenwesens betrifft, erkennbar von der des Kaiserreichs. Die letztlich in der gesetzlichen Regelung (KGO) zum Ausdruck gekommene gesellschaftliche Konsolidierung der Kleingartenbewegung verlieh dem auf Reichsebene Ausdruck. Auf der Gemeindeebene wird der Wandel durch die Errichtung des kommunalen Kleingartenamtes sichtbar. In den kommunalen Haushaltsplänen läßt sich die stärkere Berücksichtigung der Interessen der Arbeiter und Kleinbürger innerhalb des breiten Spektrums der an Gartenkultur interessierten Gruppen der

Bevölkerung an der Erhöhung der kommunalen Ausgaben für das Kleingartenwesen ablesen.

Die neue ideologische Aufmerksamkeit, die dem Kleingartenwesen nach der Machtergreifung der Nationalsozialisten zukam, die vielfachen Beteuerungen nationalsozialistischer Politiker und Gartenarchitekten ließen eine weitere deutliche Steigerung der Haushaltsansätze erwarten. Da wurde die Bedeutung des Kleingartenwesens zur „Gesunderhaltung“ von „Volk“ und „Rasse“ beschworen, in den Kleingärten sollte „der Blutsquell unseres Volkes rein und gesund erhalten“[272] werden und „Förderungsmaßnahmen der Reichsregierung auf dem Gebiete des Kleingartenwesens“[273] wurden angekündigt. Am 29. Juli 1933, ein halbes Jahr nach der „Machtergreifung“ der Nationalsozialisten, wurde der „Reichsverband der Kleingartenvereine“ im Sinne des Nationalsozialismus gleichgeschaltet.

Doch schlugen sich weder die Lippenbekenntnisse der Politiker noch die ‚Arisierungsversuche‘ der NSDAP und ihr genehmer Personen im Kleingartenwesen in erhöhten Haushaltsansätzen nieder. Für 1936 und 1937 wurde in Frankfurt kein gesonderter Haushalt des Kleingartenamtes ausgewiesen, er war vielmehr in den Ausgaben für das Gartenwesen enthalten. In dieser Maßnahme drückt sich u.E. zumindest keine Verstärkung des kommunalpolitischen Interesses am Kleingartenwesen aus. In den übrigen Jahren von 1933 bis 1944 – 1945 wurde anscheinend kein Haushaltsplan mehr aufgestellt – lag der Anteil der Ausgaben für Kleingärten am Gesamthaushalt des Garten- und Friedhofswesens mit 1,4 Prozent gegenüber 1,2 in der Weimarer Zeit nur unwesentlich höher.

In der Zeit der Bundesrepublik lassen sich für die Aufwendungen für das Kleingartenwesen im ordentlichen Haushalt bis 1974 keine gravierenden Veränderungen gegenüber den vorangegangenen fünfeinhalb Jahrzehnten feststellen, sie liegen bei 1,5 Prozent der durchschnittlichen Gesamtausgaben für das Garten- und Friedhofswesen.

Für die Jahre 1957, 1958 und 1959 sind allerdings deutliche Höhepunkte in den ordentlichen Ausgaben mit 3,5 Prozent, 4 und 3,4 Prozent erkennbar. In allen drei Jahren wurde dabei der größte Anteil des Geldes für die Umlegung von Kleingärten ausgegeben, die durch die Inanspruchnahme von Kleingartenflächen vor allem für Wohnungsbauprojekte erforderlich wurde. So sind z.B. im Haushaltsplan von 1958 von 374.450,– DM allein 300.000,– DM für die Umlegung ausgewiesen. Die statistische Qualität solcher Höhepunkte sollte nicht den Blick dafür verstellen, daß diese Mittel allein der Bestandserhaltung und -sicherung von Kleingärten dienten. Diese Interpretation wird eindeutig durch die Angaben in den Magistratsberichten aus der zweiten Hälfte der 50er Jahre gestützt. Darin wird nicht nur über umfangreiche Kleingartenkündigungen berichtet, sondern auch festgestellt, daß die Schaffung neuer Kleingärten mit den vorgenommenen Kündigungen nicht Schritt halten könne.

Ab 1975 ist das Ausgabenverhalten der Stadt Frankfurt nur noch begrenzt mit den vorangegangenen Jahrzehnten vergleichbar. An die Stelle eines ordentlichen und außerordentlichen Haushalts tritt nun ein Verwaltungs- und Vermögenshaushalt.

Danach steigen im Zeitraum von 1975 bis 1986 die Ausgaben für das Kleingartenwesen auf 3,8 Prozent. Dieser im Vergleich zum Zeitraum zwischen 1946 und 1974 mehr als doppelt so hohe Durchschnittswert mag sich zumindest teilweise damit erklären, daß er, mangels anderer als der zu einer Gesamtsumme zusammengefaßten Angaben aus dem Verwaltungs- und Vermögenshaushalt, so errechnet wurde. Auf einen Vergleich mit dem Ergebnis einer Untersuchung des Grünflächenhaushalts am Beispiel der Stadt Hannover wird später noch kurz eingegangen[274].

Der Durchschnittswert von 3,8 Prozent für die Jahre 1975 bis 1986 ergibt sich aus beträchtlichen jährlichen Abweichungen dieses Zeitraums. Die kommunalen Ausgaben für das Kleingartenwesen schließen zunächst für 1975 mit 1,3 und 1976 mit 1,7 Prozent des Gesamthaushalts für das Garten- und Friedhofswesen durchaus an die vorherigen Größenordnungen des ordentlichen Haushalts an. 1977, 1978 und 1979 erreichen sie allerdings mit 5, dann 8,4 und schließlich 7,3 Prozent zuvor nicht dagewesene Höhepunkte. Im Vermögenshaushalt für das Jahr 1978 sind beispielsweise 4.291.860,– DM ausgewiesen, unter anderem für den Kleingartenpark Dörnigheim. In der Folgezeit schwankt der Anteil der Ausgaben für das Kleingartenwesen zwischen 1,4 (1983) und 4,6 Prozent (1986) am Gesamthaushalt für das Garten- und Friedhofswesen (vgl. dazu auch die drei grafischen Darstellungen Verwaltungs- und Vermögenshaushalt Gartenwesen 1885–1986, Verwaltungs- und Vermögenshaushalt Kleingarten 1901–1980 sowie Verwaltungs- und Vermögenshaushalt Friedhöfe 1885–1986).

Zusammenfassend läßt sich feststellen, daß in Frankfurt erstmals mit Beginn der Weimarer Republik eine nennenswerte finanzielle Förderung des Kleingartenwesens durch die Kommune erfolgte. Der prozentuale Anteil dieser Ausgaben am Gesamthaushalt des Frankfurter Garten- und Friedhofswesens blieb über mehr als ein halbes Jahrhundert ziemlich konstant. Waren es in der Weimarer Republik durchschnittlich etwa 1,2 Prozent, so stieg er während des Nationalsozialismus geringfügig auf 1,4 und in der Zeit der Bundesrepublik bis 1974 noch etwas höher auf 1,5 Prozent.

Bislang liegen nur für eine weitere Großstadt in Deutschland entsprechende Berechnungen vor: für Hannover. Im Vergleich lassen sich für die Zeit des Kaiserreichs, der Weimarer Republik und des Nationalsozialismus ähnliche Tendenzen feststellen. Im Kaiserreich spielte das Kleingartenwesen in den Hannoverschen Haushaltsplänen faktisch keine Rolle. In Frankfurt betrugen die Ausgaben in diesem Zeitraum nur 0,2 Prozent der Gesamtausgaben für das Garten- und Friedhofswesen. In der Zeit der Weimarer Republik war die Förderung in Hannover mit 1,3 nahezu identisch mit der von 1,2 Prozent in Frankfurt. Auch die Ausgaben für das Kleingartenwesen während des Nationalsozialismus weichen in Hannover (1,2 Prozent) und Frankfurt (1,4 Prozent) nur unwesentlich voneinander ab.

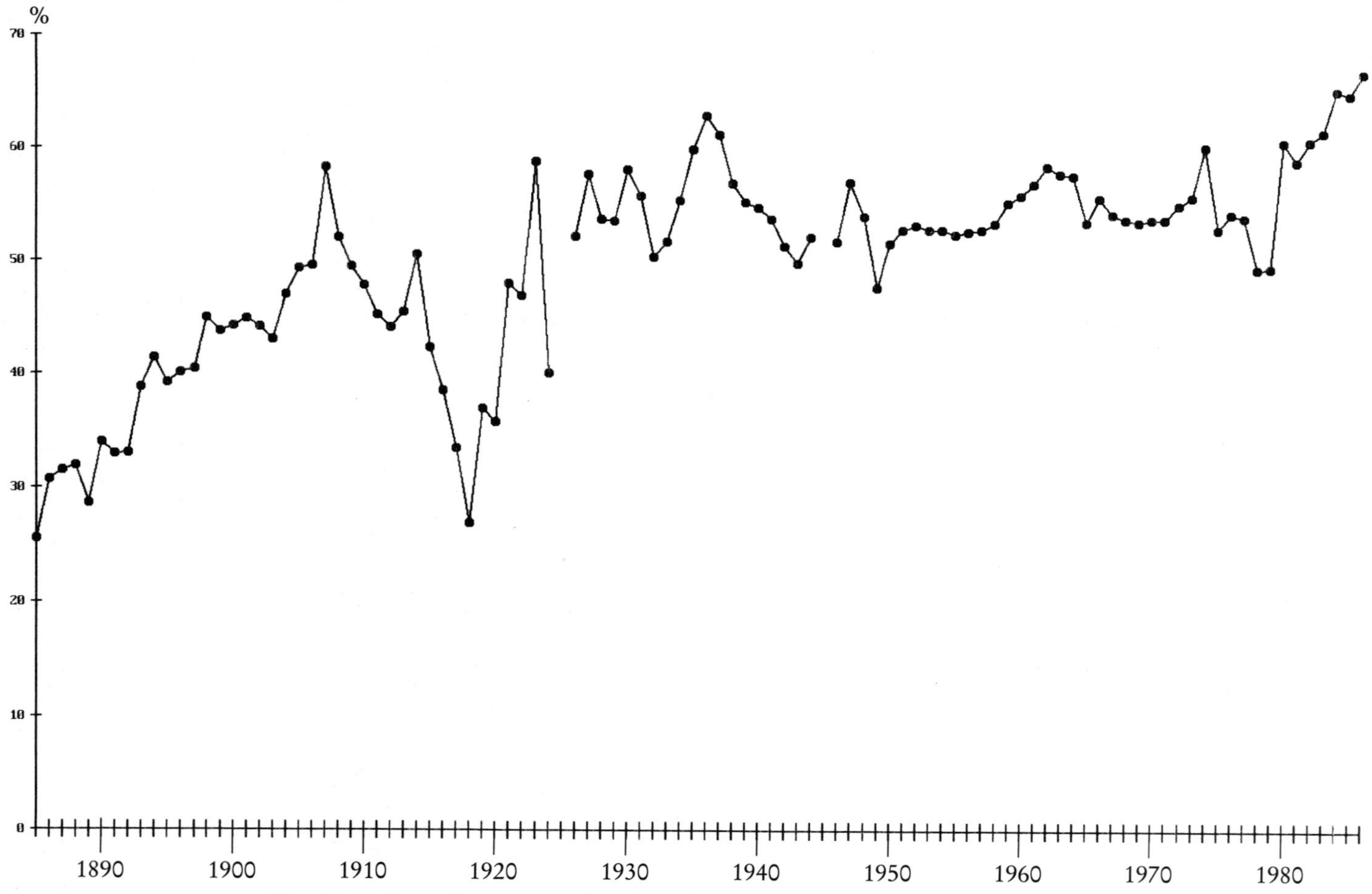

Graphische Darstellung 1: Verwaltungs- und Vermögenshaushalt Gartenwesen 1885–1986

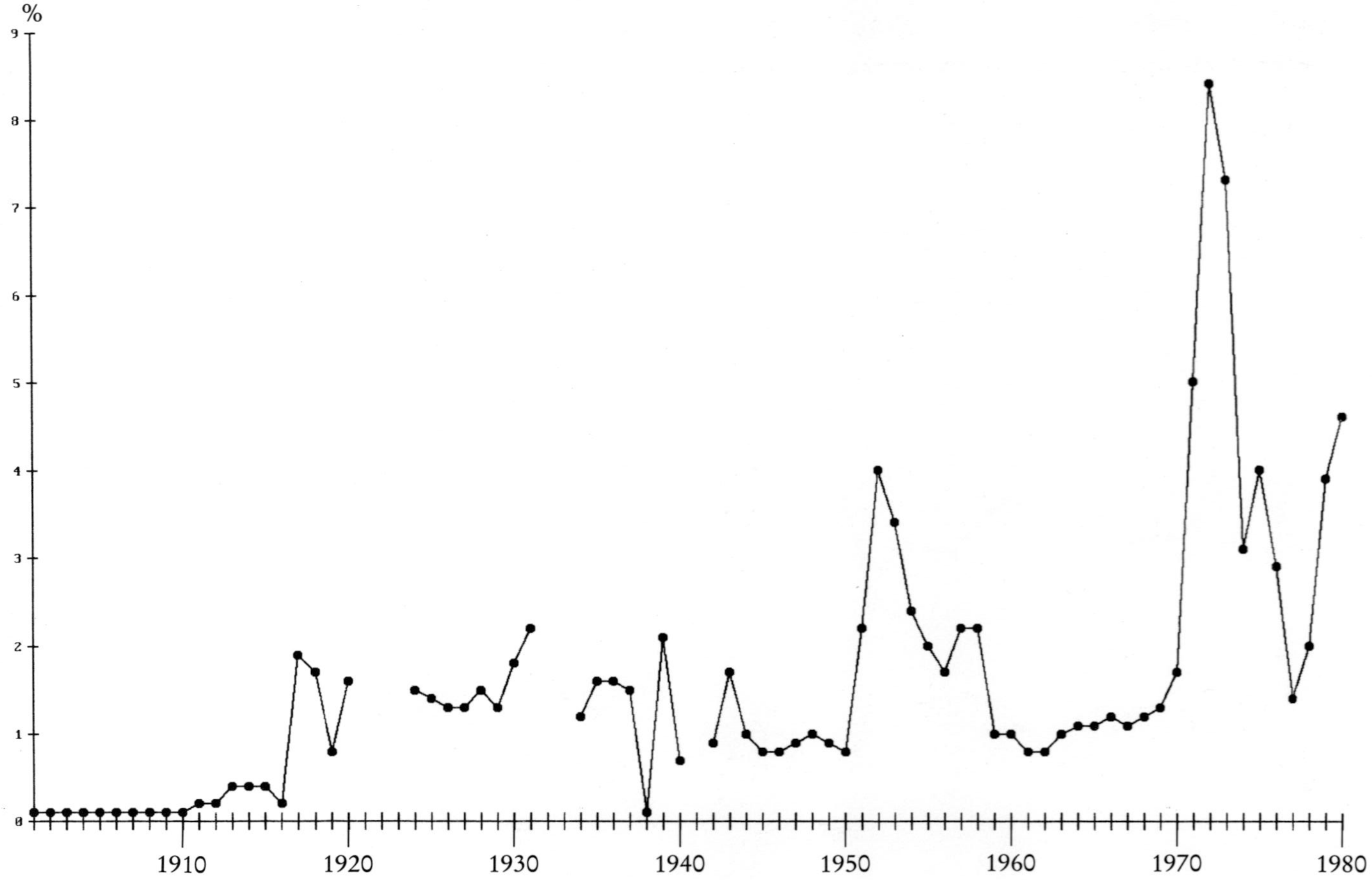

Graphische Darstellung 2: Verwaltungs- und Vermögenshaushalt Kleingärten 1901–1980

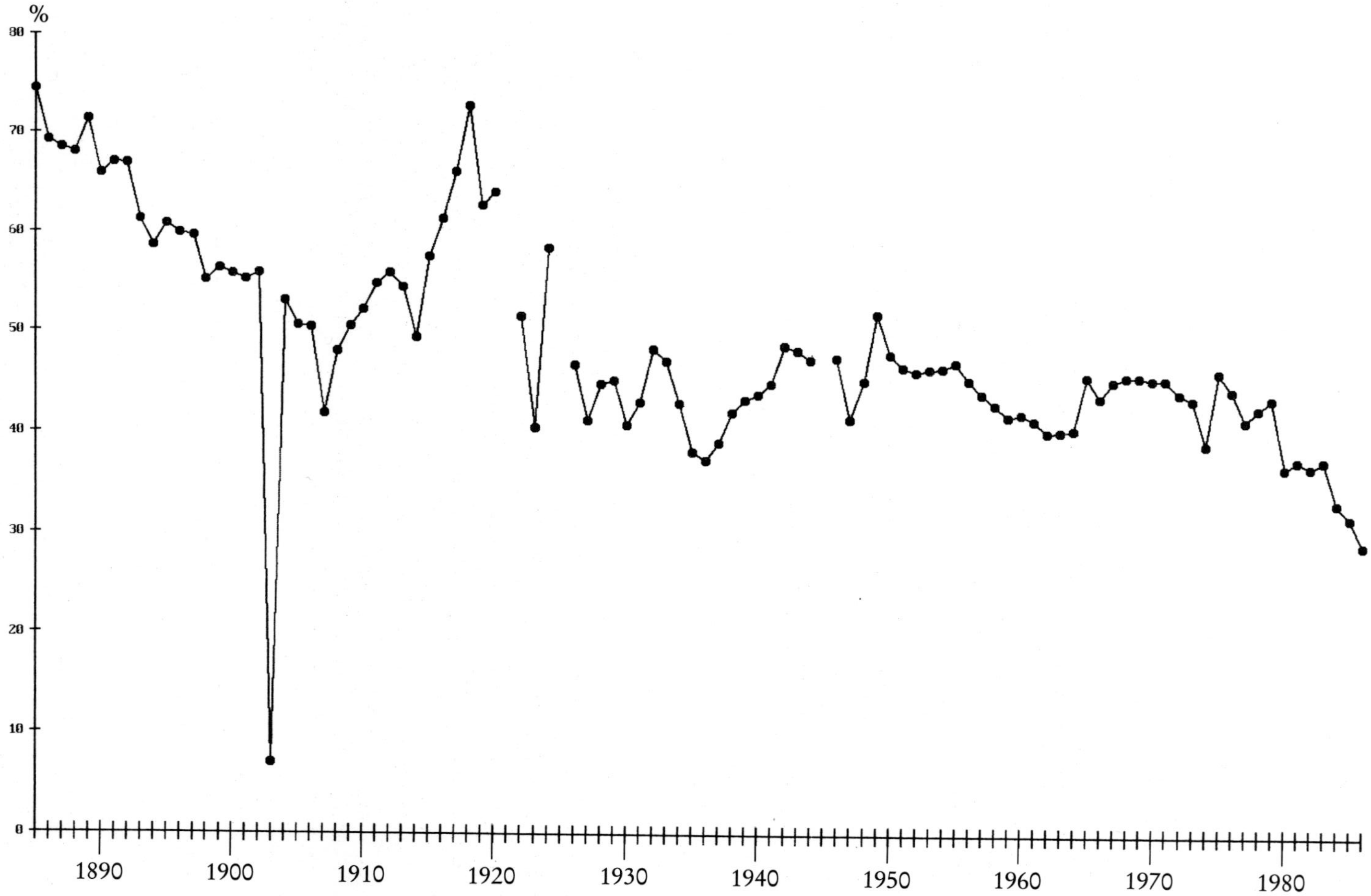

Graphische Darstellung 3: Verwaltungs- und Vermögenshaushalt Friedhöfe 1885–1986

Ein gewisser Unterschied allerdings zeigt sich für die Zeit von 1946 bis zur Mitte der 70er Jahre. Während die Ausgaben für das Kleingartenwesen im ordentlichen Haushalt in Frankfurt nur marginal um 0,1 auf 1,5 Prozent steigen, ist für Hannover in dieser Phase eine erhebliche Steigerung auf 3,1 Prozent nachweisbar[275]. Ab Mitte der 70er Jahre allerdings bleiben die Ausgaben für das Kleingartenwesen, nun bezogen auf den Verwaltungs- und Vermögenshaushalt, in Hannover mit drei Prozent weitgehend konstant zu den vorherigen des ordentlichen Haushalts, während sie sich in Frankfurt mehr als verdoppeln auf 3,8 Prozent.

Dieser Vergleich läßt in der Entwicklung des Kleingartenwesens in Frankfurt zwei Sprünge erkennen. Der Beginn der Weimarer Republik und die zweite Hälfte der 70er Jahre bringen gegenüber den davorliegenden Zeiträumen und bezogen auf den Anteil am Gesamthaushalt des Garten- und Friedhofswesens jeweils eine deutliche Steigerung der kommunalen Ausgaben für das Kleingartenwesen. Es wäre allerdings verfehlt, allein auf der Grundlage der Angaben in den Haushaltsplänen auf den Stellenwert zu schließen, den Stadtverwaltungen und die für das kommunale Ausgabenverhalten mit verantwortlichen politischen Gremien dem Kleingartenwesen beimessen.

5.2. Die Magistrats- und Verwaltungsberichte und das Kleingartenwesen

Spätestens seit dem Jahr 1882/83 liegen jährliche Rechenschaftsberichte des Frankfurter Magistrats vor. Darin wird in unterschiedlicher Ausführlichkeit die Tätigkeit der einzelnen Verwaltungszweige, so der Hochbau-, der Tiefbau-, der Schul- und Sozialverwaltung sowie der Stadtgärtnerei dargestellt. Für die Stadtgärtnerei waren diese anfangs noch sehr knapp gehalten. Für das Berichtsjahr 1882/83 wird z.B. aus der Stadtgärtnerei mitgeteilt, daß aufgrund der „immer mehr überhandnehmenden Beschädigungen“ und den „durch den Straßenverkehr herbeigeführten Unfälle(n)“ an den von der Stadtgärtnerei gepflanzten Bäumen erstmals „Baum-Umhüllungen ... aus verzinktem Eisendraht und ... aus Weidengeflecht“ als Schutz für die Bäume angebracht worden seien[276].

In den folgenden Jahren nahm die Berichterstattung über die Tätigkeit der Stadtgärtnerei erkennbar zu. In den Jahren vor dem Ersten Weltkrieg wurden stadtgärtnerischen Aktivitäten durchschnittlich immerhin ungefähr zwei Seiten Umfang gewidmet. Dabei ist der Personalbestand der Stadtgärtnerei ebenso Gegenstand der Ausführungen wie deren Produktionsleistungen, die Anpflanzung von Alleebäumen und die Anlage von Parks sowie von Spiel- und Sportplätzen. Selbst die Zahl der „von den zur Überwachung der Anlagen bestellten Promenadenhütern“[277] erstatteten Anzeigen fand Erwähnung. 1912 spiegelten sich im Magistratsbericht erstmals die spezifischen Interessen der in der Stadtgärtnerei beschäftigten Arbeitnehmer und Arbeitnehmerinnen wider. Der „Arbeiterausschuß der Stadtgärtnerei“ engagierte sich u.a. in Fragen der Arbeitszeit, die 1911 vielfach noch neun bis zehn Stunden täglich umfaßte, bemühte sich um Regelungen für den Sonn- und Feiertagsdienst, kümmerte sich um die Lohnordnung, die Einstufung in bestimmte Lohnklassen u.a.m.[278].

Dem Kleingartenwesen scheint in den Magistratsberichten erst relativ spät Beachtung geschenkt worden zu sein. Die Interessengruppe der Kleingärtner, das läßt sich daraus entnehmen, hatte für den Frankfurter Magistrat und die verantwortlichen Zweige der Stadtverwaltung anfangs noch keine Bedeutung. Das ist insofern bemerkenswert, als in vielen anderen deutschen Städten, so z.B. in Kiel und in Leipzig, Kleingärten seit dem 19. Jahrhundert auch eine kommunale Angelegenheit waren[279]. Erst ab dem Jahr 1911 fand das Thema Kleingärten auch in den Berichten des Frankfurter Magistrats regelmäßig Berücksichtigung. Doch wurde in den Folgejahren nur in drei bis vier Zeilen statistisch über die Fläche informiert, die die Stadt Frankfurt für „Zwecke des Kleingartenbaues" zur Verfügung gestellt hat. So heißt es z.B. in dem Bericht für das Jahr 1912: „Zu Kleingartenbauzwecken wurden dem Bockenheimer Kleingartenbauverein 19 a 84 qm verpachtet. Mehrere größere Grundstücke in den Gemarkungen Bockenheim, Rödelheim, Sachsenhausen und Bornheim, halten 1 ha 09 a 51 qm, sind in 30 Parzellen eingeteilt und zur Anlage von Schrebergärten an Private verpachtet. Im ganzen sind nunmehr für Zwecke des Kleingartenbaues verpachtet: an Vereine: 9 ha 02 a 85 qm , an Einzelne: 14 ha 48 a 91 qm, zusammen 23 ha 51 a 76 qm oder rund 117 Frankfurter Morgen"[280]. Immerhin geht aus dieser Notiz hervor, daß im Kaiserreich die Kleingärtnerei in Frankfurt noch überwiegend eine Angelegenheit von nicht in Vereinen organisierten Einzelpersonen war.

Bis zum Ende des Kaiserreichs zeigen die Berichte eher politisches Desinteresse und mangelnden kommunalpolitischen Einfluß der Gartenverwaltung auf die Situation im Kleingartenwesen. Gewisse Änderungen traten erst mit Beginn des Ersten Weltkriegs ein, denn dann erschienen sogenannte „Beilagen zum Verwaltungsbericht des Magistrats", in denen regelmäßig auch kleingartenrelevante Aspekte unter kriegspolitischer Perspektive angesprochen wurden.

Zwei Jahre nach Kriegsbeginn, 1916, wurde die Stadtgärtnerei in „kriegswirtschaftlichem Interesse" tätig und zog „im verstärkten Maße ... Gemüsepflanzen zum Anbau in Kleingärten, Kriegsäckern, Lazarettgärten und in der städtischen Gärtnerei"[281] heran. Ebenso wurden „mit Rücksicht auf die Schwierigkeiten, die den Kleingärtnern die Beschaffung von Saatkartoffeln verursacht, (wurden) im Frühjahr 1916 rund 600 Zentner Saatkartoffeln durch die Stadt gekauft und zum Selbstkostenpreis an Kleingärtner abgegeben"[282]. Selbst städtische Liegenschaften wurden für die kriegswirtschaftlich wichtig gewordene Kleingärtnerei hergerichtet. So wurde „das städtische Baugelände zwischen Wilhelm-, Burnitz- und Oskar Sommer-Straße (wurde) ebenfalls umgepflügt und an bedürftige Leute vergeben. Das etwa 11 Morgen große Gelände zwischen Sonnemann- und Obermain-Straße (seither Lagerplatz des Tiefbauamtes) wurde eingeteilt und an etwa 80 Familien verpachtet. Ein Teil des Huthparks bei Seckbach soll zum Anbau von Gemüse und Kartoffeln vergeben werden"[283]. Auch militärische Übungsplätze wurden kleingärtnerischer Nutzung zugeführt. So informierte die Beilage zum Magistratsbericht von 1917 darüber, daß „der ehemalige Griesheimer Exerzierplatz ... auf städtische Kosten mit dem Dampfpflug umgepflügt und zum größten Teile an die Kleingartenbauvereine ‚Südwest', ‚Westend' und ‚St. Gallus' verpachtet"[284] wurde. Von der Stadtgärtnerei selber wurden „1,1 Millionen Pflanzen an Kleingartenbauvereine und viele Kleingärtner abgegeben"[285]. Im letzten Kriegsjahr, 1918, wurden offenbar auf Veranlassung der Stadtkämmerei „größeren Grundbesitzern im Stadtkreis große Flächen entzogen und an Kleingartenbau-Vereine, sowie an Private zur Benutzung als Kleingarten verpachtet"[286]. In der Schule sollten „die Mädchen der obersten Klassen in die Verwendung des Wildgemüses im Haushalt eingeführt"[287] werden.

Der politische Wandel, der mit dem Beginn der Weimarer Republik einherging, kam auch dem Kleingartenwesen zugute. Ab 1919 wurde wesentlich ausführlicher auf die Aktivitäten der Stadtgärtnerei auf dem Gebiet des Kleingartenwesens eingegangen. Die Berichterstattung über die anderen Tätigkeitsbereiche der Stadtgärtnerei dagegen blieb relativ unverändert. Daraus läßt sich ableiten, daß der Zielgruppe der Kleingärtner, die bislang als politisches Leichtgewicht eingestuft worden sein mochte, nun eine deutlich höhere politische Beachtung geschenkt wurde. Wie die Entwicklung in den Haushaltsplänen bestätigt, hat sich dies auch finanziell ausgewirkt[288].

Doch auch inhaltlich bewegte sich eine ganze Menge auf dem Gebiet des Kleingartenwesens. Um der Aufgabe seiner Förderung gerecht werden zu können, wurden u.a. laut Magistratsbericht von 1924 folgende Maßnahmen ergriffen:

„1. Einrichtung einer Kartothek für Gartenlandbewerber und Gartenlandpächter in Verbindung mit einer Plansammlung.
2. Vereinbarungen mit den Grundstücksverwaltungen über den Verkehr mit Kleingartenland.
3. Aufnahme und Durchführung von Verhandlungen wegen Beschaffung des erforderlichen Kleingartenlandes, die in einzelnen Fällen durch ein Zwangspachtverfahren zum Abschluß gebracht werden mußten.
4. Förderung und praktische Unterstützung der Bestrebungen nach Schaffung zweckmäßiger Technischer Einrichtungen in den Kleingartenkolonien.
5. Einführung von Pachthöchstpreisen für Kleingartenland, gem. § 1d. K.G.O.
6. Beratung und Belehrung der Kleingärtner auf der Amtsstelle, durch Vorträge auf dem Gebiete des Pflanzenbaues und des Pflanzenschutzes, sowie der technischen Ausgestaltung der Anlagen und Einzelgärten"[289].

Fast 30.000 Familien hatten 1924 in Frankfurt einen Kleingarten. Von rund 80 ha, die im Jahr 1912 kleingärtnerisch bewirtschaftet wurden, war die Fläche für Kleingärten in Frankfurt am Main auf knapp 150 ha im Jahr 1917 und auf 885 ha im Jahr 1924 angewachsen. „Davon entfielen auf die Stadtgemeinde rund 660 ha, auf

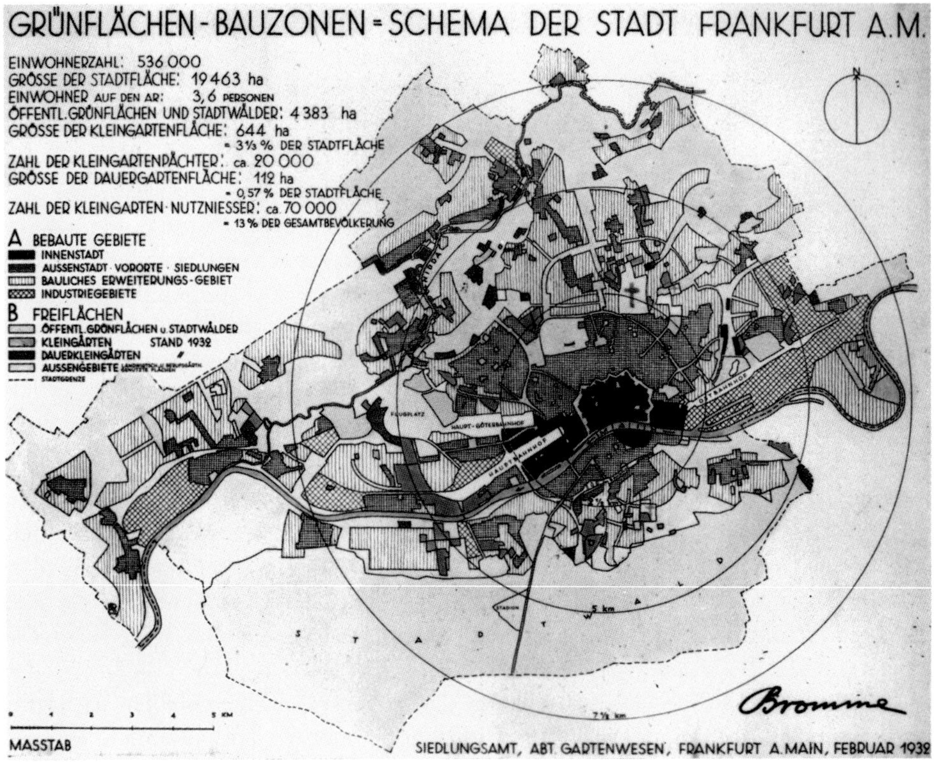

Abb. 56 „Grünflächen-Bauzonen-Schema der Stadt Frankfurt a. M.“, Februar 1932

die Stiftungen rund 150 ha und auf privaten Grundbesitz rund 65 ha“[290]. Die Zahl der Kleingärtner war also, wenn man von einer in den Magistratsberichten verschiedentlich genannten Durchschnittsgröße der Gärten von 300 m² ausgeht, von knapp 1.000 im Jahr 1912, über knapp 5.000 (1917) auf fast 30.000 (1924) angestiegen. Nur knapp die Hälfte dieser Familien, 14.500, waren in insgesamt 51 Kleingartenbauvereinen mit 104 Kleingartenkolonien organisiert. Sie bewirtschafteten eine Fläche von rund 370 ha. Die Schaffung von Dauerkleingärten befand sich noch in der Anfangsphase. So existierten Ende 1924 in Frankfurt auf 8 ha nur drei Dauerkolonien mit 354 Gärten, die auf 25 Jahre verpachtet waren. Der größere Teil der kleingärtnerisch bewirtschafteten Flächen, insgesamt 505 ha, wurde offenbar von nicht vereinsmäßig organisierten Kleingärtnern „als Ackerparzellen oder Kriegsäcker“ genutzt. Die Verluste durch Kündigung blieben in dem Zeitraum zwischen 1921 und 1924 unter einem Prozent der 1924 bewirtschafteten Gesamtfläche[291]. 1932, allerdings, gegen Ende der Weimarer Republik, wurde die „Dauergartenfläche“ in einem von der Abteilung Gartenwesen beim Siedlungsamt erstellten „Grünflächen-Bauzonen-Schema der Stadt Frankfurt a. M.“ mit immerhin 112 ha angegeben (Abb. 56).

Die Festsetzung der Pachthöchstpreise „für Gartenland ohne Einrichtung“ ergab 1923 folgende Werte:

„a) für minderwertigen Boden .... 0,75 M
b) für geringen Boden .... 1,00 M
c) für guten Boden .... 1,25 M
d) für vorzüglichen Boden .... 1,50 M

pro Ar und Jahr“[292], auf Quadratmeterpreise umgerechnet, also 0,0075; 0,01; 0,0125 und 0,015 M je Quadratmeter Gartenland.

Seit Beginn der Weimarer Republik erhielt das Kleingartenwesen zunehmende Beachtung durch die Frankfurter Stadtverwaltung. Die stärkere Berücksichtigung der kommunalpolitisch bedeutsamen Kleingarten-Interessen gegenüber anderen freiraumpolitischen Belangen kommt insbesondere in der erheblichen Verbesserung der Qualität des kommunalen Kleingartenwesens in der Dekade von 1914 bis 1924 zum Ausdruck. Dagegen mußte, so der Magistratsbericht 1925, die kriegsbedingte „Einschränkung in der Unterhaltung der öffentlichen Grünanlagen (mußte) auch für das Jahr 1924 noch beibehalten werden. Erst im Jahre 1925 konnte der pflegliche Zustand der öffentlichen Anlagen, abgesehen von der Ausschmückung, in vereinfachter Form gebessert werden. Der Stand von 1914 ist jedoch noch nicht erreicht“[293] (Abb. 57).

Das Engagement für Kleingärten aus Gründen der Ernährungsnot, wie in der Kriegszeit und den ersten Nachkriegsjahren, nahm in dieser Phase deutlich ab. Die Zahl der sogenannten ‚Kriegskleingärtner‘ ging stark zurück. Auch die Zahl der Bewerber um einen Kleingarten, die 1924 noch bei etwa 3.000 gelegen hatte, war rückläufig, „doch war Kleingartengelände mit *längerer* (im Original gesperrt, G. G. und J. W.-B.) Pachtdauer noch immer stark begehrt“[294].

Ließ der Rückgang an sogenannten Kriegskleingärten eine „wirtschaftliche Besserung“ der Lage vieler Familien vermuten, so deuteten sich doch Mitte der 20er Jahre Brüche in der ökonomischen Aufwärtsentwicklung an. Einerseits wurden weiterhin Kleingärten zu Bauzwecken gekündigt, so z.B. für den weiteren Ausbau des Flugplatzes, für einen Sportplatz auf den Sandhöfer Wiesen und für Wohnungsbauten in Heddernheim. An der Eckenheimer Landstraße wurden Kleingärten zugunsten des dort neu errichteten israelitischen Friedhofes umgelegt[295]. Zusätzlich erfolgten Kündigungen von Kleingärten, weil Gelände „zur Schaffung von Arbeitsgelegenheiten für Notstandsarbeiter benötigt wurde“. Andererseits herrschte weiterhin „besondere Nachfrage nach Dauerkleingärten. Die unsichere Pachtdauer hält manche Kleingärtner von der Bewerbung um einen Garten zurück“[296].

Abb. 57 Anlagenpflege am Trutzdurchbruch, Wallanlage, um 1925

Abb. 58 Blick in einen Garten der Kleingartenkolonie Homburger Landstraße, um 1930

Die rund 300 Notstandsarbeiter, die damals im städtischen Garten- und Friedhofswesen im Rahmen von fünf Notstandsprogrammen beschäftigt waren, sorgten jedoch auch für „die Anlage von Dauerkleingartenkolonien an der Homburger Landstraße und in Heddernheim“[297] (Abb. 58).

Die anfänglichen Kräfte des demokratischen Aufbruchs zu Beginn der Weimarer Republik mögen sich allmählich verschlissen haben. Vielleicht lag die Last des Engagements auf zu wenigen Schultern, möglicherweise gab es unterschätzten Widerstand oder der für eine Demokratisierung einer in demokratischen Gepflogenheiten noch vielfach unerfahrenen Gesellschaft notwendige Aufwand war so nicht erwartet worden. Vielleicht war auch schlicht das Interesse an der kleingärtnerischen Beratung zurückgegangen. Jedenfalls ging aus nicht näher bezeichneten Gründen die Inanspruchnahme des Kleingartenamtes durch die Kleingartenbau-Vereine zu Beratungszwecken in der zweiten Hälfte der 20er Jahre zurück. Waren z.B. 1925 von der Beratungsstelle des Kleingartenwesens laut Magistratsbericht noch „88 belehrende Vorträge und Unterweisungen ... davon 10 mit Lichtbildern“[298] abgehalten worden, so waren es 1927 nur noch „32 Vorträge, davon 7 mit Lichtbildern“[299].

Abb. 59 Kleingarten vor der Siedlung Römerstadt, um 1930

Ab etwa der Mitte der 20er Jahre widmete das Frankfurter Gartenamt unter Gartendirektor Bromme der „einheitlichen“ Gestaltung der Kleingartenlauben besonderes Interesse. Diese Aufgabe wird bis heute kontrovers diskutiert. Sie stößt bei den Kleingärtnern nicht auf ungeteilte Zustimmung und wird weniger als externer Versuch der Verbesserung des Erscheinungsbildes von Kleingärten, sondern eher als obrigkeitlicher Eingriff des Gartenamtes in die inneren Angelegenheiten der Kleingärtner interpretiert. Offenbar wurden in Frankfurt jedoch auch Skeptiker überzeugende „einheitliche Gartenhäuschen“ entwickelt und in „städtische(n) Dau-

Abb. 60 Bauarbeiten am Niddaaltarm, um 1930

eranlagen", so z.B. in der 70 Gärten umfassenden Anlage „In der Römerstadt" eingeführt[300] (Abb. 59).

Die Konflikte zwischen der Ausweisung und Gewinnung von Bauland und den Interessen der Kleingärtner verschärften sich gegen Ende der 20er Jahre. 1927 gingen infolge der Stadterweiterung „21 ha Kleingartengelände verloren. Ersatzgelände konnte nur in geringem Umfange zur Verfügung gestellt werden, da der Generalbebauungsplan noch nicht festgelegt war, auch die Landfreimachung Schwierigkeiten machte". Angesichts dieser bedrohlichen Situation berief der „Verband der Kleingartenbauvereine" eine „Protestversammlung gegen die Landentziehung" ein[301].

Entgegen der heute bisweilen geäußerten vorurteilsbehafteten Ansicht, Kleingärtner seien nicht am Naturschutz interessiert und Kleingartenbewegung und Naturschutz seien einander entgegenstehende Interessen, wurde bereits damals aktiv Vogelschutz seitens der Kleingartenvereine betrieben. Nicht zuletzt wurden, durch das Kleingartenamt veranlaßt, „auch Vogelschutzmaßnahmen im Rundfunk und in hiesigen Zeitungen besprochen"[302]. Dieses Engagement für den Vogelschutz

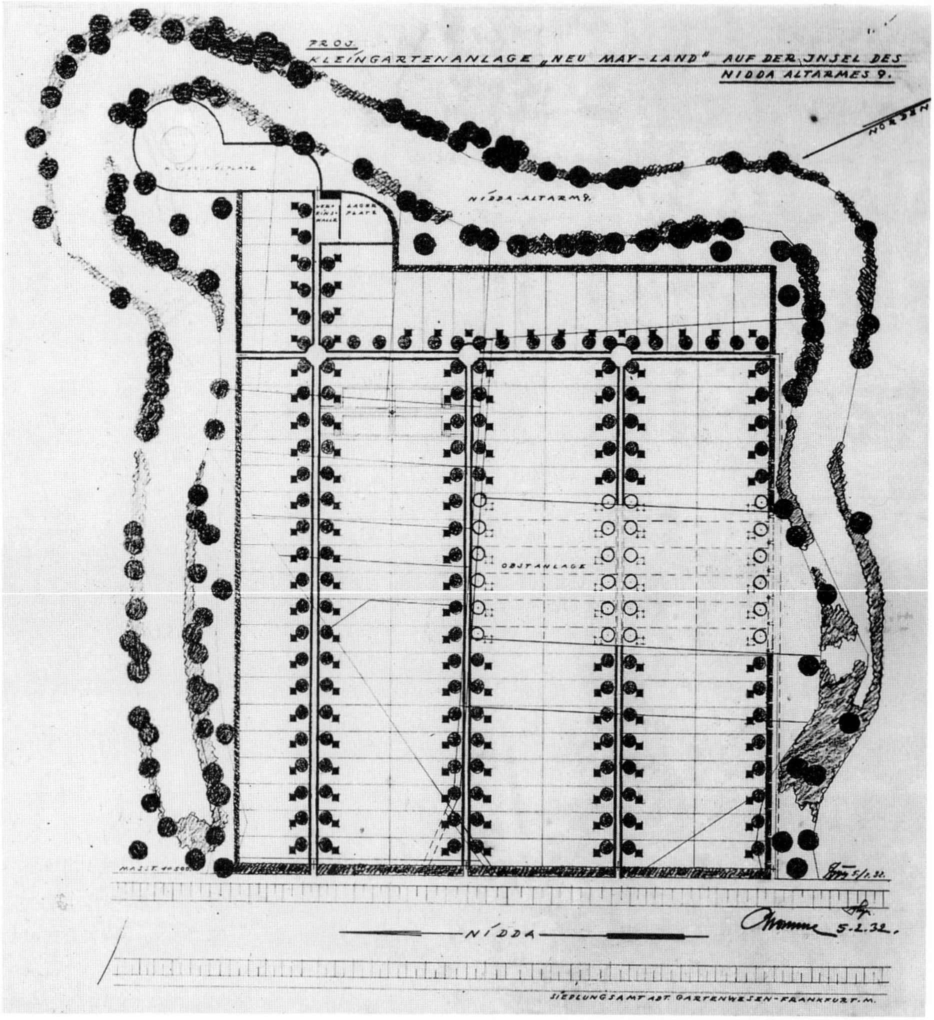

Abb. 61 Plan der Kleingartenanlage „Neu-May-Land" auf der Insel des Nidda-Altarms, 1932

korrespondierte mit Ansätzen in den entsprechenden Haushaltsplänen; so wurden z.B. 1926 u.a. im Haushalt des Kleingartenamtes 700,– M für die „Förderung des Vogelschutzes" ausgewiesen.

Das Problem, Kleingärten in Frankfurt am Main zu sichern, wurde in den späten 20er Jahren immer drängender. Wohnungsbau- und Industrieprojekte, so z.B. an der Miquelstraße für die IG Farben, die Untermainkanalisierung und die Niddaregulierung in Heddernheim (Abb. 60, 61) bedeuteten den Verlust von Kleingärten.

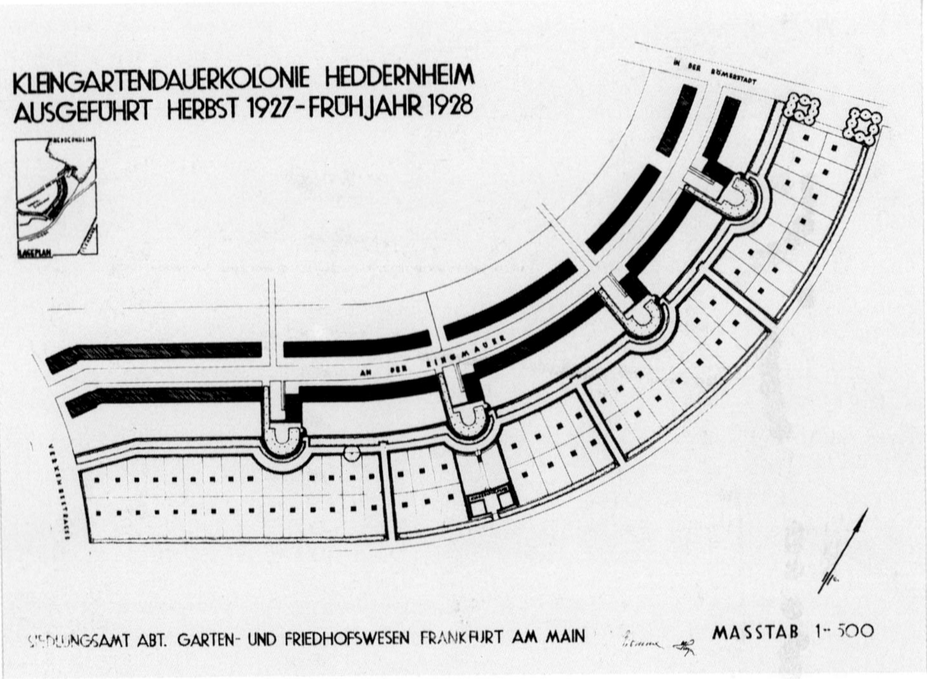

Abb. 62 Plan der Kleingarten-Dauerkolonie Heddernheim (Römerstadt), 1927

Diesen Verlusten suchte das Gartenamt durch die Planung „künftiger Dauergartenflächen im Rahmen des Generalbebauungsplanes, u.a. im Niddagebiet (Rödelheim, Praunheim, Heddernheim), in Eckenheim, Bornheim, Fechenheim und Ginnheimer Höhe"[303] und durch die Schaffung weiterer Dauerkolonien, so der „Dauerkolonie ‚Am Ochsengraben' " (Abb. 62, 63, 64), in der „Nähe des Hofes Goldstein, an der Herborner Straße in Heddernheim, am Ginnheimer Stadtweg" und „am Buchhang, Gemarkung Bornheim"[304], entgegenzuwirken. Die Bemühungen des Gartenamtes und des Kleingartenamtes um die Kleingärten ragten in dieser Zeit offenbar aus vergleichbaren Anstrengungen anderer Kommunen heraus. Das wird nicht zuletzt daran deutlich, daß im Juli 1928 der „Dienststellenvorsteher", d.h. der Leiter der Abteilung Garten- und Friedhofswesen des Siedlungsamtes der Stadt Frankfurt, Gartendirektor Bromme, „auf der Jahresversammlung des Reichsverbandes der Kleingartenvereine in Breslau ... einen Vortrag über die Ausgestaltung und Finanzierung von Kleingartendauerkolonien"[305] hielt.

Im Jahr 1930 beschloß der Magistrat eine Geschäftsordnung für die Siedlungs-Deputation der Stadt Frankfurt am Main. Danach unterstanden dem Siedlungsamt zehn Abteilungen. Die 6. Abteilung war die Garten- und Friedhofsverwaltung

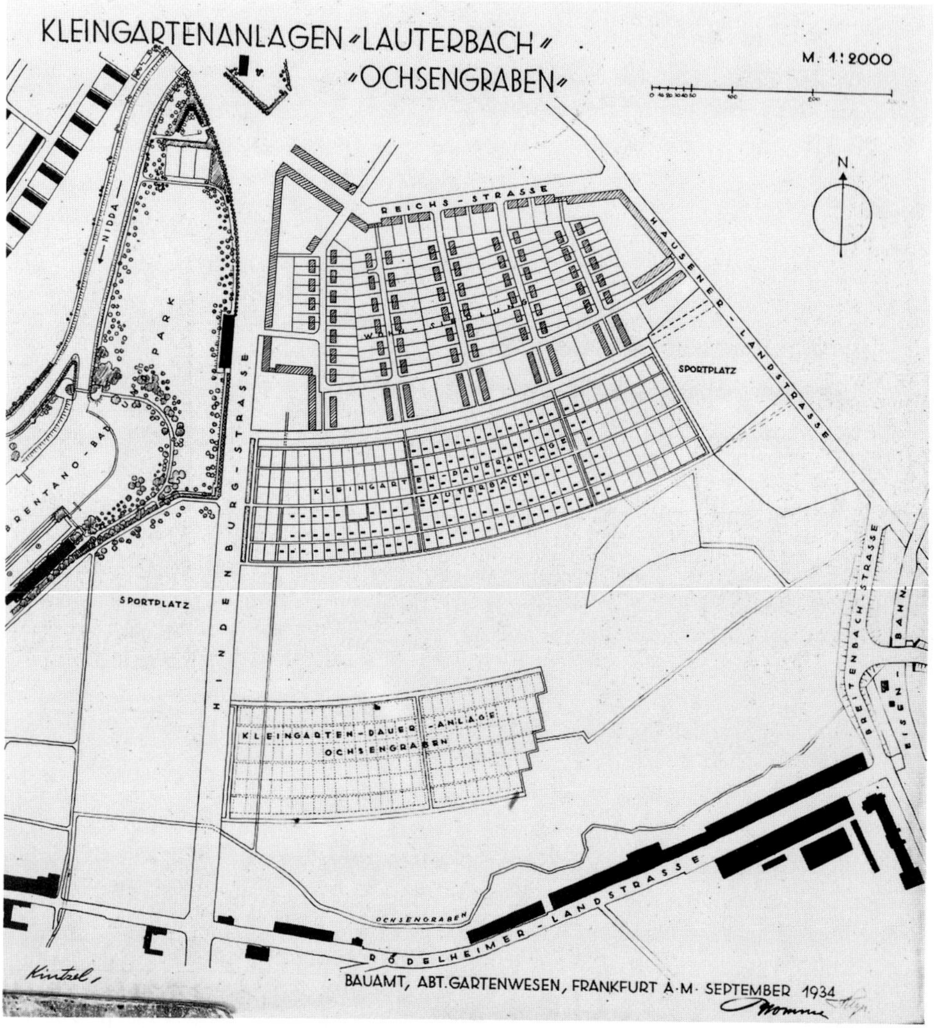

Abb. 63 Plan der Kleingartenanlagen „Lauterbach" und „Ochsengraben", Juli 1930

mit den Unterabteilungen Gartenwesen und Friedhofswesen. Der Unterabteilung Gartenwesen wurden „auch die Kleingartenangelegenheiten übertragen"[306]. Aus der Deputation heraus wurde ein „Unterausschuß der Garten- und Friedhofsverwaltung" gebildet, dem elf Mitglieder angehörten, „nämlich 2 Magistratsmitglieder, unter denen sich der Siedlungsdezernent befinden muß, 5 Stadtverordnete(n) und 4 Bürgerschaftsdeputierte(n). Außerdem nimmt mit beratender Stimme ein Vertreter des Stadtgesundheitsamts teil"[307].

Abb. 64 Gärten in der Kleingartenanlage Ochsengraben, Juli 1930

Das Selbstbewußtsein der kommunalen Selbstverwaltung wurde auch in der äußeren Aufmachung des Verwaltungsberichts sichtbar. 1930 wurde ein bewußt gestalteter und von der Magistrats-Pressestelle bearbeiteter Verwaltungsbericht herausgegeben. Er war nicht mehr in gotischer sondern in einer modernen Antiqua-Schrift gesetzt. Allerdings bestand er nur noch wenige Jahre bis zu seiner Zerstörung durch den Nationalsozialismus. Die Weltwirtschaftskrise der Jahre 1929–30 und die immer stärker werdende Ablehnung aller modernen Kunst und Architektur sowie anderer moderner kultureller Erscheinungen mag das ihre zu dieser Zerstörung beigetragen haben.

Die immer schwieriger werdende wirtschaftliche Situation zu Beginn der 30er Jahre drückte sich u.a. auch in Versuchen aus, die Pachthöchstpreise für Kleingartenland herabzusetzen, weil sich „die Einkommensverhältnisse ... seit 1½ Jahren in geradezu verheerendem Masse verschlechtert" hätten. So richtete z.B. der „Ortsverband der Kleingartenbauvereine Frankfurt a. M." 1931 an den Magistrat den Antrag, „die Höchstpachtpreise für Gartenland, die am 1.4.1926 in Kraft getreten sind, einer Revision zu unterziehen". Da sich, so wurde hervorgehoben, „die wirtschaftl. Verhältnisse aller Berufsschichten durch die von Herrn Reichspräsidenten erlassenen Notverordnungen derart zu Ungunsten der minderbemittelten Bevölkerung verschlechtert" haben, stellte der Ortsverband am 25. Juni 1931 „erneut den Antrag ... nunmehr in Verhandlungen über den Abbau der Pachthöchstpreise, wie sie z.Zt. in Frankfurt a. M. bestehen, einzutreten"[308]. Die Abteilung Gartenwesen des Stadtbauamts reagierte am 27. September 1932. Sie empfahl dem Magistrat, die „Neufestsetzung der Pachthöchstpreise ab(zu)lehnen", die „Miete für die stadtseitig in Daueranlagen errichteten Gartenlauben, soweit sie z.Zt. 25 RM pro Jahr und Laube beträgt, auf 20 RM" herabzusetzen und den „vorgesehene(n) Zuschuß für den Verband der Kleingartenbauvereine in Höhe von 1.000 RM in diesem Rechnungsjahre nicht zur Auszahlung" zu bringen, „sondern zur Senkung der im laufenden Pachtjahr von den Erwerbslosen-Dauerkleingärtnern aufzubringenden Beträge für Verzinsung und Tilgung der stadtseitig gestellten Einrichtungskosten"[309] zu verwenden. Am 24. Oktober 1932 beschloß der Magistrat wie von der Abteilung Gartenwesen vorgeschlagen.

Mit Beginn des Nationalsozialismus nahmen der Umfang und die Qualität der Berichterstattung über die Tätigkeit des Gartenamtes im allgemeinen und über das kommunale Kleingartenwesen im besonderen erkennbar ab. Die „Verwaltungsberichte", wie sie seit 1930 genannt wurden, wurden wieder in gotischer Schrift gesetzt und signalisierten auch dadurch die Abwendung von der Moderne.

Die Aussageschärfe der Verwaltungsberichte über Grünflächen und Kleingärten ließ in der Folgezeit nach, wenngleich anfangs noch die Arbeitsschwerpunkte der Weimarer Zeit, wie die Tätigkeit der Beratungsstelle für Kleingärtner, der Vogelschutz, die Vereinheitlichung der Lauben usw. weiter aufgeführt wurden[310]. Die Berichterstattung über das „Gartenwesen, Bestattungswesen und Friedhöfe" wurde dürftiger. An die Stelle detaillierter Informationen, mit denen früher durchaus auch auf negative Entwicklungstendenzen hingewiesen wurde, traten allmählich eher floskelhafte Bekenntnisse zur Bedeutung des Kleingartenwesens im nationalsozialistischen Staat wie z.B.: „Als gemeinnützige größere Aufgaben sind die Förderung des Kleingartenwesens und des Natur- und Landschaftsschutzes besonders hervorzuheben"[311].

Den Niedergang kommunalen Selbstbewußtseins konnte auch die personelle Kontinuität in der Leitung des Gartenamts nicht aufhalten. So blieb z.B. Bromme, seit 1912 Leiter des Gartenamts, weiterhin Gartendirektor, da er im Mai 1933 in die NSDAP eintrat. Zahlreiche amtsinterne fotografische Dokumente aus dieser Zeit weisen auf die Fortführung der systematischen Planungs-, Ausführungs- und Auswertungsarbeit des Amtes bei der Schaffung von Kleingärten hin. Die Verwaltungsberichte zeigen jedoch deutlich, wie die kommunalpolitische Aufgabe, die zu Beginn der Weimarer Republik in der KGO und den Ausführungsbestimmungen dazu formuliert und in den Kleingartenämtern umgesetzt worden war, immer mehr der öffentlichen Kontrolle entzogen wurde. Zwar konnte noch 1938 „der Bestand an Kleingartenland im Stadtkreis Frankfurt a. M. ... sogar vergrößert werden"[312], nach einer Aufstellung des Oberbürgermeisters vom 21. Juli 1937 für den Regierungspräsidenten in Wiesbaden stieg die Zahl der Kleingärten in Frankfurt von

Abb. 65 Spielplatz Peterstor, um 1935

21.626 Anfang 1933 auf 23.912 Anfang 1937[313], doch ist der Verfall der demokratischen Öffentlichkeit unübersehbar. Zumindest bezüglich der Schaffung von Dauerkleingartenanlagen sind Zweifel an der Bestandserhöhung angebracht. In einem Schreiben des Bauamts an das Hauptverwaltungsamt der Stadt Frankfurt am Main aus dem Jahr 1938, in dem es um die Beteiligung Frankfurts an einem Wettbewerb um „die schönste Kleingartenstadt Deutschlands"[314] ging, wurde unmißverständlich von einer Teilnahme an diesem Wettbewerb abgeraten. In nüchterner Einschätzung wurde angenommen, daß „nur die Städte als Preisträger in Frage kommen, die *nach* 1932 in der Lage waren, *Dauer*kleingartengelände (Unterstreichungen im Original, G. G. und J. W.-B.) zu schaffen"[315]. Die Zahl der ausgewiesenen Dauergärten wird von 1933 bis 1936 jeweils mit 1.481, für 1937 mit 1.401 angegeben[316]. Frankfurt beteiligte sich offenbar dennoch am Wettbewerb und gewann.

Wo in früheren Jahren in den Verwaltungsberichten noch das harte Ringen um genau bezeichnete Flächen für Kleingärten breiten Raum einnahm, wurde nun schlicht die Räumung verkündet. So wurde 1938 berichtet, daß „die im Vorjahr begonnene Umlegung von Kleingärten anläßlich der Bereitstellung von Bau- und Straßenland weitergeführt" werde. Andererseits wurden anstehende größere Räumungen mit einem unspezifischen Hinweis auf „größere, spätere Bauvorhaben auf

Abb. 66 Spielplatz Peterstor nach der Zerstörung im Zweiten Weltkrieg, vom selben Standort aufgenommen, 1948

bisherigem Kleingartenland", auf dem „umfangreiche Abschätzungen des Aufwuchses vorgenommen wurden"[317], verschleiert. War die Sprache der Magistratsberichte aus der Zeit des Kaiserreichs und der Weimarer Republik allgemein noch verhältnismäßig differenziert, so wurde sie im Nationalsozialismus pauschalierend. Worthülsen und Bekenntnisse zum NS-Staat traten an die Stelle inhaltlicher Information über die Tätigkeit der Stadtverwaltung.

Zwar fehlten in den ersten Jahren der Bundesrepublik die nationalsozialistisch geprägten Sätze in den Verwaltungsberichten, doch schienen gleichzeitig auch die Kleingärten insgesamt aus der kommunalen Verwaltungsberichtspraxis gestrichen worden zu sein. Die seichten, beschönigenden Berichte der ersten zwei Jahrzehnte nach der Befreiung vom Nationalsozialismus sind u.E. ein eindrückliches Beispiel für dessen Nachwirkungen, die sich auch in Rückschritten im Bereich der kommunalpolitischen Kultur bemerkbar machten.

Von den Kriegsfolgen im kommunalen Garten- und Friedhofswesen (Abb. 65, 66) sowie im Kleingartenwesen, von Schwierigkeiten bei der Gartenbestellung durch Einberufungen von Kleingärtnern zum Kriegsdienst, der gesellschaftlichen Diskriminierung von Kleingärtnern, die sich gegen den Nationalsozialismus aussprachen, und von der Entwicklung eines denunziatorischen Sozialklimas in den Vereinen findet sich in den Verwaltungsberichten nichts. Ebenso werden Schäden durch bei Luftangriffen abgeworfene Brand- und Sprengbomben in Kleingärten, Lauben und Gemeinschaftseinrichtungen nicht erwähnt.

In der Anfangsphase der Bundesrepublik gibt es, zumindest in den Verwaltungsberichten der Stadt Frankfurt, keine Kleingärten mehr. Keine Angaben zu den nationalsozialistischen Eingriffen in die Organisationsstruktur im Kleingartenwesen, kein Nachdenken über die gestörten Sozialbeziehungen, nicht einmal die Vermögensverluste sind einer Erwähnung wert, ganz zu schweigen von den, nicht zuletzt auch durch die Nachkriegsnot bedingten, häufigen Einbrüchen und Diebstählen in den Gärten und Lauben. Es ist, als ob die Kleingärten dem offenbar von der Verwaltung gewünschten konfliktfreien Bild von „schönen Gartenanlagen" nicht entsprachen und daher insgesamt als kommunale Aufgabenstellung verdrängt worden sind.

Dabei waren die Probleme vieler Kleingärtner drängend. In einer Eingabe an die Stadtverordnetenversammlung vom 30. September 1947 machte z.B. der 1. Schriftführer des „Kleingärtnervereins Nordend e.V.", Hillenbrand, auf den „Schrei und Hunger nach Gartenland" aufmerksam, der in den nördlichen Frankfurter Stadtteilen „besonders groß"[318] sei. Obwohl er in seiner Eingabe auf die „vielen Gartenbewerber, die sich aus Kzlern, politisch Verfolgten, Flüchtlingen, Schwerkriegsbeschädigten, Ausgebombten, Kinderreichen, die ihre Wohnung und ihre Gärten z.T. verloren haben, zusammensetzen", hinwies, zeigte das Gartenamt, an das er sich verschiedentlich vorher gewandt hatte, wenig Neigung, „den Wünschen der Gartenbewerber und des Vereins ... Rechnung zu tragen"[319]. Hillenbrand wandte sich daher an die Stadtverordneten-Versammlung mit der Bitte, gegebenenfalls das Gartenamt zu veranlassen, in seinem Sinne tätig zu werden.

Auch der „Kleingärtnerverein Frankfurt am Main – Niederrad" sah sich 1948 zum wiederholten Mal veranlaßt, sich an die Stadtverordneten-Versammlung zu wenden, weil er sich vom städtischen Gartenamt hintergangen bzw. in einer „unter keinen Umständen demokratischen Prinzipien" entsprechenden Weise behandelt sah. Er konstatierte eine „Missachtung jeglicher demokratischer Grundsätze" durch das städtische Gartenamt zulasten der „jetzt in unserem Stadtteil Niederrad wohnenden Evakuierten und Flüchtlinge, die sich seit Jahren vergeblich um Gartenland bewerben". Desweiteren wurde die Einberufung „einer öffentlichen Versammlung" angekündigt, „zu welcher wir auch die behördlichen Instanzen einladen werden", in der „der landsuchenden Bevölkerung die erforderlichen Aufklärungen"[320] gegeben werden sollen.

Diese Realität spiegelten die offiziellen Darstellungen der Stadt jedoch nicht wider. Die Verwaltungsberichte, nun herausgegeben als „Jahresbericht der Stadt Frankfurt am Main", wirkten, gemessen etwa am Standard der Weimarer Republik, peinlich flach; von sachlich fundierten Berichten über die Aktivitäten, Erfolge und Mißerfolge der Garten- und Friedhofsverwaltung als Teil der Stadtverwaltung kann keine Rede mehr sein. Die fachpolitisch Verantwortlichen scheinen damals bestrebt gewesen zu sein, die Verwaltungstätigkeit des Gartenamts unter eher nach Schulaufsatzüberschrift klingenden Themen zu präsentieren, wie z.B. „Unsere schönen Gartenanlagen“[321] und „Zur Erholung für die Bürgerschaft“[322], denn als Leistungen einer von erwachsenen Bürgern und Bürgerinnen betriebenen selbständigen Kommunalpolitik.

Vergleicht man diese Jahresberichte mit dem, was in den 20er Jahren und schon während des Kaiserreiches ab etwa 1910 an Berichterstattung über die Tätigkeit der Stadtgärtnerei bzw. des Gartenamtes – bis hin zur Erwähnung von Arbeitnehmerfragen – geboten wurde, so läßt sich daraus ablesen, in welchem Ausmaß die demokratische Kultur in der Bundesrepublik durch den Nationalsozialismus beeinträchtigt worden ist.

Es dauerte ein Jahrzehnt, bis Kleingärten wieder ein auf der Ebene der Verwaltungsberichte kommunalpolitisch relevantes Thema wurden. Im Jahresbericht 1955/56 wurde nach einem Verweis, daß es in den letzten Jahren bezüglich der Kleingärten große Probleme gegeben habe, nun ein mehrjähriges Programm angekündigt[323]. 1957 wurde, nachdem wohl Zweifel an der Ernsthaftigkeit der kommunalen Auseinandersetzung mit Kleingärten allzu berechtigt waren, betont, man wolle „zu einer wirklichen Sanierung und Beordnung des Kleingartenwesens (zu) kommen, das wir als wichtige Aufgabe der kommunalen Selbstverwaltung bejahen“[324]. Doch weisen die folgenden Berichte eher auf große Schwierigkeiten der Frankfurter Kleingärtner bei der Sicherung und Durchsetzung ihrer Interessen gegenüber den verschiedenen mit dem Gartenamt teils konkurrierenden Zweigen der Verwaltung hin. Allgemein wird unter dem Stichwort „Gartenanlagen“ für 1956/57 festgestellt, die finanziellen Mittel für das Grün hätten nicht mit dem Bauboom mithalten können[325].

Ernsthaftere Bemühungen um die Probleme der Kleingärtner deuteten sich Ende der 50er Jahre unter dem ab 1957 amtierenden Gartenbaudirektor Sallmann[326] an. So heißt es z.B. im Jahresbericht für 1959 unter der Schlagzeile „Sorgen bereitet uns nach wie vor das Kleingartenwesen“ selbstkritisch: „Wenn auch neue Kleingärten angelegt werden konnten, so 50 Kleingärten in Fechenheim, südlich der Dieburger Straße, 50 Kleingärten in Eckenheim, zwischen Marbachweg und Kirschwaldstraße, 70 Kleingärten in Zeilsheim in der Siedlung im Taunusblick, – außerdem wurde eine Reihe von Kleingartensanierungen durchgeführt –, so überwiegen die Abtretungen doch immer noch die Zugänge. Die Nachfrage nach Kleingärten hält an, so daß von einem Nachlassen des Interesses nicht die Rede sein kann“[327] (Abb. 67, 68).

Und „auch im Jahre 1960 mußten wieder zahlreiche Kleingärten der Bebauung weichen“[328], die Räumungen überwogen immer noch die Neuanlagen, der Grundstückserwerb machte größte Schwierigkeiten. 1961 bereiteten „nach wie vor besonders viele Kleingärten“ dem Gartenamt „Sorgen und Schwierigkeiten“. Daher wurde gefordert, dem „seit Jahren anhaltenden Schwund kleingärtnerisch genutzten Geländes … im Interesse dieser wichtigen sozialpolitischen Aufgabe eine spürbare

Abb. 67 Die Kleingartenanlage Eckenheim muß einer Wohnsiedlung weichen, Mai 1955

Aufwärtsentwicklung" entgegenzustellen und „die dazu zwingend erforderlichen Grundstücksbeordnungen und -ankäufe ... vordringlich in Angriff"[329] zu nehmen. Schließlich wurde als diesbezügliches Ziel der zukünftigen Freiraumpolitik „ein entscheidender Schritt vorwärts" angemahnt, „um die im Flächennutzungsplan ausreichend vorgesehenen Dauerkleingärten zu verwirklichen"[330]. So kämpferisch sich diese Worte anhören mögen, sie klingen eher nach der Meinung eines Gartenamtsleiters, dessen Vorgänger amtsintern bis dahin eher Prioritäten zugunsten anderer Freirauminteressen gesetzt hatte, als daß sie Ausdruck und Ergebnis kommunalpolitischer Auseinandersetzung, etwa mit einem Kleingartenausschuß, gewesen wären.

Die Widersprüchlichkeit kommunaler Freiraumpolitik und das ihr immanente Konfliktpotential zu Beginn der 60er Jahre ist klar erkennbar. So wurde z.B. 1962 einerseits von einer „fortschreitenden Durchgrünung" des Stadtgebiets sowie von der planmäßigen Fortführung der Vorbereitung für die geplante Bundesgartenschau 1969 gesprochen, andererseits mußte bezüglich des Kleingartenwesens in Frankfurt am Main eine ‚rückschreitende Durchgrünung' festgestellt werden, die allerdings nicht als solche bezeichnet wurde. Es heißt dazu: „Auch in diesem Jahr war es nicht

Abb. 68 Kleingartenanlage Cronberger am Ostfriedhof, Neuanlage, Mai 1957

zu vermeiden, daß fast 300 Kleingärten gekündigt wurden. Die Schaffung neuer Anlagen wird infolge des Mangels an Ersatzgelände immer schwieriger. Unter diesen Umständen kann es als beachtlich angesehen werden, daß im Berichtsjahr mit der Neuanlage von 145 Kleingärten begonnen wurde und die Arbeiten an fast 300 Gärten fortgesetzt wurden"[331].

Mit Beginn der 60er Jahre scheint sich die Gartenverwaltung wieder stärker für die Belange der Stadtgruppe Frankfurt der Kleingärtner engagiert zu haben. So wurde für 1963 die Fertigstellung von 272 Kleingärten sowie die Arbeit an weiteren 194 neuen Kleingärten und an der Sanierung von 223 Gärten mitgeteilt[332]. Wenn jedoch das Verhältnis zwischen der Stadtverwaltung bzw. dem Gartenamt und den Kleingärtnern wie folgt beschrieben wird, so handelt es sich dabei, zumindest nach dem Studium der einschlägigen Akten nach 1945, um eine eher euphemistische Darstellung, die für die 50er Jahre keine Gültigkeit gehabt haben kann: „Die Zusammenarbeit mit den Frankfurter Kleingartenvereinen ist nach wie vor gut. Sie werden laufend in ihrer Arbeit vom Gartenamt durch Vorträge und Beratungen sowie durch Gewährung von Darlehen zu günstigen Bedingungen unterstützt"[333].

Einer Selbstdarstellung der „Stadtgruppe Frankfurt der Kleingärtner" läßt sich entnehmen, daß eine solche Einschätzung erst ab etwa dem Beginn der 60er Jahre wieder zutreffen könnte. Die Situation in den 50er Jahren mit der Verdrängung zahlreicher Kleingärten wird dagegen in ihrer Auswirkung auf die Zusammenarbeit zwischen dem Gartenamt und der Stadtgruppe eher negativ beschrieben: „Gegen die Umsetzung der Kleingärten wurde zwar von der Stadtgruppe und den betroffenen Vereinen nach besten Kräften Widerstand geleistet, jedoch zunächst ohne nennenswerte Erfolge. Die früher recht gute Zusammenarbeit mit den städtischen Behörden hörte auf, was dem Kleingartenwesen erheblich schadete"[334]. Offenbar zeigte Gartenbaudirektor Sallmann, der z.B. anläßlich der Grünen Woche 1961 in Berlin forderte, den Kleingartengedanken „dem ‚Goldenen Plan' des Deutschen Sports gleichzuachten"[335], mehr Verständnis für die Belange der Kleingärtner als sein Amtsvorgänger Heyer, der von 1945 bis 1957 das Gartenamt geleitet hatte. 1961 wurde dann von der Stadtverordnetenversammlung eine Verordnung für das Kleingartenwesen erlassen, „die den guten Willen der Stadt zeigte und den Kleingärtnern weitgehenden Schutz und finanzielle Gerechtigkeit angedeihen ließ"[336]. Erst in der Folge solcher Maßnahmen als Zeichen der kommunalpolitischen Beachtung kleingärtnerischer Interessen scheint sich das Verhältnis wieder verbessert zu haben. In dem „20-Jahresbericht der Stadtverwaltung" für die Jahre 1945 bis 1965, in dem für das Gartenamt aus den „Jahren einer stetigen Aufwärtsentwicklung ... einige bemerkenswerte Tatsachen erwähnt werden", werden Kleingärten erstmals 1962 wieder insofern für bemerkenswert gehalten, als sie „mit rd. 192.000 DM Darlehen und rd. 182.000 DM verlorenen Zuschüssen gefördert"[337] wurden.

Mit der Wiederherstellung einer kommunalpolitischen Öffentlichkeit ist es allerdings auch Ende der 60er, Anfang der 70er Jahre noch nicht zum besten bestellt. Die einst intendierte Funktion von Verwaltungsberichten scheint nicht mehr verstanden zu werden. Im Vierjahresbericht der Stadtverwaltung Frankfurt am Main für die Jahre 1969 bis 1972 mußte der damalige Oberbürgermeister Arndt auf der Grundlage einer „vom Deutschen Städtetag geförderten Untersuchung über den Inhalt und die Gestaltung von Verwaltungsberichten" feststellen, „wie wenig sie vielfach aber auch ihrer Aufgabe gerecht werden und welch geringe Resonanz sie finden"[338]. Damit werden deutlich die großen Schwierigkeiten angesprochen, in der Bundesrepublik Ende der 60er, Anfang der 70er Jahre des 20. Jahrhunderts eine kommunalpolitische Öffentlichkeit wiederherzustellen. Arndt forderte für die kommunale Selbstverwaltung eine „am Menschen und seinen Bedürfnissen orientierte Gesamtentwicklungsplanung", die „diese Bedürfnisse gründlich, systematisch und planungsbezogen mit wissenschaftlichen Methoden erforscht"[339].

Bevor die kommunalpolitische Öffentlichkeit durch den Nationalsozialismus derart beeinträchtigt wurde, hatte es in Frankfurt auch auf dem Gebiet der Gartenkultur Ansätze zu solch gründlicher, systematischer und planungsbezogener Arbeit gegeben. So war z.B. 1928/1929 eine „Bestandsaufnahme und photographische Festhaltung der Gehölzarten in den öffentlichen Parks und Anlagen ... als Unterlage für die Neuherausgabe des ‚Botanischen Führers durch die Frankfurter Anlagen' " durchgeführt worden, als deren erstes Ergebnis „ein Führer durch den Zentralschulgarten im Ostpark erscheinen" sollte, „nach welchem besonders starke Nachfrage ist"[340]. Jeweils im August 1928 und 1929 fand in „den städtischen öffentlichen Grünanlagen ... eine Zählung von Parkbesuchern statt"[341], die, wenn auch aus heutiger Sicht mit Mängeln behaftet, doch als bislang unbekannt gebliebener Vorläufer für vergleichbare Untersuchungen angesehen werden kann, die in den 70er Jahren und später wieder aufgegriffen wurden[342].

Die These von einer politisch bewußten und effektiven Förderung freiraumrelevanter Interessen weniger bemittelter Bevölkerungsgruppen in den demokratischen Phasen gesellschaftlicher Entwicklung in Deutschland läßt sich für die Kleingärten in Frankfurt auf der Grundlage der kommunalen Haushaltspläne und der Verwaltungsberichte zweifelsfrei erhärten. Zwar liegen die Ursprünge des Frankfurter Kleingartenwesens in der Kaiserzeit des ausgehenden 19. Jahrhunderts, doch wurden Kleingärten damals kommunal wenig beachtet. Die wesentliche Änderung dieses Zustandes in der Weimarer Republik zeichnete sich bereits in den letzten Jahren des Ersten Weltkrieges ab. Die offenbar von einer großen Mehrheit für nicht mehr bewältigbar angesehenen ökonomischen Schwierigkeiten in der Weimarer Republik schwächten jedoch auch die Chancen kommunaler Förderung des Kleingartenwesens entscheidend. Im Nationalsozialismus wurde die demokratische Weiterentwicklung dieser Form der Gartenkultur durch die Einführung des Führerprinzips und die Anpassung an die nationalsozialistische Ideologie in mehrfacher Hinsicht ausgesetzt. Der Nationalsozialismus bezeichnete einen Einschnitt in das kommunale Kleingartenwesen, der sich auch noch auf die Entwicklung in den ersten Jahrzehnten der Bundesrepublik auswirkte (vgl. dazu auch das Kapitel ‚Der Goldene Spaten'). Nach anfänglichen Durchsetzungsschwierigkeiten kleingärtnerischer Interessen in den ersten eineinhalb Jahrzehnten der Bundesrepublik konnte dann allerdings das Kleingartenwesen in Frankfurt als Teil urbaner Kultur auf einer soliden Basis bis heute weiterentwickelt werden.

6. Ausstellungen über das Kleingartenwesen in Frankfurt am Main

Seit mehr als 70 Jahren sind Ausstellungen wichtige Mittel, um über das Kleingartenwesen im allgemeinen und über die Frankfurter Kleingartenpolitik im besonderen zu informieren. Im folgenden soll in Wort und Bild auf zwei Ausstellungen, die zu Zeiten der Weimarer Republik durchgeführt wurden, eingegangen werden: Auf die Ausstellung „Hof und Garten" im Jahr 1919 und auf die anläßlich des Reichskleingärtnertags 1927 in Frankfurt gezeigte „Plan- und Bildschau des Reichsverbandes der Kleingartenbauvereine Deutschlands".

6.1. Die Ausstellung „Hof und Garten" im Jahr 1919

Der vom damaligen Frankfurter Oberbürgermeister Georg Voigt eröffneten neuntägigen Ausstellung „Hof und Garten" (Abb. 69), „mit der der Ortsverband der Kleingartenbauvereine von Frankfurt a. M. und Umgebung in Gemeinschaft mit der Vereinigung der Kleintierzüchter-Vereine Groß-Frankfurt a. M. im September 1919 vor die Öffentlichkeit trat"[343], kommt besonderer Stellenwert in der Entwicklungsgeschichte des Frankfurter Kleingartenwesens und des Garten- und Friedhofsamtes zu. Sie hatte, das läßt sich den Dokumenten entnehmen, geradezu programmatischen Charakter zu Beginn der Weimarer Republik. Mit ihr sollte im Jahr 1919 in ganz neue Dimensionen kommunaler Kleingartenpolitik aufgebrochen werden. „Man muß bedenken, daß in jener aufgeregten Zeit, in der wochenlang Straßenbahnen nicht gingen, Streiks und politische Versammlungen an der Tagesordnung waren, in der Wahlpropaganda aller Art getrieben, Putschpläne geschmiedet wurden, bedeutende Kraftanstrengungen und eifrigste Werbetätigkeit erst vermochten, die Zweifel zu beheben, die einer solchen friedlichen Veranstaltung gegenüber bestanden"[344].

Die auf dem Messegelände durchgeführte, noch am letzten Ausstellungstag ungefähr 30.000 Besucher anziehende Ausstellung sollte „die höheren Werte und die tiefere Bedeutung der Bewegung (zu) veranschaulichen". Sie verfolgte unter anderem den Zweck, „die Daseinsberechtigung" und „die Lebensnotwendigkeit ... des Kleingartenbaues und der Kleintierzucht" unter Beweis zu stellen. Als Erfolg der Ausstellung war zu verzeichnen, „daß die Geneigtheit der Behörden, die kleinwirtschaftliche Bewegung als öffentliche Aufgabe zu fördern, ebenso zunahm wie das Verständnis der Freunde des Kleingartenbaues und der Kleintierzucht"[345].

Für die Durchführung der Ausstellung wurde zunächst ein ‚Vorbereitender Ausschuß' gebildet, der „die Spitzen und Mitglieder der städtischen Körperschaften, der

Abb. 69 Blick auf das Gelände der Ausstellung „Hof und Garten“, 1919, vor der Fertigstellung

Landwirtschaftskammer und einiger staatlicher Behörden (Eisenbahndirektion, Oberpostdirektion) sowie die kapitalkräftigen Kreise der Bürgerschaft um Unterstützung des Unternehmens bat. Benötigte man doch einen Garantiefonds von erheblichem Umfange, zu dessen Zeichnung nach bewährter Frankfurter Sitte ein umfangreicher Ehrenausschuß förderlich schien“[346]. Neben dem 269 Mitglieder umfassenden Ehrenausschuß waren noch sechs weitere Ausschüsse für die Durchführung der Ausstellung verantwortlich. Dabei handelte es sich um den Hauptausschuß mit 37 Mitgliedern unter dem Vorsitz des Rektors Förster, den Fachausschuß mit 33 Mitgliedern unter dem Vorsitz des Gartenbaudirektors Bromme, den Wirtschaftsausschuß mit 11 Mitgliedern unter dem Vorsitz des Bankiers Lißmann, den Ausschuß für Presse und Propaganda mit 17 Mitgliedern unter dem Vorsitz des Dipl. Ing. und Hauptschriftleiters Sutter, den Ausschuß für Statistik, Literatur und Lehrmittel mit 13 Mitgliedern unter dem Vorsitz des Gartendirektors a.D. und Schriftleiters der Fachzeitschrift ‚Die Gartenkunst‘ Heicke, sowie den Finanzausschuß mit 17 Mitgliedern unter dem Vorsitz des Bankiers Hohenemser. Schließlich wurde für die Vorbereitung und Durchführung der Ausstellung „eine Geschäftsstelle unter Leitung eines gartentechnisch vorgebildeten Geschäftsführers errichtet“[347].

Für die Abwicklung der Geschäfte wurde eine Geschäftsordnung und für die Ausstellung selber wurden Ausstellungsbestimmungen erarbeitet.

Die Ausstellung sollte u.a. „mustergültige Anlagen von Küchengärten, Obstgärten, Blumengärten, Familiengärten, Liebhaber-Ziergärten, Kleingärten in Verbindung mit Kleintierzucht, Schülergärten usw ... die bauliche Ausstattung von Gärten jeder Art" und „künstlerischen Gartenschmuck (Plastik, Brunnen usw.)" zeigen. Gartenerzeugnisse, insbesondere Wurzelgemüse, Blattgemüse, Hülsenfrüchte und Tomaten, aber auch Erbsen und Bohnen, Kopfsalat-Sorten, Blumenkohlsorten, Gurken, Melonen und Kürbisse, Küchen- und Gewürzkräuter, „die besten Gemüseneuheiten der letzten 5 Jahre"[348] u.a.m. sollten ausgestellt, Vogelschutz und Vogelfütterung sowie Bienenzucht sollte vorgeführt, kurz, der aktuelle Stand der Kleingartenkultur sollte demonstriert werden. Zeichnerische und bildliche Darstellungen zum Kleingartenwesen, Entwürfe für Kleingarten-Kolonien, Kleingärten als Bestandteil öffentlicher Anlagen und im Bebauungsplan, waren ebenso gefragt wie Exponate der „gewerblichen Obst- und Gemüseverwertung, Maschinen, Geräte, Werkzeuge", für deren Ausstellung gleich wie für sonstige „mit dem Gebiet der Ausstellung in Beziehung stehende(n) Gegenstände industrieller und gewerblicher Herstellung ... eine Platzmiete erhoben"[349] wurde. Nicht zuletzt sei auch auf die Ausstellung von Baumschul-Erzeugnissen sowie der Stauden- und Blütenpflanzen hingewiesen. Die Ausstellung umfasste demnach zwei Teile, „eine Frucht- und Ernteschau", die in den Räumen der Festhalle und Nebengebäuden untergebracht war, und „eine Musterkolonie von Kleingärten" im Freien. Zur Ausstellung im Freien gehörten auch:

„1. Die Anlage von Schülergärten im Sinne von Arbeitsschulgärten als Lehr- und Unterrichtsmittel
2. Gartensiedlungen (als Lehrbeispiel für den Uebergang vom Kleingärtner zum Siedler)
3. Die Ausstattung der Gärten durch vorbildliche Gartenbauten und Ausstattungsgegenstände aller Art
4. Die technischen Hilfsmittel für den Kleingartenbau, Bewässerungseinrichtungen usw.
5. Das Pflanzenmaterial des Kleingartens vom Formobstbaum bis zur Gemüsepflanze und Sommerblume
6. Künstlerischer Gartenschmuck als wertvoller Bestandteil einer höherstrebenden Kleingärtnerei
7. Der Kinderspielplatz bei der Gartenkolonie"[350].

Anfang Mai 1919 war das zwei ha große Gelände der Ausstellung im Freien (Abb. 70) soweit hergerichtet, schrieb der damalige Gartendirektor Bromme, „daß die einzelnen Gärtchen ausgewählten Kleingärtnern der verschiedenen Vereine als Ausstellungsgärten zur Bewirtschaftung übergeben werden konnten. Der vorhandene pflanzliche Rahmen trug zum Gelingen der Kolonie nicht nur bei, sondern

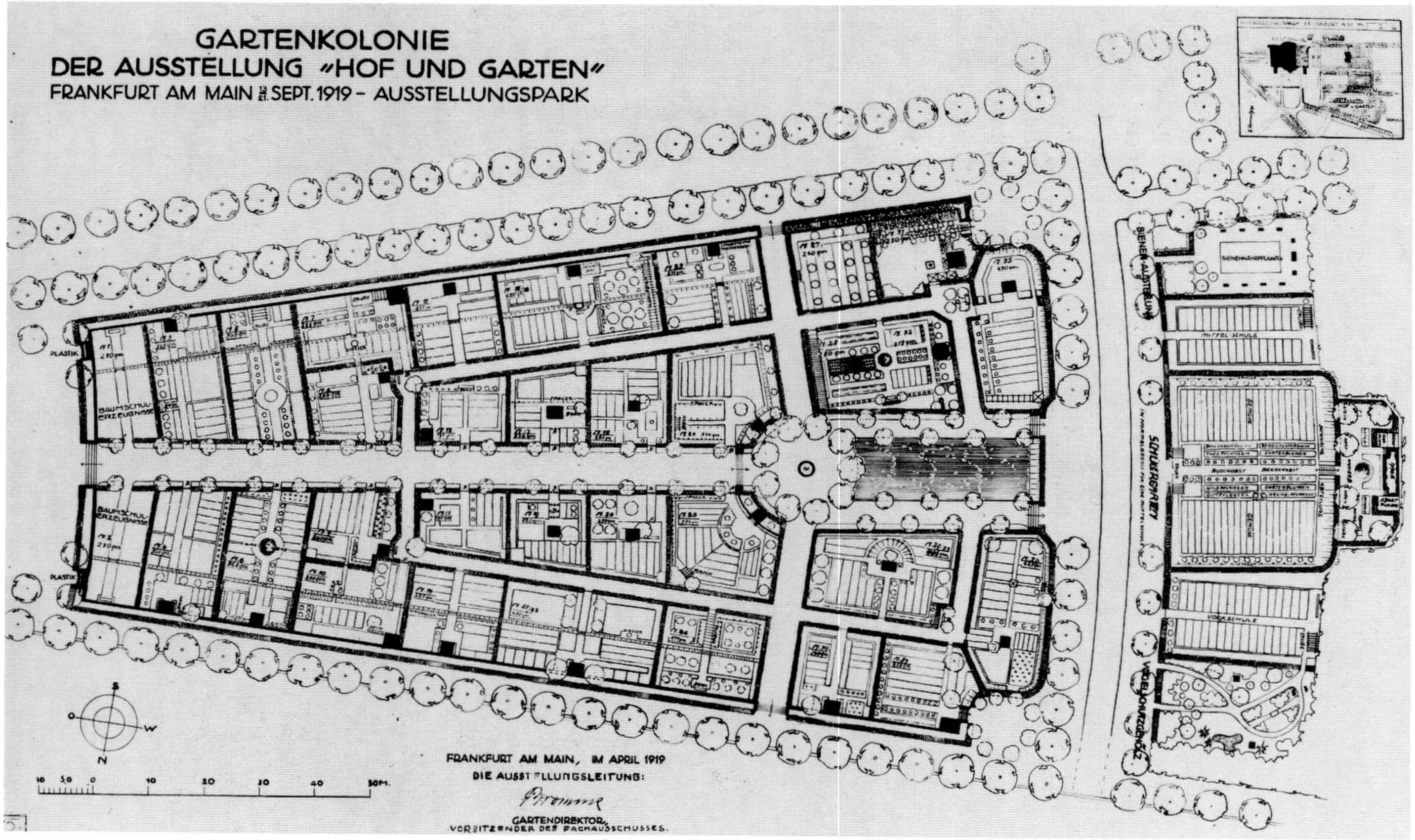

Abb. 70 Plan der Gartenkolonie der Ausstellung „Hof und Garten“, September 1919

wirkte anregend auf die einzelnen Garteninhaber, die mit Feuereifer begannen, die verunkrauteten Flächen zu rigolen, aufzuteilen und zu bepflanzen. Sie waren sich bewußt, daß hier erstmalig die Möglichkeit bestand, in einem Maße mit ihrem Fleiße vor die Öffentlichkeit zu treten, wie es ihnen in den weit zerstreut liegenden Kolonien nicht möglich ist. Die Vergebung der Gärtchen erfolgte durch die Vereinsvorstände"[351]. Auch dafür hatte man „Bestimmungen für die Beteiligung an der Kleingartenkolonie in der Ausstellung ‚Hof und Garten' " entwickelt. Der obrigkeitliche Druck auf die Art und Weise der Ausführung dieser Kleingärten war gewaltig. Selbst die „Arbeiten jedes Kleingärtners wurden durch einen besonderen engeren Ausschuß überwacht. Für die Grundrisse und die Bepflanzungsidee der Gärten bestand Genehmigungspflicht"[352] und „mit energischer Forderung wurde nachgeholfen, wenn, was nur selten der Fall war, der Bearbeiter einer Parzelle, sich dem einheitlichen Gedanken nicht unterordnen wollte"[353]. Zusätzlich erschwerend für die einzelnen Kleingärtner kam hinzu, daß es sich bei dem Ausstellungsgelände um ein „noch im Jahre vorher als Exerzierplatz genutze(s) Gelände"[354], „um gärtnerisch noch nie genutzten, zum Teil sterilen Boden handelte und die Zeit der Bearbeitung recht kurz war"[355].

Abb. 71 Mustergarten auf der Ausstellung „Hof und Garten", 1919, nach einem Wettbewerbsentwurf (Oberle) ausgeführtes Gartenhäuschen

Abb. 72 Mustergarten des „Kleingartenbau-Vereins Ostend“
auf der Ausstellung „Hof und Garten“, 1919

Abb. 73 Mustergarten Stormarn, Ausstellung „Unser Garten“, Hamburg 1924

Was für die Gestalt der Gärten galt, spielte auch beim Bau der Lauben eine, wenn nicht noch größere Rolle. Nachdem man zunächst wohl noch die Erstellung der Lauben den einzelnen Kleingärtnern überlassen hatte, wurde auch hier obrigkeitliches Eingreifen als notwendig angesehen. „Auch die größte Liebe zur Sache, die sich schon beizeiten durch Errichtung laienhaft gebauter und technisch nicht einwandfrei zusammengezimmerter Lauben bestätigen wollte“[356], fand vor den Augen von Bromme keine Gnade. Es wurde daher ein kleiner Wettbewerb „für die Ausgestaltung der Musterkolonie“ veranstaltet und die Frankfurter Architekten und Gartenarchitekten wurden zur Beteiligung eingeladen. Die bis dahin von den Kleingärtnern selber bereits errichteten Lauben wurden, darüber wird nicht berichtet, offenbar wieder abgerissen und mit den durch ein Preisgericht ausgewählten Gartenlauben, für deren Ausführung nun auch „der Finanzausschuß die notwendigen Mittel zur Verfügung“ stellte, ausgestattet. So gelang es, „unter Leitung eines ehrenamtlich mitwirkenden städt. Architekten (Baumeister Oberle) bis zur Eröffnung fast sämtliche Einzelgärten mit einem in bunten Farben fröhlich dreinblickenden Gartenhäuschen oder Landsitz auszustatten, soweit nicht bei einzelnen Ausstellern der selbst errichtete Bau für gut befunden wurde“[357]. Die ausgestellten Gartenlauben waren seinerzeit zwar klein, ließen aber gestalterische Vielfalt erkennen (Abb. 71,

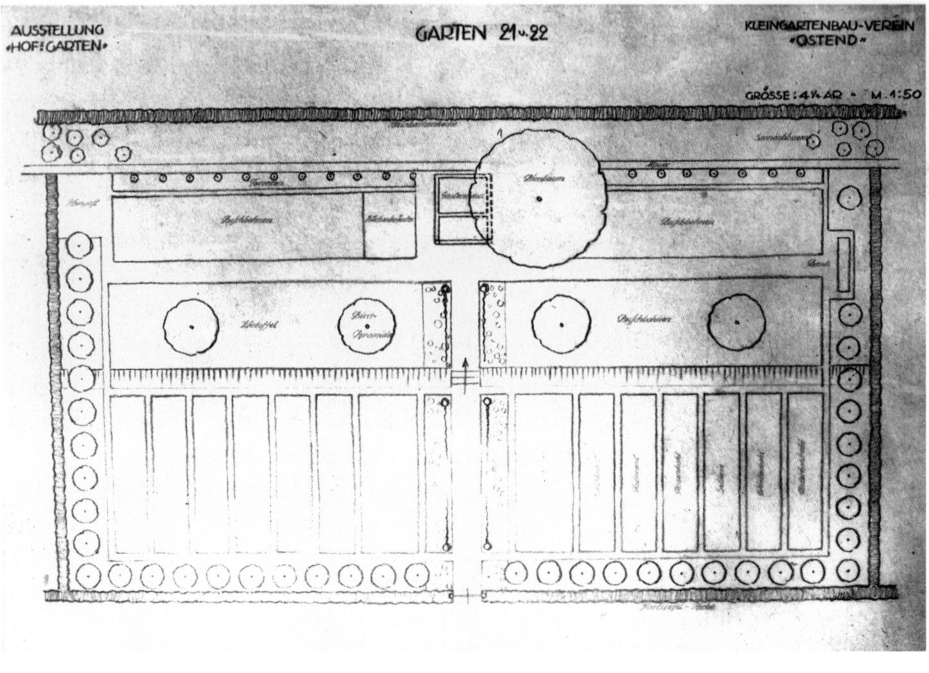

Abb. 74 Plan der Mustergärten des „Kleingartenbau-Vereins Ostend“
auf der Ausstellung „Hof und Garten“, 1919

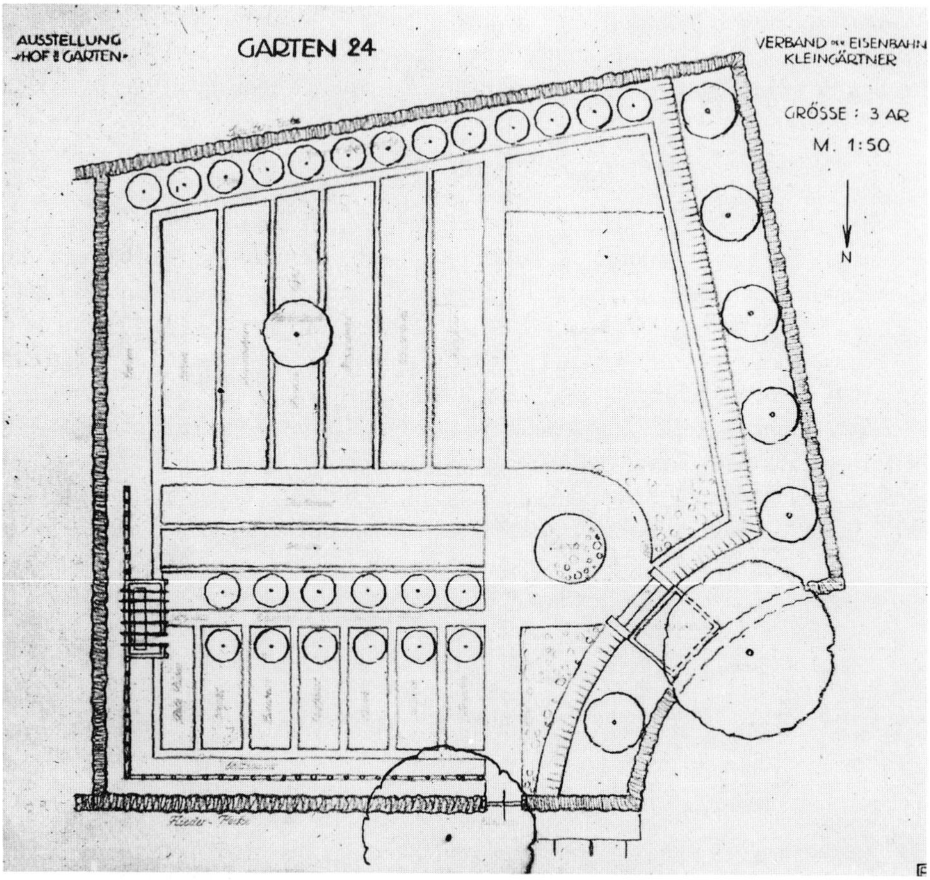

Abb. 75 Plan des Mustergartens des „Verbandes der Eisenbahn-Kleingärtner" auf der Ausstellung „Hof und Garten", 1919

72, 73). Ob diese Art des Vorgehens bei den beteiligten Kleingärtnern und deren Vereinen nicht tiefsitzendes und anhaltendes Mißtrauen gegenüber dem kommunalen Interesse an Kleingärten ausgelöst hat, ist nicht überliefert.

Drei Entwürfe für Gärten des „Kleingartenbau-Vereins Ostend", des „Verbandes der Eisenbahn-Kleingärtner" und des „Vereins zur Förderung des Kleingartenbaues" vermitteln einen Eindruck von der Anlage der Einzelgärten (Abb. 74, 75, 76). Die meisten Gärten waren von Kleingärtnern bewirtschaftet worden. Für einige fanden sich jedoch keine. Diese Gärten wurden dann von einem „zeitgemäß fühlende(n) Gartengestalter" – z.B. von den Gartenarchitekten Wirtz, Heidelberg und Schimmelpfennig, Kassel – übernommen, der „große Freude und rein berufliches Interesse daran hat, den ‚Kleingarten' zu zeigen, so wie er sich ihn als künstlerisches

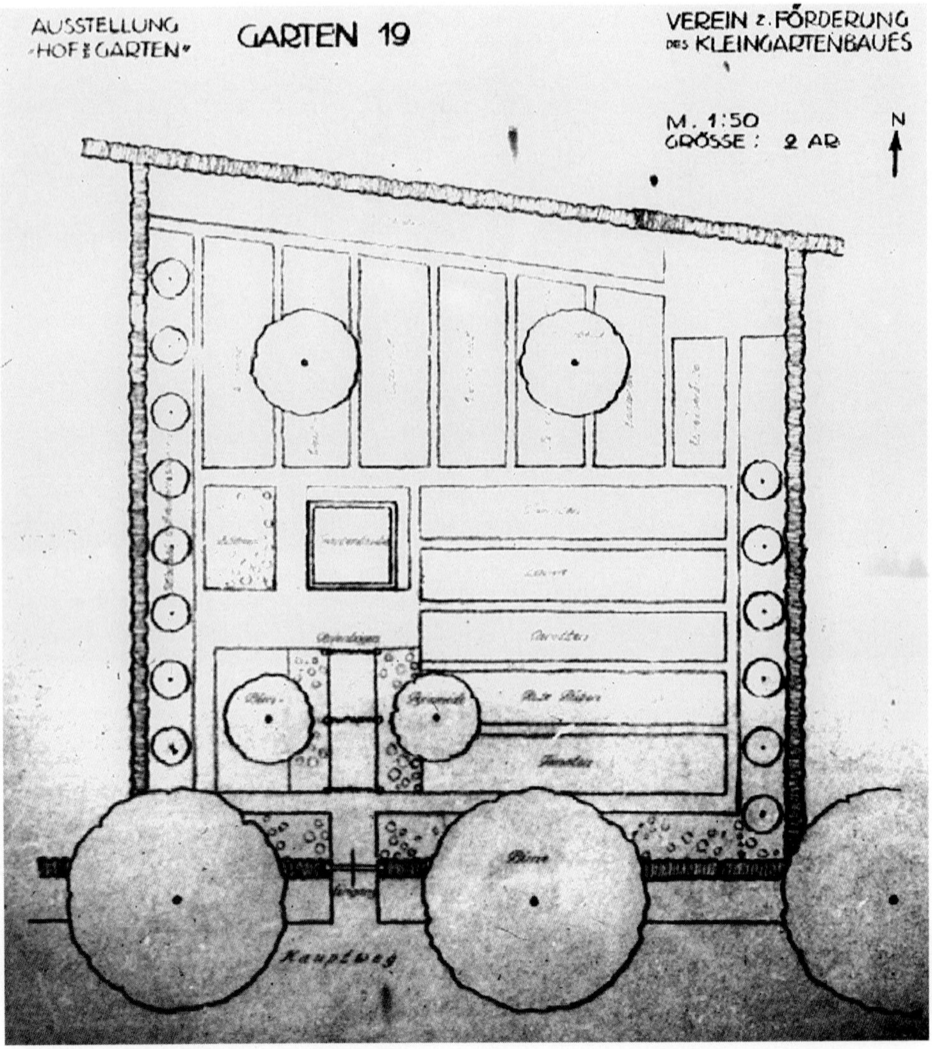

Abb. 76 Plan des Mustergartens des „Vereins zur Förderung des Kleingartenbaues" auf der Ausstellung „Hof und Garten", 1919

Objekt oder als praktischen Nutzgarten denkt"[358]. Das Bild des mit dem ersten Preis ausgezeichneten Gartens wurde vermutlich aufgenommen, als sich das Preisgericht dort versammelt hatte (Abb. 77).

Für die Ausstellung wurde eine Festschrift erstellt, die „den Kleingärtnern und Kleintierzüchtern ratend an die Hand gehen" und „eine Art Nachschlagebüchlein

Abb. 77 Besichtigung der Kleingärten auf der Ausstellung „Hof und Garten", 1919; auf dem Foto vermutlich das Preisgericht in dem mit dem 1. Preis ausgezeichneten Garten

werden" sollte, wie es im Geleitwort von Sutter heißt. „Darüberhinaus" sollte sie „aber auch Sozialpolitiker, Städtebauer, gemeindliche Behörden usw. auf die Notwendigkeit hinweisen, ... den Kleingartenbau kräftig und planmäßig zu fördern"[359]. Die vorgesehene tägliche Vortragsfolge fand jedoch nicht die erhoffte Resonanz. Besonders erwähnenswert scheint dabei ein Vortrag über die „Geschichtliche Entwicklung des Haus- und kleinen Gartens" von der ausgewiesenen Gartenhistorikerin Gothein, die 1914 erstmalig eine bis heute als Standardwerk geltende ‚Geschichte der Gartenkunst' vorgelegt hatte. Ein weiterer Vortrag wurde von der Vorsteherin der Rheinischen Gartenbauschule für Frauen, Wiehen, zum Thema „Die Frau und der Garten" gehalten. Förster sprach über „Pflanzenernährung und Pflanzendüngung", Grabe über „Gemüsebau und Blumenzucht im Kleingarten", F. Lange über „Obst- und Beerenzucht im Kleingarten", Mehler über „Kleintierzucht und Kleingartenbau", „Fräulein" Maynollo über „Obst- und Gemüseverwertung im kleinen Haushalt", Heicke über „Die Schönheit des kleinen Gartens" und Migge über „Kulturtechnik und Erhöhung der Bodenerzeugung".

In der Festhalle fand die „Frucht-, Ernte- und Blütenschau" statt, die den Kern der Ausstellung bildete. Jedem der sich beteiligenden 23 Vereine war eine Koje zur Ausstellung seiner Produkte überlassen worden (Abb. 78, 79). In der Hallenausstel-

Abb. 78 Stand der „Rosisten“ auf der Ausstellung „Hof und Garten“, 1919

Abb. 79 Stand des „Kleingartenbau-Vereins Westend“
auf der Ausstellung „Hof und Garten“, 1919

lung wurden „außerdem Obst- und Gemüsekonserven“ gezeigt, „die von Kleingärtnern, vom Frankfurter Hausfrauenverein und von einem Gewerbetreibenden zur Schau gestellt waren. Als Sonderausstellungen traten hinzu: Die Obstsortimente des kleinen Gartens, eine Ausstellung der Speisepilze und der Pilzverwertung, eine Rosenschau, die vom Verein deutscher Rosenfreunde veranstaltet wurde, eine Dahlien-Schau von Mitgliedern der Deutschen Dahliengesellschaft und von der Frankfurter Stadtgartenverwaltung beschickt“[360]. Bemerkenswert vielseitig stellte sich die Ausstellung dar, indem „Plastiken von Frankfurter Künstlern“ in der Halle gezeigt wurden, die in Gärten aufgestellt werden konnten. Im Weinrestaurant des Festhallengartens fand schließlich der wissenschaftliche und statistische Teil der Ausstellung seinen Platz. Hier wurde der Forderung nach Dauerkolonien durch Planmaterial Ausdruck verliehen, die Bewirtschaftung einer kleinen Gartenfläche statistisch vermittelt, das Thema Vogelschutz angesprochen und der Darstellung des Obstschnitts wie auch von Pflanzenkrankheiten Raum gegeben. Auch der Buchhandel war vertreten. An dieser Abteilung hatten sich 29 Aussteller beteiligt, „darunter das Landwirtschaftliche Institut der Universität Gießen, Botanische Abteilung der Universität Frankfurt a. M., die Hessische Landwirtschaftliche Versuchsstation

Abb. 80 Die „Rosisten“ auf dem Festumzug anläßlich der Ausstellung „Hof und Garten“, 1919

Darmstadt, Statistisches Amt Frankfurt am Main, Städtische Forstverwaltung Frankfurt a. M., Städtische Gartenverwaltung Frankfurt a. M., Reichsbund der Kriegsbeschädigten usw., Verein zur Förderung des Kleingartenbaues Frankfurt-M., Deutsche Gesellschaft für Gartenkunst, Kleinfarmgesellschaft m.b.H. Berlin-Friedenau, Leberecht Migge, Hamburg-Blankenese, und Garteninspektor Glogau, Dozent an der Lehr- und Forschungsanstalt Geisenheim, Verband der Kleingartenbauvereine, Frankfurt am Main, Frankfurter Ornithologische Gesellschaft, Zoologische Abteilung der Universität Frankfurt a. M. und eine Anzahl von Architekten und Gartengestaltern“[361].

Für jeden Ausstellungstag war „ein reiches Programm künstlerischer Darbietungen und beliebter Volksfeste, wie turnerische Vorführungen, Kinderfeste, Festspiele, Kinderreigen, natürlich auch Konzerte, Feuerwerk und Beleuchtung der Kleingärten“ zusammengestellt worden. „Den Höhepunkt dieser Veranstaltungen“, so schreibt Bromme, „hatten auch hier die Kleingärtner selbst übernommen. Der Festzug (Abb. 80), der unter dem Leitgedanken eines Erntefestes die Straßen Frankfurts durchzog und mit einem prächtig verlaufenden Erntetanz in der Ausstellung endete, bleibt allen Teilnehmern und Zuschauern in unvergeßlicher Erinnerung“[362].

Die Ausstellung „Hof und Garten" hatte zumindest in zweierlei Hinsicht wegweisende Funktion für das Kleingartenwesen. Zum einen beeinflußte sie wesentlich die in den folgenden Jahren durch das Garten- und Friedhofsamt in Frankfurt am Main entwickelten Konzepte zur Anlage von Dauerkleingartenkolonien sowie zum Bau von funktionalen und kostengünstigen Gartenlauben. Zum anderen wurde sie vom Reichsverband der Kleingartenvereine Deutschlands zusammen mit der Ausstellung „Garten und Kind", die 1920 in Leipzig stattfand, und der Ausstellung „Unser Garten" in Hamburg 1924 in einem Sonderheft in der Schriftenreihe des Reichsverbandes ausführlich beschrieben, um so beispielgebend für andere Ausstellungen zum Kleingartenwesen wirken zu können.

6.2. Die „Plan- und Bildschau des Reichsverbandes der Kleingartenvereine Deutschlands" im Jahr 1927

Die „Plan- und Bildschau des Reichsverbandes der Kleingartenvereine Deutschlands" in Frankfurt basierte zwar auf den Erfahrungen mit den großen Ausstellungen zum Kleingartenwesen in Frankfurt 1919, Leipzig 1920 und Hamburg 1924, doch stellte sie, weit über den lokalen Bezug hinaus, den Versuch dar, einen nationalen Standard der Kleingartenkultur Mitte der 20er Jahre zu präsentieren. Im Gesellschaftssaal des Palmengartens zu Frankfurt am Main wurde am Vortag des 5. Reichskleingärtnertags, der am 30. und 31. Juli 1927 in Frankfurt am Main stattfand, diese Plan- und Bildschau eröffnet, die in bislang nicht dagewesener Form einer interessierten Öffentlichkeit Einblick in die vielfältigen Aktivitäten der Kleingartenvereine erlaubte (Abb. 81). Die Wahl des Ortes Frankfurt am Main machte gleichzeitig den besonderen Stellenwert dieser Stadt im Kleingartenwesen der Weimarer Republik deutlich.

Die Idee zu dieser Ausstellung kam nicht von ungefähr und war maßgeblich der Weitsicht des nun als Vorstand des „Reichsverbands der Kleingartenvereine Deutschlands" arbeitenden Frankfurter Kleingartenvertreters Förster zu verdanken, auf dessen Initiative auch die Ausstellung „Hof und Garten" in Frankfurt 1919 stattgefunden hatte. Förster hatte bereits auf dem vorangegangenen Reichskleingärtnertag in München 1925 erkannt, wie wichtig es war, „das Kleingartenwesen in seiner Bedeutung für Volksgesundheit und Volkskultur, seinen erziehlichen Aufgaben und seiner sozialen Struktur vor den Parlamenten und Amtsstellen und in der Öffentlichkeit darzutun"[363]. So entstanden in dieser Zeit auch verschiedene Materialien, mit denen eine gezielte Öffentlichkeitsarbeit betrieben werden konnte. In einer ‚Vorlagenmappe' etwa waren von dem Gartenarchitekten Harry Maasz (1880–1946), der ab 1912 in Lübeck tätig war, „auf 30 Blättern vorbildliche Pläne von Kolonien, Einzelgärten, Lauben und sonstigem Zubehör" bearbeitet worden, die „nicht nur den Beifall der Kleingärtner, sondern vor allem auch den der Städtebauer und Gartenfachleute"[364] gefunden hatten. Im vollen Bewußtsein des Gewichts, das das neue

Plan- und Bildschau

des Reichsverbands der Kleingartenvereine Deutschlands e. V. zum 5. Reichskleingärtnertag in Frankfurt (Main) 1927.

Entstehung des Kleingartenbaus aus den Bestrebungen der Jugendpflege. Ausgangspunkt das Jahr 1864.

Von Gerhard Richter, Leipzig.

A) Schreber-Erziehungsgeschichte in Persönlichkeiten.

Nicht Dr. med. Schreber, wie vielfach angenommen wird, sondern der Leipziger Schuldirektor Dr. phil. Ernst Innocenz Hauschild ist der eigentliche Gründer des ersten Schrebervereins. Er hielt

am 13. Januar 1863 im Schulsaale der 4. Bürgerschule zu Leipzig einen Elternabend ab, den er später selbst als den „Vorläufer des Schrebervereins" bezeichnet.

Am 29. April 1864 bringt Hauschild in einem seiner „pädagogischen Briefe" die Aufforderung zur Gründung eines solchen Vereins. Als erste Aufgaben desselben nennt er die Erwerbung eines Spielplatzes, die Errichtung einer Bücherei und die Gründung einer Vereinszeitung.

Schrebervereine sind also ihrem ganzen Charakter nach Erziehungsvereine. Die Entwicklung des gesamten Schreberwesens ging vom Spielplatz aus. Deshalb hat einzig und allein ein Gartenverein, der Jugendpflege treibt, als Schreberverein im wahrsten Sinne des Wortes zu gelten und darf erst mit vollem Recht diesen Namen führen.

Am 10. Mai 1864 wurde dann der erste Schreberverein gegründet. Als es galt, dem Verein einen Namen zu geben, regte ein Mitglied an, ihn „Hauschildverein" zu nennen. Wäre man dieser Anregung gefolgt, spräche man heute in der ganzen Welt von Hauschildvereinen statt von Schrebervereinen. Hauschild wehrte aber in allzu bescheidener Weise ab und empfahl den Namen „Schreberverein" zum ehrenden Gedächtnis des trefflichen ärztlichen Pädagogen, „des Mannes, aus dessen so trefflichen Schriften man sich bisher hauptsächlich gestärkt und erquickt habe und in dessen Geiste voll und ganz das Unternehmen stehe."

Nach einer Veröffentlichung von Frau Landgerichtspräsident Dr. Hagen, einer Tochter Hauschilds, sagte ihr Vater: „Lebende haben ebensogut Feinde wie Freunde; ich möchte aber, daß der junge Verein nur Freunde hätte."

Dr. med. Daniel Gottlieb Schreber, der Kämpfer für wahre

Volkserziehung, der Pionier der Schreberjugendpflege und geistige Vater der Schreberbewegung war bereits am 11. November 1861 gestorben. Er hat also die Gründung des ersten Schrebervereins gar nicht erlebt.

Einer der ersten Vorsitzenden des ältesten Schrebervereins wurde Dr. Willem Smitt, ein Schwiegersohn Dr. Hauschilds.

Abb. 81 Titelseite des Artikels „Plan- und Bildschau", 1927

Medium Film für die Öffentlichkeitsarbeit haben würde, hatte der Reichsverband Maasz auch damit beauftragt, ein Manuskript über das Kleingartenwesen für einen Film zu erstellen, der schließlich bei der Ufa in Berlin in Auftrag gegeben wurde. Zusätzlich war 1926 eine in 160.000 Exemplaren aufgelegte Flugschrift des Reichsverbandes zur Werbung für das Kleingartenwesen an die einzelnen Verbände verteilt worden.

Offenbar waren die Anstrengungen durchaus erfolgreich. Der Preußische Landtag hatte am 5. Februar 1926 beschlossen: „Das Staatsministerium wird ersucht, die Schaffung von Dauerkleingärten im Rahmen des in Vorbereitung befindlichen Städtebaugesetzes zu regeln, insbesondere die im Entwurf vorgesehenen Kleingartenflächen den Spiel- und Sportplätzen gleichzustellen". Darüberhinaus hatte der Preußische Landtag am 8. April 1927 entschieden, „unter Berücksichtigung der kulturellen Bedeutung des Kleingartenwesens und der Ausdehnung der Kleingartenbewegung in Preußen, dem Ausschuß für Wohnungs- und Heimstättenwesen auch die Bearbeitung der Kleingartenfragen zu übertragen und ihm die Bezeichnung ‚Ausschuß für Wohnungs-, Heimstätten- und Kleingartenwesen' zu geben"[365].

Angesichts der harten gesellschaftspolitischen Auseinandersetzungen mit dem „Reichsverband der Vereine der Verpächter von Kleingartenland", „der wiederholt auf den Kampfplatz trat, um das ihm verhaßte Kleingartenschutzgesetz zu Fall zu bringen"[366], waren die im preußischen Landtag getroffenen Entscheidungen umso bedeutsamer für das Kleingartenwesen. Zwar spielte in vielen der damaligen Kleingärten in Deutschland die Produktion von Nahrungsmitteln zur Entlastung der Haushaltskasse eine große Rolle, doch waren längst auch andere kulturelle Gesichtspunkte zu berücksichtigen, so z.B. die in den Kleingartenvereinen betriebene Jugendpflege, die Möglichkeit für städtische und noch kaum motorisierte Familien zur wohnungsnahen Erholung im Freien und die Liebhabergärtnerei von Haushalten, die sich aus ökonomischen Gründen den Besitz eines Gartengrundstücks nicht leisten konnten.

Aus solchen Erwägungen heraus hatte der Vorstand des Reichsverbandes beschlossen, „die volksgesundheitlichen Aufgaben des deutschen Kleingartenwesens in den Mittelpunkt der Beratungen des Reichs-Kleingärtnertages zu Frankfurt a. M. zu setzen"[367]. In der Eröffnungsrede zu diesem Reichskleingärtnertag, die vom Frankfurter Oberbürgermeister Ludwig Landmann gehalten wurde, wurden die Kleingärtner denn auch als zu pflegende und zu fördernde „selbsthelfende Kräfte der Großstadtentwicklung" bezeichnet, deren Unterstützung „eine Selbstverständlichkeit für jede Großstadtverwaltung"[368] sein müsse.

Anders als bei den sonst vielfach bei Kleingärtnern üblichen Leistungsschauen, auf denen die besonderen Ergebnisse gartenbaulicher Produktion vorgeführt und belobigt wurden, sollte diese neue Art der öffentlichen Darstellung des Kleingartenwesens anhand „von Plänen, Karten und Bildern, unter Zuhilfenahme reichen Zahlenmaterials einen Überblick über die geschichtliche Entwicklung des deutschen Kleingartenwesens geben und vor allem die Quellen aufdecken, aus der diese

Bewegung entsprungen ist und weiterhin ihren starken Antrieb schöpft"[369]. Die Ausstellungsleitung hatten die „Herren Gartenbaudirektor Bromme (Frankfurt a. M.), Direktor Dr. Busch vom statistischen Amt Frankfurt a. M. und Rektor Förster ..., um die technische Durchführung des Unternehmens machte sich Herr Gartenarchitekt Beckstein (Frankfurt a. M.) besonders verdient"[370].

In insgesamt neun Abteilungen wurde der Öffentlichkeit ein Einblick in das Kleingartenwesen zu geben versucht. Die erste Abteilung setzte sich mit der Entstehung des Kleingartenbaues aus den Bestrebungen der Jugendpflege auseinander. Hier wurden als für das Kleingartenwesen bedeutsam angesehene Persönlichkeiten vorgestellt. In Karten und Plänen wurde die Entwicklung des „Schreberspielplatzes" und des Kreisverbands in Leipzig nachgezeichnet. Statistische Daten zur Schreber-Jugendpflege in Leipzig, Sachsen und Deutschland waren grafisch aufbereitet worden. Anhand von Bildern wurden verschiedene Spiele auf dem Schreberplatz, Tanzspiele, Kreisspiele, turnerische Übungen, Wettlauf und Bockspringen u.a.m. gezeigt (Abb. 82). Solche Tanz- und Turnspiele waren damals gängige Praxis in den Volksparkanlagen, so auch in Frankfurt (Abb. 83). Ebenfalls bildlich wurde auf gemeinsame Wanderungen, auf Sonnen- und Wasserbäder und die Gartenarbeit selber verwiesen. Breiten Raum in der Darstellung nahmen die verschiedenen ‚Schreberfeste' ein, auf denen ‚Bänderreigen', ‚Mädchen-Pyramiden' und andere Vorführungen präsentiert wurden. Auch Themen wie die Winterbeschäftigung, zu der z.B. das Umwandeln des Schreberplatzes in eine Eisbahn gehörte, Spielleiterlehrgänge und Jugendpflege im Kleingarten waren vertreten.

Diese Abteilung war von dem Lehrer Gerhard Richter in Leipzig organisiert worden, der „Das Buch der Schreber-Jugendpflege"[371] verfaßt und auch „Richtlinien für Jugendpflegeeinrichtungen in Kleingartendaueranlagen" formuliert hatte. Schon 1924 war in den Werbeschriften des „Reichsverbandes der Kleingartenvereine Deutschlands" eine Arbeit „Jugenderziehung und Kleingartenbau"[372] erschienen, die das soziale Aufgabenverständnis im Kleingartenwesen verdeutlicht hatte. In seinem Vortrag „Kleingartenbau und Jugendpflege" auf dem Reichskleingärtnertag hatte der Leipziger Schuldirektor Fritzsche die „Spieltätigkeit" als „erste Aufgabe der Jugendpflege durch Kleingartenvereine" bezeichnet und dazu u.a. ausgeführt: „Am idealsten ist ein Spielplatz, der teils Sand-, teils Rasenplatz ist. Zum Spielplatze gehört unbedingt ein Sandhaufen für die Kleinsten und ein Brunnen, wenn möglich auch ein Planschbecken, ferner ein Spielgeräteschuppen zur Aufbewahrung der Spielgeräte und eine Spielhalle zur Aufnahme der Kinder bei eintretendem schlechtem Wetter. Die Instandhaltung dieses Spielplatzes (Sprengen, neuer Sand, Springgrube, Rundlauf usw.) ist eine Selbstverständlichkeit. Die Spieltätigkeit wird planmäßig und regelmäßig, wenn irgend möglich täglich ausgeübt, und sie erstreckt sich auf Kinder jedes Alters, auf Vorschulpflichtige, Schul- und Nachschulpflichtige. Ziel der Spieltätigkeit ist nicht die Erreichung von Höchstleistungen, sondern gesundheitliche und seelische Ertüchtigung, und darum spielen Schrebervereine nicht nur mit besonders kräftigen Kindern, sondern auch mit schwächlichen, die gekräftigt

Abb. 82 Information über die jugendpflegerische Tätigkeit im „Reichsverband der Kleingartenvereine Deutschlands e.V.", 1927

werden sollen. Sie sind auch bestrebt, in Fühlung mit der Familie zu bleiben (Bänke für Erwachsene um den Spielplatz herum) und die kindlichen Charaktere zu bilden"[373].

Als „zweites Mittel der Jugendpflege" nannte Fritzsche „besonders für die Großstadtkinder die Wanderungen" und führte dazu aus: „Es werden Halbtags-, Ganztags- und Mehrtagswanderungen unternommen. Ihr Zweck ist gesundheitliche

Abb. 83 Sportfest in einem Frankfurter Volkspark, o.J.

Förderung. Die Kinder sollen aber auch die Natur beobachten und sehen lernen; es soll die Freude an der Natur geweckt, die Liebe zur Heimat erzogen, fremdes Eigentum geachtet, und damit sollen sittliche Werte gewonnen werden. Die Wanderungen sollen keine Unterrichtsgänge, aber ebensowenig militärische Marschübungen sein. Wandern, Ruhen, Spielen, Singen wechseln. Einkehr in Wirtschaften wird nach Möglichkeit vermieden; der Genuß von Alkohol ist unstatthaft. Mehr als 30 Kinder sollen nicht in einer Wandergruppe vereinigt werden. Die Leitung erfordert Takt, Verständnis der Kindesseele und Liebe zur Natur"[374]. Zwei Jahre nach dem Frankfurter Reichskleingärtnertag war von Richter noch einmal eine Schrift mit dem Titel „Deutsche Schreberjugendpflege"[375] veröffentlicht worden.

In der Unterabteilung des Ausstellungsteils in Frankfurt, in der Persönlichkeiten des Kleingartenwesens vorgestellt wurden, wurde an erster Stelle „Dr. med. Daniel Gottlieb Moritz Schreber", genannt. So bedeutsam Schreber als Direktor der Orthopädischen Heilanstalt zu Leipzig gewesen sein mag, hier wurde einer Legendenbildung Vorschub geleistet, obwohl der Leiter dieses Ausstellungsteils unmißverständlich darauf hingewiesen hatte, daß „nicht Dr. med. Schreber, wie vielfach angenommen wird, sondern der Leipziger Schuldirektor Dr. phil. Ernst Innocenz Hauschild (ist) der eigentliche Gründer des ersten Schrebervereins"[376] war.

Die Legende ist bis heute von Dauer, da vielfach Kleingärten noch als Schrebergärten bezeichnet werden. Eine genauere Auseinandersetzung mit den Erziehungsvorstellungen Schrebers müßte jedoch davon überzeugen, daß diesbezüglich sein Name besser in der Versenkung verschwinden würde. Mit Kleingärten hatte Schreber allemal nichts im Sinn. In keiner seiner Schriften finden sich Hinweise darauf[377]. Schrebers Verdienst liegt auf einem anderen Gebiet.

Schreber (1808–1861), dessen Vorschläge zur Kindererziehung heute kaum noch mit Zustimmung rechnen dürften, war wie der vielfach als „Turnvater" bezeichnete Jahn (1778–1852) für das Turnen eingetreten und hatte von den Gemeinden öffentliche Spielpätze und dort unter pädagogischer Anleitung und Aufsicht regelmäßige Spielstunden gefordert. Turnen galt 1843, als Schreber eine Eingabe an die sächsische Ständekammer gemacht hatte, in der er das Turnen eine Staatsangelegenheit nannte und forderte, es in den Schulen einzuführen, noch als staatsgefährdend. Dies zeugte in einer politisch restaurativen Zeit, in der Turnen noch zu den freiheitlichen Bestrebungen des Volkes gerechnet wurde, die unterdrückt werden sollten, von bürgerlichem Freiheitssinn. Dies wäre, allerdings eher im Kontext des Turnens als in dem des Gärtnerns, einer Erwähnung Schrebers wert.

Bemerkenswerterweise wird in dieser Unterabteilung der Ausstellung auch auf eine Frau, Klara Reichenbach, als Persönlichkeit aufmerksam gemacht. Frau Reichenbach war 50 Jahre, von 1864 bis 1914, als Spielleiterin des Schrebervereins der Westvorstadt in Leipzig tätig gewesen[378]. Auf ihre Bedeutung für das Kleingartenwesen ist unseres Wissens seither nicht mehr eingegangen worden.

In der zweiten Abteilung der Ausstellung wird dem zentralen Anliegen dieses Reichskleingärtnertages, der Volksgesundheit, Rechnung zu tragen gesucht. Inwieweit diese Volksgesundheit des 20. Jahrhunderts schließlich auch den von Herder (1744–1803) bereits im 18. Jahrhundert beschworenen Volksgeist befördern sollte, ist nicht ersichtlich. Jedenfalls wurde in einer etwas platt wirkenden Darstellung der zu glücklichem Familienleben, hohem Alter und sozialem Aufstieg führende Aufenthalt im Kleingarten dem Fehlen eines Kleingartens gegenübergestellt, das in Rauch- und Trunksucht sowie Familienelend münden sollte.

In welchem Kontext diese Inhalte besser zur Anschauung gebracht worden wären, hatte Geheimrat Pauly aus Berlin in seinem „Kleingartenbau und Volkskultur" überschriebenen Beitrag zum Reichskleingärtnertag verdeutlicht. Er ging von einer besonderen Wertschätzung der griechischen Antike und der dort von der „freien Oberschicht", nicht jedoch von den Sklaven, die „rechtlich nicht als Menschen, sondern als Waren, Sachen galten", getragenen Kultur aus. Sich darauf berufend, meinte er, daß heute der „freie Mensch bestrebt" sei, „sich vorwärts zu bringen" und ihn darin noch „die fabelhafte, märchenhafte Entwicklung der Technik in des Wortes verwegenster Bedeutung"[379] unterstützen könne. Im Gegensatz zu zeitgleichen technikfeindlichen Tendenzen in der deutschen Naturschutzbewegung hob er die Bedeutung von Grammophon und Radio hervor, „die die höchsten Kulturerrungenschaften der Musik und Literatur wirklich einem jedem aus dem ganzen Volke für ein Erschwingliches zugänglich machen", und glaubte, nun auch in der Schaffung von Kleingärten „den Weg ins Freie im wahrsten Sinne des Wortes, und damit in die Kultur hinein" zu sehen, den sich „der gesunde Sinn des deutschen Volkes ... selbst gebahnt"[380] habe.

So ganz weit entfernt von der kleingärtnerischen Realität in Frankfurt scheint Pauly nicht gewesen zu sein. Im Dezember 1927 z.B. war der Bildungsausschuß des „Kleingartenbau-Vereins e.V. Rödelheim" an den Magistrat der Stadt Frankfurt mit der Bitte herangetreten, ein einmaliges „Defizit von 40 RM" zu decken. Das Defizit war einer „künstlerisch hochstehenden Musikveranstaltung" geschuldet, die der Bildungsauschuß „allmonatlich" und „zum Zwecke der ergänzenden Volksbildung" organisiert hatte. Üblicherweise trugen sich diese Veranstaltungen selbst. Diesmal hatte der Bildungsausschuß jedoch nicht bedacht, „dass andere Vereine am gleichen Tage ähnliche Veranstaltungen abhielten"[381], was sich auf den Besuch und die erwarteten Einnahmen offenbar negativ ausgewirkt hatte.

Für Pauly war der Kleingarten „der Kulturvermittler fürs Volk. Er schafft den gesunden Körper, den Kindern und den Alten, die Ausspannung und Lebensfreude den Eltern und bahnt ihnen den Weg zur Erkenntnis für wahre Werte, vermittelt ihnen den Begriff von Heimat und Vaterland, und läßt sie dann endlich auch mit Behagen und Verständnis genießen, was die neue Zeit mit ihrer Technik Großes brachte, die Möglichkeit, die schönsten Schöpfungen von Musik und Poesie anzuhören, während man ruhig und erholt in seinem Gartenfrieden sitzt, der nur unterbrochen, nicht gestört wird vom fröhlichen Zwitschern der Vögel, vom Jauchzen der Kinder. – Hier", so schloß Pauly seinen Beitrag zum Reichskleingärtnertag in Frankfurt, „ist auch der geplagteste Kleingärtner nicht mehr Arbeitsmaschine, hier gehört auch er zur großen Kulturgemeinschaft der Menschheit und darf mit ausrufen: ‚Hier bin ich Mensch, hier darf ich's sein' "[382].

Andererseits wurde in dieser Abteilung der Ausstellung auch zu jeder Kleingartenanlage ein Turn-, Spiel- und Sportplatz gefordert und auf die Notwendigkeit verwiesen, durch Sport und Kleingärtnerei einen Ausgleich zu den im Arbeitsalltag drohenden ‚Berufsschäden' zu erzielen. Diese über die spezifischen Ansprüche an Gärten hinausgehenden Forderungen an eine bestimmte Qualität und Quantität von städtischen Freiräumen greifen die in der Kleingartenbewegung erstmals in den frühen 20er Jahren artikulierten Wünsche nach Parks und Spielplätzen, Wald- und Wiesengürteln in Verbindung mit Laubenkolonien auf. Ein solch differenziertes Freiflächenangebot für die Erholung breiter Bevölkerungsschichten zu gewährleisten, war letztlich auch ein wesentliches Ziel, das Großstädte wie beispielsweise Frankfurt am Main und Berlin im Rahmen ihrer sich entwickelnden kommunalen Freiraumpolitik in der Weimarer Republik umzusetzen bemüht waren[383]. Der Lohrbergpark in Frankfurt ist ein eindrucksvolles Beispiel, wie diese unterschiedlichen Nutzungsansprüche in einem Konzept verwirklicht werden konnten (Abb. 84).

Den „Kleingarten als Reaktion gegen das Wohnungselend im Zeitalter zunehmender Industrialisierung und der Mietskaserne" zu präsentieren, hatte man sich in der dritten Abteilung der Ausstellung vorgenommen, die von dem Berliner Klein-

Abb. 84 Luftaufnahme des Volksparks Lohrberg, o.J.

gartenvertreter Reinhold geleitet wurde. Hier stand die insbesondere in Berlin besonders miserable Wohnsituation vieler Haushalte im Mittelpunkt, die durch Kleingärten, wenn schon nicht geändert, so doch in ihren Auswirkungen gemildert werden sollte. Neben einem Plan von Groß-Berlin mit eingezeichneten Kleingartengebieten wurde u.a. „die Herrschsucht der Generalpächter vor dem Kriege" und die „Befreiung" davon „durch das Reichskleingartengesetz", die „Landflucht in die Großstädte" und die „Sehnsucht nach Gärten" sowie der „Kleingarten als Staubsauger für Körper und Geist" bildlich dargestellt. „Möge die Planausstellung unseres Reichsverbandes", so Reinhold, „die erschütternde Tragödie des gartenlosen Mietskasernenbewohners schonungslos aufdecken und eine großzügige Grünflächen- und Auflockerungspolitik der Großstädte einleiten helfen"[384].

Lehrer Krüger aus Erfurt hatte seine Abteilung unter die Überschrift „Liebhaber-Kleingartenbau vor dem Kriege" gestellt und machte darin auf die sonst im Kleingartenwesen als Thema eher vermiedenen ‚Armengärten' aufmerksam, die bereits lange vor den Kleingärten Gegenstand kommunaler Auseinandersetzungen gewesen sind. So verwies er darauf, daß in Leipzig bereits 1832 „in den damaligen ‚Sandgruben vor dem Sandtor'" erste Kleingärten entstanden waren und 1833 „die Ein-

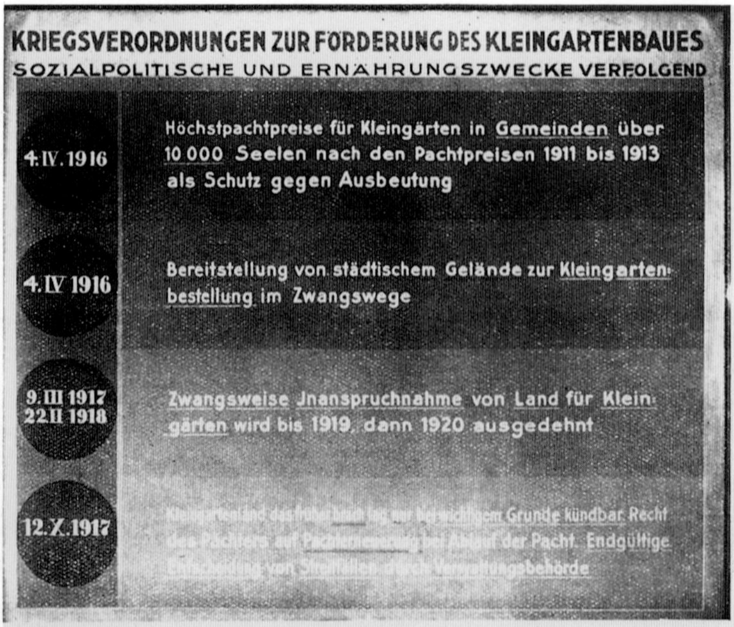

Bild 1.

Abb. 85 Grafiken zur Förderung des Kleingartenbaues
und zur Bedeutung des Kleingartengesetzes auf der „Plan- und Bildschau“, 1927

Abb. 86 Blick auf die Gärten der Siedlung Heddernheim (Römerstadt), um 1930

Abb. 87 Arbeiter beim Anlegen der Terrassen in der Siedlung Praunheim, o.J.

weihung der Anlage ‚Johannistal' "[385] folgte. Krügers Darstellungen unterschieden Kleingärten auf städtischem und auf privatem Besitz. Städtische Pachtgärten wurden darüberhinaus nach Stadtgrößen unterschieden präsentiert und erlaubten so einen Vergleich.

Dem Kleingartenbau im Weltkriege war die von Oberlehrer Freytag aus München geleitete Abteilung gewidmet. Darin ist viel von „Kriegsgärten" die Rede. Ein „Fries oben an der Decke" in diesem Ausstellungsteil „zeigt uns unter der Devise ‚Jugend voran' einerseits Kinder, die ‚Krieg spielen', andererseits solche, die fleißig im Kriegsschulgarten arbeiten. Dann wiederum Erwachsene, auf der einen Seite ‚Feldsoldaten', auf der anderen Seite ‚Kriegsgärtner', gartenbauende Männer und Frauen"[386]. Die bereits lange vor dem ersten Weltkrieg besonders wegen der vermeintlich nicht ausreichenden Wehrtauglichkeit der Jugendlichen staatlicherseits propagierte Anlage von Spiel- und Sportplätzen, auf denen die Jugendlichen dafür vorbereitet werden sollten, für Kaiser und Reich im Kriegsfalle in den Tod zu gehen, fand so im Rahmen des Kleingärtnertags in Frankfurt eine wenngleich mit anderen Absichten vorgetragene Ergänzung[387].

Abb. 88 Blick auf die Gärten der Siedlung Praunheim; auf der Rückseite des Fotos war von einem Mitarbeiter des Gartenamtes kritisch angemerkt: „Benutzung des Spaliergerüstes zum Wäschetrocknen“, o.J.

Unter dem Leitsatz „Eigentum verpflichtet. Sein Gebrauch soll zugleich Dienst sein für das gemeine Beste“ war, geleitet von Ministerialrat Kaisenberg, Berlin, sowie entworfen und ausgeführt von Maler Hahm, Berlin, das Kleingartengesetz auf der Ausstellung thematisiert worden (Abb. 85). Zentrales Anliegen dieser Präsentation war es, „die Grundlinien des Kleingartengesetzes, seine Entstehung sowie seine

Abb. 89 Hausgarten in der Siedlung Römerstadt, o.J.

Ausführung in den einzelnen deutschen Ländern zu zeigen, aber auch den Mangel klar hervorzuheben, der darin besteht, daß das Gesetz nur bedingt Schutz gewährt und die Sicherung der Scholle durch Eingliederung der Gartenkolonien in die Bebauungspläne noch nicht verwirklicht ist"[388]. Dieses Anliegen hat auch mehr als zwei Generationen später, im ausgehenden 20. Jahrhundert, nichts an Aktualität verloren. Gleichzeitig wird daran ersichtlich, wie dringend notwendig ein verstärkter Kampf um die Sicherung von Kleingärten als Teil einer urbanen Gartenkultur ist.

Am Beispiel der Kleingärten in Dresden wurde die „Pachtdauer als Kennzeichnung des wenig sicheren Rechtsbodens, auf den das deutsche Kleingartenwesen heute im wesentlichen noch angewiesen ist"[389], herangezogen. In Dresden waren in der zweiten Hälfte der 20er Jahre durch Stadtbaurat Wolf, ähnlich wie in Frankfurt durch Stadtbaurat May, Siedlungsvorstellungen mit integrierten Kleingartendaueranlagen entwickelt worden, die allerdings nicht die Regel, sondern die Ausnahme darstellten.

Die in Frankfurt entwickelten Wohnsiedlungen wie z.B. Heddernheim (Abb. 86), Praunheim (Abb. 87, 88) und Römerstadt (Abb. 89, 90, 91) können heute durchaus noch in ihren Freiraumkonzeptionen beispielhaften Charakter haben. Zahlreiche fotografische Dokumente aus den 20er Jahren verdeutlichen, daß Kleingärten dort nicht nur als lästiges Anhängsel verstanden wurden, sondern integrativer Bestandteil des Planungskonzeptes waren und teils schon vor den Wohnbauten fertiggestellt worden waren (Abb. 92, 93, 94, 95).

In der „Plan- und Bildschau" wurden auch die Ausführungsbestimmungen der Länder zur Kleingarten- und Kleinpachtlandordnung, die Bundesratsverordnungen zum Schutze des Kleingartens, die Höchstpachtpreise und die Bedingungen für Generalpacht und Zwangspacht präsentiert. In einem Schaukasten lag Literatur über das Kleingartenrecht, die Regierungsvorlage über die Kleingarten- und Kleinpachtlandordnung an die Nationalversammlung, der Text des Kleingartengesetzes u.a.m. aus.

„Der deutsche Familiengarten im deutschen Städtebau" war die Abteilung VII der Ausstellung überschrieben, die von Regierungsrat Otto Albrecht, Berlin, geleitet wurde. Albrecht, eine der herausragenden Persönlichkeiten des Kleingartenwesens in der Weimarer Republik, hatte 1924 für den Reichsverband eine Schrift über „Gemeindliche Dauer-Kleingartengebiete" verfaßt. Er machte in seinem Beitrag besonders darauf aufmerksam, „wie durch das Aufkommen der Industrie und des Mietshausbaues immer mehr Familien der Hausgarten verloren geht und wie sich seine allmähliche Zurückeroberung vollzieht, teils als echter, teils als Ersatz-Hausgarten (Kleingarten), nach dem Leitgedanken: ‚Allen Familien ein Garten'"[390]. Ohne darauf besonders Bezug zu nehmen, hatte Albrecht sich damit Vorstellungen genähert, die Leberecht Migge 1913 in seinem Buch „Die Gartenkultur des XX. Jahrhunderts"[391] angesprochen hatte.

Albrecht machte auf eine weitere bedeutsame Dimension des Interesses an Kleingärten aufmerksam und betrachtete Kleingärten als eine von mehreren Gartenarten,

Abb. 90 Garten in der Römerstadt mit Blick über das Niddatal, o.J.

Abb. 91 Hauseingänge in der Siedlung Römerstadt, Oktober 1935

Abb. 92 Blick auf die Kleingärten vor der im Bau befindlichen Siedlung Römerstadt, o.J.

Abb. 93 Blick auf die Kleingärten vor der Römerstadt
vom selben Standort nach Fertigstellung der Ringmauer und der Römerstadt, o.J.

Abb. 94 Kleingarten vor der Siedlung Römerstadt, o.J.

Abb. 95 Mit Stauden bepflanzter Rundweg vor der Siedlung Römerstadt, April 1938

in denen in der Großstadt Gartenkultur betrieben werden kann. Die durch den massenhaften Mietswohnungsbau betriebene Reduktion des menschlichen Wohnraums auf den umbauten Raum sah er als auslösend für den Wunsch nach einer Ersatzform für den verlorengegangenen Hausgarten an. Damit lag er nahe bei der Vorstellung von Pauly, der Kleingärten als „Wohnungsergänzung"[392] betrachtete. Der Idee, „daß es darauf ankommt, bei der Stadtplanung bevorzugt die hausgartenlosen Wohnungen mit Kleingärten zu versorgen", wurde in dem von Albrecht geleiteten Teil der Ausstellung öffentlichkeitswirksam Ausdruck verliehen.

In der Tat sind es in Deutschland vielfach die Bewohner von Mietwohnungen in mehrgeschossigen Wohnhäusern, die kleingärtnerisches Interesse zeigen und umsetzen. Fast 50 Jahre nach der Frankfurter Ausstellung wurde erstmals empirisch untersucht, welche Haushalte über verschiedene Formen privat nutzbarer Freiräume, die getrennt von der Wohnung liegen, verfügen können. Dabei wurde festgestellt, daß etwa jeder 7. Haushalt in entsprechenden Wohngebieten einen Kleingarten hatte und gleichzeitig noch ein starkes Interesse bestand, entsprechende Wünsche nach Ersatz-Hausgärten, die aus verschiedenen Gründen noch nicht realisiert waren, umzusetzen[393].

Im übrigen hielt Albrecht den Begriff Kleingarten für „nicht sehr glücklich" und meinte – wir stimmen ihm darin zu –, „man wäre besser beraten gewesen, wenn man sich auf den im Sprachverkehr auch jetzt noch sehr häufig vorkommenden guten alten und schönen Namen ‚Laubengarten' geeinigt hätte"[394].

In der Tafel 3 seines Ausstellungsteils setzte sich Albrecht mit dem „Flächenbedarf an Haus- und Kleingartenland bei 41.600.000 Hektar Nutzfläche des Deutschen Reiches" auseinander. Weil diesbezüglich die Zeit seither fast stehengeblieben scheint, wenn man Albrechts Ausführungen dazu liest und die Gesamtfläche der Bundesrepublik im Jahr 1993 mit rund 36 Millionen ha etwa 20 Prozent kleiner als die des damaligen Deutschen Reiches ist, seien Albrechts Worte im folgenden noch einmal wiedergegeben: „Es ist eine alte und immer wiederkehrende Behauptung, die sogar von sonst wirklich ernst zu nehmenden Politikern und Volkswirtschaftlern ausgesprochen wird: aus ernährungswirtschaftlichen Gründen könnte nicht vertreten werden, etwa alle Familien mit einer Gartengelegenheit zu versorgen. So hat zum Beispiel (laut Drucksachenbericht Nr. 5380) bei Gelegenheit der Ausschußberatungen des Preußischen Landtages über das preußische Ausführungsgesetz zum Reichsheimstättengesetz noch im Jahre 1923 ein führender Parlamentarier den Ausspruch getan: ‚Den Drang städtischer Kreise, ein kleines Grundstück zu haben, werde jeder verstehen. Aber man habe nicht die Aufgabe, Dinge zu konstruieren, die bedenklich werden können. Weil wir weniger Land in Deutschland haben als früher, seien wir darauf angewiesen, alles Land, das landwirtschaftlich benutzt werden kann, auch der landwirtschaftlichen Nutzung zu erhalten ... Die industriellen Arbeiter und Beamten müßten wohnen, und zwar so gut wie irgend möglich; aber darüberhinaus noch Gartengrundstücke zu schaffen und noch mehr von dem abzunehmen, was uns zur landwirtschaftlichen Produktion übrig bleibe, habe große

Bedenken'. Mit solchen völlig unbegründeten Bedenken endlich einmal aufzuräumen, ist eine dringliche Aufgabe all derer, die es ‚besser wissen'. Man braucht sich ja nur vergegenwärtigen, welch ein geringes Prozentverhältnis auf die Gesamtgartenfläche entfällt, wenn die Forderung ‚Allen Familien einen Garten' tatsächlich restlos erfüllt werden würde ... In der unteren Hälfte der Tafel 3 wird die vielen Volkswirtschaftern und Politikern noch wichtiger erscheinende Frage des Bodenpreises behandelt. Wenn zutrifft, daß die Bodenpreisbildung in erster Linie sich unter dem beherrschenden Einflusse der durch das geltende Recht zugelassenen Ausnutzungsmöglichkeit vollzieht – und das ist erwiesener Maßen tatsächlich der Fall –, dann hat man es in der Hand, das Bodenrecht so zu gestalten, daß auch im Innern der Großstadt noch Kleingartenflächen ‚zu billigem Preise' ausgewiesen werden können, das heißt zu einem Preise, der im wesentlichen dem kapitalisierten, nach der KGO zugelassenen Höchstpachtpreis entspricht. Es handelt sich hier um eine der zur Zeit schwerstumkämpften Streitfragen, die aber nur darum einen Kampfgegenstand bildet, weil die Anschauung, daß der Boden als das Heiligste, was ein Volk an stofflichen Gütern besitzt, kein spekulatives Handelsobjekt sein sollte, noch nicht in das Allgemeinbewußtsein des Volkes übergegangen ist"[395]. Betrachtet man diese Anmerkungen Albrechts, so scheint sich an diesem Bewußtseinszustand bis heute wenig geändert zu haben.

Auch die Daten zur Statistik im Kleingartenbau, die unter der Leitung des Direktors Busch aus Frankfurt am Main für die Ausstellung unter der Überschrift „Der Reichsverband der Kleingartenvereine Deutschlands. / Aufbau und Einrichtungen" aufbereitet worden sind, versuchten die letzlich geringe Flächenbeanspruchung durch kleingärtnerische Nutzung zu verdeutlichen. Bei einer gesamten landwirtschaftlichen Anbaufläche von 28 Millionen ha nahmen Kleingärten im damaligen Deutschen Reich weniger als ein halbes Prozent, nämlich „eine Fläche von etwas mehr als 13.000 Hektar ein". Selbst dann, wenn „man den etwas mehr als 15 Millionen Familien der deutschen Reichsbevölkerung von rund 62 Millionen Köpfen je eine Kleingartenfläche von 400 qm überweisen" würde und ließe „dabei unberücksichtigt ..., daß manche Familien einen Garten überhaupt nicht bewirtschaften wollen, andere bereits einen eigenen Garten bebauen, so würde von der gesamten landwirtschaftlichen Fläche von mehr als 28 Millionen Hektar für Zwecke des Kleingartenbaus nach dem heutigen Stand der Bevölkerung eine Fläche von etwa ½ Million Hektar benötigt werden"[396]. Um die Vergleichbarkeit der Situation zu verdeutlichen, sei darauf hingewiesen, daß in den 90er Jahren des 20. Jahrhunderts in der Bundesrepublik Deutschland ungefähr 18 Millionen ha als landwirtschaftliche Fläche genutzt werden. Für die Gesamtfläche der Kleingärten in der Bundesrepublik liegen derzeit keine verläßlichen Zahlen vor, sie könnte bei etwa 25.000 ha liegen, was dann knapp eineinhalb Prozent der landwirtschaftlichen Nutzfläche entspräche.

Des weiteren wurde in dem Albrecht'schen Ausstellungsteil u.a. über die „innere Gliederung des Zusammenschlusses", die Mitgliederzahl, „die berufliche Gliederung der Verbandsmitglieder, die Eigentumsverhältnisse des bewirtschafteten Geländes, Zwangspacht und Dauerkolonien", insbesondere auch über die „Entwicklung der Mitgliederzahl" und den Umfang „des bewirtschafteten Geländes des Bezirksverbandes Wiesbaden, Sitz Frankfurt a. M." sowie „Plaketten und Abzeichen des Reichsverbandes" informiert.

„Die Zukunft des deutschen Kleingartenwesens" wurde in der neunten und letzten Abteilung der Ausstellung unter der Leitung von Gartenbaudirektor Harry Maasz, Lübeck, visualisiert. Aus den Städten Gera, Arnstadt, Töppeln, Wismar, München, Merseburg, Wiesbaden, Kottbus, Stettin, Köln, Leipzig, Dortmund, Augsburg, Nürnberg, Mainz und Berlin wurden Fotografien, Pläne und Modelle von Kleingärten, Lauben und Dauerkolonien gezeigt.

Die Ausstellung insgesamt vermittelte erstmalig einer breiteren Öffentlichkeit ein differenziertes Bild vom Kleingartenwesen in Deutschland. Sie ließ auf eine im Grunde hoffnungsvolle Weiterentwicklung der damit verbundenen Gartenkultur schließen und wurde „im Laufe des Jahres 1927 in neun größeren deutschen Städten"[397] und mit Erweiterungen auch in den folgenden Jahren auf Reichskleingärtnertagen gezeigt.

Den Abschluß des Reichs-Kleingärtnertages 1927 in Frankfurt am Main bildeten Rundfahrten zu verschiedenen Frankfurter Kolonien und ein Festabend in „der Anlage am Ziegelhüttenweg". Mit der „Elektrischen", der Straßenbahn, kam man hin. Dort „hatte der rührige Gartenausschuß des Rosistenvereins umfassende Vorbereitungen getroffen, um die Gäste würdig zu empfangen"[398].

7. Versuche der ästhetischen Normierung von Kleingärten in Daueranlagen

Die äußere Erscheinungsform von Kleingärten hat offenbar immer wieder insbesondere auch Nicht-Kleingärtner beschäftigt. Diese Beschäftigung hatte im wesentlichen zum Ziel, die Kleingärtner als zumindest hilfe-, in manchen Fällen auch als überwachungsbedürftig darzustellen, weil anders keine ästhetisch hochwertige Gartenkultur zu erreichen sei.

In diesem Sinne hat z.B. ein Fabrikbesitzer in Laurahütte, Oberschlesien, im ausgehenden 19. Jahrhundert mehrere Thesen zur Hebung und Pflege der Gartenkultur im dortigen Industriebezirk formuliert. „Zur Erzielung allgemein guter Ergebnisse", so meinte er, „ist eine andauernde sachverständige Überwachung des einzelnen Gartens unerläßlich. Dieselbe wird in erster Linie seitens der einzelnen Arbeitgeber durch die für die Sache zu gewinnenden Gärtner, Unterbeamte oder Lehrer zu erfolgen haben. Auch wird es den einschlägigen Bestrebungen sehr förderlich sein, wenn die Herren Geistlichen für sie interessiert werden"[399]. Der Fabrikbesitzer Meinecke in Breslau hatte den Arbeitern „fertige Lauben" und ebenso „fertige Umzäunungen der Gärten" zur Verfügung gestellt und mußte doch erfahren: „Es ist traurig, aber wir haben immer alle Mühe, einen Garten, wenn er frei wird, wieder zu verpachten"[400].

Ließ sich also das Interesse an einer Arbeiter-Gartenkultur nicht generell von der Hand weisen, so schien doch ihre Erscheinungsform einigen recht mangelhaft und nicht geeignet, das bürgerliche Auge zu befriedigen. So setzte sich z.B. 1912 der Vorsitzende des Landesverbandes Sachsen der Garten- und Schrebervereine, Hans, für „die Angliederung von Kleingartenanlagen an neu zu schaffende Parkanlagen, bezw. Volksparks" ein, weil „damit auch jenen schönheitsliebenden Leuten Genüge getan" werden könnte, „die sich jetzt mit dem Aussehen der Kleingartenkolonien nicht immer abfinden können"[401].

Auch in Frankfurt am Main waren die Kleingärten des späten 19. und frühen 20. Jahrhunderts offenbar nicht so gestaltet, daß sie, wiederum zumeist von Außenstehenden, als schön angesehen wurden. Der Redakteur Sutter, der sich besonders für die Einrichtung von Kleingartenämtern stark gemacht hatte, meinte 1918 im

Die Abbildungen 96–99 wurden von Mitarbeitern des Gartenamtes aufgenommen. Ihre auf der Rückseite der Originalfotos festgehaltenen Kommentare werden hier als Zitat wiedergegeben.

Abb. 96 „Ein Monstrum von Gartenlaube. Die ‚Verschönerung' des gedrechselten Giebels zeigt das Fehlen jeglichen Gefühls für Form und Schönheit. Eine Leichenhalle eher denn eine Gartenlaube" (zeitgenössischer Kommentar von einem Mitarbeiter des Gartenamtes), o.J.

Zusammenhang mit der Forderung nach Dauerkolonien: „So gut in neuen Stadtvierteln stattliche Schmuck-, ja gelegentlich Prunkplätze ausgespart werden, läßt sich denken, daß in neuen Vierteln Flächen, auf denen hübsche Kleingärten angelegt sind, Raum finden können. Es versteht sich von selbst, daß die Kleingartenkolonien, die in das Stadtbild einbezogen werden, gewissen ästhetischen Bedingungen unterworfen werden müssen"[402]. Im gleichen Jahr machte der ehemalige Gartendirektor von Frankfurt am Main, Heicke, dessen Stelle ab 1912 von Bromme eingenommen wurde, die Gestaltung von Kleingärten zu einem fachöffentlichen Thema. In der von ihm geleiteten Zeitschrift „Gartenkunst" der „Deutschen Gesellschaft für Gartenkunst" erschien unter der Überschrift „Kleingartenbau und Siedlungswesen in ihrer Bedeutung für eine künftige deutsche Gartenkultur" eine Serie von Beiträgen.

In einem Artikel stellte Heicke die Behauptung auf, „daß unser Volk in fast allen seinen Schichten dem Garten, seinen Werten und Schönheiten fremd gegenübersteht"[403], was zumindest die damals etwa 1.500 Mitglieder der „Deutschen Gesellschaft für Gartenkunst"[404] gewußt haben sollten, die zum weit überwiegenden Teil Gartenarchitekten und Gärtner waren. Freilich wurde auch deren Kompetenz in

Abb. 97 „Laubenelend. Kleingartenanlage am Enkheimer Wald“ (zeitgenössischer Kommentar von einem Mitarbeiter des Gartenamtes), April 1936

Gestaltungsfragen zu dieser Zeit durchaus in Frage gestellt. So beklagte der Gartenarchitekt und Dendrologe Schneider: „Gerade die ungenügend gebildeten Gartenarchitekten leben ja zumeist in dem Wahne, sie seien schon genügend für das Höchste vorbereitet und fähig, sich in eine Reihe mit unseren hervorragendsten Architekten oder Kunstgewerblern zu stellen. Sie beklagen sich immer so bitter, daß die Kunstgewerbler sie nicht als ebenbürtig anerkennen wollen, sie wehren sich mit Händen und Füssen dagegen, dass ein künstlerisch gebildeter Laie ihre schematischen Zirkel stört. Sie möchten immer schön unter sich sein und wünschten, der Staat verböte allen Nicht-Zünftlern, sich als Gartengestalter zu betätigen. Ja, sie fühlen sich zurückgesetzt gegenüber gar manchem beamteten Gartengestalter, der infolge seiner gediegenen Bildung und seiner reichen Kunsterfahrung höher bewertet wird. Solche Gartenarchitekten fühlen dabei garnicht, welches Zeugnis von -sagen wir es nur gerade heraus – Unreife sie sich ausstellen. Sie möchten gern etwas sein und gelten, vergessen aber, daß dazu mehr gehört als der Besuch einer Gärtnerlehranstalt und selbst die vorzüglichsten technischen Kenntnisse“[405].

Heicke zufolge sollten die Gartengestalter den Kleingärtnern Gartenvorschläge unterbreiten, die den „einfachsten Schönheitsanforderungen“[406] entsprechen, weil

Abb. 98 „Laubenelend", vermutlich 1949 (zeitgenössischer Kommentar von einem Mitarbeiter des Gartenamtes)

sich sonst die Kleingärtner dort nicht wohlfühlen würden. „Es ist also notwendig", hatte er geschrieben, „daß überhaupt das Gefühl für Schönheitswerte im Garten geweckt wird. Wir müssen zeigen, wie mit einfachen Mitteln und geringen Kosten in die jetzt überall entstehenden Gärten Schönheit hineingetragen werden kann. Wir müssen überzeugen, daß Gartenschönheit etwas ganz anderes ist als Gartenprunk und Gartenluxus. Wir müssen dartun, daß auch das einfachste Gärtchen durch seine räumliche Gliederung, durch verständige Wahl seiner Ausstattungsmittel, durch Ausschaltung häßlicher Erzeugnisse der Drahtkultur, durch Sauberkeit seiner Haltung und Pflege unendlich an Schönheit gewinnen kann, ohne wesentlich mehr Aufwand an Kosten zu erheischen, als auch sonst für seine Bewirtschaftung erforderlich ist. Wir müssen vor allen Dingen jenes Vorurteil überwinden, daß Schönheit und Wirtschaftlichkeit schwer miteinander vereinbar seien"[407].

Der Gartenarchitekt Willy Lange hatte in diesem Zusammenhang einmal von der „‚kloterigen' Art" gesprochen, „wie sie die Schrebergärten vielfach zeigen" und gefordert, „die einzige zielbewußte Schönheit des Kleingartens" solle „seine Ordnung, Sauberkeit"[408] sein.

Abb. 99 „Kleingartenanlage Wiesbadener Straße. Einzellaube – verschandelt durch Reklame-Schild und Auto-Radkappen" (zeitgenössischer Kommentar von einem Mitarbeiter des Gartenamtes), April 1958

In den Arbeitergärten des Roten Kreuzes in Heinersdorf im Norden Berlins, die 1905 eingerichtet worden waren, hatte der Aufsichtskommission „ein vom Vorstande besoldeter Kunstgärtner" angehört, „der den Kolonisten in gärtnerischen Angelegenheiten Rat"[409] erteilen sollte. Sicherlich gab es auch in Frankfurt am Main damals zahlreiche Beispiele, die solchen Vorurteilen, Kleingärtner hätten weder Interesse an der schönen Ausgestaltung ihrer Gärten noch würden sie über die notwendigen Kenntnisse und das ästhetische Empfinden verfügen, Nahrung geben konnten. So nahmen Mitarbeiter des Gartenamtes bei ihren regelmäßigen Gartenbegehungen über mehrere Jahrzehnte immer wieder Fotos von Kleingärten auf, die sie, oft mit einer gewissen Berechtigung, als ästhetisch wenig ansprechend empfanden (Abb. 96, 97, 98, 99). Doch mag dies weniger am fehlenden Geschmack der Kleingärtner als vielmehr eher an deren existentieller Not gelegen haben.

Mit der von Heicke vorgeschlagenen „Verschönerungsaktion" sollten verschiedene Wege eingeschlagen werden. Die „Einrichtung gemeinnütziger Beratungsstellen" war voranzutreiben, eine „umfassende Vortragstätigkeit" sollte sich entfalten, an die „Schaffung von Musterkleingärten seitens der Stadtgärtnereien" wurde gedacht, und die Bestellung von „Gartenarchitekten als Geschäftsführer von Siedlungsgesellschaften"[410] wurde gefordert. Soweit so gut. Bemerkenswert ist allerdings, daß ähnliche Forderungen, etwa für die vielen Industrie- und Gewerbeunternehmungen, bei denen Wirtschaftlichkeit und Schönheit durchaus auch als miteinander vereint vorstellbar waren, offenbar nicht erhoben wurden. Auch bezüglich der Haus- und Villengärten scheinen vergleichbare Forderungen nicht erhoben worden zu sein. Hier wurde für das Kleingartenwesen eine Hilfeleistung herbeigeredet, die von dort weder erwartet noch verlangt wurde. Der Generalsekretär des Zentralverbandes deutscher Arbeiter- und Schrebergärten, Bielefeldt, hatte 1911 die Versuche einzelner Städte, sich Zeichnungen von Lauben zur Genehmigung vorlegen zu lassen, wie auch „Gebote, die Hälfte des Gartens mit Gemüsen und anderen Küchengewächsen zu bepflanzen" , als „Vorsichtsmaßnahmen, die zu weit gehen", bezeichnet. Er wollte vielmehr den Grundsatz, „im Garten soll jeder Mensch sein eigener Herr sein, soweit er nicht die anderen Gartenbesitzer beeinträchtigt", beherzigt wissen. „Darum", so fuhr er fort, „ist das System von Lauben nach Vorschrift nicht zu billigen. Geben Sie dem Gartenbesitzer lieber die Möglichkeit, die Laube durch Vermittlung des Vereins auf Abzahlung billig zu beziehen, dann baut er sie sich ganz alleine zurecht, und meist viel schöner, als wenn er sie nach einheitlichem Muster herstellen muß; so etwas wirkt ja nur einförmig. Auch die Vorschrift, die Laube an eine bestimmte Stelle zu setzen, hat keinen Zweck. Ebensowenig besteht ein Bedürfnis nach einheitlicher Einzäunung der einzelnen Gärten. Es stört wenig oder gar nicht, wenn die Umzäunungen verschieden sind, nach der Veranlagung, den Mitteln und den Bedürfnissen, unter denen die Familien leben"[411]. Mit gewissen Modifikationen scheint die Tendenz zur Bevormundung durch die Nicht-Kleingärtner jedoch eine die Entwicklung von Kleingärten im 20. Jahrhundert begleitende Erscheinung zu sein.

Als es im Frankfurter Magistrat im Frühjahr 1919 um die Herstellung der Kleingärten auf dem Lohrberg ging, wurde vom Hochbauamt besonders im Hinblick auf die dort zu errichtenden Lauben vermerkt: „Eine einheitliche Errichtung durch die Stadt ist notwendig, um die häßlichen Buden der bisherigen Kolonien in der dauernden Anlage zu vermeiden". Allerdings wurde dabei nicht allein an die Gestalt der Lauben, sondern auch an eine für damalige Zeit sicher ungewöhnliche Qualität gedacht, die beim Laubenbau zu gewährleisten sei. So wurde weiter festgestellt: „Mit Rücksicht auf die Entfernung von der Stadt und auf die gesunde Lage des Lohrs wäre zu erwägen, ob ein zeitweiliges Bewohnen in der wärmsten Jahreszeit – etwa für vier Wochen, Ferien- oder Urlaubszeit – zuzulassen sei. Dementsprechend müßte jedes oder ein Teil der Häuschen aus einem Wohn- und einem Vorraum (für Kocheinrichtung) bestehen. Die Ausführung ist als Blockhaus gedacht"[412].

Auch sollten die Gartenparzellen „stadtseitig ... mit Einfriedigungen und Hecken, Zugangswegen und Gartenhäuschen versehen werden, ferner eine Wasserleitung mit 10 Zapfstellen, Kinderspielplätze und Bedürfnisanstalt innerhalb der Kolonie angelegt werden. Die Obstbäume längs der Wege sollen, soweit sie innerhalb der Gärten gepflanzt werden, den Pächtern – vorbehaltlich städtischer Pflege in den ersten 10 Jahren – zur Nutznießung überlassen werden"[413].

Solche Angebote waren allerdings längst nicht die Regel. In Frankfurt am Main wie auch anderswo tobte in den folgenden Jahren ein Kampf um die Ausweisung von Kleingärten, der Kleingartenanlagen wie die auf dem Lohrberg vielfach als fernes Wunschziel erscheinen lassen mußte.

Wo am Lohrberg noch ausdrücklich eine gewisse Bodenqualität eine Rolle für die Ausweisung des Gartengeländes gespielt hatte, waren andernorts für Gartenkultur denkbar ungeeignete Standorte für Kleingärten angeboten worden, so „die Sandwüsten des Griesheimer Exerzierplatzes, der Kehrichthaufen des Niederbruchs" und „die Bauschuttplätze des Ostends"[414]. Anfang der 30er Jahre meinten der Stuttgarter Gartenarchitekt Valentien und der Frankfurter Gartenarchitekt Bailly in einer gemeinsamen Stellungnahme zu Dauerkleingärten: „Die kostspielige Bodenbearbeitung kann dem Kleingärtner überlassen bleiben, da erfahrungsgemäß die Freude am Garten mit dem Bewußtsein wächst, den Boden selbst hergerichtet zu haben. Die Güte des Bodens spielt keine Rolle. Viele alte Kolonien zeigen, daß ein interessierter Kleingärtner selbst schlechteste Böden fruchtbar zu machen imstande ist"[415]. Dennoch waren die Kleingärten ständig von Kündigung bedroht.

An die Stelle ernsthaft bemühter Auseinandersetzung um Lösungen für die Gartenkultur der Kleingärtner traten bisweilen hanebüchene Verunglimpfungen kleingärtnerischer Aktivitäten, die weit von einer ausgewogenen Analyse und Bewertung der Situation entfernt waren. Als Beispiel mögen zwei Sätze aus einem 1927 in der Zeitschrift „Baupolitik" erschienenen Aufsatz dienen. Es hieß dort über Kleingärten: „Der Systemlosigkeit in der Auswahl des Platzes kam die völlig undisziplinierte Haltung der Gärten selbst gleich. Lauben aus Blech alter Konservenbüchsen, Beeteinfassungen aus Flaschen oder Drahtzierat, Bänke und Tore aus Birkenholzstämmchen waren auch hier das Übliche"[416].

Für Frankfurt meinte Bromme damals feststellen zu müssen, daß „im Gesamtbild der Stadt ... heute noch 90 Prozent aller Kleingärten in der größten Zeit des Jahres einen Anblick" bieten, „der die städtische Verwaltung wie die staatlichen Behörden, aber auch jeden an seiner Heimat interessierten Staatsbürger nicht befriedigen kann"[417].

Ein besonders anschauliches Beispiel für den erhobenen ästhetischen Zeigefinger findet sich anläßlich eines Festumzuges, der vermutlich im Jahr 1934 unter dem Motto „Natur- und Tierschutz" stattfand. Dort wurde auf zwei Pferdegespannen auch demonstriert, welches Erscheinungsbild eine vorbildliche Frankfurter Kleingartenlaube samt ihrer Bewohner aufzuweisen habe. Diesem Idealbild wurde eine verwahrloste, aus Abfallprodukten der Industriegesellschaft zurechtgezimmerte Laube mit Bewohnern, die dem ‚Laster Alkohol' frönten und deren Kleidung erkennbar nicht bürgerlichem Schönheitsempfinden entsprach, als abschreckendes Beispiel gegenübergestellt (Abb. 100, 101).

Abb. 100 Festwagen mit einem Negativ-Beispiel einer Frankfurter Kleingartenlaube, vermutlich auf dem Festzug „Natur- und Tierschutz“, April 1934

Im Reichsdurchschnitt waren 1927 nur etwa fünf Prozent der Gesamtfläche von 15.930 ha, auf der Kleingartenbau getrieben wurde, als Dauerkolonien ausgewiesen[418]. In Frankfurt gab es ganze sechs Daueranlagen, die insgesamt 35 ha, entsprechend fünf Prozent, der 1927 rund 685 ha kleingärtnerisch genutzter Fläche ausmachten[419]. So gesehen, mag es sogar überraschend erscheinen, daß offenbar zehn Prozent der damals rund 22.000 Kleingärten in Frankfurt trotz widrigster Umstände dem Schönheitsideal zu entsprechen vermochten.

Bromme schien jedoch, anders als der Verfasser des bereits erwähnten Aufsatzes in der Zeitschrift „Baupolitik“, einen detaillierten Einblick in die tatsächliche Situation des Kleingartenwesens dieser Zeit gehabt zu haben. Er wußte, daß „der Kleingartenbau nach dem Kriege überall dort zugelassen (wurde), wo irgendeine Fläche brach lag oder durch Zwangsverpachtungen freigemacht wurde. Die Pachtungen erfolgten höchstens bis zu 6 Jahren, in der Regel aber von Jahr zu Jahr. Bei solcher Unsicherheit des Nutznießers“, so war ihm klar, „war eine Vertiefung des Kleingartenbaues – im Sinne der an ihn gestellten ästhetischen und städtebaulichen Anforderungen – vom Pächter nicht zu verlangen“. Bromme wußte auch, „daß es den interessierten Volksschichten an Mitteln“ fehlt, „sie sind verarmt –

Abb. 101 Festwagen mit einem Positiv-Beispiel einer Frankfurter Kleingartenlaube, vermutlich auf dem Festzug „Natur- und Tierschutz", April 1934

und Lebenshaltung sowie Einkommen stehen bekanntlich noch heute in schiefem Verhältnis zueinander. So müssen sich Staat und Städte vorläufig damit abfinden, daß der größte Teil der Kleingärten in der Umgebung einer Großstadt mangelhaft ausgestattet ist, wenn auch mit vieler Liebe gepflegt und im Sommer mit Blumen geschmückt"[420].

Indem Bromme nicht nur die Städte, sondern auch den Staat in die Pflicht zur Unterstützung des Kleingartenwesens nehmen wollte, hoffte er, mehrere Fliegen mit einer Klappe zu schlagen. Er wollte der kleingärtnerischen Arbeit eine gewisse Perspektive vermitteln, indem er die kleingärtnerische Forderung nach Dauerkolonien unterstützte. Er wollte Planungssicherheit für Kleingärten erreichen, indem er deren Eingliederung als Dauerkolonien in den Gesamtbebauungsplan forderte. Er wollte ein, zumindest seinesgleichen, ästhetisch ansprechendes Gesamtbild der Kleingärten sicherstellen, indem er „auf Vereinheitlichung in der baulichen Ausstattung (Gartenhäuschen, Lauben, Gemeinschaftsräume, Einzäunungen) ... sowie die ebenso wichtigen Gartengestaltungsansprüche, die eine gute Aufteilung und Gliederung der Gesamtanlage, sowie einheitliche gartentechnisch richtige Bepflanzung erstreben"[421], drängte. Schließlich suchte er die Finanzierung seiner

Vorstellungen durch das Verlangen nach Baukostenzuschüssen abzusichern, an denen sich aufgrund der allgemeinen Notlage nicht allein die Städte, sondern auch der Staat beteiligen sollten. Dann, so meinte Bromme, „wenn in praktischer Anwendung dieses Wohlwollens durch Maßnahmen der öffentlichen Hand der Kleingartenbau als Bestandteil einer neuen Lebensart finanziell gestützt und städtebaulich fortentwickelt wird, werden sich Staat und Kommunen des Dankes einer ganzen Volksschicht, die heute unter den Lebensbedingungen und dem Wohnungselend stark leidet, vergewissern können"[422].

Auch die bereits erwähnten Gartenarchitekten Valentien und Bailly forderten, die Anlagekosten „durch weitestgehende Rationalisierung zu ermäßigen. Die Kommunen haben die Finanzierung und Ausführung nur soweit zu übernehmen, daß der Garten in einfachster Form bezugsfertig wird. Die Kosten hierfür lassen sich so bemessen, daß eine Verzinsung und Tilgung möglich ist. Der weitere Ausbau muß von den Vereinen nach städtischen Plänen übernommen werden"[423].

Die Kleingärtner allerdings standen diesem städtischen und staatlichen Wohlwollen bisweilen durchaus mit gemischten Gefühlen gegenüber. Eine der 1921 auf dem zweiten Reichskleingärtnertag in Bremen beschlossenen und 1925 wieder veröffentlichten Grundsatzforderungen des Reichsverbandes bezog sich auf „Kleingartengelände", das „diesem seinem Zwecke dauernd zu erhalten" sei. „Es ist", so wurde verlangt, „dem Bebauungsplan der Gemeinden einzufügen, den öffentlichen Grünschmuckanlagen gleichzuwerten und dem öffentlichen Sicherheits- (Bewachungs-) dienst mit zu unterstellen. Bei der Gestaltung der Bebauungspläne sind die Kleingartenvereine durch ihre örtlichen Vertretungen zur Mitarbeit heranzuziehen"[424]. In den einige Zeit später vom „Reichsverband der Kleingartenvereine Deutschlands" aufgestellten Richtlinien für Dauer-Kleingartengebiete wird bezüglich der Planung von Kleingärten gefordert, daß „die kleingärtnerische Organisation, der reiche Erfahrung zur Seite steht, mitbestimmenden Einfluß haben muß"[425]. In bezug auf Frankfurt muß hier besonders auf die vielfältigen Erfahrungen verwiesen werden, die im „Verein zur Beförderung des Kleingartenbaus" gesammelt und in professionell anmutender Weise zur Geltung gebracht worden waren[426].

Entgegen den von Heicke und anderen geäußerten Vorstellungen enthielten diese Richtlinien jedoch kaum Hinweise darauf, wie etwa „die einfachsten Schönheitsanforderungen", so Heicke, eingelöst werden sollten. Sie waren vielmehr als pragmatische Handreichung gedacht. In ihrem ersten Teil wurden in sechs Punkten das „Wesen des Kleingarten-Dauergebietes" und die „Besitz- und Pachtverhältnisse" klargelegt. Im zweiten Teil wurden in zwei Unterabschnitten „gartentechnische und gartenwirtschaftliche Gesichtspunkte" verdeutlicht. Der eine beschäftigte sich mit der Auswahl von geeignetem Gelände und machte darin deutlich, daß „vor allem bestehende Anlagen so weit wie irgend möglich erhalten werden (sollen). Wenn sie den nachstehenden Richtlinien noch nicht genügen, ist das allmählich und schonend nachzuholen"[427].

„Neue Daueranlagen“, so hieß es im zweiten Satz dieses Unterabschnitts, „sind entweder gegebenen Verhältnissen entsprechend zwischen bebaute Straßen einzustreuen oder im Sinne der Vorschläge angesehener Städtebauer organisch in sektoren- oder ringförmige Grüngürtel einzugliedern“. Bezüglich der Gestaltung wird im vierten Satz festgestellt: „Eine Mittelreihe geeigneter Alleebäume auf den öffentlichen Promenadenwegen kann der ganzen Gartenanlage die aus schönheitlichen Gründen wünschenswerte, aber in den Gärten selbst durch die verhältnismäßig niedrigen Obstbäume nicht erreichbare Gliederung verleihen“.

Im zweiten Unterabschnitt waren insgesamt elf Punkte unter der Überschrift „Einrichtung der Anlage“ zusammengefaßt. Hier wurde klar und unmißverständlich gegen von außen kommende Gestaltungsvorschläge angehalten. Eigene Vorstellungen wurden dem entgegengesetzt. Sie betrafen Aspekte, wie „der Einzelgarten (soll) eine Normalgröße von 300 qm erhalten ... Die für sparsamste Führung der Gartenwege und Bewirtschaftung günstigste Gartenform ist das Rechteck im Seitenverhältnis 2:3 mit Eingang an der einen und Laube an der anderen Schmalseite. Die Längsachse West-Ost ergibt gleichmäßigste Lichtverteilung für alle Gärten und Lauben ... Längs der nichtöffentlichen Hauptwege gepflanzte Obsthochstammreihen in geeigneten hochkronigen Sorten nützen auch den Weg aus, gliedern und schmücken die Anlage ... Mit der Anpflanzung von Holzgewächsen muß Maß gehalten werden, um die Schäden der Überpflanzung zu verhüten“ u.a.m.

Eine deutliche Zurückweisung von außen kommender Gestaltungsvorschläge drückt sich in dem folgenden Satz aus: „Alle Gärten einheitlich bepflanzt zu übergeben, ist eine Bevormundung, die den Kleingärtnern keinesfalls zugemutet werden darf“. Ähnlich wird für die Lauben festgehalten: „Die Verwendung nur einer Laubenform für die ganze Anlage wirkt eintönig und unschön. Man einige sich auf mehrere passende gute Typen“. Diese Empfehlung steht nicht im Widerspruch mit der, bei Laubenbauten sei „auf planvolle Anordnung, schöne Form und Farbe Sorgfalt zu verwenden“.

Schließlich wurde in diesen Richtlinien auf die Selbstverwaltung als wesentliches Prinzip kleingärtnerischer Organisation verwiesen und damit deutlich gemacht, daß externe Diktate unerwünscht sind. Die Verwaltungsform der eingetragenen Vereine, die „entweder als Selbstpächter oder als Beauftragte des ihnen übergeordneten Verbandes der Kleingartenvereine, der die Pachtung übernommen hat“, tätig sind, ist „auf Selbsthilfe und Selbstverantwortung gegründet“ und „gewährleistet dauernde Überwachung und Pflege der Anlage bei geringstem Kostenaufwand. Sie erlaubt fördernde Einflußnahme auf die nicht sachgemäß arbeitenden oder die gemeinsamen Aufgaben vernachlässigenden Einzelpächter. Nur sie“, so schließen die Richtlinien, „ermöglicht restloses Erarbeiten der im Kleingartenwesen liegenden Allgemeinwerte. Sie hat sich besser bewährt als jede andere“[428].

Auf dem fünften Reichskleingärtnertag in Frankfurt Ende Juli 1927 hatte der Stadtbaurat von Frankfurt, May, folgende Begründung für die Entwicklung von Typen für Kleingartenlauben geliefert: „Wenn schon es noch zu allen Zeiten und

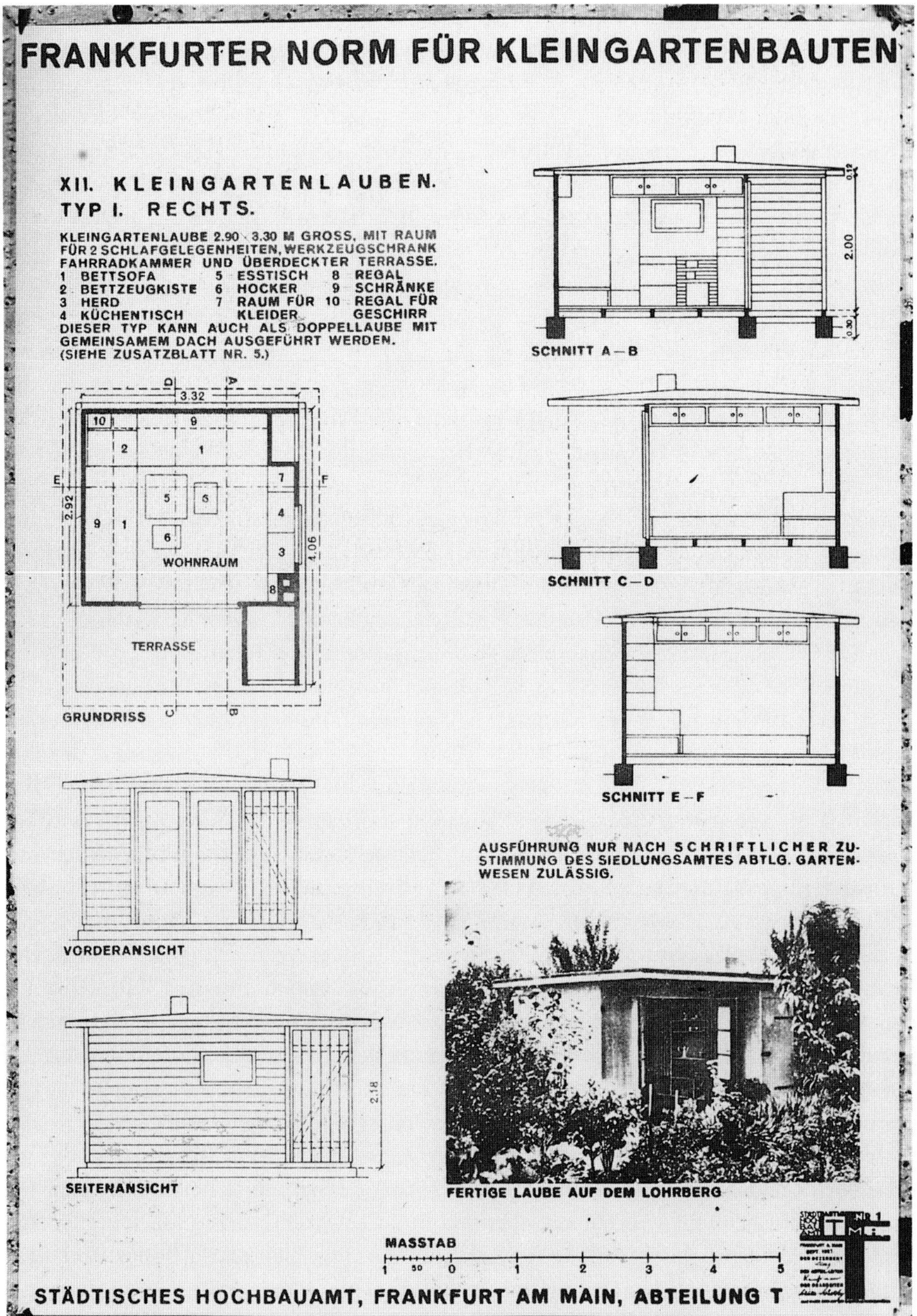

Abb. 102 Frankfurter Norm für Kleingartenbauten. XII Kleingartenlauben, 1927

Abb. 103 Modell einer Frankfurter Kleingartenlaube, um 1923

in allen Teilen der Welt, vielleicht mit alleiniger Ausnahme der Verfallszeit baulicher Kultur im letzten Jahrhundert, Brauch war, für große Gruppen von Menschen Grundformen für die Wohnung herauszuarbeiten, nach denen Tausende und Hunderttausende von Bauten errichtet wurden (westfälisches Haus, schwarzwälder Haus, schlesische Baude!), so ist es natürlich umso leichter möglich, für das einfache Problem einer Kleingartenlaube Lösungen zu gestalten, die die Bedürfnisse vieler in einheitlicher Weise befriedigen. Solche Laubentypen werden, durch Massenherstellung verbilligt, bis zu einem hohen Grade der Vollkommenheit entwickelt werden können, und in größerer Zahl in zusammenhängenden Kleingartenkolonien verwendet, ein städtebaulich harmonisches Gesamtbild sichern"[429].

Im Herbst 1927 wurde vom städtischen Hochbauamt Frankfurt am Main unter dem Dezernenten May, dem Abteilungsleiter Kaufmann und der Sachbearbeiterin Schütte-Lihotzky die „Frankfurter Norm für Kleingartenbauten" entwickelt. Darin wurden u.a. Vorschläge für Kleingartenlauben präsentiert, deren „Ausführung nur nach schriftlicher Zustimmung des Siedlungsamtes Abtlg. Gartenwesen zulässig" war. Diese Entwürfe für Gartenlauben aus Holz, die einen klaren Gestaltungswillen ausdrückten, hatten eine Grundfläche von knapp unter vier Quadratmetern beim Typ II, bis zu fast zehn Quadratmetern beim Typ I. Funktional geplant hinterlassen

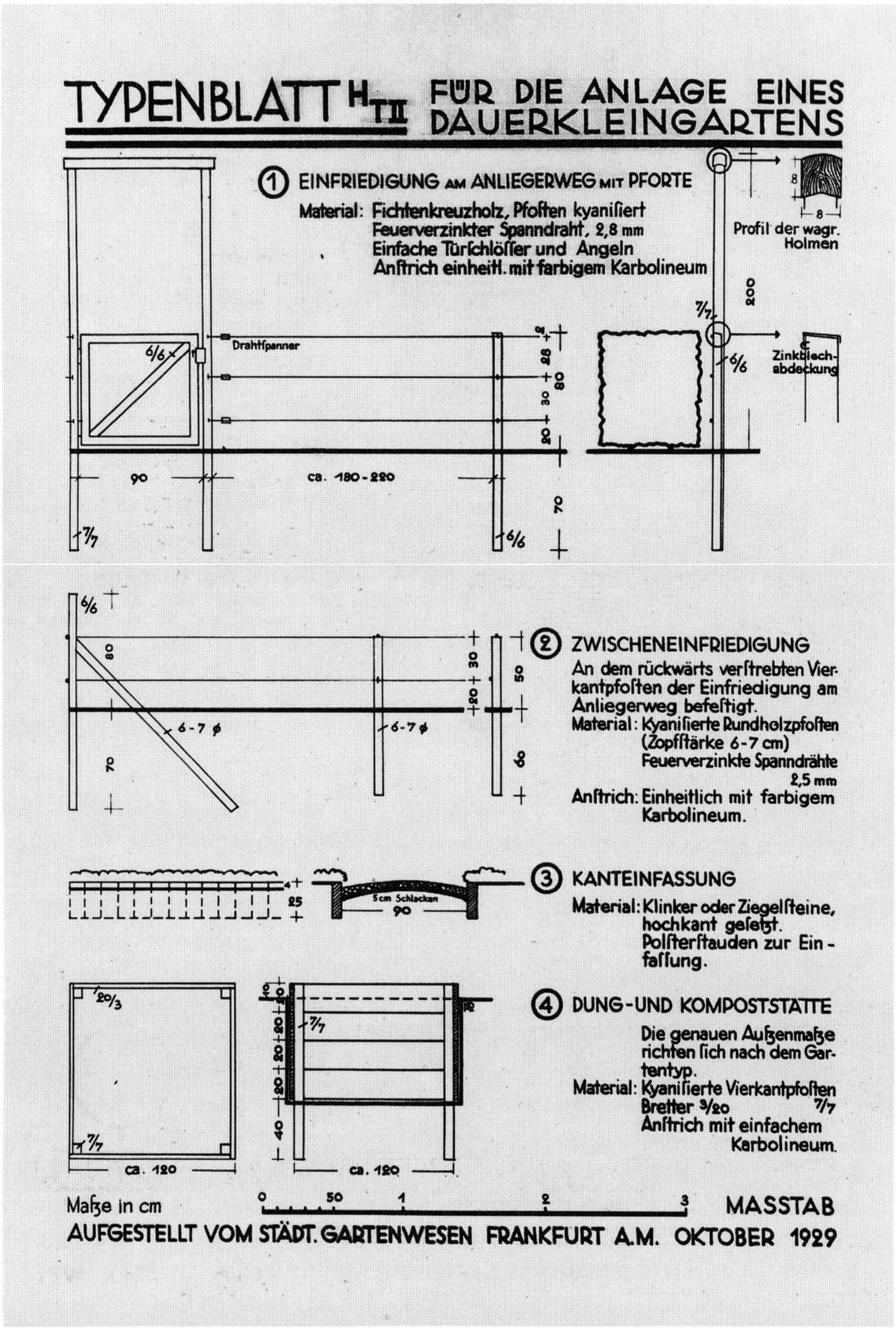

Abb. 104 Typenblatt H T II für die Anlage eines Dauerkleingartens, Einfriedigungen, 1929

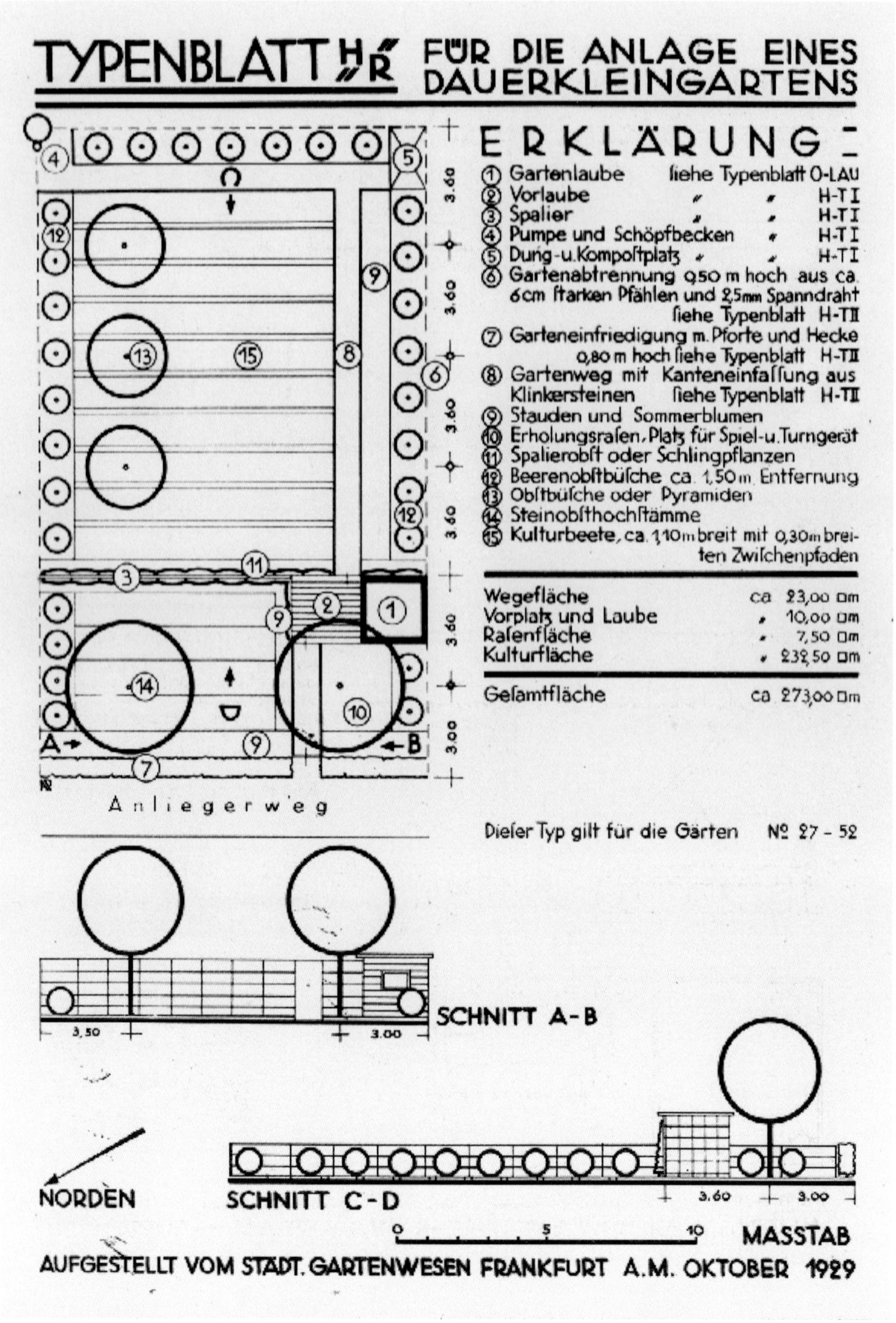

Abb. 105 Typenblatt HR für die Anlage eines Dauerkleingartens, 1929

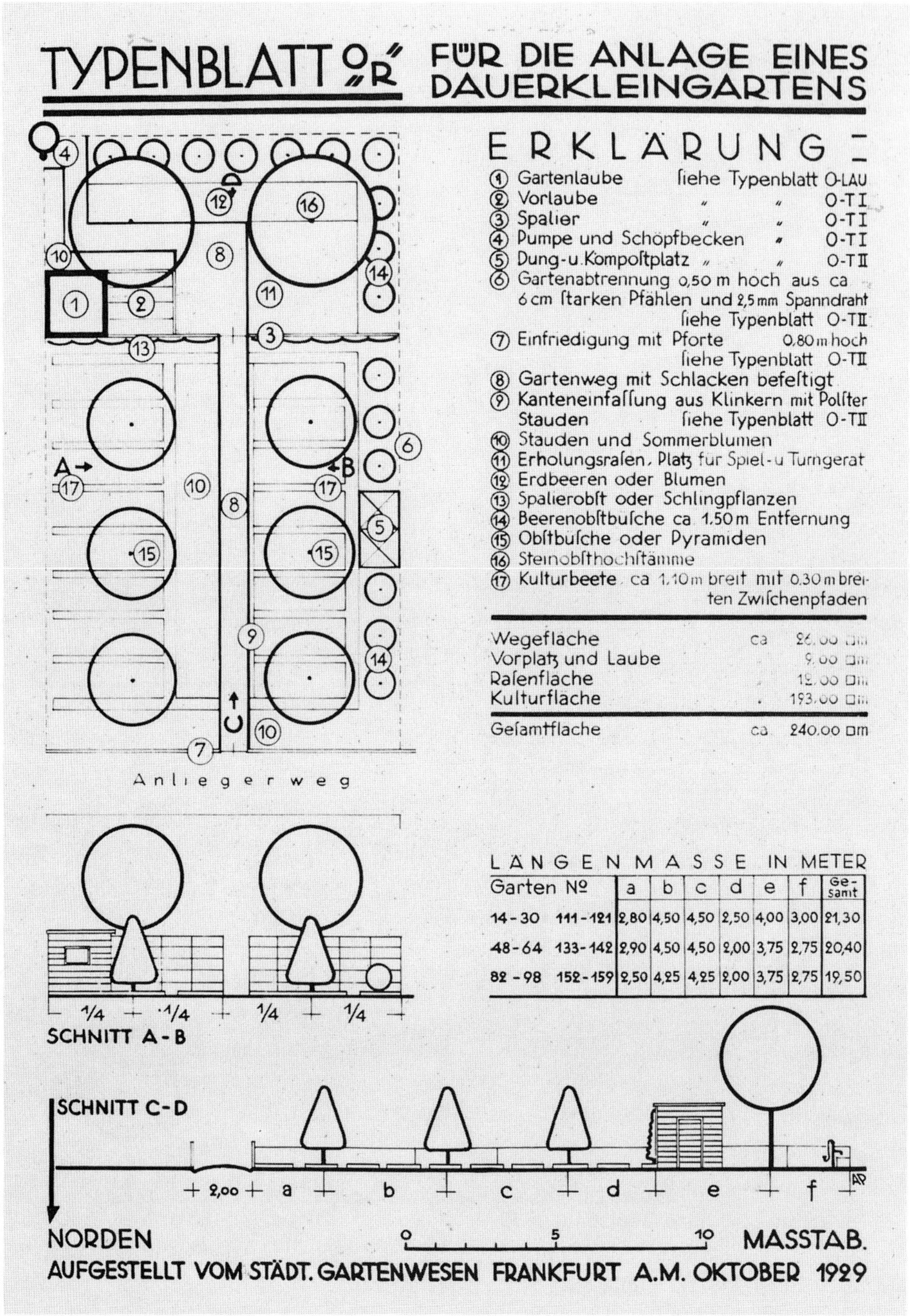

Abb. 106 Typenblatt OR für die Anlage eines Dauerkleingartens, 1929

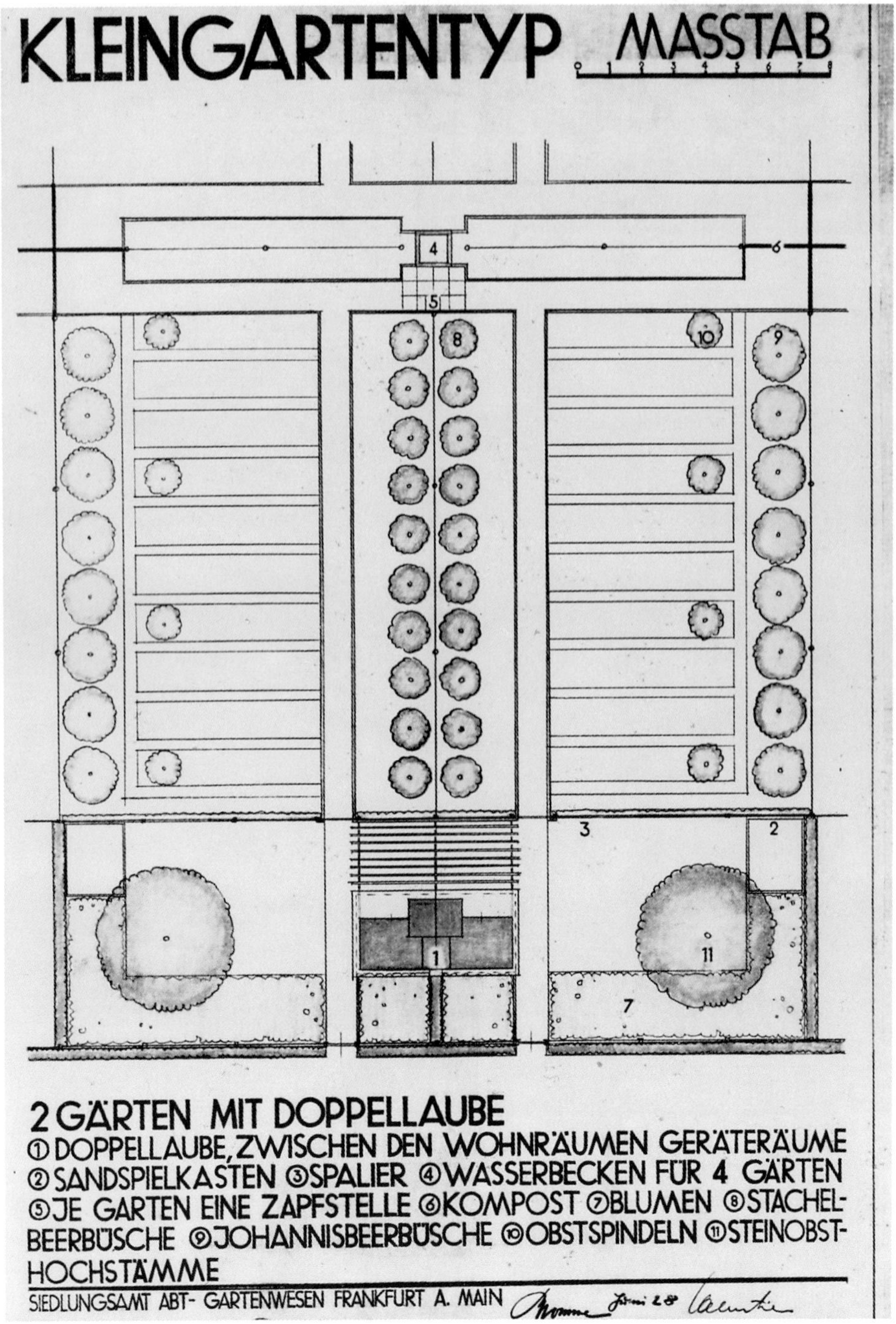

Abb. 107 Plan von zwei Kleingärten mit Doppellaube, 1928

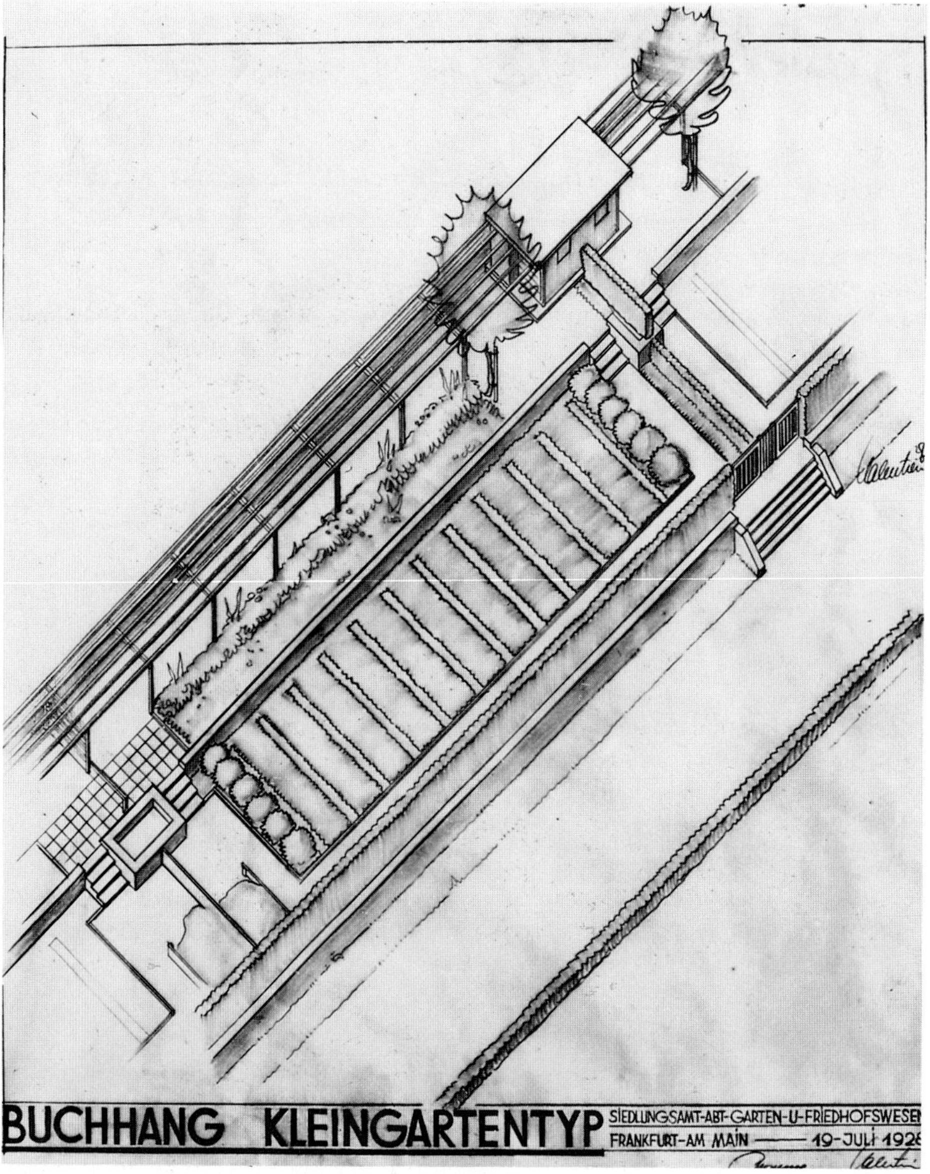

Abb. 108 Kleingartenanlage Buchhang, Kleingartentyp, 1928

diese Entwürfe im Grundriß und in den Fassaden auch beim heutigen Betrachter einen besseren Eindruck als viele spätere. Mehrere Abbildungen mögen einen Einblick in diese Entwurfsarbeiten geben (Abb. 102, 103, 104, 105, 106, 107, 108).

In einem Beitrag, der dem Reichskleingärtnertag 1928 in Breslau gewidmet war, hatte der Gartenarchitekt Migge in der von ihm herausgegebenen „Grünen Illustrierten" einen Beitrag über Frankfurter Laubentypen verfaßt und festgestellt, „die Laube ist wirtschaftlich, formal und finanziell der Nabel des kleinen Gartens". Des weiteren hatte er, wenn auch mit teils durchaus fragwürdigen Worten, eine Gruppierung der Laubentypen „nach sozialen Schichten" vorgeschlagen, „denn der Kleingarten ist ja glücklicherweise längst nicht mehr das Wahrzeichen des ‚kleinen Mannes' ... Die Laube darf eben nicht größer sein, als sie der Laubengärtner ‚verträgt'. Typisierung, Gruppierung und Serienbau wirken ihrerseits auf größtmöglichste Verringerung der Laubenbaukosten hin. Eigene Erstellung durch den Kleingärtner nach genormten Vorlagen kann hierzu ein weiteres tun. Immerhin fordert jede Laube ihre Opfer, da – eben aus städtebaulichen Gründen – eine untere Grenze der Solidität nicht unterschritten werden kann. So ist also auch die Laubenfrage schließlich nur im Rahmen einer programmatischen wirtschaftlichen Kleingartenpolitik lösbar"[430].

Während Migge für die kleinbürgerliche und bürgerliche Gartenkultur in den Kleingärten die Einhaltung bestimmter ästhetischer Mindeststandards als möglich ansah, hegte er diesbezüglich große Zweifel für die Gartenkultur von Arbeitern und Armen. Zur Begründung seiner Ansicht wählte er Frankfurt. Dort habe, so Migge, „die wohlhabende Stadt nahezu ½ Million für Kleingarten-Interessen geopfert, aber doch nur 300 Kleingärtner, d.i. knapp 1 ½ Prozent seiner Belegschaft sichern können. Aber auch wenn sich diese Dauergarten-Jahresquote am Main künftig noch etwas heben sollte, könnte man mit Jahrhunderten rechnen, ehe der letzte Kleingärtner seinen Einzug in seinen eigenen Garten gehalten haben wird. Frankfurt ist Sitz des Reichsverbandes und seines Vorsitzenden Förster. Wenn so wenig Frucht an so grünem Holze wächst, wie soll sie dann am dürren reifen!". Als Lösung für das Problem der Gartenkultur „der breiten unteren Schicht", von der wir „wissen, daß sie nichts oder wenig hat", sah Migge „ein Aequivalent in möglichst einträglicher Bestellung ihres Gartens" an. „Und damit wären wir dann wieder glücklich an dem vor lauter Spiel-, Schönheits- und sonstigen Nebenfragen schier vergessenen Ursprung des Kleingartenwesens angelangt: dem Boden"[431].

Der Frankfurter Stadtbaurat May sah nur dann „eine einwandfreie und den allgemeinen Interessen in jeder Hinsicht dienende Lösung der Grünflächenfrage in der Großstadt ..., wenn die Gemeinde Besitzerin des gesamten Grund und Bodens ist, d.h. wenn eine Rechtsform hergestellt wird, die urdeutsch und heute noch in dem Allmendebesitz vieler Dörfer und Kleinstädte in Resten erhalten ist. Da wir heute aber von diesem idealen Zustande weit entfernt sind", so fuhr er fort, „wäre die Voraussetzung für eine auch nur annähernd befriedigende Lösung die Durchführung der Bestimmungen des Städtebaugesetzentwurfes, die die Festsetzung eines Flächenaufteilungsplanes gestatten, ohne daß hieraus den Gemeinden eine Entschädigungspflicht erwächst". Doch auch diese Lösung schränkte May gleich wieder ein, indem er der „Annahme dieses Gesetzes" nur „verhältnismäßig geringe Aussichten" einräumte. Für ihn blieb nur „Enteignung der für die Grünflächen beanspruchten Geländeteile gegen Eintragung einer langfristigen Amortisationshypothek zu Gunsten des Geländebesitzers, für die allerdings auch zunächst die gesetzlichen Unterlagen zu schaffen wären". Doch auch das war keine Lösung. May sah, daß „die Gemeinden ... somit im Rahmen ihrer Mittel Gelände zu Dauerpachtgartenzwecken käuflich erwerben müssen, womit von vornherein das Tempo der Erreichung dieses Zieles stark verlangsamt wird"[432]. Das hatte, mit anderen Worten, auch Migge am Beispiel Frankfurts so gesehen. Politisch und ökonomisch waren die Perspektiven für das Kleingartenwesen gegen Ende der Weimarer Republik also, trotz erheblicher Verbesserungen gegenüber dem Kaiserreich, immer noch relativ ungünstig.

Dennoch ging die systematische Entwurfsarbeit für zweckmäßige und ästhetisch ansprechende Kleingartenlauben im Siedlungsamt der Stadt Frankfurt weiter. Von dem Gartenarchitekten Valentien, der 1928 und 1929 in der Abteilung Gartenwesen des Siedlungsamts Frankfurt beschäftigt war, wurden im Sommer 1928 Kleingartentypenentwürfe für „2 Gärten mit Doppellaube" entwickelt (Abb. 107), in denen Standorte für Sandspielkästen, Spaliere, Wasserbecken, Zapfstellen, Kompost, Blumen, Stachelbeerbüsche, Johannisbeerbüsche, Obstspindeln und Steinobst-Hochstämme vorgegeben wurden. Um die knappen städtischen Mittel optimal ausnutzen zu können, hatten Valentien und Bailly „hauptsächlich Normung" sowie „gleichmäßige Aufteilung der Gärten und die gleichzeitige Anlage großer Kolonien" als notwendig angesehen, „da sich erst durch Serienherstellung eine wesentliche Verbilligung erzielen läßt". Nicht zuletzt sollten „durch einheitliche Maße auch die Planungs- und Vermessungskosten auf ein Mindestmaß herabgedrückt"[433] werden können. Typenblätter für die Anlage eines Dauerkleingartens wurden hergestellt, auf denen der Grundriß des Gartens, ein Längs- und ein Querschnitt durch den Garten, ein Flächennachweis sowie Konstruktionszeichnungen für eine Einfriedigung am Anliegerweg mit Pforte, die Zwischeneinfriedigung zwischen zwei Gärten, die Kanteneinfassung von Wegen und für eine Dung- und Kompoststätte gegeben wurden. Im Spätherbst 1931 wurde ein „Bewirtschaftungsplan für Feldparzellen" aufgestellt, in dem „Düngung, Saat bezw. Pflanzzeit und Fruchtfolge" für eine 400 qm große Parzelle angegeben wurden, auf der der Nahrungsbedarf für eine vierköpfige Familie erzeugt werden sollte (Abb. 109). Wer damit nicht zurechtkam, konnte sich weitere Auskunft bei der Beratungsstelle des städtischen Kleingartenamtes in der Buchgasse 3 holen.

Die Vorschläge zur rationellen Erstellung von Lauben und zur wirtschaftlichen Ausnutzung der Gartengrundstücke fanden ihre Parallele im damaligen Wohnungsbauprogramm der Stadt Frankfurt, das sich z.B. in den Siedlungen Westhausen, Praunheim und Heddernheim (Abb. 110) im Niddatal niedergeschlagen hat.

In der Zeit des Nationalsozialismus nahmen die professionellen Versuche, Kleingärtnern den einzig ‚wahren' Gestaltungsstil zu oktroyieren, auf nationaler Ebene deutlich rigidere Formen an. In Frankfurt scheint, vielleicht dank der personellen

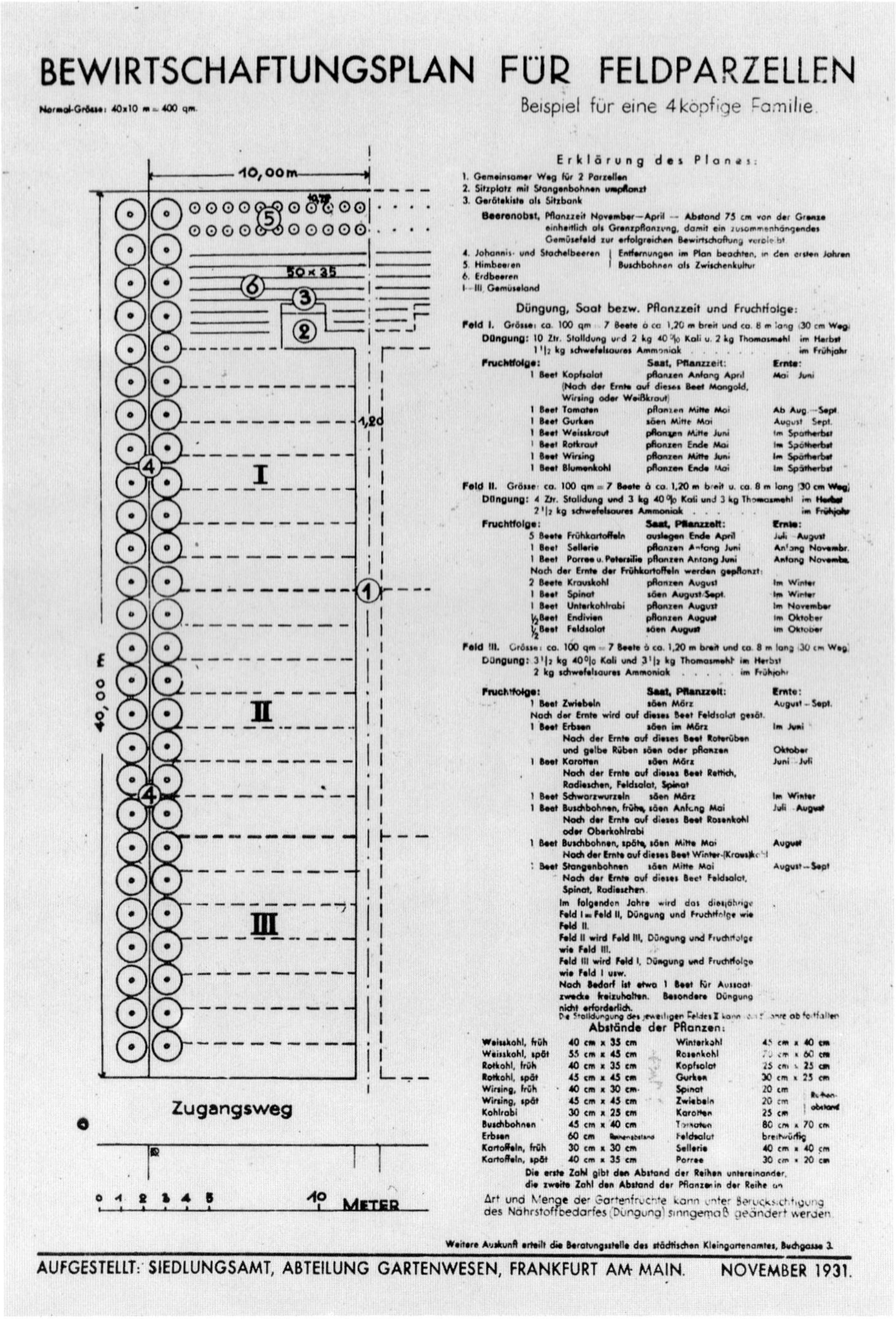

Abb. 109 Bewirtschaftungsplan für Feldparzellen, Beispiel für eine vierköpfige Familie, 1931

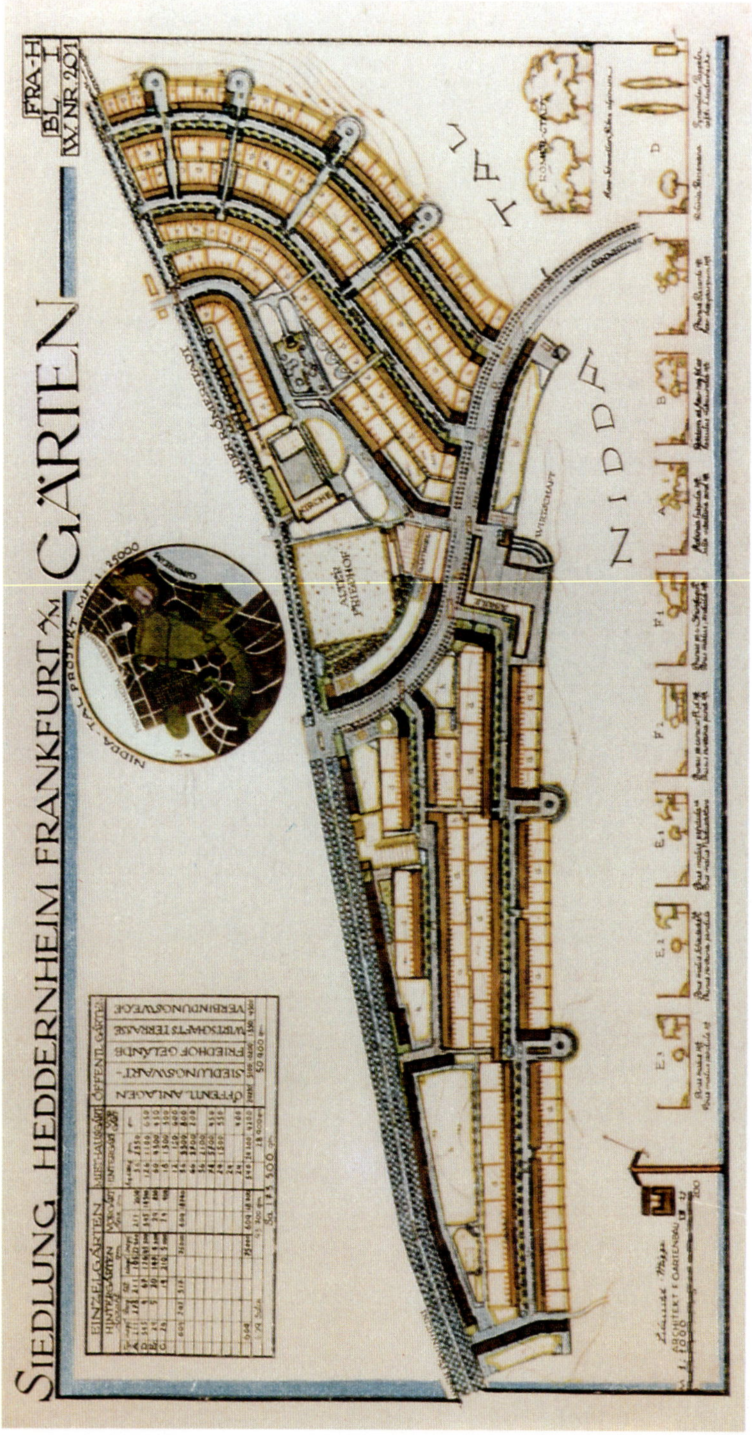

Abb. 110 Plan der Gärten der Siedlung Heddernheim (Römerstadt) von Leberecht Migge, 1927

Kontinuität im Garten- und Friedhofsamt, keine wesentliche Verschärfung zu verzeichnen gewesen sein.

Nach dem Ende des Nationalsozialismus tauchten Dauerkleingärten erst im Bundesbaugesetz von 1960 wieder auf, und zwar als Kategorie der Flächennutzung im Flächennutzungsplan und im Bebauungsplan. Bis dahin hatte die Zahl der Kleingärten in Frankfurt von rund 21.000 auf etwa 14.000 abgenommen. Kleingärten sollten in diesen Plänen, „soweit es erforderlich ist", ausgewiesen werden. Die bereits in der Weimarer Republik sich ausbildende Finanzmisere der Städte hatte sich in der Bundesrepublik nicht verringert. Im Städtebaubericht 1970 der Bundesregierung wird deutlich angesprochen, daß sich das bereits bestehende Mißverhältnis von Angebot und Nachfrage bei Kleingärten noch verstärken wird. Angesichts der Finanzmisere der Gemeinden mutet die im Städtebaubericht enthaltene Aufforderung an die Gemeinden, erforderliche Dauerkleingartenflächen in Bebauungsplänen festzusetzen, realitätsfern an. Der Anteil der in Bebauungsplänen festgesetzten Kleingärten liegt auch heute noch in vielen Gemeinden deutlich unter zehn Prozent. In Frankfurt am Main waren 1987 77 von insgesamt 218 Kleingartenanlagen durch rechtsverbindliche Bebauungspläne planungsrechtlich gesichert[434]. In gewisser Weise kann für einige Kleingärten in Frankfurt gegen Ende des 20. Jahrhunderts als gesichert gelten, was Hegemann bereits zu Beginn dieses Jahrhunderts als Aufgabe eines „modernen Stadterweiterungsplans" angesehen hatte, nämlich die „dauernde(n) Festlegung von hinreichenden Flächen Laubenlandes"[435].

Seit den 80er Jahren des 20. Jahrhunderts erfolgt die Erstellung der Gartenlauben in Frankfurt am Main nach einem Bauanzeigeverfahren. „Um dem Kleingärtner die Erstellung einer Laube zu erleichtern", haben die „Kleingartenvereine im Einvernehmen mit dem Garten- und Friedhofsamt die Art und Anzahl der zulässigen Laubentypen, deren äußere Gestaltung und deren Standorte"[436] festgelegt. Die Grundfläche der Laube darf bis zu 20 qm und der umbaute Raum bis zu 50 cbm betragen. Vorstellungen über „einfachste Schönheitsanforderungen" (Heicke) werden nicht mehr artikuliert. An deren Stelle sind eine ganze Reihe von Merkblättern getreten, die über „Wichtige Rechtsvorschriften für Kleingärtner", das bereits erwähnte „Bauanzeigeverfahren für Gartenlauben in Kleingartenanlagen", über „Schutzpflanzungen zur Minderung von Lärm- und Luftverunreinigungen", über „den Betrieb von Rasenmähern und anderen motorbetriebenen Maschinen im Haus- und Kleingarten", über die „Verwendung von Nadelhölzern in kleinen Gärten" und über „Vogelschutz im Haus- und Kleingarten" informieren[437]. Seit der Novellierung der Hessischen Bauordnung im Jahr 1990 ist das Bauanzeigeverfahren für Gartenlauben in Kleingartenanlagen, die über rechtsbeständige Bebauungspläne abgesichert sind, nicht mehr erforderlich.

Die Auswirkungen allzu starker Normierung und allzu detaillierter Vorschriften über die ästhetische Gestalt von Kleingärten können Desinteresse bei den Kleingärtnern und Monotonie in den Anlagen sein. Es erscheint uns angebracht, sich die in der Gesellschaft vorfindbare Differenziertheit der Interessen auch in den Klein-

Abb. 111 Garten eines Erwerbslosen an der Borsig-Allee, September 1934

gärten abbilden zu lassen. Die Gestalt der einzelnen Gärten war von Anbeginn an alles andere als einheitlich. Der Gebrauch und die Gestalt der Gärten wird, wie man leicht in den Biographien älterer Kleingärtnerhaushalte nachvollziehen kann, der jeweiligen Lebensphase, den gesellschaftlichen Umständen und den sich wandelnden Interessen entsprechend geändert (Abb. 111).

Eine vorurteilsfreie Betrachtung des Kleingartens als individuellem Ausdruck urbaner Gartenkultur scheint uns vonnöten, sowohl durch Außenstehende wie auch durch die Kleingärtner und Kleingärtnerinnen selbst. „Was immer man gegen die Kleingärtnerei als Ideologie vorbringen kann", hatte Sack in den frühen 70er Jahren geschrieben, „jedenfalls nicht, daß es unanständig sei, wenigstens einen Platz auf der Welt zu beanspruchen, an dem man seine Identität beweisen kann"[438]. Sack meinte damals, dieser „letzte Abenteuerspielplatz erwachsener Menschen" sei ihnen inzwischen genommen worden. Zum Teil mag er damit recht haben, es gibt jedoch auch immer wieder hoffnungsvolle Zeichen des Entstehens und der Rückgewinnung von Identität in Kleingärten. Die, und nicht weitere Reglementierungen, erhalten das Kleingartenwesen lebendig.

8. Der Goldene Spaten – ein Lehrstück politischer Kleingartenpropaganda

Kleingärten kam in der Zeit des Nationalsozialismus eine hohe ideologische Bedeutung zu. Der Spaten, nicht zuletzt durch den nationalsozialistischen „Reichsarbeitsdienst" damals im öffentlichen Bewußtsein, ließ sich dabei als Symbol propagandistisch vereinnahmen. Vor diesem Hintergrund ist zweifellos der Wettbewerb um den „Goldenen Spaten" zu sehen. Auch im Kleingartenwesen des ausgehenden 20. Jahrhunderts spielt der goldene Spaten noch eine Rolle. Der „Landesverband Berlin der Gartenfreunde e.V." verlieh z.B. 1992 dem neu ernannten Leiter des Pflanzenschutzamtes, Schmidt, einen Goldenen Spaten und wünschte sich „weiterhin eine so gute Zusammenarbeit mit dem Pflanzenschutzamt zum Wohle und im Interesse der Berliner Kleingärtner"[439].

Im Jahr 1937 führte der „Reichsbund deutscher Kleingärtner e.V." erstmals einen Wettbewerb um den „Goldenen Spaten" durch. Die Zeitschrift „Grüne Post" hatte dafür einen Wanderpreis gestiftet. Sieger des Wettbewerbs, bei dem es darum ging, die Städte zur Ausweisung von Dauerkleingärten zu ermuntern, war 1937 die Stadt Chemnitz geworden, in der der dritte Kleingärtnertag der Nationalsozialisten stattfand. Die Stadt Frankfurt hatte sich nicht beteiligt, weil sie sich angeblich „nicht um den Geldpreis einer Zeitschrift bewerben wollte"[440]. Ein Jahr später hatte sich die ohnehin schwierige Ernährungslage in Deutschland weiter verschlechtert. Die Bewirtschaftung von Kleingärten sollte wesentlich zu ihrer Verbesserung beitragen. Der Wettbewerb um den „Goldenen Spaten" fand daher 1938 „mit ausdrücklicher Genehmigung des Herrn Reichs- und Preuß. Arbeitsministers statt, der der Stadt, die aus diesem Wettbewerb hervorgeht, seine schriftliche Anerkennung aussprechen will"[441], so nach einem Schreiben des Bauamtes an den Oberbürgermeister. Da nun der Reichsarbeitsminister die Schaffung von Dauerkleingärten unterstützte, konnte dem „eine Stadt von der Bedeutung Frankfurts nicht gleichgültig oder ablehnend gegenüberstehen". Allerdings wurden der Stadt wenig Chancen eingeräumt, den Wettbewerb zu gewinnen, weil „voraussichtlich nur die Städte als Preisträger in Frage kommen, die nach 1932 in der Lage waren, *Dauer*kleingartengelände zu schaffen. *Dauer*kleingartenanlagen" (Unterstreichungen im Original, G. G. und J. W.-B.), so heißt es durchaus selbstkritisch im Bauamt der Stadt, „konnten jedoch in den letzten Jahren in Frankfurt a. M. nur noch in bescheidenem Umfange ausgewiesen werden". Als Grund dafür wird, immer wieder gleichlautend in der Geschichte des Kleingartenwesens, einerseits angegeben, es stünde „Gelände, das sich für die Schaffung von Dauerkleingärten eignete, nicht mehr ausreichend zur Verfügung", andererseits ließen angeblich „die bestehenden Pachtverträge oder die Art der bisherigen Nutzung eine Bereitstellung geeigneten Geländes für die Einrichtung von Dauerkleingärten zunächst nicht" zu.

Das geringe kommunale Interesse, die in Frankfurt seit fast einem Vierteljahrhundert erhobene Forderung nach der Ausweisung von Kleingärten in Bebauungsplänen einzulösen, kommt letztlich auch in dem Verweis zum Ausdruck, daß „erst wenn der in Bearbeitung befindliche neue Wirtschaftsplan zum Abschluß gekommen ist, (besteht) hier wieder die Möglichkeit besteht, in größerem Umfang Dauerkleingärten zu schaffen, weil es dann möglich sein wird, für diesen Zweck auch nicht in städt. Eigentum stehendes Gelände in Anspruch zu nehmen"[442].

Die Stadt Frankfurt bewarb sich schließlich um den „Goldenen Spaten", und am 8. August 1938 erhielt der Oberbürgermeister per Reichspost-Telegramm die folgende Nachricht: „Die Reichspruefungskommission fuer den goldenen Spaten der im Einvernehmen mit dem Herrn Reichsarbeitsminister alljaehrlich fuer die beste Deutsche Kleingartenstadt von dem Reichsbund Deutscher Kleingärtner und der Gruenen Post verliehen wird erlaubt sich Mitteilung zu machen dass der Wanderpreis goldener Spaten 1938 nebst Geldpreis von RM 3.000 im Wettbewerb unter 20 Staedten der Stadt Frankfurt verliehen worden ist. Ueberreichung ist beabsichtigt 19. August in Frankfurt (Main) bei Besichtigung der Kleingaerten und Kleinsiedlungen durch Sektion 13 Internationaler Gartenbau Kongress! Herzlichen Glueckwunsch Deutscher Verlag die Gruene Post"[443] (Abb. 112, 113).

Dieses Telegramm war das Vorspiel für eine für den Nationalsozialismus typische Inszenierung eines Ereignisses mit rein propagandistischen Absichten. So tief gestaffelt und durchorganisiert nach außen hin das Kleingartenwesen im Nationalsozialismus präsentiert wurde, bei gleichzeitiger Zerstörung seiner in der Weimarer Republik vielfältig entwickelten Selbstverwaltung, so aufgebauscht wurden Leistungen, die die Kleingärtner erbracht hatten, von einigen nationalsozialistischen Politikern und Repräsentanten der Kleingartenbewegung, die vermutlich mehr an ihrer Selbstdarstellung als an der Sache der Kleingartenvereine interessiert waren.

Über die Festveranstaltung anläßlich der Preisübergabe wurde mit großen Worten in der „Grünen Post" berichtet. Dazu heißt es beispielsweise: „So leicht gibt es keinen zweiten Ort in Deutschland, wo fünftausend Pflanzen in nicht gezählten Exemplaren dem Besucher so gefällig geboten werden wie im ‚Palmengarten' der alten Mainstadt". „An dieser Stelle", so heißt es weiter, „in einem grünumsponnenen Glaspavillon des prächtigen Gesellschaftshauses, begann am 19. August eine Feststunde, die der gesamten deutschen Kleingartenbewegung galt"[444]. Aus der Preisübergabe für eine lokale Leistung von Frankfurter Kleingärtnern wurde eine nationale Angelegenheit gemacht. Mehr noch, so als ob zu dieser Preisübergabe auch internationale Kleingartenvertreter nach Frankfurt gekommen seien, wird von einer herzlichen „Begrüßung von hochinteressierten und hochverdienten Kleingärtnern aus acht Nationen" gesprochen. Tatsächlich waren das, wie sich der Rede des Oberbürgermeisters entnehmen läßt, Mitglieder der „Sektion Kleingarten- und Kleinsiedlungswesen des Internationalen Gartenbaukongresses"[445], der 1938 in Essen statt-

Abb. 112 Der „Goldene Spaten",
ausgestellt 1938 in einem Schaufenster eines Tourismus-Informationsbüros

fand, die auf einer Studienreise auch Frankfurt besuchten. Ob darunter Kleingärtner waren, ist in keiner Weise belegt.

Der Frankfurter Oberbürgermeister sprach in seiner Ansprache noch relativ differenziert von „rund 52.000 Gärten für den Eigenbedarf". In dieser Zahl wollte er „rund 24.000 ... reine Kleingärten" enthalten wissen, von denen „fast die Hälfte, nämlich 10.400, in den Bauplänen als Dauerkleingärten ausgewiesen oder in geschlossenen Anlagen außerhalb der Baugebiete angelegt" seien, „bei denen von vornherein mit einer langfristigen Pachtdauer gerechnet werden darf"[446]. Die „Grüne Post" dagegen schrieb willkürlich von „52.000 Kleingärten"[447] in Frankfurt.

Doch auch der Frankfurter Oberbürgermeister ging großzügig mit der Zahl der Dauerkleingärten um. Tatsächlich war die Zahl der Dauerkleingärten in Frankfurt, die von Anfang des Nationalsozialismus 1933 bis 1936 konstant bei 1.530 gelegen hatte, also so aus der Zeit der Weimarer Republik übernommen worden war, Anfang 1937 um gut 5 Prozent gesunken, auf ganze 1.450 „ausgewiesene Dauerkleingärten",

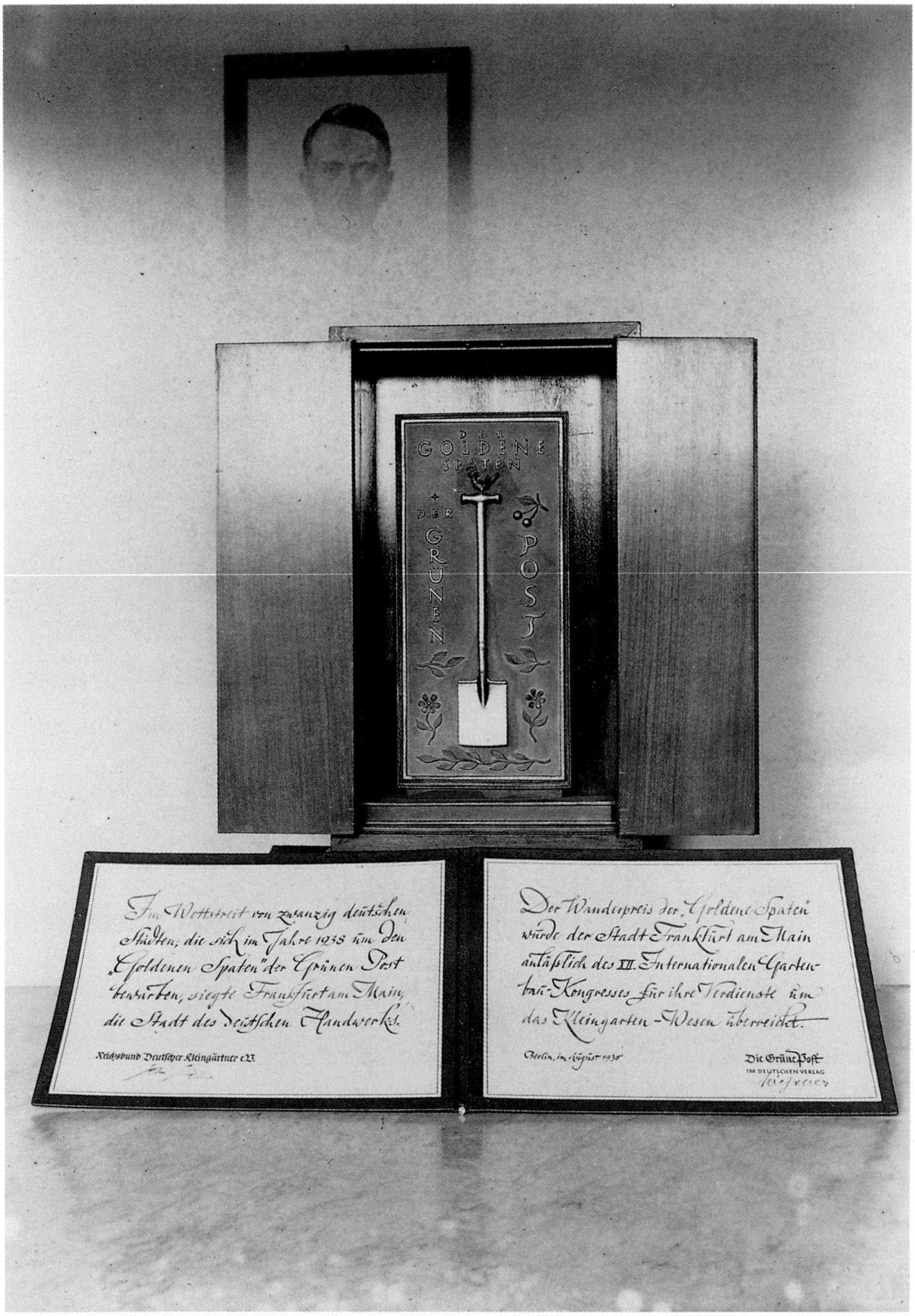

Abb. 113 Der „Goldene Spaten", Frankfurt am Main 1938

davon 1.401 auf städtischen Grundstücken und 49 auf Grundstücken sonstiger öffentlich rechtlicher Körperschaften. „Außerhalb der Bauzonen", d.h. damit auch außerhalb des Geltungsbereiches von Bebauungsplänen, lagen „in geschlossenen Anlagen" auf städtischen Grundstücken rund 5.300, auf Grundstücken sonstiger öffentlich rechtlicher Körperschaften, rund 2.500 und auf Privatgrundstücken rund 1.150, zusammen also rund 8.950 Kleingärten. Addiert man beide Zahlen und bezeichnet die Summe dann als „in den Bauplänen als Dauerkleingärten ausgewiesen oder in geschlossenen Anlagen außerhalb der Baugebiete angelegt", so lassen sich insgesamt rund 10.400 Gärten darunter fassen, wie aus einer Aufstellung hervorgeht, die für den Regierungspräsidenten im Juli 1937 angefertigt worden war[448]. Von diesen aber waren nur die besagten 1.450 Gärten Dauerkleingärten im wirklichen Sinne des Wortes.

Die hier zusätzlich aufgestellte Behauptung des Oberbürgermeisters, bei den Dauerkleingärten und den „außerhalb der Baugebiete" angelegten Kleingärten könne „von vornherein mit einer langfristigen Pachtdauer gerechnet werden", widersprach klar einer von ihm noch ein Jahr vorher formulierten Einschätzung gegenüber dem Regierungspräsidenten in Wiesbaden. Darin hatte er zum einen festgestellt, daß „eine grössere Anzahl Kleingärten ... von denen mehr als 200 Gärten als Dauergärten ausgewiesen waren, oder so langfristige Verträge hatten, daß sie die Eigenschaft von Daueranlagen hatten", dem „Bau von Reichskraftfahrbahnen und Wehrmachtanlagen" sowie der „Entwicklung der Stadt in Bezug auf Wohnbauten und Industrieanlagen" als auch den „Erfordernisse(n) des modernen Verkehrs ... zum Opfer" gefallen waren. Zum anderen hatte er deutlich gemacht, „dass ein *endgültiger* Wirtschaftsplan für das Stadtgebiet noch nicht vorliegt, dass der Baunutzungsplan erst im Entwurf fertiggestellt ist und dass vor deren Verabschiedung durch die zuständigen Stellen den Kleingärtnern keine *verbindliche* Zusage über langfristige Pachtdauer gemacht werden kann" (Unterstreichungen im Original, G. G. und J. W.-B.)[449]. Die Behauptung des Oberbürgermeisters, die Stadt sei „jederzeit in der Lage, weiterem Bedarf an Kleingartengelände gerecht zu werden"[450], können die anwesenden Vertreter der Kleingärtner nur mit großer Verwunderung zur Kenntnis genommen haben.

Die zunächst fast bescheiden vom Frankfurter Bauamt geäußerte Befürchtung, Frankfurt habe keine Chance bei dem Wettbewerb, weil im Nationalsozialismus „nur noch in bescheidenem Umfange"[451] Dauerkleingartenanlagen ausgewiesen worden seien, war zwar, wie die Aufstellung an den Regierungspräsidenten aus dem Jahr 1937 zeigt, frei erfunden, doch spielte das bei der beabsichtigten Vergabe des Preises an die Stadt Frankfurt überhaupt keine Rolle. Wahrscheinlicher ist, daß der 1935 vom Reichsbauernführer Darré zum Vorsitzenden des Reichsbundes der Kleingärtner und Kleinsiedler Deutschlands ernannte Frankfurter Stadtrat Kaiser (Abb. 114) die propagandistische Gelegenheit des Frankfurt-Besuchs einer Gruppe von Teilnehmern des 12. Internationalen Gartenbaukongresses (Abb. 115), der in Essen stattfand, und des Todes des langjährigen Vorsitzenden des Reichsverbandes

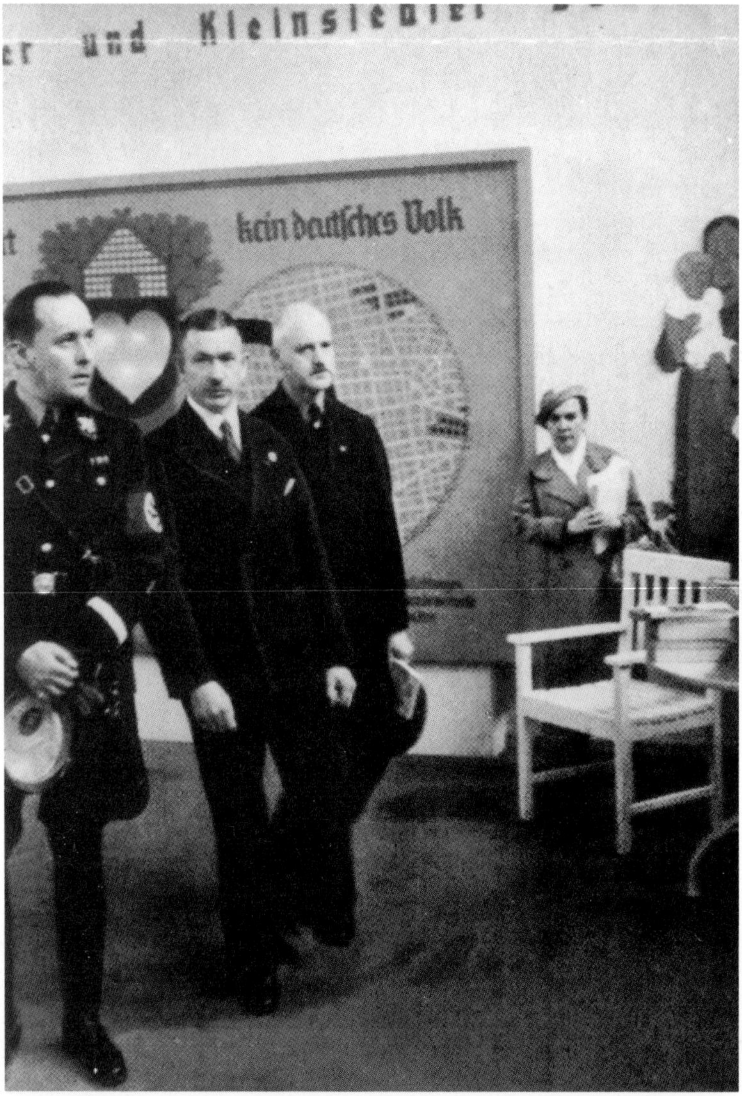

Abb. 114 Der Führer des „Reichsbundes deutscher Kleingärtner und Kleinsiedler", Kaiser, 2.v.l., mit Reichsminister Darré, l., auf einem Rundgang durch die Sonderschau des Reichsbundes auf der Reichsgartenschau Dresden, 1936

Abb. 115 Teilnehmer des 2. Internationalen Gartenbaukongresses bei der Besichtigung Frankfurter Grünanlagen, hier an der Römerstadt; Gartenbaudirektor Bromme vorn links, Ministerialdirektor Knoll Mitte, Ministerialrat Schmidt rechts, 1938

der Kleingartenvereine Deutschlands, des Frankfurter Mittelschul-Rektors Förster, erkannt hatte und für sich politisch ausschlachten wollte. Dafür sprechen nicht zuletzt auch die knappen Zeiten, die zwischen der Empfehlung des Bauamts vom 20. Juni 1938, am Wettbewerb teilzunehmen, dem Tod von Förster am 10. August, der Entscheidung der Reichsprüfungskommission vom 11. und der Übergabe des Preises am 19. August 1938 im Frankfurter Palmengarten liegen.

Dieser Skrupellosigkeit stand eine bemerkenswerte Indifferenz etwa des Leiters der Sektion 13a des XII. Internationalen Gartenbaukongresses, Rouppert, Professor an der Universität Krakau in Polen, gegenüber, der von der „Grünen Post“ mit den Worten, „zu dem, was Sie vollbracht haben, können wir nur applaudieren. Wir tun es im Takt unserer Herzen“, zitiert wurde. In den Sondernachrichten des Reichsbundes deutscher Kleingärtner, in denen ausführlich über die Verleihung des Goldenen Spatens an Frankfurt berichtet wurde, wurde Rouppert als „an ein Goethewort anknüpfend“ wiedergegeben, indem „er von der Wahlverwandtschaft“ sprach, „die jeden Polen mit Frankfurt verbinde, das das gleiche Wappenschild führt wie sein Vaterland, mit den Farben Rot und Weiß"[452]. Ein Jahr später wurde Polen vom nationalsozialistischen Deutschland überfallen und sollte anschließend, weil „die Landschaft" dort „auf weiten Flächen durch das kulturelle Unvermögen" der Polen „vernachlässigt, verödet und durch Raubbau verwüstet" worden sei, in eine germanisch grüne Landschaft verwandelt werden, „damit der germanisch-deutsche Mensch sich heimisch fühlt, dort seßhaft wird und bereit ist, diese neue Heimat zu lieben und zu verteidigen"[453].

In den „Sondernachrichten des Reichsbundes deutscher Kleingärtner" wurde schließlich unter der Überschrift „Frankfurt a. M. Sieger im Wettbewerb um den Goldenen Spaten" auch noch der Vertreter Großbritanniens, Fairbank, „im Auftrage der ausländischen Gäste" für das nationalsozialistische Interesse an Kleingärten eingespannt. Fairbank erwähnte zwar mit keinem Wort die Frankfurter Kleingärten, doch wird sein Dank, den er „für all das, was für uns getan wurde während unserer Deutschlandreise", abstattet, so in den Zusammenhang der Darstellung in den Sondernachrichten gebracht, daß er den nicht vorhandenen nationalsozialistischen Leistungen auf dem Gebiet des Kleingartenwesens in Frankfurt zugerechnet werden konnte.

Ein weiterer Aspekt dieser natonalsozialistischen Preisvergabe für Kleingärten in Frankfurt sei noch angesprochen. Unter dem Vorsitz des Ministerialrats Gisbertz[454] hatte die Reichsprüfungskommission der Bewerbung der Stadt Frankfurt den „Goldenen Spaten" zuerkannt. Der Preis sollte angeblich schon 1931, d.h. noch in der Weimarer Republik, von der „Grünen Post" vergeben werden.

Der Schriftleiter der „Grünen Post", einer nicht von den Kleingärtnern unterstützten Postille, hatte, nicht zuletzt wohl, um die Absatzchancen seines Blättchens zu erhöhen, 1931 bei dem damaligen Vorsitzenden des Reichsverbandes der Kleingartenvereine Deutschlands, dem Frankfurter Förster, wegen eines solchen Preises vorgesprochen. Möglicherweise hatte er von Förster in der Weise Zustimmung erfahren, daß darüber in einem demokratisch organisierten Verband, in dessen Unterorganisationen ja durchaus auf freiwilliger Basis Gartenwettbewerbe veranstaltet wurden, gesprochen und abgestimmt werden müsse. Das passte der Verkaufsstrategie des Privatunternehmens der ‚Grünen Post' aber offenbar nicht ins Konzept. Hemmungslos wurde daher der am 10. August 1938, wenige Tage vor der Preisverleihung, verstorbene Förster, der sich zweifellos Verdienste um das Kleingartenwesen erworben hatte[455], am Tag der Preisverleihung von dem „Betriebsführer des Deutschen Verlages", in dem die „Grüne Post" erschien, für die Postilleninteressen instrumentalisiert. Es wurde behauptet, Förster habe dem Plan der „Grünen Post" zugestimmt. Der Plan sei, so wird der Weimarer Republik diffamierend unterstellt, angeblich „im Gezänk, in der Uneinigkeit und Unentschlossenheit der Zeit" nicht umzusetzen gewesen.

Geflissentlich übersehen wurde dabei, daß der Preis nicht den Kleingärtnern bzw. einer ihrer Organisationen, sondern einer Stadt bzw. einer Stadtverwaltung übergeben werden sollte, deren Engagement für Kleingärten aus der Sicht der Kleingärtner doch nicht immer als befriedigend angesehen werden mußte. Ebenso negiert wurde von der Zeitschrift, daß in der Weimarer Republik nicht das Führerprinzip sondern demokratische Verfahrensweisen das Vorgehen im Reichsverband der Kleingartenvereine Deutschlands bestimmt hatten. Die privatistisch eingeholte Zustimmung bei einem als ‚Führer' verstandenen 1. Vorsitzenden des Reichsverbandes zeigt, wie wenig die Vertreter dieser Postille den langjährigen Kampf der Kleingärtner um ihre Flächen verstehen wollten. Aber die „Grüne Post" wollte ja auch keinen Kleingarten stiften, sondern ganz im Sinne der Ideologie des Nationalsozialismus „ihren Beitrag leisten zur Gesundung und Stärkung unseres Lebensgefühls und der seelischen Haltung eines Volkes, das im Heimatboden Kraft und Segen findet"[456].

Diese bemerkenswerte Strategie der Zeitschrift sorgte auch in den ersten Jahren der Bundesrepublik noch nachhaltig für Mißstimmigkeiten bei den Kleingärtnern. Aus der ‚Grünen Post' war in der Bundesrepublik vermutlich ‚Das Grüne Blatt' geworden. Dieses ‚Grüne Blatt' hatte 1950 für das Land Nordrhein-Westfalen und 1951 sowie 1952 auf Bundesebene wieder Kleingartenwettbewerbe organisiert. 1953 schließlich zog der Bundesminister für Wohnungsbau diesen Wettbewerb an sich. „Damit war", so schrieb 1965 der langjährige Vorsitzende des „Verbandes Deutscher Kleingärtner", Brando, „ein für die Organisation bisher unerquicklicher Zustand der Förderung durch ein privates Zeitungsunternehmen beseitigt, und wir waren aller Bindungen frei"[457].

Im Jahr nach der Preisverleihung, 1939, wurde das Preisgeld von der Stadt Frankfurt „für die Einrichtung von zehn ‚Beispielgärten' am Stadtpark Ffm-Höchst als Kleingartenanlage ‚Zum goldenen Spaten'"[458] verwendet. „Der Ausbau dieser Anlage", so wurde in dem städtischen Anzeigeblatt in einer Notiz mitgeteilt, „erfolgt im engsten Einvernehmen mit der Stadtgruppe der Kleingärtner, die auch dafür sorgen wird, daß diese Gärten solchen Volksgenossen überlassen werden, die sich um den Aufbau der neuen Volksgemeinschaft verdient gemacht haben"[459]. Dies war nationalsozialistische Vergabepraxis. Von der Einrichtung einer großen Zahl von Dauerkleingartenanlagen, wie sie etwa der Reichsarbeitsminister Seldte in einer Rundfunkansprache am 16. Dezember 1939 noch forderte, als er sagte, „wir können uns nicht mit dem Vorhandenen begnügen, sondern müssen gerade jetzt vorwärts streben und neue Gärten schaffen, zehntausend, fünfzigtausend, hunderttausend, je mehr umso besser, die in der inneren Front die Armee der Gartenbesitzer verstärken"[460], konnte jedoch keine Rede mehr sein. Die allgemeine Militarisierung des Lebens im Nationalsozialismus hatte spätestens mit dieser Rede des Reichsarbeitsministers auch die Kleingärten erfaßt.

Wer wollte, konnte von der beabsichtigten Militarisierung des Kleingartenwesens durch die Nationalsozialisten auch schon im Frühling 1936 erfahren. Damals hatte der nationalsozialistische Führer des Reichsbundes der Kleingärtner und Kleinsiedler Deutschlands e.V., Kaiser, den Sonderdruck einer im November 1935 auf einer Tagung der Akademie für Städtebau, Reichs- und Landesplanung in München gehaltenenen Rede veranlaßt. Die Rede mit dem Titel ‚Grünflächen und Großstadtauflockerung' hatte der Berliner Stadtbaudirektor Rendschmidt gehalten, der auch Vorsitzender der Landesgruppe Berlin-Brandenburg und Grenzmark dieser Akademie war.

Rendschmidt sprach in seinem Vortrag von dem „einzigartigen, unwiederbringlichen Aktivposten", den die „deutschen Städte in den Kleingärten, Laubengeländen und Schrebergärten" besitzen. „Hier", so fuhr er fort, „ist die hemmungslose Spekulation, die aus dem deutschen städtischen Boden Milliarden unberechtigter Rente herausgequetscht hat – einmal sitzen geblieben! ... Wenn irgendwo, so wird hier der Privatbesitz am wenigsten beeinträchtigt, wenn diese für die Auflockerung so bitter notwendigen Freiflächen im nötigen Umfang für alle Zeiten als unbebaubar ausgewiesen werden. Hier haben wir ein durchgreifendes Mittel in städtebaulicher Hinsicht ... Der vom Amt für Agrarpolitik der NSDAP gegründete Reichsbund der Kleingärtner und Kleinsiedler Deutschlands ist nicht nur ein wichtiger sozialpolitischer Faktor des dem Boden verhafteten deutschen Volkes, sondern wird so auch ein städtebaulicher Rechtsträger erster Ordnung!"[461].

So vorbereitet und vereinnahmt, zitiert Rendschmidt in seiner Rede dann den ersten nationalsozialistischen Führer des „Reichsbundes der Kleingärtner", Kammler, mit den Worten: „Für die Auflockerung der Großstädte ist die Schaffung von Dauerkleingartenland an Stelle der im Laufe der Zeit zu beseitigenden ungesunden mehrgeschossigen Mietskasernenblöcke im Stadtzentrum eine der wichtigsten Forderungen. Die Einordnung der bestehenden und der neu zu schaffenden Kleingärten in den inneren und den äußeren Stadtraum in Verbindung mit der Verbesserung bzw. Neuanlage von Arbeitsstätten und Kleinsiedlungen muß planvoll bei der Aufstellung der Wirtschaftspläne erfolgen. Mit der Durchsetzung der Städte mit Kleingärten wird zugleich den Anforderungen des Luftschutzes am zweckmäßigsten Rechnung getragen"[462]. Luftschutz, eine Kategorie, die bis dahin im Kleingartenwesen überhaupt keine Rolle gespielt hatte, bezog sich unmißverständlich auf den von den Nationalsozialisten schon vorgedachten, in nicht allzu ferner Zukunft noch zu führenden Flieger- und Bombenkrieg. Vor diesem Hintergrund war die Verleihung des Goldenen Spatens nur ein Mosaikstein der nationalsozialistischen Indienstnahme kleingärtnerischer Tätigkeit.

9. Frankfurter Kleingartenvereine im Spiegel der Festschriften

Wer einen Kleingarten pachtet, hat sich damit eine Voraussetzung für individuelles Gärtnern geschaffen. Aussäen, Wässern, Düngen, Umgraben und Ernten, Freude an der Kultur von Pflanzen, an Blumenpracht und am Ausprobieren technischer Möglichkeiten im Garten sind so möglich (Abb. 116, 117, 118, 119). Meist ist damit auch die Mitgliedschaft in einem Kleingartenverein verbunden. Der Verein wiederum bildet den Rahmen für eine Vielzahl sozialer Aktivitäten. Manche dieser Tätigkeiten sind vereinsspezifisch und lassen sich nur dort unmittelbar erfahren. Einige spiegeln sich aber auch in den Festschriften (Abb. 120, 121, 122) wider, die anläßlich der Vereinsjubiläen herausgegeben werden, und sind somit auch für Außenstehende nachvollziehbar. Da wird über die historische Entwicklung der Vereine, über deren Einbindung in das politische und soziale Gefüge Frankfurts ebenso berichtet wie über das soziale Leben in den Vereinen und die Interessen und Aktivitäten ihrer Mitglieder.

Zweifellos sind diese Festschriften subjektiv, von Gefühlen, persönlichen Erlebnissen und spezifischen Vereins- und Individualinteressen geprägt. Doch enthalten auch Magistratsberichte, Ausschußprotokolle, Informationsschriften des Gartenamtes oder das hier vorliegende Buch über die Frankfurter Kleingartengeschichte viele subjektive Elemente. In den Vereinsdarstellungen werden von denen, die diese Geschichte maßgeblich prägten, vereinsbezogen Ereignisse erzählt, interpretiert und kommentiert. Sie stellen somit ein sehr persönliches Stück Geschichtsschreibung dar, das eine unersetzliche Fundgrube für diesen Teil unserer Auseinandersetzung mit dem historischen Verlauf der Frankfurter Kleingartenbewegung bildete. In ihnen sind Spaß und Freude ebenso ausgedrückt wie Angst, Leid und Enttäuschung. Bisweilen lassen sie menschliche Schwächen, Neid und Mißgunst erkennen. Diese Festschriften (Abb. 123, 124, 125, 126, 127) erzählen auch Geschichten von Niederlagen, so, wenn nach vielen Jahren harter Arbeit und Kultivierung urbar gemachtes und fruchtbringendes Land zu Wohn- und Straßenbauzwecken abgegeben werden mußte. Andererseits belegen sie auch Erfolge, wenn z.B. im Kampf gegen andere kleingartenfeindliche Interessen die eigenen Vorstellungen durchgesetzt werden konnten. Auch die Zusammenarbeit mit den Verwaltungsorganen und den politischen Gremien der Stadt Frankfurt sowie mit der Stadtgruppe Frankfurt der Kleingärtner e.V. wird häufig thematisiert. Letztlich dominiert darin jedoch die Freude am geselligen Zusammenleben im Verein, am Gespräch mit anderen Gleichgesinnten, an Festen, an der Gartenarbeit und am Umgang mit Pflanzen.

Beispielhaft für viele mag der kurzgefaßte Rückblick des „Kleingartenvereins Eschersheim e.V.“ auf seine 70jährige Geschichte stehen: „Von 1898 bis 1968 sind

Abb. 116 Blumenpracht in der Kleingartenanlage Homburger Landstraße, Staudenweg, um 1930

Abb. 117 Blumenpracht in der Dauerkolonie des „Kleingärtnervereins Riederwald", um 1930

es 70 lange Jahre, also zwei Generationen, die dieser Verein besteht. In denen er meist eine stetige, manchmal ruckweise Entwicklung genommen hat. Krieg, Inflation, Arbeitslosigkeit, wieder Krieg, Aufbau und endlich einmal eine Phase stetiger, friedlicher Aufwärtsentwicklung haben zur heutigen Größe des Vereins geführt"[463].

Im folgenden soll nun auf diese soziale Dimension des Frankfurter Kleingartenwesens etwas detaillierter eingegangen werden.

Abb. 118 Gartenarbeit in der Kolonie des „Kleingärtnervereins Am Enkheimer Wald", Mai 1935

Abb. 119 Letzte Arbeiten vor der großen Blütenpracht in Griesheimer Gärten bei „St. Gallus", März 1991

Abb. 120 Titelblatt der Festschrift
„50 Jahre Kleingärtnervereine Miquel und Nardholz. 1932–1982"

Abb. 121 Titelblatt der Festschrift „1933–1983. 50 Jahre Kleingärtnerverein Nidda-Ufer e.V.“

Abb. 122 Titelblatt der Festschrift „75 Jahre Stadtgruppe Frankfurt der Kleingärtner e.V.“, 1990

Abb. 123 Titelblatt der Festschrift
anläßlich des 75-jährigen Bestehens des „Kleingärtnervereins Riederwald e.V.“, 1988

Abb. 124 Titelblatt der Chronik „60 Jahre Kleingärtnerverein Ackermann. 1926–1986"

Abb. 125 Titelblatt der Festschrift „75 Jahre Kleingärtnerverein Süd-West e.V. 1913–1988“

Abb. 126 Titelblatt der Festschrift „75 Jahre Kleingärtnerverein St. Gallus", 1990

Eine ›Perle‹ in der Nähe zum Main

25 Jahre
Kleingärtnerverein
Mainperle e.V.
Frankfurt-Fechenheim

Abb. 127 Titelblatt der Festschrift
„25 Jahre Kleingärtnerverein Mainperle e.V. Frankfurt-Fechenheim“

9.1. *Warum Gärtnern in Vereinen?*

Kleingärtnerei muß nicht zwangsläufig in Vereinen betrieben werden. Es gibt in den Städten auch nicht in Vereinen organisierte Kleingärtnerhaushalte. Doch stellen diese nur eine Minderheit dar. Es scheint also gewichtige Gründe zu geben, sich in Vereinen zu organisieren. Deren Funktion als Basis gemeinsamen Handelns, gemeinsamer Interessenartikulierung und -durchsetzung sowie anderer sozialer Aktivitäten kann kaum überschätzt werden (Abb. 128, 129, 130). Die Mitglieder diskutieren ihre teils durchaus unterschiedlichen Vorstellungen miteinander, stimmen sie ab, formulieren gemeinsame Ziele des Vereins und gelangen so letztlich zu konsensfähigen Ergebnissen; sie feiern gemeinsam, sie tauschen fachliche Erfahrungen aus und anderes mehr.

Eine besondere Qualität der Kleingartenvereine, die sie von manchen anderen Zusammenschlüssen unterscheiden mag, liegt darin, daß sie das von unterschiedlichen sozialen Schichten geteilte Interesse an Gartenkultur gemeinsam in einem Verein repräsentieren. So heißt es beispielsweise in der Festschrift zum 75jährigen Bestehen des „Kleingärtnervereins der Rosisten" (Abb. 131, 132) im Jahr 1969, der Verein biete „ein getreues Spiegelbild der soziologischen Struktur der Stadtbevölkerung. In der Gartenfamilie finden wir den Akademiker, den Kaufmann, den Unternehmer und den Angestellten, den Arbeiter und den Beamten. Die Jugend ist ebenso bei uns zu Hause wie der ältere Bürger, der Rentner oder die Witwe"[464]. Kleingartenvereine sind also durchaus auch Ort der Begegnung für Menschen unterschiedlicher sozialer Schichten, die ansonsten vielleicht keinen Kontakt miteinander bekämen.

Historisch dürften allerdings eher schichtspezifisch unterschiedliche Interessenslagen für die Gründung von Kleingartenvereinen ausschlaggebend gewesen sein. Das drückt z.B. der 1908 gegründete „Kleingärtnerverein Bockenheim" folgendermaßen aus: „Bedingt durch die zunehmende Industrialisierung stieg Anfang dieses Jahrhunderts die Nachfrage nach einem Stück Garten immer mehr. Vor allem waren es viele Arbeiter, die aus der Landwirtschaft zugezogen waren und grosses Interesse an der Pacht eines kleinen Stückchen Landes hatten"[465].

Zahlreiche Vereine, so der „Kleingartenverein Eckenheim", wurden in den Notzeiten des Ersten Weltkriegs und den darauffolgenden Jahren zur Sicherstellung der Ernährungsbasis der Familien gegründet. Die Eckenheimer Chronik teilte dazu 1970 mit: „1920, 2 Jahre nach Ende des ersten Weltkrieges waren es vornehmlich Frauen, welche sich Gedanken machten, wie sie sich ein Stückchen Land auf Dauer für ihre Familien sichern könnten. Zu diesen Überlegungen führten die Erfahrungen der Rübenwinter des Jahres 1917/18, in welchen die Mütter verzweifelt alles unternahmen, um deren Kindern zusätzlich etwas Essen auf den Tisch stellen zu können"[466]. Bisweilen waren es spezifische soziale Gruppen, die Kleingartenvereine gründeten. So wurde der „Kleingärtnerverein der Kriegsopfer Bockenheim" 1922 unter Mithilfe des „Verbandes der Kriegsbeschädigten" ins Leben gerufen, um

Abb. 128 Gemeinsamer Bau von Gartenlauben in der Kleingartenanlage Südliche Dieburger Straße, o.J.

dieser Gruppe bessere Lebensbedingungen durch die Bereitstellung von Kleingärten zu ermöglichen. Wieder andere, so der „Kleingärtnerverein Marbachweg" und der „Kleingärtnerverein Nardholz", entstanden 1932 in der Zeit großer Arbeitslosigkeit, als die Stadt Frankfurt mehreren 1.000 Interessierten Flächen übergab, die als Grabeland genutzt werden konnten.

Anders dagegen liegen die Dinge beim „Kleingärtnerverein Eschersheim". Dessen Gründung 1898 war der Initiative einiger paternalistisch eingestellter Eschersheimer zuzuschreiben, die andere Eschersheimer gartenbaulich beraten wollten. Dazu wird ausgeführt: „1898 haben einige beherzte Männer – darunter Adolf Grabe (der Nachfolger Cronbergers im Vorsitz des Ortsverbandes Frankfurt am Main, G. G. und J. W.-B.), der ‚Schmied' Martin und Wilhelm Karmann – ohne sichtbare Not den ‚Obst- und Gartenbauverein Eschersheim' gegründet. Im Gegensatz zu den meisten anderen Kleingartenanlagen, die zumeist aus der Not geboren worden sind. Seinerzeit hatte Eschersheim mehr bäuerlichen Charakter und nur wenige Angestellte, Arbeiter und Beamte wohnten da. Damit der Obstbau kommerziell betrieben werden konnte, hat sich dieser Verein zum Ziel gesetzt, die Bauern im Obstbau zu beraten. Kleingärten waren damals nicht nötig, fast jeder

Abb. 129 Treffen von Mitgliedern des „Kleingärtnervereins Ginnheimer Stadtweg“ ‚nach getaner Arbeit‘, Mai 1935

hatte ein Grundstück und bestellte seinen eigenen Garten. Erst mit der Eingemeindung nach Frankfurt und der damit verbundenen Besiedelung – damals wurde ein Teil der Niedwiesenstraße, der Lindenring, die Straße ‚Im Uhrig‘ besiedelt

Abb. 130 Westhausener Kleingärtner beim Fachgespräch, Juli 1992

– sind 1910 auf dem Gelände des Hofgutes Pfad 25 bis 30 Kleingärten entstanden"[467].

Der „Kleingartenverein Ziegelhüttenweg" wurde 1913 als „Versuchs-Gartenverein Ziegelhüttenweg Frankfurt" gegründet (Abb. 133). Die Bezeichnung Versuchsgarten-Verein weist auf das Interesse am gartenbaulichen Experimentieren, z.B. die Suche nach frosthärteren und besseren Ertrag bietenden Obstsorten, nach schöner blühenden Schmuckgehölzen und Stauden hin. Die Rosisten wurden 1894 nicht als Kleingartenverein, sondern als „Frankurter Rosisten-Verein" gegründet. Die Freude an Rosen, die sich in der besonderen Gestaltung des Vereinsgeländes widerspiegelte, war der Ausgangspunkt. Erst später faßten die Mitglieder den Plan für eine Kleingartenkolonie.

Gerade in der Anfangsphase mußte oft erhebliche Arbeit investiert werden, bis endlich der Anbau von Obst und Gemüse erste Früchte zeigte. Anders als bei Hausgärten stand bei Kleingärten oft nur kaum zur Gartenkultur geeignetes Brachgelände, aufgelassene Flughäfen und ehemaliges Trümmergelände zur Verfügung. Zwei Aufnahmen aus der Anfangsphase der Kleingartenkolonie „Am Buchhang" mögen diesen Arbeitsaufwand verdeutlichen (Abb. 134, 135). Häufig lagen die

Abb. 131 Gartenfest bei den Rosisten, Anlage III, 15.8.1992

Gärten auch im Einzugsgebiet der Nidda und waren daher regelmäßig von Hochwasserschäden betroffen. Zwei besonders eindrucksvolle Schilderungen sollen einen Einblick in diesen Aspekt der Geschichte Frankfurter Kleingartenvereine ermöglichen. So berichtete der „Kleingärtnerverein Hoechst 1920 e.V." anläßlich seines 50jährigen Bestehens über die Urbarmachung des Geländes: „Welche Arbeit die ersten Gartenbesitzer leisteten und welcher Mühe sie sich unterzogen, das kann nur der ermessen, der einmal versucht hat, aus einem sumpfigen, verwilderten und sauren Boden Kulturboden zu schaffen. Dieser ersten Pionierarbeit folgten dann im Laufe der nächsten beiden Jahre die Erschließung des Kleeackers, der heutigen Kolonie 3, und des Kehrrichtplatzes, heutige Kolonie 4. Dieser städtische Kehrrichtplatz wurde von den Frauen durchgesiebt, und der so gewonnene Humusboden wurde dann nach Feierabend von den Männern abgefahren. Es waren die Jahre, die durch zwei Begriffe gekennzeichnet sind: Arbeitslosigkeit und Inflation"[468].

Der „Kleingärtnerverein Römerhof" beantwortete anläßlich seines 40. Geburtstags die selbstgestellte Frage, „Was mag einen Menschen bewegen, im heißen Sommer 1947 zwischen Bombenkratern und steinigen Resten einer Flughafenrollbahn mit dem Anbau von Gemüse und Obst zu beginnen?", folgendermaßen: „Der Hunger

Abb. 132 Gartenfest bei den Rosisten, am Gartengrill, Anlage III, 15.8.1992

im Bauch trieb die Menschen ins Kleingärtnerdasein. So kamen auch anderthalb Jahre nach dem Kriege die ersten ‚Notstandsgärtner' auf den durch Bombardierungen stark mitgenommenen ehemaligen Flugplatz Rebstock, um die verwüstete Landschaft wieder einem nützlichen Zweck zuzuführen, dem Obst- und Gartenbau"[469].

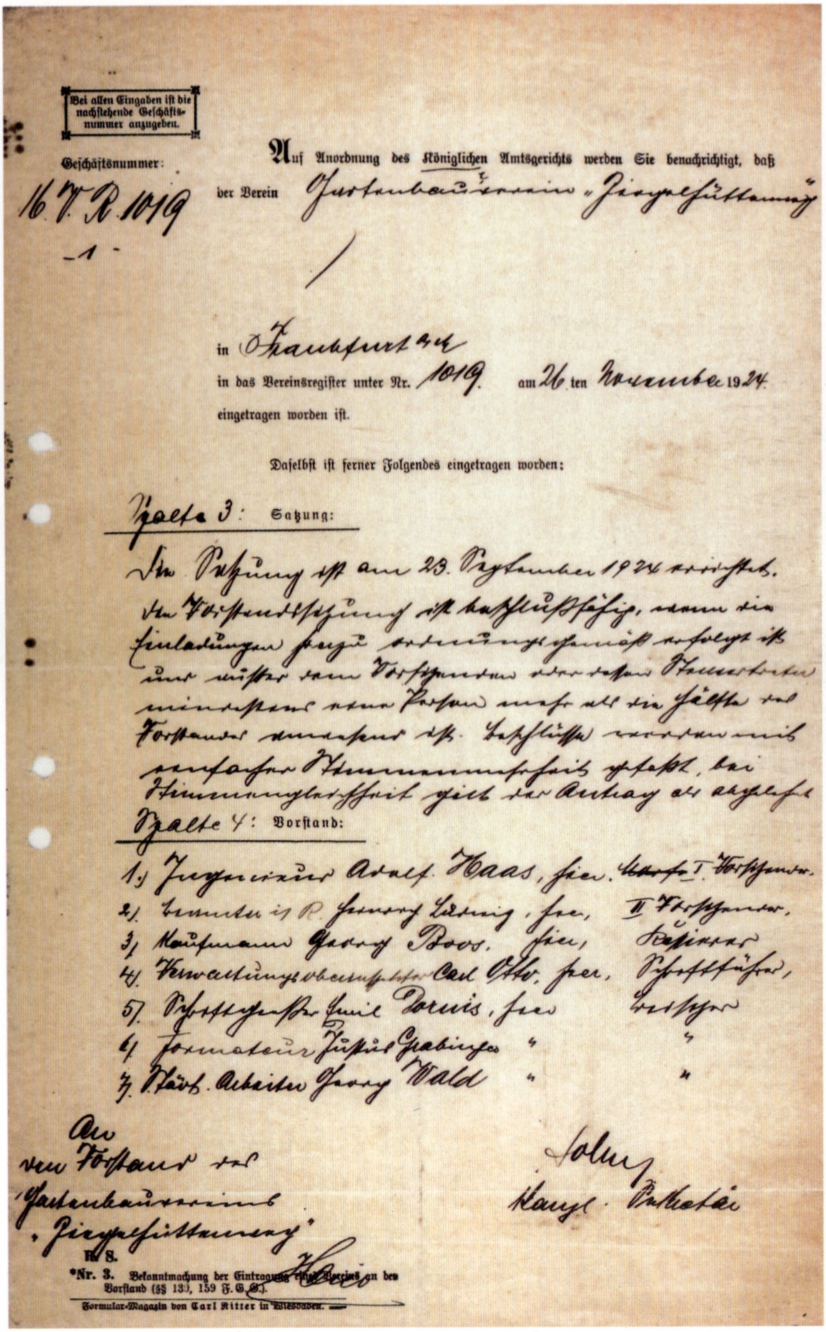

Bei allen Eingaben ist die nachstehende Geschäftsnummer anzugeben.

Geschäftsnummer: 16 V.R. 1019 -1-

Auf Anordnung des Königlichen Amtsgerichts werden Sie benachrichtigt, daß der Verein Gartenbauverein „Ziegelhüttenweg" in Frankfurt a.M. in das Vereinsregister unter Nr. 1019. am 26ten November 1924. eingetragen worden ist.

Daselbst ist ferner Folgendes eingetragen worden:

Spalte 3: Satzung:

Die Satzung ist am 23. September 1924 errichtet. Die Vorstandssitzung ist beschlußfähig, wenn die Einladungen hierzu ordnungsgemäß erfolgt ist und außer dem Vorsitzenden oder dessen Stellvertreter mindestens [illegible] Person mehr als die Hälfte des Vorstandes anwesend ist. Beschlüsse werden mit einfacher Stimmenmehrheit gefaßt, bei Stimmengleichheit gilt der Antrag als abgelehnt.

Spalte 4: Vorstand:

1.) Ingenieur Adolf Haas, Ffm. I. Vorsitzender.
2.) Bauamtsassistent Heinrich Lüdwig, Ffm., II Vorsitzender.
3.) Kaufmann Georg Boos, Ffm., Kassierer
4.) Verwaltungsobersekretär Carl Otto, Ffm., Schriftführer,
5.) Schriftsetzer Emil Dornis, Ffm Beisitzer
6.) Formateur Justus Grabinger " "
7.) Städt. Arbeiter Georg Wald " "

An den Vorstand des Gartenbauvereins „Ziegelhüttenweg"

[illegible] Hauptsekretär

[illegible]

R. S.

*Nr. 3. Bekanntmachung der Eintragung eines Vereins an den Vorstand (§§ 130, 159 F. G. G.).

Formular-Magazin von Carl Ritter in Wiesbaden.

Abb. 133 Eintragung des „Gartenbauvereins Ziegelhüttenweg" in das Vereinsregister, 1924

Abb. 134 und 135 Bau der Kleingartenkolonie „Am Buchhang", Dezember 1929

Und wie der Name des „Kleingärtnervereins Rollfeld" bereits andeutet, war auch die ‚Basis' dieses Vereins von ähnlicher, mühsame Kultivierungsarbeit erfordernder Beschaffenheit wie die des Kleingärtnervereins Römerhof. Für den „Kleingärtnerverein Rollfeld" konnte das Gartenamt 1946 nach langen Verhandlungen mit den amerikanischen Besatzungsbehörden für den ehemaligen Flugplatz Rebstock „die Freigabe eines Geländestreifens des ehemaligen Rollfeldes zur kleingärtnerischen Nutzung"[470] bewirken.

Gerade die Anfänge gartenkultureller Tätigkeit waren also für viele Vereine äußerst schwierig. Eine gute Organisation und aktives Engagement der Vereinsmitglieder konnten da von großer Hilfe sein. Auf diesen Aspekt des Kleingartenwesens soll im folgenden kurz eingegangen werden.

9.2. Kleingartenvereine und Selbstverwaltung

Sollen gemeinsame Interessen durchgesetzt werden und Kleingartenvereine wirksam sein, so müssen Vereinsmitglieder bereit sein, aktiv im Verein und in den verschiedenen Gremien mitzuarbeiten. Dies setzt voraus, daß Selbstverwaltung als wichtige Aufgabe einer demokratisch verfaßten Gesellschaft begriffen wird. In einer Zeit, in der die Teilnahme an Sitzungen von Gremien der Selbstverwaltung häufig mit sogenannten Sitzungsgeldern honoriert wird, verdient es festgehalten zu werden, daß in den Kleingartenvereinen solche Aufgaben von Mitgliedern freiwillig in ihrer Freizeit, oft über Jahrzehnte und mit beträchtlichem persönlichen Engagement wahrgenommen werden.

Neben der vereinsinternen Anerkennung solcher Arbeit stellen die Festschriften der Vereine eine weitere Möglichkeit dar, dieses ehrenamtliche Engagement zu würdigen. So wird 1968 im Rückblick auf 70 Jahre „Kleingartenverein Eschersheim" über die 20er Jahre berichtet: „Eines jedoch verdient besonders hervorgehoben zu werden: Die Gemeinschaftsarbeit an sich war vorbildlich, es gab in dieser Zeit weder Arme noch Reiche, es gab kaum soziale Spannungen, es gab auch keine, ‚die es nötig hatten'. Die Arbeitslosigkeit hat eine starke Gemeinschaft gefördert. Ob Straßenkehrer oder Steuer-Inspektor, ob Geschäftsführer oder Straßenbahner, alle halfen mit, uneigennützig und voller Idealismus"[471].

Ein wesentliches Element des Vereinslebens sind die Vorstände, die sich aus ersten und zweiten Vorsitzenden, ersten und zweiten Schriftführern und Schriftführerinnen sowie ersten und zweiten Kassierern und Kassiererinnen zusammensetzen (Abb. 136). Darüber hinaus existieren zahlreiche Ausschüsse und Kommissionen, die sich unterschiedlicher Aufgabenstellungen annehmen. Zu nennen sind beispielsweise ein Anlagen-Ausschuß der Cronberger, dessen Arbeit „zur Gestaltung der Anlage über das Kleingärtnerische hinaus"[472] beigetragen hat, eine Kommission zur Vergabe von Kleingärten, die zeitweilig beim „Kleingartenverein Römerhof" bestand[473] und andere Gremien, wie Festausschüsse oder ein Ausschuß

Abb. 136 Vorstand des „Kleingärtnervereins Riederwald", 1988

für Vogelschutz und Winterfütterung des „Vereins zur Förderung des Kleingartenbaues"[474].

In der Chronik des „Kleingärtnervereins Am Marbachweg" wird die Effektivität solcher freiwilliger Arbeit hervorgehoben und dazu angemerkt, „daß sich die Selbstverwaltung unserer vier Anlagen durch Delegierung von Aufgaben an die Anlagen-Ausschüsse bewährt hat, und daß ohne den Einsatz der Anlagen-Obleute manches Vorhaben nicht zu verwirklichen gewesen wäre. Ebenso hätte der Verein nicht bestehen können ohne jene Idealisten, die weit über das hinaus, was von ihnen gefordert wurde, dem Verein jederzeit uneigennützig zur Verfügung standen"[475].

Zu diesen Idealisten gehören wohl in allen Vereinen die Wege- und Anlagenobmänner[476] und viele andere, die sich für die Gestaltung und die Pflege ihrer Vereinsanlage sowie auch für die Gestaltung des Vereinslebens engagieren. Arbeiten wie Zaunbau, Wegebau, die Schaffung von Spielplätzen in den Vereinsanlagen, Elektrifizierung und Kanalisierung sind wichtige Aufgaben, die unter großem Einsatz der Mitglieder von vielen Vereinen selbst durchgeführt werden.

Ein besonderer Aspekt der Vereinsarbeit ist die Fachberatung. Auf allen Ebenen des organisierten Kleingartenwesens von der Bundesebene (Abb. 137) bis hin zur

Abb. 137 Teilnehmer eines Seminars des „Bundesverbandes Deutscher Gartenfreunde", zu Gast im Vereinsheim des „Kleingärtnervereins der Rosisten" in Sachsenhausen, 1989

Stadtgruppe und zum einzelnen Kleingartenverein, stehen Freiwillige zur Verfügung, die über gärtnerische Fragen wie Obstbaumschnitt (Abb. 138), Düngung, Unkrautbekämpfung und anderes mehr sachgerecht informieren und Weiterbildungsveranstaltungen organisieren. Diese Arbeit wird in einer Broschüre des Kleingartenvereins Fechenheim wie folgt angekündigt: „Unser Vereinsfachberater, Alfred Grein, unterrichtet die Gartenfreunde in den monatlichen Anlageversammlungen über Pflanzenschutz, Düngung, Baum- und Gartenpflege und gibt nützliche Tips. Prakt. Unterweisungen im Baumschnitt machen auch bald den neuen und unkundigen Gartenfreund zu einem guten Kleingärtner"[477].

In Bezug auf die Fachberatung ist an dieser Stelle auch auf den städtischen Beratungsgarten Lohrberg zu verweisen, der, als Außenstelle des Garten- und Friedhofsamtes betrieben, Fachberatung zu Themen wie Obst- und Gemüseanbau, Kulturpilzanbau, Pflanzenschutz, Bodenpflege, Düngung, Kompostierung und Technik im Garten anbietet[478].

Der doch erhebliche Zeitaufwand, der von den Fachwarten getätigt werden muß, wird in einem Beitrag Adolf Geib's zur „Fachberatung in Kleingärtnervereinen?" ersichtlich, in dem auf die Notwendigkeit der Weiterbildung hingewiesen wird.

Abb. 138 Fachgerechter Baumschnitt im „Kleingärtnerverein Niederrad", April 1991

Dazu heißt es dort: „Um auf den verschiedensten Gebieten des Gartenbaus firm zu sein und zu bleiben, um die neuesten Erkenntnisse zu erfahren und anzuwenden, bedarf der Fachwart der ständigen Schulung. Der Landesverband wie auch die Stadt- und Kreisverbände, die für diese Schulungen zuständig sind, bieten im Rahmen der stattfindenden Weiterbildungsveranstaltungen (Freitagabend/Samstag) Vorträge an. Dabei handelt es sich um praktische Unterweisungen und Referate über Obstbau mit seinen vielen Problemen, Gemüsebau, Bodenkunde, Düngelehre, Pflanzenschutz, Nachbarrecht, Ziersträucher, Blütenstauden, Sommerflor, Kompostpflege, Wertermittlung bei Weitervergabe der Kleingärten und viele andere Themen"[479].

Gelegentlich muß allerdings auch Eigeninitiative ergriffen werden, um weniger erfreuliche Probleme zu lösen. So wird immer wieder von den einzelnen Vereinen über Diebstähle berichtet. Sie scheinen besonders in Zeiten wirtschaftlicher Not, etwa nach dem zweiten Weltkrieg, ein größeres Ausmaß angenommen zu haben. In den 50er Jahren beschloß ein Verein auf seiner Vorstandssitzung sogar, „Wachen aufzustellen, damit anläßlich des bevorstehenden Muttertags in den Gärten keine Blumen gestohlen werden können"[480]. Selbst in der angeblich so ‚guten alten Zeit' des Kaiserreiches gab es bisweilen massive Klagen über Einbrüche und Diebstähle.

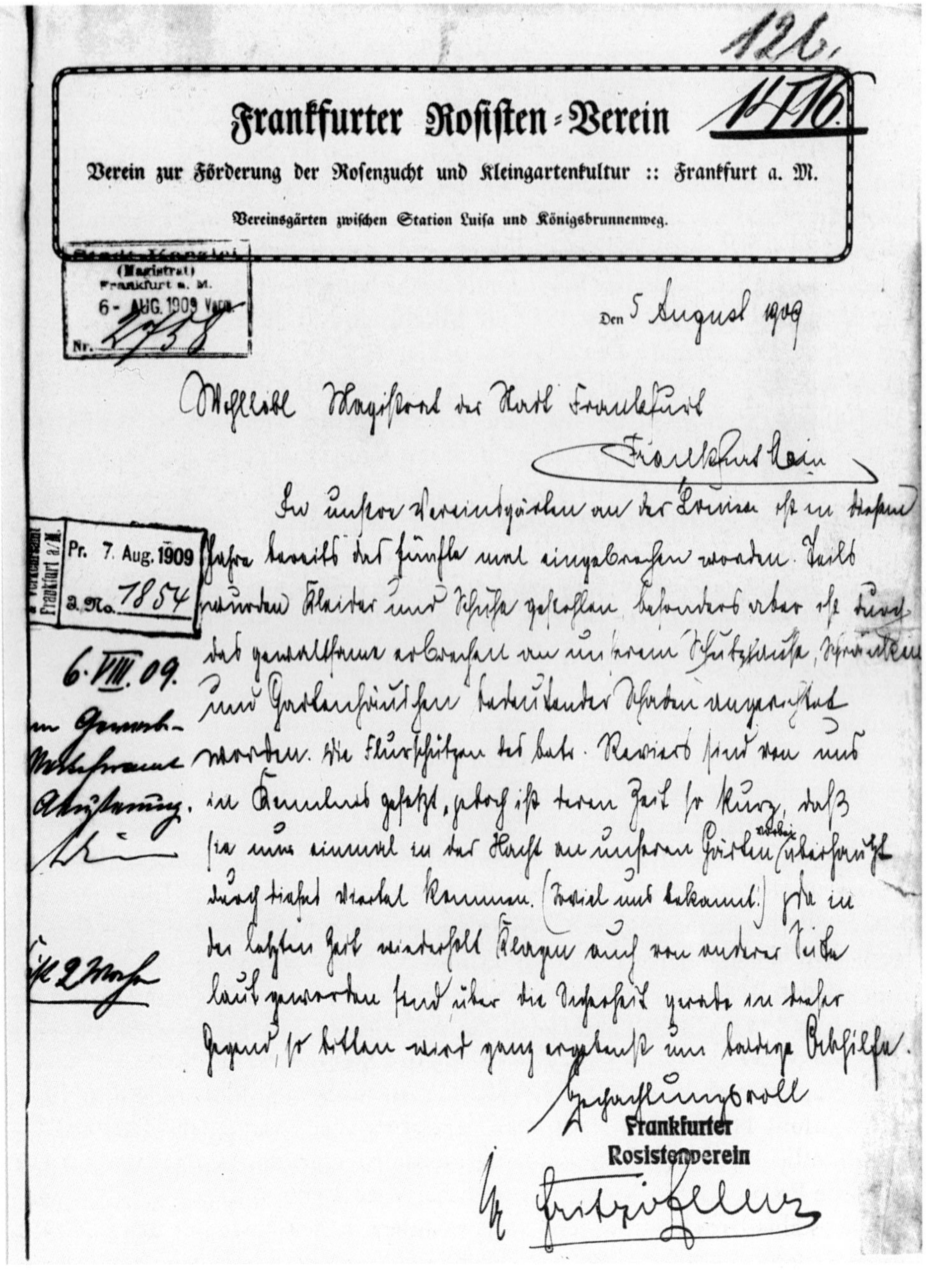

Abb. 139 Brief des „Frankfurter Rosisten-Vereins“ an den Magistrat vom 5. August 1909 mit der Klage über zahlreiche Einbrüche in der Anlage Louisa

So beklagte sich 1909 der „Frankfurter Rosisten-Verein" in einem Schreiben an den Magistrat, daß in diesem Jahr bereits zum fünften Mal in die Vereinsgärten an der Louisa eingebrochen worden sei (Abb. 139).

Nicht nur bezüglich Diebstählen, sondern auch bezüglich der Bereitschaft zur gemeinschaftlichen Diskussion scheint es in früheren Jahrzehnten, entgegen manchen eher verklärenden Rückblicken, dieselben Probleme gegeben zu haben, wie sie selbstverständlich auch heute anzutreffen sind. Daß die Selbstverwaltungsarbeit in den Vereinen nicht frei von Konflikten und Spannungen war und ist, wird beispielsweise deutlich, wenn der Vorsitzende des „Kleingärtnervereins Römerhof" auf einer Versammlung im August 1949 die Mitglieder „zu mehr Toleranz gegenüber dem Vorstand" auffordert. Der Chronist beklagte: „Genug Quertreiber gab es auch damals schon"[481].

Räumlicher Ausdruck des sozialen Lebens in den Vereinen ist vielfach ein Vereinshaus. Es stellt den Ort dar, an dem das Interesse, Fragen des Vereinslebens und Ziele des Vereins gemeinsam zu diskutieren, umgesetzt werden kann. Ebenso lassen sich dort gemeinsam Feste feiern oder nach getaner Gartenarbeit können zwanglos andere Vereinsmitglieder getroffen werden (Abb. 140, 141, 142). In den Frankfurter Kleingartenvereinen artikulierte sich frühzeitig der Wunsch, eine entsprechende Versammlungsstätte, ein Vereinsheim zu haben. Diese Vereinshäuser wurden oft unter großem finanziellen Aufwand – häufig unterstützte das Gartenamt den Bau teilweise durch ein zinsloses Darlehen – und fast immer in Eigenarbeit durch die Mitglieder erstellt. Es ist ein besonderes Ereignis in der Entwicklung eines Kleingartenvereins, wenn solch ein Vereinshaus, oft nach jahrelangen Bemühungen, endlich fertiggestellt wird. So berichtet der „Kleingärtnerverein Am Marbachweg" über den Bau und die Bedeutung seines Vereinshauses: „Das Funktionshaus – nach dem tatkräftigen ersten Obmann dieser Anlage ‚Johann Hassler-Haus' genannt, wurde aus Trümmersteinen gebaut, die die Mitglieder aus Trümmerschutt des Stadtteil Bockenheim durch Abklopfen von Hand gewannen ... Als Ort der Geselligkeit spielte damals das Funktionshaus eine herausragende Rolle. Das Zurückziehen in den eigenen Garten und die Selbstversorgung aus dem Supermarkt waren damals noch unbekannt, auch die Auflagen für die Bewirtschaftung eines Funktionshauses waren weitaus weniger rigoros als heute"[482].

Doch auch in späteren Jahren, in denen in der Bundesrepublik erkennbar starke Tendenzen der Privatisierung auftraten, waren Vereinsheime als Orte der Vereinsöffentlichkeit das Ziel vieler Vereine. Im „Kleingärtnerverein An der Wolfsweide" z.B. war der „Wunsch, innerhalb des Gartengeländes ein Vereinshaus zu bauen, (war) längere Zeit ein Gesprächspunkt in den Vorstandssitzungen und Mitgliederversammlungen. Nach den in den Jahren 1975 und 1976 durchgeführten Planungen, Vorbereitungen und den erhaltenen amtlichen Genehmigungen entstand 1977 mit tatkräftigem Einsatz aller Mitglieder des Vereins das Vereinshaus. Mit der Einweihung zum Gartenfest am 08. Juli 1978 wurde das Vereinshaus zur Benutzung für die Vereinsmitglieder freigegeben"[483].

Abb. 140 Werbefest der Kleingärtner, Kleingartenanlage St. Gallus, Juni 1935

Etwas nostalgisch berichtet die Chronik des „Kleingärtnervereins Ginnheimer Wäldchen" über die Einweihung des Vereinshauses: „15.6.1957 25jähriges Bestehen und Einweihung des Vereinshauses. Das Haus wurde ein echter Mittelpunkt des Vereins. Wir waren froh und gemütlich zu mancher Stunde zusammen, im Gegensatz zu heute blühte das Vereinsleben zu Jedermanns Freude"[484]. Ob dieser Beschreibung des in den frühen 70er Jahren anscheinend nicht mehr so blühenden Vereinslebens ein Verfall der Öffentlichkeit und ein verändertes soziales Verhalten der Vereinsmitglieder zugrundeliegt, oder ob sie eher einer subjektiven Wahrnehmung des Chronisten geschuldet ist, sei dahingestellt. Allerdings berichteten die Ginnheimer ein Jahrzehnt später bedauernd über den Abriß des Vereinshauses: „Eine böse Überraschung gab es im Jahr 1968. Die Bauaufsichtsbehörde untersagte die Benutzung des Vereinshauses wegen Gefahr für Leib und Leben. Nachdem man Jahre zuvor die Baugenehmigung erteilt hatte, hatte man nun in den Plänen eine unter dem Vereinshaus verlaufende Trinkwassertransportleitung mit 600 mm Durchmesser und einem Druck von 10 atü entdeckt. Nun mußte der Verein noch einmal von vorne anfangen. Das alte Gebäude wurde abgerissen, mit dem Bau des neuen am heutigen Standort begonnen"[485].

Abb. 141 Sommerfest des „Kleingärtnervereins Bergen-Enkheim“ in der Anlage am Dorfelder Weg, Juli 1992

Auch in den Anlagen des „Kleingärtnervereins St. Gallus“ spielt das Vereinshaus eine maßgebliche Rolle: „In Selbsthilfe entstand auf dem Gelände IV die sogenannte Kantine, die schnell zum Mittelpunkt des Vereinslebens wurde. Man fand sich zum Fachsimpeln, zum Frühschoppen und zum geselligen Beisammensein ein. Sommerfeste, Hausfrauennachmittage und ein Weihnachtsfest fanden ebenfalls großen Zuspruch, wie die Lehrgänge, die vor allem in den Wintermonaten, in denen die Gartenarbeit weitgehend ruhte, von Fachleuten durchgeführt wurden“[486]. Im Kleingärtnerverein Ginnheim e.V., der 1993 sein 75-jähriges Bestehen feierte, wurde 1983 ein Vereinsheim eröffnet, nachdem jahrzehntelang eine Holzbaracke in dieser Funktion genutzt worden war[487].

Von vielen, die dem Vereinswesen im allgemeinen und der Kleingärtnerei im besonderen eher ablehnend gegenüberstehen, werden entsprechende Aktivitäten bisweilen überheblich mit dem abqualifizierenden Begriff „Vereinsmeierei“ belegt. Derartige Einschätzungen verkennen u.E. die Funktion, die Vereine bei der Einübung demokratischer Verhaltensformen haben können. Diese Bedeutung spiegelt sich nicht zuletzt in der Selbstorganisation und der Selbstverwaltung der einzelnen Vereine wider.

Abb. 142 Fest in der Anlage 1 des „Kleingärtnervereins Nord-Ost“ an der Vilbeler Landstraße, Juli 1991

9.3. Das Kommunale Gartenamt und die Stadtgruppe Frankfurt als Ansprechpartner der Kleingartenvereine

Zwei der wichtigsten Ansprechpartner der Frankfurter Kleingartenvereine sind das Garten- und Friedhofsamt der Stadt als kommunal zuständige Behörde sowie die Stadtgruppe Frankfurt der Kleingärtner als übergeordneter kleingärtnerischer Zusammenschluß. Das Verhältnis zu diesen Institutionen ist ebenfalls immer wieder Gegenstand in den Vereinschroniken. Die Einschätzung der Zusammenarbeit (Abb. 143) fällt dabei überwiegend positiv aus. So berichtet der „Kleingärtnerverein Rollfeld“ z.B. 1959 über schnelle Erfolge, als es darum ging, einen Dauerpachtvertrag zu erhalten: „Dank der tatkräftigen Unterstützung seitens der Stadtgruppe Frankfurt der Kleingärtner e.V. unter derem Vorsitzenden, Herrn Bauer, und der guten Zusammenarbeit mit dem Gartenamt der Stadt Frankfurt unter seinem Gartenbaudirektor, Herrn Sallmann, ist uns dieses in verhältnismäßig kurzer Zeit gelungen“[488].

Ähnliches läßt sich der Festschrift der Rosisten entnehmen, in der es heißt: „Dank der Förderung, die wir seitens der Stadt erfahren durften, steht der Verein

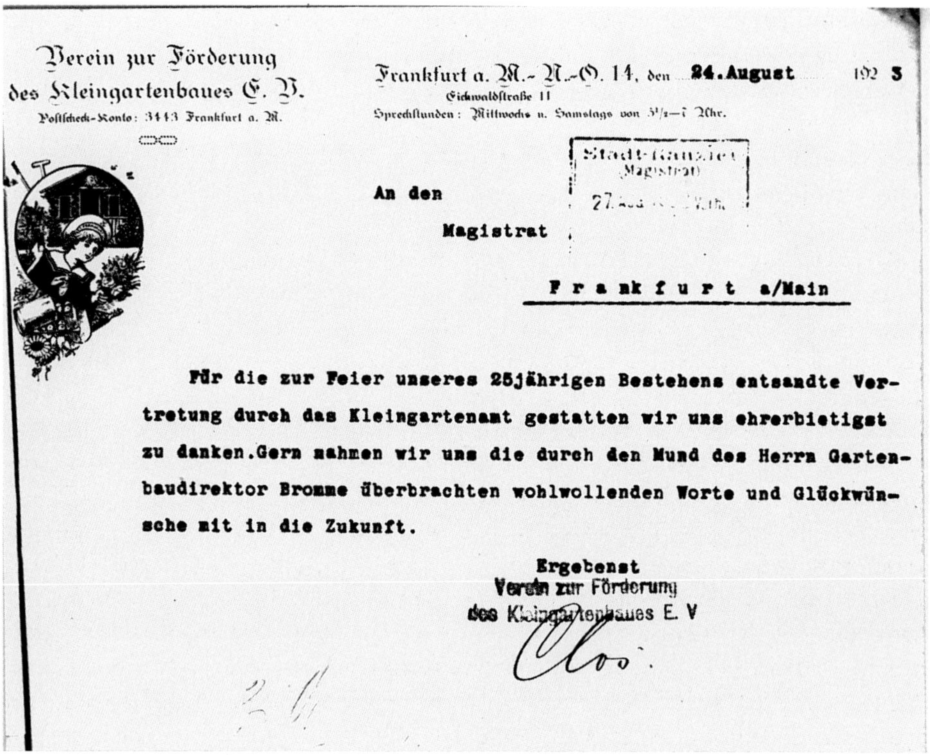

Verein zur Förderung
des Kleingartenbaues E. V.
Postscheck-Konto: 3443 Frankfurt a. M.

Frankfurt a. M.-N.-O. 14, den 24.August 1923
Eichwaldstraße 11
Sprechstunden: Mittwochs u. Samstags von 5½–7 Uhr.

Stadt-Kanzlei
Magistrat
27. [illegible]

An den

Magistrat

Frankfurt a/Main

Für die zur Feier unseres 25jährigen Bestehens entsandte Vertretung durch das Kleingartenamt gestatten wir uns ehrerbietigst zu danken.Gern nahmen wir uns die durch den Mund des Herrn Gartenbaudirektor Bromme überbrachten wohlwollenden Worte und Glückwünsche mit in die Zukunft.

Ergebenst
Verein zur Förderung
des Kleingartenbaues E. V
Clos.

Abb. 143 Dankesbrief des „Vereins zur Förderung des Kleingartenbaues“ vom 24. August 1923 an den Magistrat

auf einer soliden Basis. Unsere drei größten Anlagen sind mit Dauerpachtverträgen auf lange Zeit abgesichert“[489]. Und für den „Kleingärtnerverein Waldfried“ trat das Garten- und Friedhofsamt bei der Bereitstellung von Gartenland mehrmals „als Retter in größter Not“ auf[490].

Das Verhältnis zwischen Vereinen, der Stadtgruppe sowie den städtischen Behörden ist jedoch im Lauf der Zeit Schwankungen unterlegen. Einen Tiefpunkt scheint es in den 50er Jahren erreicht zu haben, als angesichts der Wohnungsnot zunehmend kleingärtnerisch genutztes Gelände in Bauland umgewidmet wurde. Das war typisch für die damalige Lage des Kleingartenwesens in den Westzonen. Der langjährige Vorsitzende des 1949 in Bochum gegründeten ‚Verbandes der Kleingärtner‘, Paul Brando aus Hamburg, hat dazu ausgeführt: „Wenn auch die Kleingartenanlagen seit 1919 einen gesetzlichen Schutz genossen, bestand doch nirgends eine Verpflichtung für den Staat, die Länder und Gemeinden, das Kleingartenwesen auch öffentlich zu fördern. Der Kleingartengedanke fand als Ideal auch nur wenig Resonanz bei den

Nichtkleingärtnern. Hier begegnete man des öfteren glossierenden Bemerkungen und häufiger noch einem mitleidigen Lächeln. Es kam daher nicht von ungefähr, daß schon einige Jahre nach 1945 Privateigentümer, aber auch Städte und Kommunalverbände bei der Bundesregierung um Aufhebung des Kündigungsschutzes für die Kleingärtner nachsuchten, und man war in den zuständigen Ressorts der Ministerien gar nicht einmal so abgeneigt, dieser Forderung mindestens zu einem Teil nachzukommen"[491].

Auf Frankfurt bezogen, beschreibt der langjährige Vorsitzende der Stadtgruppe, Bernhard Gresser (Abb. 144), diese Situation eindrücklich folgendermaßen: „Die Situation nach dem verlorenen Weltkrieg war, das ist uns allen bekannt, grauenhaft. Der größte Teil unserer Stadt war durch Bomben und Brand vernichtet. Evakuierte und Soldaten kehrten in steigendem Maße in die Trümmerwüste zurück. Sie wollten wohnen und arbeiten. Man mußte diesen primitiven Anforderungen des Lebens entgegenkommen, hatte aber nur beschränkte Mittel, auch beschränkt Gebäude zur Verfügung. In dieser Zwangslage benutzte die Stadtverwaltung das inzwischen beachtlich angestiegene kleingärtnerisch genutzte Gelände als billiges Bauland, als Baulandreserve. Gegenwehr wurde zwar von der Organisation nach besten Kräften geleistet, jedoch zunächst ohne nennenswerten Erfolg. Die früher recht gute Zusammenarbeit mit den städtischen Behörden hörte auf, man steigerte sich gegenseitig in eine Aversion, die dem Kleingartenwesen sehr schadete. Dabei ist die bei den Kleingärtnern damals vorhandene Verbitterung durchaus zu verstehen und im Grunde auch völlig berechtigt gewesen. Jahrzehnte hatte man in seinem Garten gearbeitet, Bodenverbesserungen vorgenommen, sich ein kleines Paradies aufgebaut und wurde jetzt mit rauher Hand seines Glückes beraubt"[492].

Die Schwierigkeiten in den Vereinen und bei den einzelnen Kleingärtnerfamilien, die solche Kündigungen auslösten, sind für Außenstehende kaum nachzuvollziehen und lassen sich hinter knappen Darstellungen nur noch erahnen, so beispielsweise beim „Kleingärtnerverein Schwarzbach", der dazu anmerkt: „Nach dieser Zeit des Aufbaus bricht über den Kleingartenverein Schwarzbach am 28.4.1961 ein schwarzer Tag herein. Den Verein erreicht die Kündigung des Pachtvertrages vom 6.4.1933 durch die Stadt Frankfurt am Main, da auf dem Vereinsgelände die ‚Bürostadt im Grünen' entstehen soll. Verzweifelte Versuche des damaligen Vorstandes und der Mitglieder, die Anlage zu retten, blieben erfolglos, somit mußte die Anlage geräumt werden"[493].

Dabei ging es häufig nicht allein um die Aufgabe des einen oder anderen Gartens, bisweilen mußten ganze Kolonien geräumt werden, so auch durch den „Kleingärtnerverein Rödelheim". Die Anlage I dieses Vereins hatte „ab 1953 in drei Bauabschnitten zwei Drittel ihrer Ausdehnung für den Bau von Wohnblocks abgeben müssen. Auch hier steht kein Ersatzgelände zur Verfügung. Für die in Wegfall gekommene Anlage II wurde 1952 zwischen Bahndamm und Wiesbadener Autobahn eine neue Anlage erschlossen. Die zwischen Autobahn und Westerbach gelegene Anlage V wurde im Jahre 1959 in ihrer gesamten Fläche aufgelöst und mit Indu-

Abb. 144 Bernhard Gresser, langjähriger Vorsitzender der „Stadtgruppe Frankfurt der Kleingärtner", wird auf dem Empfang der Stadt Frankfurt für die Kleingärtner von Oberbürgermeister Dr. Walter Wallmann begrüßt

striegebäuden für eine amerikanische Dienststelle ausgebaut. Ersatzgelände im Raume Rödelheim konnte bis zum heutigen Tage nicht zur Verfügung gestellt werden"[494].

Es wäre verständlich, wenn viele, die auf diese Art private Gartenkultur betreiben wollten, durch solche Maßnahmen davon abgehalten worden wären. Der Festschrift des „Kleingärtnervereins Gutleut" läßt sich jedoch beispielsweise entnehmen, daß manche seiner Mitglieder sich nicht entmutigen ließen und sogar zum dritten Mal neu anfingen[495].

Eine nicht immer ausreichende Auseinandersetzung der Stadtplanung mit den Kleingartenvereinen drückt sich auch im folgenden scherzhaften Vers in der Chronik über 70 Jahre „Kleingärtnerverein Westend" aus. Dort wird das Verhältnis der Kleingartenvereine zur Stadtplanung folgendermaßen karikiert:

> „Gott schütze uns vor Not und Feuer,
> vor der Stadtplanung und der Steuer„[496].

Der Generalsekretär der Arbeiter- und Schrebergärten hatte einst den folgenden „Notschrei der Arbeiter- und Schrebergartenbesitzer" an das Ende einer in Danzig gehaltenen Rede gesetzt:

> „O Rat der Stadt, tu auf die Ohren,
> schaff' tüchtig Schrebergärten an,
> das Gärtlein draußen vor den Toren
> ist eine Welt dem kleinen Mann"[497].

Doch das Verhältnis zur Stadt verbesserte sich in Frankfurt in den 60er Jahren maßgeblich während der Amtszeit des Leitenden Gartenbaudirektors Sallmann und des Bürgermeisters Menzer, Leiter des Grünen Dezernats der Stadt[498]. In der Nachfolge Sallmanns konnte durch die Gartenbaudirektoren Hanke und Löw, sowie von 1981 bis 1992, durch den Leitenden Gartenbaudirektor Blecken[499], auf einer soliden Basis ein gutes Verhältnis zur Stadtgruppe Frankfurt unter ihrem langjährigen Vorsitzenden Gresser und dessen Nachfolgern Herzog und Steinhauer sowie zu den einzelnen Kleingartenvereinen weiterentwickelt werden, das, so steht zu hoffen, auch unter dem seit 1992 als Leiter des Garten- und Friedhofsamts agierenden Leitenden Magistratsdirektor Heil Bestand haben wird.

9.4. Vereinsaktivitäten zwischen 1933 und 1945

Die Auseinandersetzung mit der Zeit des Nationalsozialismus wird in den Festschriften allgemein eher gemieden. Diesbezüglich scheinen die KleingärtnerInnen keinen Unterschied zu anderen sozialen, Berufs- und Interessengruppen aufzuweisen. Beispielhaft soll im folgenden dennoch näher auf die Zeit des Nationalsozialismus eingegangen werden. Dieser Phase scheinen sich zahlreiche Frankfurter Kleingartenvereine bis heute nur bruchstückhaft und selektiv erinnern zu können oder zu wollen. Deren Auswirkungen auf das Vereinsleben werden bisweilen in den Vereinschroniken gar nicht erwähnt oder nur sehr selektiv dargestellt. Zusammenhänge zwischen der Vereinsentwicklung und der politischen Realität des Nationalsozialismus werden gelegentlich vollkommen verschwiegen.

Beispielsweise wird in vielen Festschriften erwähnt, daß der entsprechende Verein 1934 eine neue Satzung erhalten habe und daß sein Name geändert worden sei. Die Hintergründe dafür werden allerdings häufig nicht genannt. So heißt es lapidar in der Festschrift aus Anlaß des 60jährigen Bestehens des „Kleingärtnervereins Cronberger": „Der Verein erhielt den Namen Verein zur Förderung des Kleingartenbaues (im Jahr 1899, G. G. und J. W.-B.). Diesen Namen hat der Verein bis zur Gleichschaltung im Jahre 1933 in Ehren getragen. Seitdem nennen wir uns Kleingärtnerverein Cronberger"[500].

Die Ausrichtung der Kleingarten-Satzungen an den Zielen des NS-Staates, die alle Vereine vorzunehmen hatten, so zum Beispiel die Einführung des sogenannten „Arier-Paragraphen", wird in der Festschrift zum 50jährigen Bestehen des „Kleingartenvereins Am Kastanienwald" kommentarlos übergangen und die 1934 erfolgte Satzungsänderung wird folgendermaßen dargestellt: „Am 7. Januar 1934 wurde eine neue Satzung mit der Namensänderung in K.G.V. ‚Am Kastanienwald' verabschiedet"[501]. Bemerkenswert indifferent wird die Frage nach politischer Verantwortung behandelt, wenn der nächste Satz in dieser Festschrift folgendermaßen lautet:

„Unsere Vereinskantine wurde im Jahr 1944 durch Fremdarbeiter belagert und brannte im März desselben Jahres restlos aus"[502].

In die Selbstverwaltung des Kleingartenwesens wurde rigide durch erzwungene Satzungsänderungen, durch die Oktroyierung des rassistischen „Arierparagraphen" und durch die Einführung des sogenannten „Führerprinzips" eingegriffen. Wo früher die Vereinsmitglieder demokratisch entscheiden konnten, wer die Organisations-, Verwaltungs- und andere Tätigkeiten maßgeblich leiten sollte, wurden nun NS-treue Kleingärtner als Vorstände eingesetzt.

Welche Auswirkungen dies hatte, welcher Einfluß auf persönliche Schicksale damit verbunden war, wird in den Festschriften allerdings nur selten deutlich. Beispielsweise stellt der „Kleingärtnerverein Eckenheim" anläßlich seines 50. Geburtstages den NS-politisch erzwungenen Wechsel im Vereinsvorsitz eher verharmlosend dar. So habe der Vorsitzende Eduard Schmidt, „ein honoriger und tüchtiger Mann ... auf Anordnung der damaligen Dachorganisation sein Amt" niedergelegt. „Ihm folgte Heinrich Maas bis zum Jahre 1945 als Vereinsführer. Ihn löste 1945 W. Haufe als Vorsitzender ab"[503].

Nur relativ selten wird versucht, die gravierenden Eingriffe, die die Machtergreifung des Nationalsozialismus in die Aktivitäten und das Leben in den Kleingartenvereinen beinhaltete, an Personen und an Ereignissen zu verdeutlichen, beispielsweise durch den „Kleingärtnerverein Ackermann", der 1970 folgendermaßen darüber informiert: „So wie es für das gesamte Deutsche Volk zu großen Änderungen kam, brachte die Machtübernahme Hitlers im Jahre 1933 auch für die ‚Ackermänner' bestimmt viele Unannehmlichkeiten. Aus dem ‚Jahre des Heils' und nach dem 30.01.1933 liegen leider recht spärliche Unterlagen vor. Eines ist dem Schreiber jedoch aufgefallen: Nach dieser Zeit – obwohl erst am 07.01.1933 zum Vorsitzenden gewählt – ist dieser nicht mehr erwähnt. Man hat einen LUDWIG MÜLLER totgeschwiegen! Einen Mann, der sein ganzes Wissen und Können den Gartenfreunden zur Verfügung gestellt hatte, und dies seit 1919! Erst nach dem Krieg ist unser Ludwig wieder da, wie eh und jeh. Dafür schob sich der Name FRITZ ZOBEL vom Schriftführer bis zum Vorsitzenden vor, obwohl kein Protokoll irgendeiner Neuwahl dies ausweist"[504].

Der Chronist des „Kleingärtnervereins Riederwald", Dieter Haverkamp, merkt zur Phase der „nationalsozialistischen Diktatur" an: „Bis zur Machtergreifung der

Nationalsozialisten im Jahre 1933 gab es noch immer ein reges Vereinsleben bei den Riederwälder Kleingärtnern. Diese unheilvolle politische Zäsur brachte natürlich auch für den Kleingärtnerverein Riederwald e.V. einen tiefen Einschnitt. Die Gleichschaltung ergriff auch von dem Vereinsleben Besitz"[505].

Der „Kleingärtnerverein Ginnheimer Wäldchen" berichtet über die zwangsweise Vereinnahmung der KleingärtnerInnen nach der Machtergreifung der Nationalsozialisten für deren Propagandaveranstaltungen: „Im Jahr 1933 erfolgte die Einbeziehung in die ‚Großdeutsche Bewegung'. Wir bekamen einen Vorstand in braunen Uniformen und mussten bei Aufmärschen mit der Fahne voraus marschieren"[506].

Welches Ausmaß das parteipolitische Engagement für den Nationalsozialismus oder der Widerstand dagegen bei den einzelnen Vereinsmitgliedern letztlich gehabt hat, läßt sich den Darstellungen nicht entnehmen. Diesbezügliche Einblicke können bisweilen andere Dokumente aus den Vereinsarchiven geben. So teilt ein Mitglied des Vereins „Am Marbachweg" kurz nach Ende des Zweiten Weltkriegs in einem Schreiben an den Bürgermeister der Stadt Frankfurt mit: „Der Kleingartenbau-Verein umfasst 408 Kleingärten. Unter dem neuen Vorsitzenden des Vereins Horn ist man bestrebt, alle Nazis zu entfernen. Etwa 140 Garteninhaber würden davon betroffen"[507].

Zumindest auf die Vorstände bezogen, scheint es in vielen Vereinen nach der Befreiung vom Nationalsozialismus personelle Veränderungen gegeben zu haben. So berichtet der „Kleingärtnerverein Sossenheim" über diese Phase der politischen Entwicklung: „Die bisherigen Vorstände mußten gehen, an ihre Stelle traten andere Männer, die vor der Entnazifizierungsstelle bestehen konnten ... Am 8.3.1947 mußte seitens des Vereinsvorstandes eine eidesstattliche Erklärung abgegeben werden, daß ihm keine ehemaligen Mitglieder der Nazis angehörten"[508]. Und in einem Einladungsschreiben des „Kleingärtnervereins Frankfurt am Main-Hoechst" an den Oberbürgermeister wird 1950 ausdrücklich die Hoffnung ausgedrückt, wieder an die Kleingartenkultur von vor 1933 anknüpfen zu können (Abb. 145).

Daß man in den Kleingartenvereinen aber den Humor trotz der politischen Situation nicht verlor, mag eine Anekdote aus der Geschichte des „Kleingärtnervereins Eschersheim" belegen. In dessen Festschrift wird 1968 über eine Gruppe von Vereinsmitgliedern aus der Weimarer Zeit berichtet, die sich Sonntags zum Stammtisch trafen. „Wenn es 11.00 Uhr läutete, kam der ‚Frühstücksmeister' herein. Unter dem Arm einen großen Keil Brot, dick Butter darauf und eine große Zwiebel. Die Zwiebel wurde in einer Art sakraler Handlung gehackt, die nächste Stunde war mit dessen Frühstück voll belegt. Zu NS-Zeiten wurde derselbe Mann zum ‚Reichsfrühstücksmeister' ernannt. In dieser Zeit hat ein Stammtischbruder eine Postkarte an den ‚Reichsfrühstücksmeister' vom Urlaub geschickt. Lediglich der Briefträger verstand keinen Spaß. Er drohte an, den Schreiber wegen Verächtlichmachung der damaligen Institutionen bestrafen zu lassen. Der ‚Reichsfrühstücksmeister' hat jedoch den Briefträger wieder besänftigen können. Es gab daher auch keinen zu-

KLEINGÄRTNER-VEREIN E. V.
FRANKFURT AM MAIN-HÖCHST

Bank-Konto:
Stadtsparkasse Frankfurt am Main
Hauptzweigstelle Höchst Nr. 2504

Ffm.-Höchst, den 16. Juni 1950

Herrn
Oberbürgermeister
Dr.h.c.Walter K o l b

Ffm.-H ö c h s t
Seilerbahn

Nach langjähriger Pause halten wir am 1.und 2.Juli wieder ein Gartenfest in unsrer Gartenanlage gegenüber dem Sportplatz im Stadtpark ab.
In früheren Jahren hatten wir immer mit einem besonders guten Zuspruch der Höchster Bevölkerung zu rechnen.
Auch in diesem Jahre hoffen wir auf eine rege Beteiligung.
Wir wollen es nicht unterlassen,Sie Herrn Oberbürgermeister mit Ihrer Familie zu diesem Feste ganz besonders einzuladen.
Sie können bei dieser Gelegenheit die Feststellung machen,dass die Kleingärtnervereine in besonderem Maße für unsre Volkswirtschaft von großem Nutzen sind.
Durch die Mißwirtschaft des vergangenen Systems sind die Kleingärtnervereine gezwungen gewesen mit dem Neuaufbau ihrer Vereine eine großzügige Arbeit zu leisten.
Auch wir haben keine Mühe und Arbeit gescheut um unsren Verein wieder auf die Höhe zu bringen wie er es vor 1933 gewesen ist.Große Aufgaben stehen uns noch bevor und hoffen auch diese mit der Mithilfe aller Mitglieder überwinden zu können.
Wir hoffen,dass Sie Vverehrter Herr Oberbürgermeister unsrem Wunsche entsprechen und wir Sie an Unsrem Gartenfeste begrüßen können.

Der Vorstand

U l l i u s Ullius

Abb. 145 Einladung des „Kleingärtnervereins Frankfurt am Main – Hoechst" an den Oberbürgermeister der Stadt Frankfurt zum Gartenfest, Juni 1950

sätzlichen NS-Geschädigten. Nach dem Kriege wurde er dann ‚Bundesfrühstücksmeister' "[509].

Vermutlich wäre es wenig hilfreich gewesen, hätte man nach 1945 alle KleingärtnerInnen, sogenannte Mitläufer und andere, die den Nationalsozialismus mehr oder weniger aktiv unterstützt hatten, aus den Vereinen ausgeschlossen. Eine intensivere Auseinandersetzung in den Vereinen mit dieser Phase der Geschichte hätte jedoch sicherlich befruchtend auf die Neuentwicklung demokratischer Strukturen im Kleingartenwesen wirken können. Was diese Zeit zweifelsfrei auch für die Kleingartenvereine gezeigt hat, ist die Erkenntnis, daß demokratische Strukturen und Regeln den Interessen der KleingärtnerInnen dienlicher sind als autoritäre. Das belegt beispielhaft der Aufschwung, den das Frankfurter Kleingartenwesen in der Weimarer Republik nahm, der Stillstand oder Rückschritt, den es in der NS-Zeit hatte sowie anschließend wieder die Förderung, die es seit etwa den 60er Jahren erfuhr und die sich heute nicht zuletzt im Vorhandensein zahlreicher Dauerkleingartenkolonien widerspiegelt.

Über diese politische Dimension hinaus können den Festschriften zahlreiche andere Informationen, die hundert Jahre Frankfurter Kleingartengeschichte lebendig werden lassen, entnommen werden. Beispielsweise wird auch über die vielen Erfolge, die die Vereine beziehungsweise einzelne ihrer Mitglieder errungen haben, berichtet. So errang der „Kleingärtnerverein Westpark" 1985 die „Goldmedaille im Landeswettbewerb von Hessen"[510], oder der „Kleingärtnerverein Bockenheim" verkündet stolz: „Unser Verein errang bei der Obstausstellung 1956 im Palmengarten den Ehrenpreis der Stadt Frankfurt – Freude und Ansporn zugleich!"[511].

Auch vorbildliche, über den Verein hinauswirkende Aktionen, lassen sich zahlreich in der Geschichte der Frankfurter Kleingartenvereine nachweisen. So initiierte der „Kleingartenverein Waldfried" zu einer Zeit, als Kleingartenanlagen noch nicht ohne weiteres der Öffentlichkeit zugänglich waren, eine „Aktion Grüner Schlüssel". Dieser Schlüssel wurde an ausgeschiedene Mitglieder vergeben, damit sie die Anlagen weiterhin betreten konnten[512]. Der „Kleingärtnerverein Westpark ‚1947' " führte 1973 erstmals einen Tag der offenen Tür durch und öffnete seitdem die Anlage ständig allen interessierten Besuchern[513]. Der „Kleingärtnerverein Ackermann" kooperierte zeitweise mit dem städtischen Schulamt und überließ 1962 zwei seiner Gärten der Ackermann-Schule als Schulgärten. Der „Kleingärtnerverein Ginnheimer Höhe" lädt seit 1986 den „Club der Begegnung mit Körperbehinderten", Bad Homburg, ein[514] und der „Kleingärtnerverein Eschersheim" konnte 1988 mit Hilfe des Garten- und Friedhofsamtes den ersten behindertengerechten Kleingarten in seiner Anlage einweihen[515].

Neben vielen anderen Informationen über das Leben in den Kleingartenvereinen, eines läßt sich den Selbstdarstellungen der Frankfurter Kleingartenvereine zweifelsfrei entnehmen, die Freude an Kleingärten, die Freude am Zusammenleben mit anderen in den Vereinen, am Gedankenaustausch, an gemeinsamer Freizeitgestaltung wird auch in Zukunft ein bestimmendes Moment in der Frankfurter Kleingartenbewegung sein. Dieter Steinhauer und Sigrid Kurzidim, der 1. und die 2. Vorsitzende der „Stadtgruppe Frankfurt der Kleingärtner", gaben 1990, anläßlich des 75jährigen Bestehens der Stadtgruppe einen Ausblick, der am Schluß dieser ‚Selbstdarstellung' der Frankfurter Kleingärtenvereine stehen soll: „Es gilt, unsere soziale Aufgabe und soziale Stellung in unserer Gesellschaft zu erhalten. Wenn uns dies gelingt, kann es uns um unsere Kleingärten und das Kleingartenwesen nicht bange sein. Lassen Sie uns im Interesse der gemeinsamen Sache die noch vor uns liegenden Aufgaben anpacken"[516]. Das bedeutet in Frankfurt am Main auch die aktive Auseinandersetzung der Kleingärtner mit dem 1991 durch die Stadtverordnetenversammlung beschlossenen Konzept des GrünGürtels. So kann das Kleingartenwesen einen wesentlichen Beitrag zum „Dialog" über die „Zukunft der Region"[517] leisten, der als einer der Planungsgrundsätze dieses Freiraumkonzepts formuliert wurde.

10. Kleingärten an der Schwelle zum 21. Jahrhundert – eine Sache mit Zukunft?

Kleingärten sind eine typische Form der Gartenkultur in Industriegesellschaften. Im ausgehenden 20. Jahrhundert wird von manchen das Ende der Industriegesellschaft behauptet und die Gegenwart als Beginn einer postindustriellen Phase bezeichnet, die bis ins 21. Jahrhundert hinüberreichen soll. Müßte damit auch mit dem Ende der Kleingartenkultur gerechnet werden? Wir haben zu Beginn dieser Untersuchung bereits darauf hingewiesen und in deren Verlauf anhand vieler Beispiele belegt, wie flexibel das Kleingartenwesen im bisherigen Verlauf seiner Existenz auf unterschiedliche gesellschaftliche Situationen reagiert hat. Die Wahrscheinlichkeit, daß es auch zukünftig und weit in das 21. Jahrhundert hinein Kleingärten als Teil urbaner Gartenkultur geben wird, scheint uns daher hoch. Im übrigen scheint weder in Mitteleuropa noch andernorts das Industriezeitalter beendet. Allerdings sind Änderungen und Schwerpunktverlagerungen in der industriellen Produktionsweise zu erwarten und z.B. bezüglich der Verringerung der Belastungen von Menschen, Tieren und Pflanzen sowie Boden, Wasser und Luft zu erhoffen.

Es ist den Anstrengungen demokratisch legitimierter Freiraumpolitik in den 20er und Anfang der 30er Jahre des 20. Jahrhunderts sowie in den Jahrzehnten nach 1945 in Frankfurt am Main geschuldet, wenn eine beachtliche Fläche innerhalb des Stadtgebietes von Bebauung freigehalten und als gärtnerisch nutzbarer, die Auseinandersetzung mit Natur ebenso wie soziale Kontakte ermöglichender und fördernder Freiraum erhalten werden konnte. Positionen, wie die, die der Frankfurter Stadtrat Luppe im Jahr 1911 auf dem zweiten Deutschen Wohnungskongreß in Leipzig geäußert hatte, sind nach wie vor notwendig. Luppe hatte damals fomuliert: „Ich glaube jedenfalls, daß es ein richtiger Gedanke ist, daß wir mitten in der Stadt Schrebergärten behalten und nicht alle an die Peripherie verlegen“[518]. Im Jahr 1989 gab es in Frankfurt 219 Kleingartenanlagen mit fast 15.000 Kleingärten. Genau waren es 14.982. Von diesen 219 Anlagen können über 200 als in ihrem Bestand längerfristig gesichert gelten[519]. Dies ist, verglichen mit den Anfängen der kommunalen Berücksichtigung von kleingärtnerischen Interessen, ein gewaltiger Fortschritt.

Es ist selbstverständlich, daß auch andere Interessengruppen ihr Augenmerk auf eine solch beachtliche Fläche richten. So haben wir in unserer Untersuchung Versuche thematisiert, den Kleingärtnern die ästhetische Gestaltung ihrer Gärten und Lauben sowie die Art der Nutzung vorzuschreiben. Heute sind es unter anderem auch Natur- und Umweltschützer sowie Denkmalpfleger, die Anforderungen und Ansprüche an das Kleingartenwesen stellen.

Von naturschützerischer Seite wird bisweilen argumentiert, die in Kleingärten praktizierte Nutzung und Bodenbearbeitung sei mit den Zielen des Naturschutzes unvereinbar, weswegen auf dem Gebiet der Städte eher Naturschutzgebiete als Kleingärten ausgewiesen werden sollten. Dabei wird verkannt, daß entsprechend große Freiräume in Frankfurt und anderen Großstädten seit Jahrzehnten nur deshalb Bestandteil des öffentlichen Freiraumsystems sein konnten, weil das entsprechende Interesse an Gärten sich politisch gut organisiert und artikuliert sowie auf die in Bauleitplänen abgesicherte Ausweisung als Dauerkleingartengelände drängt. Mit von den Interessen der Bevölkerung tendenziell losgelösten, nicht immer an demokratischen Verhältnissen interessierten Naturschutzargumenten hätten die Flächen kaum in diesem Umfang als Gärten erhalten werden können.

Von Seiten des Natur- und Umweltschutzes wurde, insbesondere seit den 80er Jahren des 20. Jahrhunderts mit bisweilen erstaunlicher Rigidität eine spezifische Pflanzenverwendung und die Anwendung bestimmter Wirtschaftsweisen in Kleingärten gefordert. In diesem Zusammenhang ist bemerkenswert, daß „naturnähere" Gartenbewirtschaftung und die Verwendung von „heimischer" und „bodenständiger" Vegetation offenbar weniger bei Villen- und Hausgärten als bei Kleingärten verlangt wird. Unabhängig davon muß auf die Schwierigkeiten verwiesen werden, die mit den Versuchen verbunden sind, zu bestimmen, welche Vegetation unter welchen Umständen als „naturnah", „heimisch" und „bodenständig" gelten soll[520]. Was die Anwendung von Fungiziden, Herbiziden und Pestiziden angeht, so steht zu hoffen, daß nicht nur bei Kleingärtnerhaushalten sondern auch bei allen anderen die Einsicht in eine notwendige Veränderung tradierter Verhaltensweisen wächst. Auf dem Gebiet des Kleingartenwesens gilt diesbezüglich in Frankfurt am Main seit dem 14. November 1985 eine Kleingartenordnung, in der beispielsweise „der Einsatz von chemischen Unkrautvernichtungsmitteln"[521] ausdrücklich verboten wird.

Nicht nur seitens des Natur- und Umweltschutzes, auch von der Denkmalpflege und anderen können gegenüber kleingärtnerischer Tätigkeit einschränkende Maßnahmen als notwendig bezeichnet, von den Kleingärtnerhaushalten jedoch als Eingriff empfunden und entrüstet abgelehnt werden. Andererseits zeigen solche Versuche jedoch auch das breite Interesse an Kleingärten und können seitens der Kleingartenvereine positiv aufgegriffen werden. Bieten sie doch neue Möglichkeiten, z.B. Koalitionen „von Erholungssuchenden, Naturliebhabern, Gärtnern, Wanderern, Waldläufern, Spaziergängern, Kindern"[522] zu bilden, die sich für den Erhalt und die Weiterentwicklung öffentlich nutzbarer Freiräume einsetzen und so zukünftig zur Sicherung eines Freiraumangebots beitragen, das den vielfältigen Interessen einer urbanen Bevölkerung in den Städten des 21. Jahrhunderts entgegenkommt.

Die gesellschaftliche Bedeutung der Kleingärten wird nicht zuletzt auch durch Erfolge belegt, die im Zusammenwirken von Garten- und Friedhofsämtern und Kleingärtnern auf Bundesebene erzielt werden. So gewann Frankfurt am Main beispielsweise 1965 den ersten Preis in dem vom Bundesminister für Wohnungswesen, Städtebau und Raumordnung ausgeschriebenen Kleingartenwettbewerb in der Städtegruppe über 200.000 Einwohner. Damals wurde in der Urteilsfindung durch die Bundesprüfungskommission ausdrücklich „die in Frankfurt angestrebte enge Verbindung von Kleingartenanlagen mit den öffentlichen, der Erholung dienenden Grünflächen, die Gesamtplanung der Anlagen einschließlich der klaren Ordnung des Laubenbaues und die vorbildliche Pflege neuer und sanierter Kleingartenvereine" gewürdigt. Besonders hervorgehoben wurde außerdem „die organische Eingliederung der Dauer-Kleingartengebiete in das Gesamtgrünsystem innerhalb der städtebaulichen Planung"[523].

1984 gab es beim Wettbewerb „Gärten im Städtebau" gleich mehrfach Goldplaketten für Frankfurter Kleingartenkultur. Diesmal wurden die Stadt Frankfurt sowie die Kleingärtnervereine „Fechenheim", „Marbachweg" und „Nordend" ausgezeichnet. Auch im 17. Bundeswettbewerb „Gärten im Städtebau" erhielten die Stadt und der „Kleingärtnerverein Schwarzbach" Goldplaketten. Bei letzterem wurde unter anderem positiv auf die offene Gestaltungsweise ohne Zäune hingewiesen.

In den vergangenen 10 Jahren wurde gartendenkmalpflegerischen Aufgabenstellungen zunehmende Beachtung geschenkt. Nicht mehr nur feudale Park- und Gartenanlagen des 16., 17. und 18. Jahrhunderts sondern auch bürgerliche Hausgärten des 19. und frühen 20. Jahrhunderts, Volksparkanlagen und mittlerweile auch Kleingärten rücken in das gartendenkmalpflegerische Blickfeld. Es ist sicher zu begrüßen, wenn nunmehr auch die kulturelle Bedeutung bürgerlicher, kleinbürgerlicher und proletarischer Gartenkultur erkannt wird.

Die Leistungen der Stadt Frankfurt auf diesem Gebiet wurden 1990 im Rahmen des Bundeswettbewerbs „Gärten im Städtebau" gewürdigt. Frankfurt erhielt eine Sonderplakette „für die Erhaltung historischer Kleingartenanlagen aus verschiedenen Zeiträumen der Stadtgeschichte"[524]. Doch sind dabei Interessenskonflikte vorprogrammiert. Das Charakteristikum kleingärtnerischer Nutzung ist der ständige Wandel. Änderungen an der Gestalt der Lauben, Einfassungen, Wege und Zäune gehören dazu ebenso wie die Änderungen in der Bepflanzung u.a.m. Nur sorgfältige Abwägung und Diskussionsbereitschaft seitens der Gartendenkmalpflege wie auch des Kleingartenwesens kann dem Ziel nahe kommen, die gartenhistorisch wertvolle Substanz vieler Kleingartenanlagen in Frankfurt am Main zu erhalten, ohne rigide zu verordnen, was als beengendes, die selbstbestimmte Nutzung der Gärten behinderndes Korsett empfunden würde und letztlich zu erkennbarer Verringerung des Interesses an kleingärtnerischer Nutzung führen müßte.

Die Kleingärtnerei stellt wie viele andere menschliche Aktivitäten in der Stadt Flächenansprüche, die nicht überbewertet werden sollten. Doch haben Kleingärten seit nunmehr mehr als 100 Jahren ihre Existenzberechtigung als Teil urbaner kommunaler Kultur nachgewiesen. Unterschiedliche soziale Gruppen sind daran beteiligt.

Diejenigen, die in der Stadt Kleingärten kultivieren, haben bewiesen, daß sie eine stark integrative Funktion ausüben können. Angesichts der augenblicklichen und zukünftig zu erwartenden Problemstellungen könnte gerade der integrativen Kraft des Kleingartenwesens besondere Bedeutung zukommen. „Ohne Bilder, Hoffnungen, Ansprüche und Erinnerungen sind Freiflächen nicht dauerhaft freizuhalten“[525]. Für die Bilder, Hoffnungen, Ansprüche und Erinnerungen an Kleingärten und die Gartenkultur der unterschiedlichen sozialen und ethnischen Bevölkerungsgruppen sowie der Menschen unterschiedlichen Alters Sensibilität zu zeigen und sie in zukünftige Freiraumkonzepte, in denen Kleingärten ein fester Bestandteil sind, einfließen zu lassen, könnte auch zukünftig eine vorrangige Aufgabe der Kommunalpolitik sein. Die konstruktive und kritische Zusammenarbeit von Umweltdezernat, Garten- und Friedhofsamt, der Stadtgruppe der Kleingärtner und den Kleingartenvereinen stellt die grundlegende Voraussetzung der demokratischen Vorstellungen verpflichteten Umsetzung dieser Aufgabe dar.

11. Jahrhundert-Jubiläen Frankfurter Kleingärtnervereine und das Beispiel des Kleingärtnervereins der Rosisten e.V.

FRANK BLECKEN

Die offizielle Gründung von Kleingärtnervereinen ab den 80er Jahren des vorigen Jahrhunderts hat zur Folge, daß heute noch existierende Vereine in den zurückliegenden Jahren ihr 100jähriges Jubiläum feiern konnten. Es waren dies bislang

1888/1988	Kleingärtnerverein Griesheim 1888 e.V.
1893/1993	Kleingärtnerverein Niederrad e.V.
1894/1994	Kleingärtnerverein der Rosisten e.V.

Der Kleingärtnerverein der Rosisten e.V. hat eine besondere Vorgeschichte. Er ist hervorgegangen aus einer engagierten Bewegung zur Förderung der Rosenkultur und, nachfolgend, zur Förderung der Gartenkultur in Frankfurt am Main.

Der Verein zählt heute 760 Mitglieder, die 621 Kleingärten in 6 Kleingartenanlagen mit einer Gesamtfläche von 19,8 ha bewirtschaften.

Ungeachtet der zwischenzeitlichen Veränderung und Entwicklung der Gartenkultur in den Kleingärten hat dieser Verein den gärtnerischen Ursprung in seinen Gärten bis heute bewahrt. Eine vor einiger Zeit durchgeführte Erhebung weist nach, daß in den Gärten des Vereins annähernd 27.000 Rosenstöcke kultiviert werden. Das bedeutet im Durchschnitt 45 Rosenstöcke pro Gartenparzelle (Bericht des 1. Vorsitzenden WOLFGANG HERZOG).

Beispielhaft für die Entstehung und Entwicklung solcher kleingärtnerischer Traditionsvereine werden nachfolgend das Gründungsprotokoll des Frankfurter Rosisten-Vereins aus dessen Jahresbericht 1894/95 (Faksimile) und ein Auszug aus der Festrede zum 100jährigen Vereinsjubiläum 1994 wiedergegeben. Aufschlußreiche Berichte über die „Rosen-Ausstellung zu Frankfurt a. M.“ von 1897 (auch als „Rosen-, Blumen- und Pflanzen-Ausstellung“ bezeichnet) sowie über den Kongreß des Vereins deutscher Rosenfreunde im gleichen Jahr an diesem Ort finden sich u.a. in „Möller's Deutsche Gärtner-Zeitung“, Jahrgang 1897.

11.1 Festrede zum 100jährigen Jubiläum des Kleingärtnervereins der Rosisten e.V. 1994

WOLFGANG GILLES

„Nur aus der Kräfte schön vereintem Streben
Erhebt sich wirkend erst das wahre Leben.“

Unter dieses Wort des großen deutschen Dichters Friedrich Schiller hat der Frankfurter Rosisten-Verein seinen Jahresbericht über das erste Vereinsjahr 1894/95

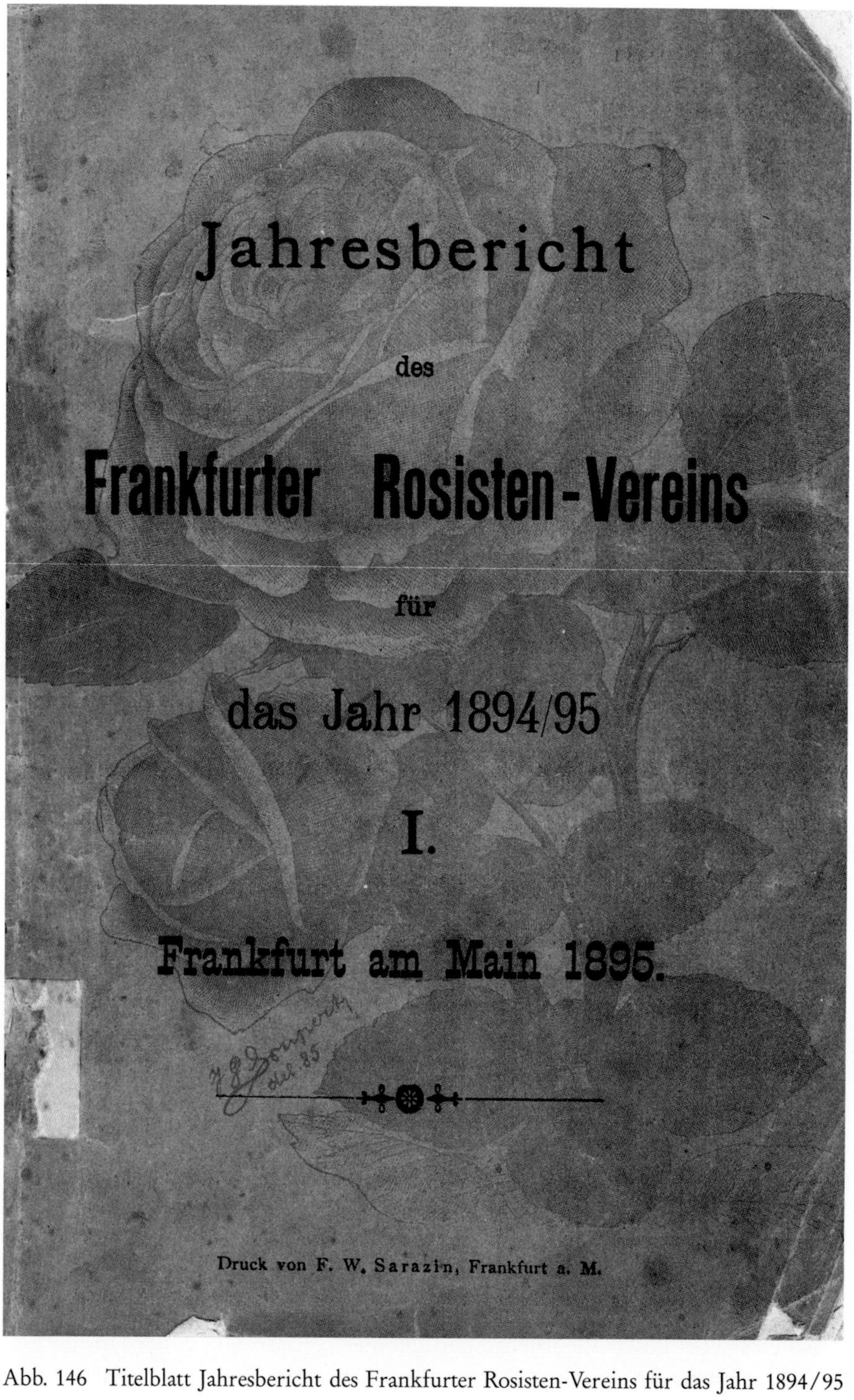
Jahresbericht

des

Frankfurter Rosisten-Vereins

für

das Jahr 1894/95

I.

Frankfurt am Main 1895.

Druck von F. W. Sarazin, Frankfurt a. M.

Abb. 146 Titelblatt Jahresbericht des Frankfurter Rosisten-Vereins für das Jahr 1894/95

Frankfurter Rosisten-Verein.

Am Mittwoch den 7. März Abends $8^{1}/_{2}$ versammelten sich auf Einladung des Herrn C. P. Strassheim eine Anzahl Gärtner und Liebhaber im „Storchenbräu" Frankfurt a. M.

Herr Strassheim begrüsste die Anwesenden und dankte für ihr zahlreiches Erscheinen auf seine schlichte Einladung und sprach weiter etwa folgendes:

Meine Herren!

Der Zweck unserer heutigen Zusammenkunft ist ein harmloser, aber ein edler. Es handelt sich, worüber ein Theil von Ihnen schon unterrichtet, um die Gründung eines Vereins von Rosenfreunden in Frankfurt a. M.

Die Rose ist diejenige Blume, die in unserer heutigen Zeit mit den höchsten Rang unter sämmtlichen Kulturpflanzen einnimmt und verdient es in erster Linie, dass ihr eine ganz besondere Pflege zu Theil wird, wesshalb ich es für wichtig halte, dass sich eine Anzahl Gärtner, Liebhaber und Liebhaberinnen vereinigt, um der Rosencultur ihre volle Aufmerksamkeit zu widmen.

Die Gründung eines Rosisten-Vereins in Frankfurt a. M. ist schon ein Lieblingsgedanke von mir seit 1886. Als ich damals die Redaction der Rosen-Zeitung und die Geschäftsführung des Vereins deutscher Rosenfreunde in die Hand nahm, erfuhr ich, dass nicht allein in Deutschland, sondern auch in unseren sämmtlichen Nachbarstaaten des Auslandes eine grosse Reihe von Städten vorhanden sind, in denen Vereine ausschliesslich der Rosencultur gewidmet, existiren. Ich lege hiermit das Programm der geplanten Rosenausstellung bei Gelegenheit der diesjährigen Weltausstellung in Antwerpen des dortigen Rosisten-Vereins vor, aus welchem ersichtlich, in welch' hoher Blüthe der Antwerper Rosisten-Verein steht. Aehnliche Vereine haben wir in Frankreich, England, Holland, Oesterreich, Amerika u. s. w. — Die heute hier geplante Vereinigung soll absolut kein Konkurrenz-Unternehmen irgend eines hiesigen oder auswärtigen gärtnerischen Vereins sein, sondern im Gegenteil; wir wollen in der grössten Harmonie und im grössten Einvernehmen, mit denselben den Gartenbau und für uns die Rosencultur in höchste Blüthe zu bringen suchen.

An Material nach allen Richtungen hin fehlt es nicht, denn mir persönlich steht neben einem ausgedehnten Edelrosen-Sortiment von 16—1800 Sorten auch ein Wildrosen-Sortiment von 360 Sorten zur Verfügung, was auf dem Continent in dieser Ausdehnung wohl nicht mehr zu finden sein wird; desgleichen auch in litteraischer Beziehung stelle ich den Mitgliedern meine Bibliothek, welche über 100 Bände nur allein Rosenkultur, ca. 50 Bände über Insectenkunde und mehrere 100 Bände gärtnerische Schriften allgemeinen Inhalts umfasst, zur Verfügung etc. etc.

Herr Strassheim theilte dann mit, bevor wir in die Disscussion eintreten, ist es nothwendig, ein Bureau zu wählen und wurde hierauf Herr Lange als Schriftführer und Herr Strassheim als Vorsitzender bestimmt. Herr Fleisch-Daum fragte an, ob die Gründung eines Vereins von Rosenfreunden in Frankfurt a. M. keine Schädigung für den Verein deutscher Rosenfreunde sein würde.

aus: Jahresbericht des Frankfurter Rosisten-Vereins für das Jahr 1894/95

Der Vorsitzende antwortet: Gerade das Gegentheil sei der Fall. Der Verein deutscher Rosenfreunde würde solche Vereinigung nur mit Freuden begrüssen; denn derselbe strebe ja gerade diese Localvereinigungen an. Unser Verein würde gewissermaassen ein Zweigverein jenes grossen deutschen Vereins werden, ähnlich wie die Bildung der Sectionen im deutschen Pomologen-Verein. Der deutsche Rosisten-Verein wird sich viel lieber und erfolgreicher an einen Verein in einer Stadt wenden, als an eine einzelne Person.

Herr Fleisch wünschte Abstimmung darüber, ob man überhaupt hier einen Verein gründen wolle. Der Vorsitzende erwähnt, es wäre doch wohl erwünscht, wenn die Anwesenden zuerst mit allen Details bekannt wären. Herr Clauer hält die specielle Behandlung der Rosencultur durch einen Verein sehr am Platze; Herr Köhler schlägt vor, in der hiesigen Gartenbau-Gesellschaft eine Section für Rosen zu bilden, was aber einstimmig verworfen wurde.

Herr Fleisch bittet nochmals über seinen Antrag abzustimmen, was hierauf geschieht und erklären sich die Anwesenden ohne Ausnahme mit der Gründung eines Vereins für Rosenfreunde in Frankfurt a. M. einverstanden.

Der Vorsitzende verliesst hierauf ein von ihm verfassten Statutenentwurf und bittet eine Commission zu wählen, welcher die Ausarbeitung des Statuts übertragen wird Es wurden in diese Commission gewählt: Der Vorsitzende, Herr Carl Schuhmann und Herr Fried. Lange. Der Vorsitzende hob hierauf noch u. A. hervor, dass man sich die Sache ungefähr folgender Weise denke: Monatlich 2 Sitzungen; in denselben soll zuerst der geschäftliche und dann der wissenschaftliche Theil erledigt werden. Dieses wäre somit das Ideal, welches Herr Conrad Sohl schon so häufig erwähnt und anzustreben gesucht hat. Die erste Sitzung des Jahres soll eine Generalversammlung sein; ausser den Sitzungen soll den Excursionen nach interessanten Rosarien, Treibereien, überhaupt der Wissenschaft und Unterhaltung besonders Rechnung getragen werden.

Es wurde hierauf eine Liste in Circulation gesetzt, worauf sich die nachstehenden Herren unterzeichneten:

F. Lange.
Franz Schäfer
J. G. Dumler sen.
K. Schuhmann
J. Braungart
R. Vogel
E. Stückradt
C. Köhler
N. Pfisterer
M. Wilh. Görich
G. Pfeiffer
F. W. Sarazin
Otto Ruhe
Pet. Kiefer
A. Braungardt
Peter Dröll
Alois Odenwaeller
H. C. Clauer
Jos. Roth
W. Fornoff
C. P. Strassheim
J. Veit
H. Hahn

Herr Jean Veit hatte den Vorsitzenden vorher ermächtigt, seinen Namen ebenfalls in die Liste einzutragen; somit sind die vorstehenden 23 Herren als die Mitgründer des Frankfurter Rosisten-Verein zu betrachten.

Der Vorsitzende fragt nun zum Schlusse noch an, wessen Namen das Kindlein eigentlich tragen soll und einigte man sich auf den Namen „Frankfurter Rosisten-Verein."

Möge nun das junge Unternehmen der Rosencultur, sowie dem gesammten Gartenbau zu Nutz und Frommen dienen.

gestellt. Ein Zusammenschluß von beherzten Männern zeigt immer einen Höhepunkt an, den Willen, das in vielen Jahren Gewachsene zu verteidigen gegen andere Interessenverbände, 1894/95 gegen die hiesige Gartenbau-Gesellschaft oder heute – 100 Jahre danach – gegen überzogene Anforderungen von seiten der öffentlichen Hand.

Zusammenschlüsse sind aber immer auch ein Zeichen von erwachtem Selbstbewußtsein. Voller Stolz berichtet der Initiator der Vereinsgründung, der Bauunternehmer Conrad Peter Straßheim, von den 1600–1.800 Sorten von Edelrosen und dem Wildrosen-Sortiment von über 360 Sorten, das er sein eigen nennt und das in dieser Ausdehnung auf dem Kontinent seinesgleichen sucht. Voller Stolz weist er auch auf seine Bibliothek hin, in welcher über 100 Bände nur allein von der Rosenkultur handeln.

Vom Zusammenschluß der Rosenfreunde in Frankfurt und der Rolle, die Straßheim dabei spielte, wird gleich noch zu reden sein. Jetzt soll erst einmal darauf eingegangen werden, wieso ausgerechnet Sachsenhausen ein *Zentrum der Rosenkultur* gewesen ist. Der eben erwähnte C. P. Straßheim besaß im Ziegelhüttenweg 37 ein großes Fabrikgelände, an das sich ein größerer Garten anschloß. Auf diesem Gartengelände legte der Rosenliebhaber 1888 einen Wildrosen-Garten an, der sechs Jahre später bereits 361 verschiedene Sorten von Wildrosen aufwies. Dieser Garten war ein einziges Freiland-Versuchsfeld, das sich vom Ziegelhüttenweg her den Sachsenhäuser Berg hinaufzog. Es war wegen seines kalksteinhaltigen Untergrunds vorzüglich zur Rosenzucht geeignet ... .

Der Niederlegung der Landwehren ab 1785 kommt Symbolcharakter zu. Sie kündigt den *Übergang vom 18. ins 19. Jahrhundert* an. Die Festungswerke der Stadt, größtenteils noch aus der Zeit des Dreißigjährigen Krieges, waren hoffnungslos veraltet. Wer Licht und Luft genießen wollte, baute sich – so er denn das nötige Geld dazu besaß – ein Sommerhaus in den Gärten am Untermain, am Sachsenhäuser Ufer (dem Schaumainkai), auf dem Mühlberg. 1809 erhielt Frankfurt unter dem Mainzer Erzbischof *Carl Theodor von Dalberg*, Großherzog von Frankfurt von Napoleons Gnaden, ein neues Baustatut, daß die Beseitigung der antiquierten Befestigungsanlagen vorsah.

Mit den Mauern, Gräben und Wällen verschwanden auch die tiefgestaffelten mittelalterlichen Tore. An ihre Stelle traten schlichte Wachlokale, von denen in Sachsenhausen die beiden 1810/11 erbauten Affentorhäuser heute noch Zeugnis ablegen. Die Wachhäuser am Schaumainkai, etwa dort, wo sich heute der Aufgang zum Eisernen Steg befindet, sind längst abgerissen worden. Vom Sachsenhäuser Bauboom jener Jahre kündet außer den beiden Affentorhäusern nur noch das Gebäude der Dreikönigsschule in der nach ihr benannten Schulstraße, heute Teil des Sachsenhäuser Krankenhauses. Dieses Gebäude steht auf der Abrißliste, typisch für den kulturfernen Geist, der – sieht man einmal von der Wallmannära ab – im Frankfurt der Nachkriegszeit herrschte. 1950 wurde zum Beispiel der Treppenturm des Frankensteiner Hofs, eines Renaissance-Baus, der die Schreckenstage des Zweiten Weltkriegs überlebt hatte, abgebrochen; und 1971 ereilte das 1815 von dem Franzosen Salins de Montfort erbaute Herrenhaus des Riedhofs das gleiche Geschick.

Die Sachsenhäuser Mainfront jedenfalls, Schaumainkai genannt, wie sie sich am Anfang des 19. Jahrhunderts den Besuchern Frankfurts darbot, hielt den Vergleich mit dem Pariser Seine-Ufer stand. Unter der Oberschicht wurde es schick, ständig außerhalb der Altstadt zu wohnen – und nicht nur ein Gartenhaus dort zu haben. Immerhin wohnte 1866, als Frankfurt an Preußen fiel, jeder fünfte Frankfurter bereits außerhalb der früheren Festungsgräben, meist natürlich Kreise, die sich dies finanziell leisten konnten. Daß die *Gartenkultur* in jener Zeit einen riesigen Aufschwung erlebte, versteht sich von selbst.

Gustav Schoser, der langjährige Leiter des Frankfurter Palmengartens, hat einmal geschrieben, „in Deutschland erfuhr die *Rosenkultur* um die Mitte des 19. Jahrhunderts einen neuen Impuls". Natürlich gab es schon früher Rosen in Frankfurt. So ist zum Beispiel im Zinsbuch der Stadt Frankfurt 1405 ein Haus der Rose vermerkt, das in der Rosengasse stand, einer Parallelstraße zum Großen Hirschgraben. Also mußte es dort Rosenstauden in wenn auch noch so kleinen Stadtgärten gegeben haben. Große Rosengärten kamen in Deutschland erst nach 1800 auf. Sie verdanken Inhalt und Ursprung den Gartenausstellungen, deren erste urkundlich erwähnte im Jahre 1809 stattfand.

Die erste Blumenausstellung in Frankfurt kann in das Jahr 1835 datiert werden. Promotor dieser Ausstellung war die Polytechnische Gesellschaft, die u.a. 1822 die bekannte Sparkasse mit dem Bienenkorb gründete. Diese Blumenausstellungen sind keineswegs Rosenausstellungen, sie umfassen den ganzen Katalog der Blumen. Erst 1881/82 wird in Frankfurt, und zwar im Stadtteil Sachsenhausen, der *erste Rosengarten* angelegt.

Fritz Metzler, Bankier, ließ sich von seinem Obergärtner Karl Schuhmann diesen Garten gestalten. In diesem Garten erblühten auf fast 1.000 Hochstämmchen Rosen. Dem Bericht zufolge hatte Schuhmann alle Rosensorten durcheinander gepflanzt, die Blüten mußten lediglich die gleiche Farbe haben. Der 1882 bereits 83jährige Bankier Metzler kam jeden Tag zur Mittagszeit, meist zu Fuß, aber auch mit der Trambahn nach Sachsenhausen in seinen Garten. Leider ist nicht überliefert, wo in Sachsenhausen sich dieser Garten befand. 1888, beim 4. Kongreß des Vereins der Deutschen Rosenfreunde in Frankfurt, war dieser Garten ein faszinierender Anziehungspunkt für die Kongreßteilnehmer.

Der Bankier Fritz Metzler hatte 1881 seine Anregung für einen Rosengarten durch einen Besuch auf der Frankfurter Patent- und Mustergartenausstellung auf dem sogenannten „Neugarten-Gelände" nördlich des Palmengartens gewonnen. Dort hatte ein 31jähriger namens *Conrad Peter Straßheim* ein Sortiment von Rosen ausgestellt; er hatte bereits als 28jähriger sein erstes Diplom auf einer Blumenausstellung für das von ihm präsentierte Rosensortiment erhalten. Am 28. September 1883 gehörte er in Hamburg zu den Gründern des Vereins Deutscher Rosenfreunde. 1886 übernahm er die Redaktion der Rosen-Zeitung und die Geschäftsführung des Vereins der Deutschen Rosenfreunde. Beide Ämter legte er jedoch nach etlichen internen Querelen bereits nach vier Jahren nieder. Jung und energisch, wie er war, konnte er die Hände nicht in den Schoß legen. Vier weitere Jahre später, im Gründungsjahr des Frankfurter Rosisten-Vereins, war er Mitbegründer des Internationalen Rosisten Vereins in Amsterdam und ließ sich als Vertreter Deutschlands zum „Cassierer“ des Vereins wählen.

C. P. Straßheim wurde 1850 als Sohn von „einfachen Schneidersleuten“ in Grindel bei Butzbach in der Wetterau geboren. Früh verwaist, erlernte er das Zimmermannshandwerk. Die Nähe zu Steinfurth, in dem damals bereits eine bekannte Rosengärtnerei existierte, könnte in jungen Jahren die Liebe Straßheims zur Rose als der Königin der Blumen geweckt haben. Nach der Beendigung seiner Lehre als Zimmermann verdingte er sich bei den Pflasterern. Das Pflastern der großen Chausseen mit Basaltsteinen war aufgekommen.

Gustav Schoser vermutet, daß Straßheim zum Ausgleich für die oft schwere und eintönige Arbeit des Straßenpflasterns seine Zuneigung zu den Rosen entdeckt habe. Wir wissen es nicht. Der Umgang mit Holz und Stein jedenfalls ließ Straßheim auf die Idee kommen, sich als Bauunternehmer in Frankfurt, will sagen: Sachsenhausen – Frankfurt, wie Straßheim zu schreiben pflegte, niederzulassen. Seinen Bauhof richtete er sich im Ziegelhüttenweg ein. Seine Wohnung lag in der Mühlbruchstraße. Ganz in der Nähe, in der Hedderichstraße 1, legte er seinen ersten Rosengarten an, ein sogenanntes „Rosarium“.

Straßheim unternahm zahlreiche große Reisen; fünf Weltausstellungen hat er besucht; überall schloß er Bekanntschaft mit Rosenliebhabern, gewann weltweit Freunde unter gleichgesinnten Menschen. Höhepunkte seines Lebens waren die großen Rosenausstellungen in Frankfurt 1881 und 1888 und, als Highlight, wie wir heute sagen würden, die *Rosenausstellung von 1897* an der Forsthausstraße in Sachsenhausen – Frankfurt.

Nach dem Abbau dieser Ausstellung, wegen des großen Erfolges blieb der Rosengarten auf dem Ausstellungsgelände indes bis 1900 bestehen, zog sich Straßheim, inzwischen 50 geworden, stärker ins *Privatleben* zurück. Vier Jahre später – der Vierjahresrhythmus spielte auffallenderweise in seinem Leben eine gewisse Rolle – schuf er an der Louisa den ersten Vereinsgarten der Rosisten. Er selbst zog aus der Mühlbruchstraße nach Buchschlag, wo er einen großen Privatgarten anlegte und alsbald einen Gartenbauverein gründete. Es ist überliefert, daß der in seinem Wesen oft recht rauhe und bärbeißige Mann in seinem Rosengarten in Buchschlag niemanden eine Rose abschneiden ließ, es sei denn, er hieße C. P. Straßheim. Am 8. März 1923 ist er als 73jähriger in seinem Haus unvermittelt an einem Hirnschlag gestorben. Zur letzten Ruhe wurde er auf dem Waldfriedhof in Buchschlag gebettet.

Conrad Peter Straßheim war ein *Rosengärtner aus Leidenschaft,* der sein Leben den Rosen gewidmet hat. Lassen Sie mich deshalb an dieser Stelle noch einiges berichten von der *Rosenausstellung 1897* in Sachsenhausen, ohne Zweifel d e r Höhepunkt in Straßheims Leben. Straßheim bewegten mehrere Überlegungen, eine Rosenausstellung in Frankfurt abzuhalten. Da gab es einmal die Wahrnehmung, daß in Frankfurt die großen schönen Privatgärten und Parkanlagen nach und nach verschwanden. Sie mußten der Bauspekulation weichen. Anfang der 90er Jahre des vorigen Jahrhunderts erlebte das Deutsche Reich ein konjunkturelles Hoch, und die Bauwirtschaft boomte. Man mußte schon in den Vordertaunus fahren, nach Eppstein, Königstein, Kronberg oder Bad Homburg, um noch eine herrliche Parkanlage zu Gesicht zu bekommen. Zum anderen war Frankfurt nach der letzten großen Blumenausstellung 1888 bald wieder an der Reihe, eine Ausstellung veranstalten zu müssen, aus Prestigegründen versteht sich. Hinzu kam, daß es den Weitgereisten reizte, einmal seinen Kollegen aus Holland, Frankreich, England, Österreich, der Schweiz und Amerika vorzuführen, was Deutschland auf dem Gebiet der Rosenzucht zu leisten imstande war.

Vorausschauend hat er am 7. März 1894 den Frankfurter Rosisten-Verein gegründet. Er sollte ihm als Träger-Verein für eine Rosenausstellung dienen. Bereits im Augusts 1894, also kurz nach seiner Gründung, legte er auf einer Vereinssitzung den Mitgliedern die Frage vor, „ob der Verein nicht rechtzeitig daran denken wolle, hier in Frankfurt am Main eine Rosenausstellung abzuhalten".

Geschickt wie er war, hatte er den Verein Deutscher Rosenfreunde bereits grünes Licht dafür geben lassen, daß 1897 der Kongreß des Vereins der Deutschen Rosenfreunde in Frankfurt abgehalten und bei dieser Gelegenheit eine Rosenausstellung von der Frankfurter Sektion dieses Vereins organisiert wird. Drei Jahre Vorlauf, das müßte reichen, so kalkulierte der clevere Geschäftsmann. Überflüssig zu erwähnen, daß die Vereinsversammlung einstimmig dem Plan ihres Vorsitzenden zustimmte und den Vorstand beauftragte, umgehend einleitende Schritte zu unternehmen.

Als erstes, einer Forderung des Magistrats der Stadt entsprechend, wird ein Garantiefonds aufgelegt, mit dem etwaige Verbindlichkeiten während bzw. nach Ende der Ausstellung abgedeckt werden können. Es kommen bis zu Ausstellungsbeginn stolze 80.000 Goldmark zusammen. Ein Gelände für die Ausstellung wird zwischen der Forsthaus-Straße und dem Bahndamm der Bebraer Eisenbahn gefunden, ein Gelände, das bisher zum Gemüseanbau genutzt worden war. Alle bedeutenden Firmen des Kontinents, die sich mit der Aufzucht von Rosen befaßten, wurden angeschrieben und sagten ihre Beteiligung an der Ausstellung zu. War zunächst eine Ausstellungsdauer von acht Tagen vorgesehen, so wurde sie alsbald auf vierzehn Tage verlängert, schließlich auf den ganzen Sommer und Herbst ausgedehnt. Daß ein Rosengarten bis zum Jahr 1900 erhalten blieb und jährlich Tausende von Besuchern anzog, spricht für die Qualität der Ausstellung.

Im Frühjahr 1896 wurde mit den Anpflanzungen der Rosen, Coniferen, Gehölze, Schlingpflanzen und Stauden begonnen. Da die Trambahnschienen über die Wilhelmsbrücke, so hieß die heutige Friedensbrücke damals, noch nicht verlegt waren, wurde mit der Firma Chr. Riese und Sohn eine direkte *Omnibus-Verbindung* Roßmarkt – Bahnhofsplatz – Ausstellungsgelände vereinbart. Große elegante Wagen, die 15–20 Personen Platz boten, wurden bereitgestellt. Eine Fahrt pro Person

Programm

für

Abtheilung A (Permanente Ausstellung)

der

Allgemeinen

Rosen-, Blumen- & Pflanzen-Ausstellung

zu

Frankfurt am Main

im Jahre 1897

vom Juni bis November an der Forsthausstraße

veranstaltet vom

Frankfurter Rosisten-Verein

unter freundlicher Mitwirkung von

Mitgliedern des Vereins Deutscher Rosenfreunde.

Frankfurt a. M.
Druck von C. Adelmann.
1896.

Abb. 147 Titelblatt des Programms der Allgemeinen Rosen-, Blumen- und Pflanzen-Ausstellung zu Frankfurt am Main 1897

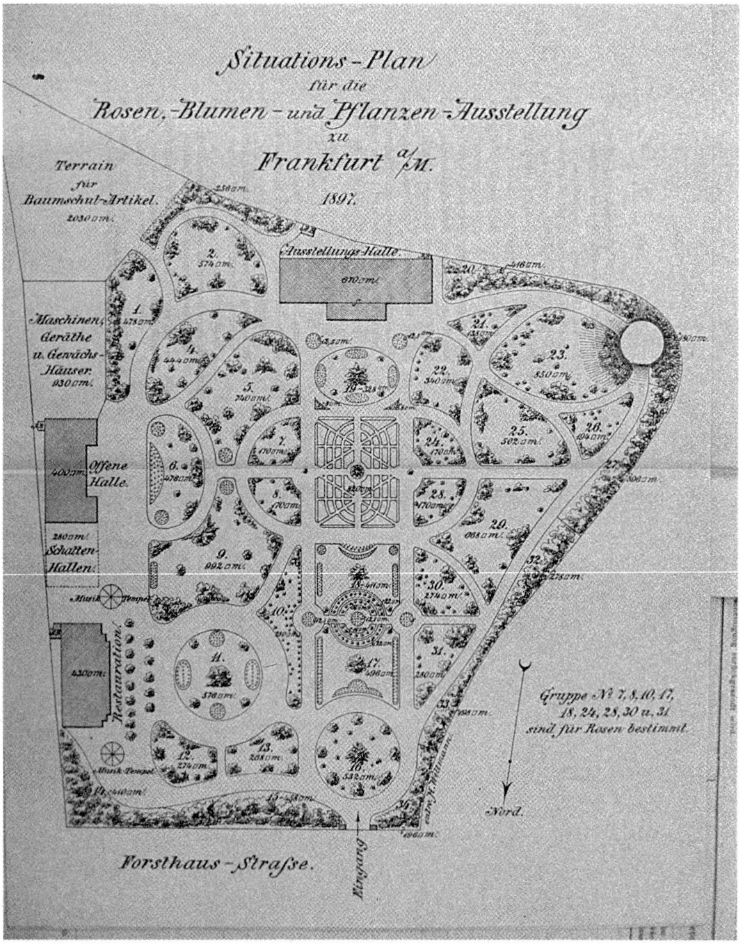

Abb. 148 Situations-Plan für die Rosen-, Blumen- und Pflanzen-Ausstellung zu Frankfurt am Main 1897

kostete für die ganze Strecke 15 Pfennige. Verhandlungen mit der Reichspost wurden geführt zwecks Errichtung eines Sonderpostamtes. Ein Sicherheits- und Wachdienst wurde engagiert. Kaiserin Friedrich wird angesprochen, ob sie sich als Schutzherrin der Ausstellung zur Verfügung stellt. Und, wie modern: Eine Fahrradparkhalle wird projektiert, die Platz für 200 abzustellende Fahrräder bietet.

Erwähnt zu werden verdient noch, daß C. P. Straßheim es meisterhaft verstand, sich auf der Ausstellung ins rechte Licht zu setzen. Stand links vom Eingang die erwähnte Fahrradhalle, so hatte Straßheim gleich rechts des Eingangs sein Wildrosensortiment plaziert, ein so reichhaltiges Material, wie es, so in einem Bericht über die Ausstellung, „in ähnlicher Vollkommenheit und Vollständigkeit bisher auf keiner Ausstellung geboten wurde und wie es in gleicher Vollkommenheit kein botanischer Garten aufzuweisen hat." Selbstverständlich stattet die Kaiserin Friedrich der Blumenausstsellung ihren – und das gleich zweimal – Besuch ab. Natürlich wird vermerkt, daß sie sich besonders für die Rosen interessiert. Und wie könnte es anders sein, als daß sie auf das Eingehendste dem Wildrosen-Sortiment von C. P. Straßheim ihre Aufmerksamkeit schenkt. Und so nebenbei, fast schamhaft, wird vermerkt, daß auch Gartenmöbel die lebhafteste Beachtung der Kaiserin findet.

Welch weltweites Echo die Ausstellung in Sachsenhausen hervorrief, soll an einer Episode verdeutlicht werden. Eines Tages wird der Leitung der Rosenausstellung die Mitteilung vom *Zollamt* gemacht, daß eine Sendung aus Rußland angekommen sei. Nach Zahlung eines Betrages von 1,70 Mark wird die nicht angemeldete Sendung ausgehändigt. Als man sie genauer untersucht, stellt sich heraus, daß es sich um ein in weiße Leinwand verpacktes Holztönnchen handelt. In diesem Tönnchen finden die neugierigen Vorstandsmitglieder Moos, und nochmals Moos, Moos in Hülle und Fülle. Schließlich stoßen sie auf ein Glasgefäß, wie es zum Einwecken genutzt wird. Darin ist endlich, in Papier eingewickelt, die kostbare Sendung untergebracht: Zwei abgeschnittene Blüten der gelb gefüllten *Rosa sulphurea* – aber, o Schreck: Die Blüten sind verfault. Auf der Packleinwand hat der Absender der Sendung handschriftlich angemerkt, daß es sich bei dieser Rose um eine große Seltenheit handele. Er konnte ja nicht wissen, daß diese Rose aufgrund der guten Beziehungen C. P. Straßheims zu den Rosenzüchtern in aller Welt in etwa einem Dutzend von Exemplaren auf der Ausstellung vertreten war.

Nicht wegen dieser umsonst ausgegebenen 1,70 Mark war der Ausstellung in finanzieller Hinsicht kein Erfolg beschieden. Bis Mitte August hatte man noch berechtigte Hoffnung, daß die Ausstellung mit einem ansehnlichen Überschuß abschlösse. Aber ab der zweiten Augusthälfte, den ganzen September über, Anfang Oktober und selbst in den wenigen Novembertagen, in denen die vorgesehenen Sonderausstellungen abgehalten werden mußten, überstiegen hauptsächlich infolge des schlechten Wetters die Spesen die Einnahmen. Immerhin brauchten die 80.000 Mark des Garantiefonds nicht in Anspruch genommen zu werden. Das Defizit wurde durch den Verkauf des Inventars der Ausstellungshallen weitestgehend gedeckt.

Vom gärtnerischen Gesichtspunkt aus gesehen, war die Ausstellung ein voller Erfolg: von keiner Blumenausstellung bisher, geschweige denn von einer Rosenausstellung, wurde sie, was die Reichhaltigkeit und den Artenreichtum anbelangt, je übertroffen. Auch aus sozio-kultureller Sicht muß man die Ausstellung als geglückt ansehen. Mehrere Sachsenhäuser Vereine hielten auf dem Ausstellungsgelände ihr Sommerfest ab unter „riesiger" Teilnahme der Vereinsmitglieder. Auch das dargebotene Unterhaltungs- und Freizeitprogramm für Alt und Jung war für die damalige Zeit sensationell.

Abb. 149 Titelblatt des Katalogs der Großen Rosen-Ausstellung zu Frankfurt am Main 1898

Nach der Jahrhundertwende änderte der Rosistenverein seine Ziele. Zwar wurden Förderung und Hebung der Rosenkultur noch immer als Zweck des Vereins angesehen, aber aus den beiden monatlichen war längst nur noch eine monatliche Sitzung

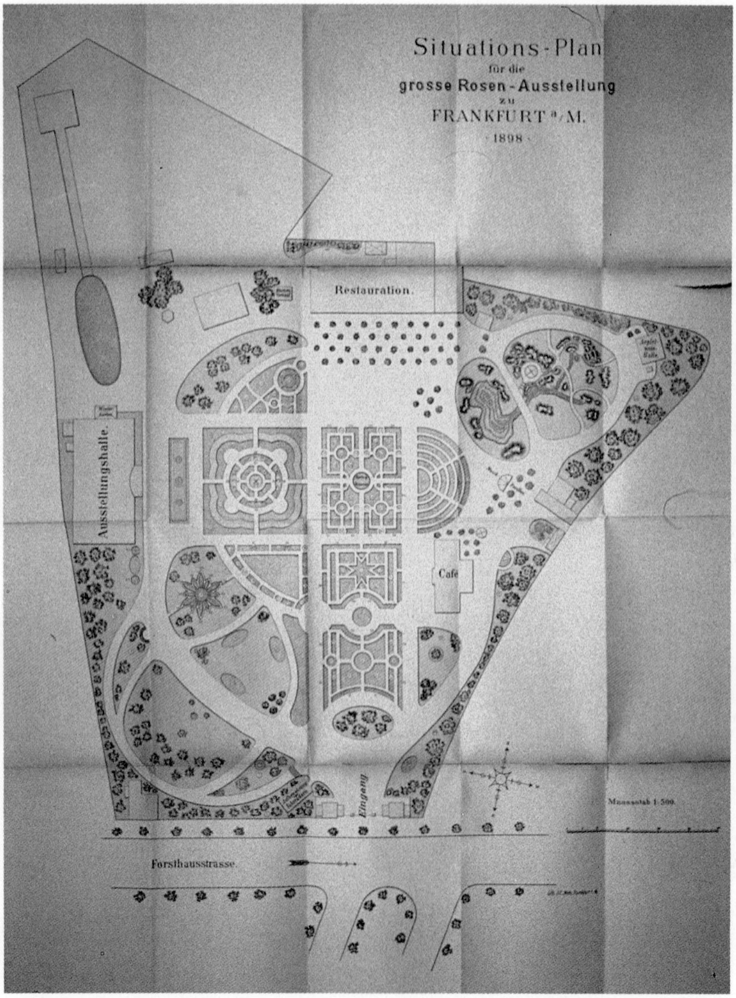

Abb. 150 Situations-Plan für die Große Rosen-Ausstellung zu Frankfurt am Main 1898

geworden; und statt sich ausschließlich mit der Rose als „derjenigen Blume, die in unserer heutigen Zeit mit den ersten Rang unter sämtlichen Kulturpflanzen einnimmt“, zu befassen, standen längst schon Fragen des Gartenbaus insgesamt auf der Tagesordnung. So sprach Straßheim im Oktober 1903 auf der Monatssitzung des Vereins außer über die Veredlung von Rosen unter Glas über *Zwiebel- und Staudengewächse.* Im Juni 1904 hielt er einen Vortrag über die *Erdbeerkultur.* Im September

1904 war der Kreiswanderlehrer Biesterfeld aus Offenbach in der Versammlung zu Gast und referierte über die *Konservierung von Obst und Gemüse.*

Die Zusammensetzung der *Mitglieder* hatte sich im Laufe der Jahre verändert. Prüft man die Liste der Mitglieder im ersten Vereinsjahr auf ihre Berufe hin, so stellt man fest, daß ganz bestimmte Berufe dominieren. 80% der Mitglieder waren leitende Gärtner (d.h. Obergärtner, Hofgärtner, Kunstgärtner, Handelsgärtner), selbständige Handwerksmeister, Unternehmer (wie z.B. Straßheim), Kaufleute und Fabrikanten, also Angehörige des gehobenen Mittelstandes, wie wir heute sagen würden. Die Stagnation, ja der Rückgang der Mitgliederzahl führte dazu, die Mitgliederliste auch für sozial niedriger gestellte Bürger Sachsenhausens zu öffnen. Deren Interesse richtete sich in der Regel darauf, wie die „Rosengärtner" auch einen Garten ihr eigen zu nennen, wenn *nicht als Eigentümer so wenigstens als Pächter.*

In der Aprilsitzung des Vereins im Jahre 1904 berichtete Straßheim von den erfolglosen Verhandlungen mit der Stadt wegen des Erwerbs eines Grundstückes für einen *Vereinsgarten.* Verhandlungen mit der von Bethmann'schen Grundstücksverwaltung sind erfolgreicher. Nahe der Louisa neben dem Gelände des Fußballklubs, unweit der ehemaligen Salpeterhütte, kann Straßheim im Namen des Vereins, wenn auch zu einem relativ hohen Pachtpreis, ein vier Morgen großes bisher als Ackerland landwirtschaftlich genutztes Gelände pachten. Auf ihm soll eine *Kleingartenkolonie* entstehen mit Parzellen in der Größe von einem bis zwei Ar.

Die Lage ist insofern günstig, als sich das Gelände sowohl mit der Eisenbahn als auch mit der Waldbahn, der Vorgängerin der Straßenbahn nach Neu-Isenburg, erreichen läßt.

Der Verein ist bereit, viel Geld in die Anlage zu investieren. Der Rechenschaftsbericht für das Jahr 1904/05 weist Ausgaben von 2.095 Mark für die Errichtung der Vereinsgärten aus, für die damalige Zeit ein stolzer Betrag. Zwar wird zunächst von der Errichtung von Lauben in den einzelnen Gärten abgesehen, „an ihrer Stelle wird ein großes Unterkunftshaus mit Geräteraum" und einem kleinen Zimmer für den Vereinsvorstand erstellt. Ein Brunnen wird gebohrt, von ihm aus eine Wasserleitung zu den einzelnen Zapfstellen in den Gärten verlegt. Und ein Kinderspielplatz mit Sandhaufen wird neben dem Vereinshaus angelegt. Ein 80 Meter langer, aus Eisenstäben errichteter und mit Schlingrosen bepflanzter Laubengang führt vom Eingang durch das ganze Terrain und teilt es in zwei Hälften.

Die Bepflanzung der Gärten soll sich nicht ausschließlich auf Rosen konzentrieren. Blumen aller Art, Obststräucher und Küchengewürze sollen gleichberechtigt die Gärtchen zieren, ähnlich den Kleingartenanlagen in Bornheim, wie es im Protokoll einer Vereinssitzung heißt. Der erwähnte Kinderspielplatz weist schon darauf hin, daß der Anlage auch eine Freizeit- und Erholungsfunktion zukommt. Aber auch der finanzielle Aspekt durch die Einsparung von Geldausgaben infolge der eigenen Ernte wird in der Diskussion über den „wohltuenden Einfluß des Kleingartenbaus" ins Spiel gebracht. Am Sonntag, dem *26. März 1905,* vormittags 10.00 Uhr, werden unter den zahlreichen Interessenten die einzelnen Gärten ausgelost. Nicht alle Gärtchen können indes verpachtet werden. Erst zwei Jahre später in der Vereinsversammlung vom 10. April 1907 kann Straßheim feststellen: die bisher unverpachteten 10 Ar haben ihre Pächter gefunden. Aufschlußreich sein Stoßseufzer: „Aus dem bisherigen Schmerzenskind des Vereins, dem Garten, dürfte bald dessen Lieblingskind werden ...“ .

12. Abbildungsverzeichnis

Abb. 16 a, b, c Statistik des „Verbandes der Kleingartenbauvereine Frankfurt a. M. und Umgebung", die der Vorsitzende FÖRSTER am 21. Oktober 1920 an den Bürgermeister der Stadt Frankfurt schickte (Institut für Stadtgeschichte Frankfurt, Mag.Akten, R 1421)

Abb. 17 Ordnung betr. die Errichtung einer gemischten Deputation für das Kleingarten- und Kleintierzuchtwesen (Anzeigenblatt der städtischen Behörden vom 10. April 1921)

Abb. 18 Stadtgartendirektor Max Bromme, rechts, um 1936 (Archiv Garten- und Friedhofsamt)

Abb. 19 Schreiben des „Verbandes der Kleingartenbauvereine Frankfurt a. M." an die Stadtverordnetenversammlung betr. Erhöhung der Pachtpreise für Kleingartenland, 1921 (Institut für Stadtgeschichte Frankfurt)

Abb. 20 Plan des Volksparks auf dem Lohrberg, 1927 (Archiv Garten- und Friedhofsamt)

Abb. 21 Volkspark Lohrberg, um 1930 (Archiv Garten- und Friedhofsamt)

Abb. 22 Volkspark Lohrberg, um 1930 (Archiv Garten- und Friedhofsamt)

Abb. 23 Plan der Kleingarten-Dauerkolonie Am Riederbruch, 1919 (Archiv Garten- und Friedhofsamt)

Abb. 24 Plan der Kleingarten-Daueranlage Homburger Landstraße, 1927 (Archiv Garten- und Friedhofsamt)

Abb. 25 Weg in der Kleingartenkolonie Homburger Landstraße, um 1930 (Archiv Garten- und Friedhofsamt)

Abb. 26 Organisationsplan des Siedlungsamtes der Stadt Frankfurt am Main, 1931 (Archiv Garten- und Friedhofsamt)

Abb. 27 Lauben in der Kleingartenkolonie Goldsteinufer, Mai 1936 (Archiv Garten- und Friedhofsamt)

Abb. 28 Lauben-Viererblock in der Kleingartenkolonie Homburger Landstraße, um 1928 (Archiv Garten- und Friedhofsamt)

Abb. 29 Erwerbslosenkolonie Gutleutstraße im Bau, 1932 (Archiv Garten- und Friedhofsamt)

Abb. 30 Genehmigung der Kreispropagandaleitung Ortsgruppe Groß-Frankfurt a. M. der NSDAP für den „Kleingartenbauverein der Kriegsbeschädigten ‚Nordend'" zur Durchführung der Jahreshauptversammlung 1941 (Archiv Stadtgruppe Frankfurt der Kleingärtner)

Abb. 31 Schaubild von zwei Siedlergärten der Stadtrandsiedlung Goldstein, 1932 (Archiv Garten- und Friedhofsamt)

Abb. 32 Blick auf die Stadtrandsiedlung Goldstein von der „Reichskraftfahrbahn" aus, September 1934 (Archiv Garten- und Friedhofsamt)

Abb. 33 Mitarbeiter des Gartenamtes am 1. Mai 1936 bei der Teilnahme an der Versammlung der städtischen Bediensteten auf der Bertramswiese; 2.v.l. Erich Ostermeyer, Mitte Aschfalk, damals zuständig für das Kleingartenwesen, 2.v.r. Gartendirektor Max Bromme, r. Jareis (Archiv Garten- und Friedhofsamt)

Abb. 34 Kleingarten-Verteilungsplan der Stadt Frankfurt am Main, Mai 1936 (Archiv Garten- und Friedhofsamt)

Abb. 35 Anbau von „Kriegsgemüse“ im Nizza, die frühere Rasenfläche ist mit Gemüsekohl bestellt, Juli 1942 (Archiv Garten- und Friedhofsamt)

Abb. 36 Kohlernte durch Mitarbeiter des Gartenamtes, 1941, Kriegsgemüsebau (Archiv Garten- und Friedhofsamt)

Abb. 37 Anbau von „Kriegsgemüse“ im Brentanopark, die Beete sind mit Lauch bepflanzt, die Einfassung besteht aus Roten Rüben, Juli 1942 (Archiv Garten- und Friedhofsamt)

Abb. 38 „Kriegsgarten eines patriotischen Bürgers“, formale Bepflanzung mit Gemüse als Blumenersatz in einem „Victory Garden“ in Cleveland, Ohio, USA (Garden Magazine, 27, 1918, 5, 230)

Abb. 39 Plan der Kleingartenanlage „Zum Goldenen Spaten“, 1939 (Archiv Garten- und Friedhofsamt)

Abb. 40 Mitteilung des „Kleingärtnervereins Kuhwald e.V.“ über die Neuwahl des Vereinsvorstandes an die Stadtgruppe, April 1946 (Archiv Stadtgruppe Frankfurt der Kleingärtner)

Abb. 41 Genehmigung der Jahreshauptversammlung 1947 des „Kleingärtnervereins Ziegelhüttenweg“ durch das Gewerbeamt der Stadt Frankfurt (Archiv Stadtgruppe Frankfurt der Kleingärtner)

Abb. 42 Brief der „Stadtgruppe Frankfurt a. M. der Kleingärtner“ an den Oberbürgermeister, den Magistrat und die Stadtverordneten der Stadt Frankfurt a. M., 15. Januar 1951 (Institut für Stadtgeschichte Frankfurt, Mag.Akten, 3741/II)

Abb. 43 Titelblatt der Festschrift „1899–1989. 90 Jahre Kleingärtnerverein Cronberger e.V.“

Abb. 44 Tagesordnung zur Sitzung des „Vereins zu Förderung des Kleingartenbaues“, 10. Januar 1901 (Institut für Stadtgeschichte Frankfurt, S 1/196)

Abb. 45 Erinnerungsblätter an die Erntefeier des „Vereins zur Förderung des Kleingartenbaues“, 1902 (Institut für Stadtgeschichte Frankfurt, S 1/196)

Abb. 46 Programm des „Familien-Abends zur Feier des Mitgliederbestandes von 600 Personen“ des „Vereins zur Förderung des Kleingartenbaues“, 1908 (Institut für Stadtgeschichte Frankfurt, S 1/196)

Abb. 47 Gastkarte zum Erntefest des „Vereins zur Förderung des Kleingartenbaues“, 1904 (Institut für Stadtgeschichte Frankfurt, S 1/196)

Abb. 48 Plan der Vereinsgärten des „Vereins zur Förderung des Kleingartenbaues“ an der Dortelweiler Straße (Verein 1904: 24f.)

Abb. 49 Plan der „Gärten/Gartenbeete 1910“ des „Vereins zur Förderung des Kleingartenbaues“ (Verein 1910)

Abb. 50 Gratulationsbrief des „Bockenheimer Kleingartenbau-Vereins“ vom 13. Dezember 1917 an Bernhard Cronberger anläßlich der Verleihung des Verdienstkreuzes für Kriegshilfe (Institut für Stadtgeschichte Frankfurt, S 1/196)

Abb. 71 Mustergarten auf der Ausstellung „Hof und Garten“ 1919, nach einem Wettbewerbsentwurf (Oberle) ausgeführtes Gartenhäuschen (Archiv Garten- und Friedhofsamt)

Abb. 72 Mustergarten des „Kleingartenbau-Vereins Ostend“ auf der Ausstellung „Hof und Garten“, 1919 (Archiv Gartenamt)

Abb. 73 Mustergarten Stormarn, Ausstellung „Unser Garten“, Hamburg 1924 (Archiv Gartenamt)

Abb. 74 Plan der Mustergärten des „Kleingartenbau-Vereins Ostend“ auf der Ausstellung „Hof und Garten“, 1919 (Archiv Garten- und Friedhofsamt)

Abb. 75 Plan des Mustergartens des „Verbandes der Eisenbahn-Kleingärtner“ auf der Ausstellung „Hof und Garten“, 1919 (Archiv Garten- und Friedhofsamt)

Abb. 76 Plan des Mustergartens des „Vereins zur Förderung des Kleingartenbaues“ auf der Ausstellung „Hof und Garten“, 1919 (Archiv Garten- und Friedhofsamt)

Abb. 77 Besichtigung der Kleingärten auf der Ausstellung „Hof und Garten“, 1919; auf dem Foto vermutlich das Preisgericht in dem mit dem 1. Preis ausgezeichneten Garten (Archiv Garten- und Friedhofsamt)

Abb. 78 Stand der „Rosisten“ auf der Ausstellung „Hof und Garten“, 1919 (Archiv Garten- und Friedhofsamt)

Abb. 79 Stand des „Kleingartenbau-Vereins Westend“ auf der Ausstellung „Hof und Garten“, 1919 (Archiv Garten- und Friedhofsamt)

Abb. 80 Die „Rosisten“ auf dem Festumzug anläßlich der Ausstellung „Hof und Garten“, 1919 (Archiv Garten- und Friedhofsamt)

Abb. 81 Titelseite des Artikels „Plan- und Bildschau“, 1927 (Richter 1927: 83)

Abb. 82 Information über die jugendpflegerische Tätigkeit im „Reichsverband der Kleingartenvereine Deutschlands e.V.“, 1927 (Richter 1927: 85)

Abb. 83 Sportfest in einem Frankfurter Volkspark, o.J. (Archiv Garten- und Friedhofsamt)

Abb. 84 Luftaufnahme des Volksparks Lohrberg, o.J. (Archiv Garten- und Friedhofsamt)

Abb. 85 Grafiken zur Förderung des Kleingartenbaues und zur Bedeutung des Kleingartengesetzes auf der „Plan- und Bildschau“, 1927 (Richter 1927: 89)

Abb. 86 Blick auf die Gärten der Siedlung Heddernheim (Römerstadt), um 1930 (Archiv Garten- und Friedhofsamt)

Abb. 87 Arbeiter beim Anlegen der Terrassen in der Siedlung Praunheim, o.J. (Archiv Garten- und Friedhofsamt)

Abb. 88 Blick auf die Gärten der Siedlung Praunheim; auf der Rückseite des Fotos war von einem Mitarbeiter des Gartenamtes kritisch angemerkt: „Benutzung des Spaliergerüstes zum Wäschetrocknen“, o.J. (Archiv Garten- und Friedhofsamt)

Abb. 89 Hausgarten in der Siedlung Römerstadt, o.J. (Archiv Garten- und Friedhofsamt)

Abb. 90 Garten in der Römerstadt mit Blick über das Niddatal, o.J. (Archiv Garten- und Friedhofsamt)

Abb. 91 Hauseingänge in der Siedlung Römerstadt, Oktober 1935 (Archiv Garten- und Friedhofsamt)

Abb. 92 Blick auf die Kleingärten vor der im Bau befindlichen Siedlung Römerstadt, o.J. (Archiv Garten- und Friedhofsamt)

Abb. 93 Blick auf die Kleingärten vor der Römerstadt vom selben Standort nach Fertigstellung der Ringmauer und der Römerstadt, o.J. (Archiv Garten- und Friedhofsamt)

Abb. 94 Kleingarten vor der Siedlung Römerstadt, o.J. (Archiv Garten- und Friedhofsamt)

Abb. 95 Mit Stauden bepflanzter Rundweg vor der Siedlung Römerstadt, April 1938 (Archiv Garten- und Friedhofsamt)

Die Abbildungen 96–99 wurden von Mitarbeitern des Gartenamtes aufgenommen. Ihre auf der Rückseite der Originalfotos festgehaltenen Kommentare werden hier als Zitat wiedergegeben.

Abb. 96 „Ein Monstrum von Gartenlaube. Die ‚Verschönerung' des gedrechselten Giebels zeigt das Fehlen jeglichen Gefühls für Form und Schönheit. Eine Leichenhalle eher denn eine Gartenlaube", o.J. (Archiv Garten- und Friedhofsamt)

Abb. 97 „Laubenelend. Kleingartenanlage am Enkheimer Wald", April 1936 (Archiv Garten- und Friedhofsamt)

Abb. 98 „Laubenelend", vermutlich 1949 (Archiv Garten- und Friedhofsamt)

Abb. 99 „Kleingartenanlage Wiesbadener Straße. Einzellaube – verschandelt durch Reklame-Schild und Auto-Radkappen", April 1958 (Archiv Garten- und Friedhofsamt)

Abb. 100 Festwagen mit einem Negativ-Beispiel einer Frankfurter Kleingartenlaube, vermutlich auf dem Festzug „Natur- und Tierschutz", April 1934 (Archiv Garten- und Friedhofsamt)

Abb. 101 Festwagen mit einem Positiv-Beispiel einer Frankfurter Kleingartenlaube, vermutlich auf dem Festzug „Natur- und Tierschutz", April 1934 (Archiv Garten- und Friedhofsamt)

Abb. 102 Frankfurter Norm für Kleingartenbauten. XII Kleingartenlauben 1927 (Archiv Garten- und Friedhofsamt)

Abb. 103 Modell einer Frankfurter Kleingartenlaube, um 1923 (Archiv Garten- und Friedhofsamt)

Abb. 104 Typenblatt H T II für die Anlage eines Dauerkleingartens, Einfriedigungen, 1929 (Archiv Garten- und Friedhofsamt)

Abb. 105 Typenblatt HR für die Anlage eines Dauerkleingartens, 1929 (Archiv Garten- und Friedhofsamt)

Abb. 106 Typenblatt OR für die Anlage eines Dauerkleingartens, 1929 (Archiv Garten- und Friedhofsamt)

Abb. 107 Plan von zwei Kleingärten mit Doppellaube, 1928 (Archiv Garten- und Friedhofsamt)

Abb. 108 Kleingartenanlage Buchhang, Kleingartentyp, 1928 (Archiv Garten- und Friedhofsamt)

Abb. 109 Bewirtschaftungsplan für Feldparzellen, Beispiel für eine vierköpfige Familie, 1931 (Archiv Garten- und Friedhofsamt)

Abb. 110 Plan der Gärten der Siedlung Heddernheim (Römerstadt) von Leberecht MIGGE, 1927 (Gartenschönheit, 9, 1928, o.H., 48)

Abb. 111 Garten eines Erwerbslosen an der Borsig-Allee, September 1934 (Archiv Garten- und Friedhofsamt)

Abb. 112 Der „Goldene Spaten", ausgestellt 1938 in einem Schaufenster eines Tourismus-Informationsbüros (Archiv Garten- und Friedhofsamt)

Abb. 113 Der „Goldene Spaten", Frankfurt am Main 1938 (Archiv Garten- und Friedhofsamt)

Abb. 114 Der Führer des „Reichsbundes deutscher Kleingärtner und Kleinsiedler", Kaiser, 2.v.l., mit Reichsminister Darré, l., auf einem Rundgang durch die Sonderschau des Reichsbundes auf der Reichsgartenschau Dresden 1936 (KAISER 1936: 5)

Abb. 115 Teilnehmer des 2. Internationalen Gartenbaukongresses bei der Besichtigung Frankfurter Grünanlagen, hier an der Römerstadt; Gartenbaudirektor Bromme vorn links, Ministerialdirektor Knoll Mitte, Ministerialrat Schmidt rechts, 1938 (Das deutsche Kleingartenwesen, 1938: 179)

Abb. 116 Blumenpracht in der Kleingartenanlage Homburger Landstraße, Staudenweg, um 1930 (Archiv Garten- und Friedhofsamt)

Abb. 117 Gartenarbeit in der Kolonie des „Kleingärtnervereins Am Enkheimer Wald", Mai 1935 (Archiv Garten- und Friedhofsamt)

Abb. 118 Blumenpracht in der Dauerkolonie des „Kleingärtnervereins Riederwald", um 1930 (Archiv Garten- und Friedhofsamt)

Abb. 119 Letzte Arbeiten vor der großen Blütenpracht in Griesheimer Gärten bei „St. Gallus", März 1991 (Aufnahme: Hans Rudolf OESER, Frankfurter Rundschau)

Abb. 120 Titelblatt der Festschrift „50 Jahre Kleingärtnervereine Miquel und Nardholz. 1932–1982"

Abb. 121 Titelblatt der Festschrift „1933–1983. 50 Jahre Kleingärtnerverein Nidda-Ufer e.V."

Abb. 122 Titelblatt der Festschrift „75 Jahre Stadtgruppe Frankfurt der Kleingärtner e.V.", 1990

Abb. 123 Titelblatt der Festschrift anläßlich des 75-jährigen Bestehens des „Kleingärtnervereins Riederwald e.V.", 1988

Abb. 124 Titelblatt der Chronik „60 Jahre Kleingärtnerverein Ackermann. 1926–1986"

Abb. 125 Titelblatt der Festschrift „75 Jahre Kleingärtnerverein Süd-West e.V. 1913–1988"

Abb. 126 Titelblatt der Festschrift „75 Jahre Kleingärtnerverein St. Gallus", 1990

Abb. 127 Titelblatt der Festschrift „25 Jahre Kleingärtnerverein Mainperle e.V. Frankfurt-Fechenheim"

Abb. 128 Gemeinsamer Bau von Gartenlauben in der Kleingartenanlage
Südliche Dieburger Straße, o.J. (Archiv Garten- und Friedhofsamt)

Abb. 129 Treffen von Mitgliedern des „Kleingärtnervereins Ginnheimer Stadtweg" ‚nach getaner Arbeit', Mai 1935 (Archiv Garten- und Friedhofsamt)

Abb. 130 Westhausener Kleingärtner beim Fachgespräch, Juli 1992 (Aufnahme: Hans Rudolf OESER, Frankfurter Rundschau)

13. Literaturliste

Ackermann, Kleingärtnerverein e.V. 1976: 50 Jahre Kleingärtnerverein Ackermann, Chronik 1926–1976, Frankfurt/M.

Am Kastanienwald 1981: Festschrift 50 Jahre Kleingartenverein ‚Am Kastanienwald e.V.', 1931–1981, Frankfurt/M.-Griesheim

Albrecht, Otto 1921: Proletarische Kleingartenbewegung, Korrespondenzblatt des Allgemeinen Deutschen Gewerkschaftsbundes, **31,** 13, 177/178

Albrecht, Otto 1924: Gemeindliche Dauer-Kleingartengebiete, Grundlinien für ein Preußisches Haus- u. Kleingartengesetz, Reichsverband der Kleingartenvereine Deutschlands (Hg.), Schriftenreihe, Heft 5, Frankfurt/M.

Albrecht, Otto 1927: Der deutsche Familiengarten im deutschen Städtebau, Kleingartenwacht, **4,** 7/8, 93

Allgemeine Anordnung Nr. 20/VI/42 des Reichsführers SS, Reichskommissar für die Festigung deutschen Volkstums, über die Gestaltung der Landschaft in den eingegliederten Ostgebieten, vom 21. Dezember 1942

Am Marbachweg, Kleingärtnerverein 1982: 1932–1982. 50 Jahre Kleingärtnerverein Am Marbachweg e.V., Frankfurt/M.

An der Wolfsweide, Kleingärtnerverein 1962: 25 Jahre Kleingärtnerverein e.V. an der Wolfsweide, Frankfurt/M.

Anonym 1988: Ein weiterer behindertengerechter Kleingarten in Frankfurt am Main übergeben, Hessischer Kleingärtner, **5,** 9, 196

Anonym 1991: Abschlußveranstaltung des 18. Bundeswettbewerbs „Gärten im Städtebau" in Bonn – Bad Godesberg, Fachberater für das deutsche Kleingartenwesen, **41,** 1, 6

Anzeigeblatt, städtisches 1923: Beschaffung von Kleingartenland, Notiz vom 20.10.1923

Arbeitsminister, der Reichs- und Preußische 1936: Betrifft: Kündigungsschutz für Kleingärten, IVa 5 Nr. 22–13/36, Berlin

Arndt, Rudi 1972: Zur Einführung, in: Magistrat der Stadt Frankfurt am Main (Hg.), 1969–1972. Ein Vierjahresbericht der Stadtverwaltung Frankfurt am Main, Frankfurt/M.

Becker, Fritz 1941: Der Gartenbau der Stadt Frankfurt a. M., Rhein-Mainische Forschungen, H. 26, Frankfurt/M.

Berghäuser, F. 1933: Werdegang des Bockenheimer Kleingartenbau-Verein e.V., in: Bockenheimer Kleingartenbauverein e.V. (Hg.), Festschrift zum 25jährigen Jubiläum, Frankfurt/M.-West

Bielefeldt, Alwin 1913: Organisation und Förderung der Kleingartenbestrebungen, Zentralstelle für Volkswohlfahrt (Hg.), Schriften der Zentralstelle für Volkswohlfahrt, Heft 8 der neuen Folge der Schriften der Zentralstelle für Arbeiter-Wohlfahrtseinrichtungen, 318–338, Berlin

Blaum 1945: Vergebung von Kleingärten, Mitteilungen der Stadtverwaltung Frankfurt am Main, Nr. 11, S. 2

Blecken Frank 1985: Möglichkeiten und Grenzen von Kleingartenanlagen als Freizeitangebot für spezielle Adressaten, wie z.B. Senioren, Behinderte, Arbeitslose. Bundesverband Deutscher Gartenfreunde (Hg.): Funktionen und Auswirkungen von Grünbereichen auf den Freizeitwert einer Stadt unter Berücksichtigung von Kleingärten, Schriftenreihe, Heft 36, Bonn

BLECKEN Frank 1987: Gartendenkmalpflege und Kleingärten. Bundesverband Deutscher Gartenfreunde (Hg.): Freizeit – Kleingartennutzung zu Beginn der 90er Jahre unseres Jahrhunderts, Schriftenreihe, Heft 46, Bonn

BLECKEN Frank 1988: Gartenfreizeitnutzung und deren kommunalpolitische Umsetzung in die Bauleitplanung. Bundesverband Deutscher Gartenfreunde (Hg.): Freizeitgestaltung und Umweltverantwortung im Kleingartenbereich, Schriftenreihe, Heft 52, Bonn

BLECKEN Frank 1989: Kleingärten in Frankfurt am Main. Bundesverband Deutscher Gartenfreunde (Hg.): Freizeitpädagogische Aufgaben der Kleingärtnervereine als Voraussetzung effektiver Erholung im erweiterten Wohnumfeld und als stadtökologischer Beitrag, Schriftenreihe, Heft 55, Bonn

BLECKEN Frank 1989: Praktische Aspekte des Frankfurter Kleingartenwesens. Bundesverband Deutscher Gartenfreunde (Hg.): Kleingärten – ihre Aufgabe für Umwelt und Freizeit. Gärten der Jugenderziehung, Schriftenreihe, Heft 56, Bonn

BLECKEN Frank 1989: Beratung und Unterstützung der Klein- und Freizeitgärtner und Beratungsgarten Lohrberg. Bundesverband Deutscher Gartenfreunde (Hg.): Kleingärten – ihre Aufgaben für Umwelt und Freizeit. Gärten der Jugenderziehung, Schriftenreihe, Heft 56, Bonn

BLECKEN Frank 1989: Volkspark Niddatal und Bundesgartenschau Frankfurt. Bundesverband Deutscher Gartenfreunde (Hg.): Kleingärten – ihre Aufgaben für Umwelt und Freizeit. Gärten der Jugenderziehung, Schriftenreihe, Heft 56, Bonn

BLECKEN Frank 1989: Neues Grün für Frankfurt am Main. Das Gartenamt 38, 10, 593–599

BLECKEN Frank 1993: Lehrpfade, Schau- und Demonstrationsgärten in Kleingartenanlagen. Bundesverband Deutscher Gartenfreunde (Hg.): Natur- und Umweltschutz – eine Herausforderung für Kleingärtner, Schriftenreihe, Heft 92, Bonn

Bockenheim, Kleingärtnerverein 1978: Festschrift 70 Jahre Kleingärtnerverein Bockenheim e.V., Frankfurt/M.

BRANDO, Paul 1965: Kleine Gärten – einst und jetzt, Hamburg

BROMME, Max 1926: Werdegang und Verlauf einer Kleingartenbau-Ausstellung. Erläutert an der Ausstellung ‚Hof und Garten' vom 13. bis 21. September 1919 zu Frankfurt a. M., Reichsverband der Kleingartenvereine Deutschlands (Hg.), Schriftenreihe, Heft 10, 7–46, Frankfurt am Main

BROMME, Max 1928: Stadtbild und Kleingarten-Dauerkolonien, Frankfurter Nachrichten, Nr. 22, 22. Januar 1928

Bundesverband Deutscher Gartenfreunde e.V. 1992: Entwicklung des Kleingartenwesens, Der Fachberater, 43, 1, 6

CRONBERGER, Bernhard o.J.: Die Altfrankfurter Gemüsegärtner. Ein Erinnerungsblatt, Frankfurt/M.

CRONBERGER, Bernhard 1918: Kurzer Abriß der Geschichte unseres Vereins, mitgeteilt in der Mitgliederversammlung vom 7. November 1918, in: Verein zur Förderung des Kleingartenbaues (Hg.), 20. Jahresbericht, 24–28, Frankfurt/M.

Cronberger e.V., Kleingärtnerverein (Hg.) 1959: Festschrift aus Anlaß des 60jährigen Bestehens, Frankfurt/M.

DIXI 1993: Jedes freie Fleckchen haben sie kultiviert, Der Kleingärtnerverein 1918 Ginnheim feiert Ende September den 75. Geburtstag, Frankfurter Rundschau vom 23. September 1993, Lokales

Eckenheim, Kleingärtnerverein e.V., Satzung vom 19.3.1934, Frankfurt/M. (Institut für Stadtgeschichte, Frankfurt)

Eckenheim, Kleingärtner-Verein (Hg.) 1970: 1920–1970. Festschrift zum 50jährigen Bestehen, Frankfurt/M.

EGNER, Erich, KAGER, Walter und Walter NALEPPA 1938: Die volkswirtschaftliche Leistung einer Kleinsiedlung, Aufbau und Ertragsgestaltung der Siedlung Goldstein bei Frankfurt a. M., bearbeitet für das Rhein-Mainische Siedlungswerk im Auftrage der polytechnischen Gesellschaft,

Frankfurt a. M., Institut für wirtschaftliche Raumforschung der Johann-Wolfgang-Goethe-Universität, Frankfurt a. M.
Eschersheim, Kleingärtnerverein 1968: Festschrift zum 70jährigen Jubiläum, Frankfurt/M.-Eschersheim
Fechenheim e.V. Kleingärtner-Verein (Hg.) 1980: 60 Jahre Kleingärtner-Verein Fechenheim e.V., Frankfurt/M.
FISCHER, F. 1931: Landesverband der Kleingartenbauvereine von Hessen, in: FÖRSTER/BIELEFELDT/REINHOLD, Zur Geschichte des deutschen Kleingartenwesens, 112, Frankfurt/M.
FÖRSTER, Heinrich 1924: Die gegenwärtige Lage und künftige Gestaltung der Kleingartenämter, FÖRSTER, Heinrich und Otto Ernst SUTTER, Kleingartenämter und Kleingärtnerbeiräte, Reichsverband der Kleingartenvereine Deutschlands (Hg.), Schriftenreihe, Heft 4, 12–23, Frankfurt/M.
FÖRSTER, Heinrich 1927: Fünfter Reichs-Kleingärtnertag zu Frankfurt am Main am 30. und 31. Juli 1927, Reichsverband der Kleingartenvereine Deutschlands (Hg.), Schriftenreihe, Heft 12, Frankfurt am Main
FÖRSTER, Heinrich 1927: Zum Geleit. Plan- und Bildschau des Reichsverbandes der Kleingartenvereine Deutschlands zum 5. Reichskleingärtnertag in Frankfurt am Main am 30. Juli und 31. Juli 1927, Frankfurt/M.
FÖRSTER, Heinrich 1931: Der Reichsverband der Kleingartenvereine Deutschlands 1921 bis 1931, FÖRSTER, Heinrich, BIELEFELD und Walter REINHOLD (Hg.), Zur Geschichte des deutschen Kleingartenwesens, 40–83, Frankfurt/M.
FÖRSTER, Heinrich und Otto Ernst SUTTER 1924: Kleingartenämter und Kleingärtnerbeiräte, Reichsverband der Kleingartenvereine Deutschlands (Hg.), Schriftenreihe, Heft 4, Frankfurt/M.
FÖRSTER, Heinrich, BIELEFELDT, Alwin und Walter REINHOLD 1931: Zur Geschichte des deutschen Kleingartenwesens, Frankfurt/M.
FREYTAG, K. 1927: Der Kleingarten im Weltkrieg, Kleingartenwacht, **4**, 7/8, 88
FRITZSCHE, Hugo 1913: Diskussionsbeitrag, ZENTRALSTELLE für Volkswohlfahrt (Hg.), Familiengärten und andere Kleingartenbestrebungen in ihrer Bedeutung für Stadt und Land, Schriften der Zentralstelle für Volkswohlfahrt, Heft 8 der neuen Folge der Schriften der Zentralstelle für Arbeiter-Wohlfahrtseinrichtungen, 361–363, Berlin
FRITZSCHE, Hugo 1927: Kleingartenvereine im Dienste der Jugenderziehung, Kleingartenwacht, **4**, 7/8, 79–80
FRITZSCHE, Hugo und Kurt SCHILLING 1924: Jugenderziehung und Kleingartenbau, Reichsverband der Kleingartenvereine Deutschlands (Hg.), Heft 2, Frankfurt/M.
Gartenamt Frankfurt am Main 1952: Aus der Geschichte der Frankfurter Grünanlagen, vervielfältigtes Manuskript
Garten- und Friedhofsamt, Der Magistrat, Stadt Frankfurt am Main (Hg.) 1985: Bauanzeigeverfahren für Gartenlauben in Frankfurter Kleingartenanlagen, Frankfurt/M.
Garten- und Friedhofsamt, Der Magistrat, Stadt Frankfurt am Main (Hg.) 1989: Kleingärten in Frankfurt am Main, Frankfurt am Main
Garten- und Friedhofsamt, Stadt Frankfurt am Main o.J.: Informationsbroschüre Beratungsgarten Lohrberg, Frankfurt/M.
GEIB, Adolf 1988: Fachberatung in Kleingärtnervereinen?, Hessischer Kleingärtner, **5**, 4, 89
Ginnheimer Wäldchen, Kleingärtnerverein 1972: 40 Jahre Kleingärtnerverein ‚Ginnheimer Wäldchen e.V.', 1932–1972, Frankfurt/M.
Ginnheimer Wäldchen, Kleingärtnerverein 1982: 50 Jahre Kleingärtnerverein ‚Ginnheimer Wäldchen e.V.', 1932–1982, Frankfurt/M.
GRABE, Adolf 1928: Die Not des Frankfurter Kleingartenbaus, Blätter für Kleingartenbau, **XXIII**, 3, 21–24

GRAUMANN, Otto 1939: Begrüßungs- und Festansprache, Jubiläumsfeier des Kleingärtnervereins Cronberger e.V. Frankfurt am Main – Bornheim aus Anlaß seines 40jährigen Bestehens, Frankfurt am Main, (Institut für Stadtgeschichte Frankfurt, S 1/196)

GREINER, Joachim 1992: Bundesstaatliche Freiraumprogramme in der Metropole Sao Paulo/Brasilien. Chancen und Möglichkeiten der Freiraumentwicklung für die unterprivilegierte Stadtbevölkerung, Dissertation, Universität Hannover

GRESSER, Bernhard 1965: 50 Jahre Stadtgruppe Frankfurt am Main der Kleingärtner e.V., Frankfurt/M.

GRÖNING, Gert 1974: Tendenzen im Kleingartenwesen, dargestellt am Beispiel einer Großstadt, Beiheft 10 zu Landschaft + Stadt, Stuttgart

GRÖNING, Gert 1975: Über das Interesse an Kleingärten, Dauercampingparzellen und Wochenendhausgrundstücken, Landschaft + Stadt, **7,** 1, 7–14; 2, 77–89; 3, 113–122

GRÖNING, Gert 1989: Peter Josef Lenné und der ‚Verein zur Beförderung des Gartenbaues in den Königlich Preußischen Staaten', in: BUTTLAR, Florian von, im Auftrag der Senatsverwaltung für Stadtentwicklung und Umweltschutz (Hg.), Peter Josef Lenné, Volksparke und Arkadien, 82–90, Berlin

GRÖNING, Gert und Joachim WOLSCHKE 1985: Zur Entwicklung und Unterdrückung freiraumplanerischer Ansätze in der Weimarer Republik, Das Gartenamt, **34,** 6, 443–458

GRÖNING, Gert und Joachim WOLSCHKE-BULMAHN 1986: Die Liebe zur Landschaft, Teil I, Natur in Bewegung. Zur Bedeutung natur- und freiraumorientierter Bewegungen der ersten Hälfte des 20. Jahrhunderts für die Entwicklung der Freiraumplanung, in: HERLYN, Ulfert und Gert GRÖNING (Hg.), Arbeiten zur sozialwissenschaftlich orientierten Freiraumplanung, Band 7, München

GRÖNING, Gert und Joachim WOLSCHKE-BULMAHN 1987: Die Liebe zur Landschaft, Teil III, Der Drang nach Osten. Zur Entwicklung landespflegerischer Aufgabenbereiche im Nationalsozialismus und während des Zweiten Weltkriegs in den ‚eingegliederten Ostgebieten', in: HERLYN, Ulfert und Gert GRÖNING (Hg.), Arbeiten zur sozialwissenschaftlich orientierten Freiraumplanung, Band 9, München

GRÖNING, Gert und Joachim WOLSCHKE-BULMAHN 1987: 1887–1987, Ein Rückblick auf 100 Jahre Deutsche Gesellschaft für Gartenkunst und Landschaftspflege e.V. (DGGL), DGGL (Hg.), Schriftenreihe, Band 10, Berlin

GRÖNING, Gert und Joachim WOLSCHKE-BULMAHN 1990: Von der Stadtgärtnerei zum Grünflächenamt. 100 Jahre kommunale Freiflächenverwaltung und Gartenkultur in Hannover, Berlin

GRÖNING, Gert und Joachim WOLSCHKE-BULMAHN 1992: Some Notes on the Mania for Native Plants in Germany, Landscape Journal, **11,** 2, 116–126

GRÖNING, Gert et. al. 1985: Gebrauchswert und Gestalt von Parks, Das Gartenamt, **34,** 9, 630–641

Grüne Post 1938: Frankfurt am Main freut sich über den Goldenen Spaten, Nr. 35, 28. August 1938

Gutleut, Kleingärtnerverein 1963: Kleingärtnerverein Gutleut e.V. Frankfurt am Main 1913–1963, Festschrift, Frankfurt/M.

HANS, Arthur 1913: Diskussionsbeitrag, ZENTRALSTELLE für Volkswohlfahrt (Hg.), Familiengärten und andere Kleingartenbestrebungen in ihrer Bedeutung für Stadt und Land, Schriften der Zentralstelle für Volkswohlfahrt, Heft 8 der neuen Folge der Schriften der Zentralstelle für Arbeiter-Wohlfahrtseinrichtungen, 349–359, Berlin

Heddernheim, Kleingärtnerverein (Hg.) 1979: 1919–1979. 60 Jahre Kleingärtnerverein Heddernheim e.V., Frankfurt/M.

HEGEMANN, Werner 1913: Familiengärten im Rahmen des Bebauungsplans, ZENTRALSTELLE für Volkswohlfahrt (Hg.), Familiengärten und andere Kleingartenbestrebungen in ihrer Bedeutung für Stadt und Land, Schriften der Zentralstelle für Volkswohlfahrt, Heft 8 der neuen Folge der Schriften der Zentralstelle für Arbeiter-Wohlfahrtseinrichtungen, 305–317, Berlin

HEICKE, Karl 1918: Kleingartenbau und Siedlungswesen in ihrer Bedeutung für eine künftige deutsche Gartenkultur, Gartenkunst, **31,** o.H., 64–70

HEINZBERGER, Martin, MEYER, Petra und Thomas MEYER 1988: Entwicklung der Gärten und Grünflächen in Frankfurt am Main, Kleine Schriften des Historischen Museums Frankfurt am Main, Band 38

HEYER, Friedrich 1935: Die Aufgaben der Kleingärten und Stadtrandsiedlungen, Gartenkunst, **48,** o.H., 117–119

hg. 1990: Pilotprojekt „Begegnung mit Körperbehinderten" hat seine Bewährung erfahren, Hessischer Kleingärtner, **7,** 11, 251

HILL, Fritz 1969: Aus der Geschichte unseres Vereins, in: Rosisten, Kleingärtnerverein e.V. 1894 (Hg.), Festschrift zum 75jährigen Vereinsjubiläum am 4. Oktober 1969, 12–13, Frankfurt/M.

HIRSCHFELD, Christian Cay Laurenz (Hg.) 1790: Kleine Gartenbibliothek, Kiel

Hoechst 1920, Kleingärtnerverein e.V. (Hg.) 1970: Festschrift zum 50jährigen Jubiläum, Frankfurt/M.-Hoechst

ICKSTADT, Johannes 1988: Zur Geschichte des Kleingartenwesens in Frankfurt a. M.-Griesheim, in: Kleingärtnerverein 1888 e.V. (Hg.), 1888–1988. Festschrift zum 100jährigen Vereinsjubiläum, 8–29, Frankfurt/M.

KAISENBERG 1927: Das Kleingartengesetz, Kleingartenwacht, **4,** 7/8, 89–92

KAISER, Hans 1936: Aufgaben und Arbeiten des Reichsbundes der Kleingärtner und Kleinsiedler Deutschlands, Sondernachrichten des Reichsbundes der Kleingärtner und Kleinsiedler Deutschlands, **1,** 4–9

KAUP, J. 1913: Städtische und private Familiengärten ohne Verbindung mit der Wohnung, ZENTRALSTELLE für Volkswohlfahrt (Hg.), Familiengärten und andere Kleingartenbestrebungen in ihrer Bedeutung für Stadt und Land, Schriftenreihe der Zentralstelle für Volkswohlfahrt, Heft 8 der neuen Folge der Zentralstelle für Arbeiter-Wohlfahrtseinrichtungen, 107–259, Berlin

Kleingärtnerverein Louisa e.V. (Hg.) 1979: 60 Jahre Louisa, Frankfurt/M.

KLÖTZER, Wolfgang 1976: In den Gärten Alt-Frankfurts, KLÖTZER, Wolfgang 1985: „Wahrlich eine schöne und lebendige Stadt ...", Kleine Schriften zur Frankfurter Kulturgeschichte, KISSEL, Otto Rudolf, REBENTISCH, Dieter und Hans Otto SCHEMBS, im Auftrag des Frankfurter Vereins für Geschichte und Landeskunde (Hg.), Archiv für Frankfurts Geschichte und Kunst, Band 60, 166–169, Frankfurt am Main

KOENIGS, Tom 1991 (Hg.): Vision offener Grünräume. GrünGürtel Frankfurt, Frankfurt/M.

KOENIGS, Tom 1991: Politik offener Grünräume. Über Wachstum, Heimat und Molche, in: KOENIGS, Tom (Hg.), Vision offener Grünräume. GrünGürtel Frankfurt, 31–37, Frankfurt/M.

KRAMER, Waldemar 1974: Die alt-frankfurter Art zu leben, Anhand von Zeichnungen der „Kleinen Presse" aus den Jahren 1885 bis 1912 dargestellt, Frankfurt am Main

KREBS 1938: Begrüßungsansprache anläßlich der Übergabe des Goldenen Spatens, 19. August 1938, Sondernachrichten des Reichsbundes deutscher Kleingärtner e.V., 176–179, Berlin

Kriegsopfer Bockenheim, Kleingärtnerverein 1962: Festschrift 1922–1962. 40 Jahre Kleingärtnerverein der Kriegsopfer Bockenheim e.V., Frankfurt/M.-W.

KRÜGER, M. 1927: Liebhaber- und Nutzgartenbau vor dem Kriege, Kleingartenwacht, **4,** 7/8, 87–88

KUCZYNSKI, Jürgen 1966: Darstellung der Lage der Arbeiter in Deutschland von 1917/18 bis 1932/33, Die Geschichte der Lage der Arbeiter unter dem Kapitalismus, Band 5, Berlin

LANGE, Willy 1920: Gartenanlagen und Gartenarbeit in Kleinhaussiedlungen, BRIX, Joseph und Felix GENZMER (Hg.), Städtebauliche Vorträge aus dem Seminar für Städtebau, Siedlungs- und Wohnungswesen an der Technischen Hochschule zu Berlin, Band IX, Heft 4, Berlin

LANGNER, Günther 1992: H. U. Schmidt nun an der Spitze des Pflanzenschutzamtes Berlin, Berliner Gartenfreund, 4, 4/43

LESSER, Ludwig 1927: Der Pachtgarten in der städtebaulichen Planung, Baupolitik, II. Heft, 21–25

Magistrat der Stadt Frankfurt am Main (Hg.) 1921: Ordnung betr. die Errichtung einer gemischten Deputation für das Kleingarten- und Kleintierzuchtwesen, Sonderabdruck aus Nr. 15 des Anzeigeblattes der städtischen Behörden vom 10. April 1921

Magistrat der Stadt Frankfurt am Main (Hg.) 1965: 1945–1965. Ein 20-Jahresbericht der Stadtverwaltung Frankfurt am Main, Frankfurt/M.

MAY, Ernst 1927: Der Kleingartenbau als städtebauliches Problem, Kleingartenwacht, **4,** 7/8, 72–73

MIGGE, Leberecht 1913: Die Gartenkultur des XX. Jahrhunderts, Rudolstadt

MIGGE, Leberecht (Hg.) 1928: Frankfurter Laubentypen, Siedlungswirtschaft, Die Grüne Illustrierte, Band VI, Nr. 7, 55

Ortsverband der Kleingartenbauvereine Frankfurt am Main 1928: Entschließung der Frankfurter Kleingärtner, Blätter für Kleingartenbau, **XXIII,** 3, 24

OSTERMEYER, Erich 1957: Die Kleingartenlaube. Versuch der Lösung eines Problems in der Großstadt Frankfurt/Main, Die Volksheimstätte, **9,** 9, 8–9

OSTERMEYER, Erich 1972: Landschaft und Kleingärten, Das Gartenamt, **21,** 7, 393–395

PAULY 1927: Kleingartenbau und Volkskultur, Kleingartenwacht, **4,** 7/8, 71–72

PAULY 1928: Schaffung von Kleingartendaueranlagen unter Berücksichtigung öffentlich-rechtlicher Verhältnisse, Reichsverband der Kleingartenvereine Deutschlands (Hg.), Schriftenreihe, Heft 16, Frankfurt/M.

RASCH, Edgar 1914: Wir und der Krieg, Die Gartenwelt, **18,** 44, 543–545

Reichsverband der Kleingartenvereine Deutschlands 1925: Satzung und Grundsatzforderungen des Reichsverbandes der Kleingartenvereine Deutschlands, Schriftenreihe, Heft 8, Frankfurt/M.

Reichsverband der Kleingartenvereine Deutschlands 1927: Plan- und Bildschau zum 5. Reichskleingärtnertag in Frankfurt am Main am 30. und 31. Juli 1927, Frankfurt/M.

Reichsverband der Kleingartenvereine Deutschlands 1927: Richtlinien für Dauer-Kleingartengebiete, Teil IIB, 2. Aufteilung, o.O.

Reichsverband der Kleingartenvereine Deutschlands 1928: Richtlinien für Dauer-Kleingartengebiete, Berlin

REINHOLD, Walter 1927: Der Kleingarten als Reaktion auf das Wohnungselend im Zeitalter zunehmender Industrialisierung und der Mietskasernen, Kleingartenwacht, **4,** 7/8, 86–87

REINHOLD, Walter 1931: Die Entwicklung des Berliner Kleingartenwesens von seiner Entstehung bis 1921, in: FÖRSTER, Heinrich, BIELEFELDT, Alwin und Walter REINHOLD 1931, Zur Geschichte des deutschen Kleingartenwesens, 27–39, Frankfurt/M.

RENDSCHMIDT 1936: Grünflächen und Großstadtauflockerung, Sonderdruck des Reichsbundes der Kleingärtner und Kleinsiedler Deutschlands e.V., Berlin

REUSZ, Georg 1931: Regierungsbezirk Wiesbaden, in: FÖRSTER, Heinrich, BIELEFELDT, Alwin und Walter REINHOLD 1931, Zur Geschichte des deutschen Kleingartenwesens, 104–105, Frankfurt/M.

RICHTER, Gerhard 1926: Das Buch der Schreber-Jugendpflege, Leipzig

RICHTER, Gerhard 1927: Entstehung des Kleingartenbaues aus den Bestrebungen der Jugendpflege, Kleingartenwacht, **4,** 7/8, 83–86

RICHTER, Gerhard 1927: Abteilung I, Entstehung des Kleingartenbaues aus den Bestrebungen der Jugendpflege, Plan- und Bildschau des Reichsverbandes der Kleingartenvereine Deutschlands zum 5. Reichskleingärtnertag in Frankfurt am Main am 30. und 31. Juli 1927, Frankfurt/M.

RICHTER, Gerhard 1929: Deutsche Schreberjugendpflege, Reichsverband der Kleingartenvereine Deutschlands (Hg.), Schriftenreihe, Heft 19, Frankfurt/M.

Riederwald, Kleingärtnerverein 1988: 1913–1988. 75 Jahre Kleingärtner-Verein Riederwald e.V., Frankfurt/M.

Rinner, Erich, im Auftrag des Exilvorstandes der Sozialdemokratischen Partei (Hg.) 1935, neu herausgegeben von Klaus Behnken 1980: Deutschland-Bericht der Sopade, Der Reichsnährstand, 263–265, Prag, Frankfurt/M.

Rinner, Erich, im Auftrag des Exilvorstandes der Sozialdemokratischen Partei (Hg.) 1936, neu herausgegeben von Klaus Behnken 1980: Deutschland-Bericht der Sopade, Sonderbericht über den Reichsnährstand, 907–913, Prag, Frankfurt/M.

Rinner, Erich, im Auftrag des Exilvorstandes der sozialdemokratischen Partei (Hg.) 1937, neu herausgegeben von Klaus Behnken 1980: Deutschland-Berichte der Sozialdemokratischen Partei (Sopade), Die Erzeugungsschlacht, 279–290, Prag, Frankfurt/M.

Rinner, Erich, im Auftrag des Exilvorstandes der Sozialdemokratischen Partei Deutschlands (Hg.) 1938, neu herausgegeben von Klaus Behnken 1980: Deutschland-Berichte der Sozialdemokratischen Partei (Sopade), Die Deutsche Arbeitsfront, 1249–1274, Paris, Frankfurt/M.

Rinner, Erich, im Auftrag des Exilvorstandes der Sozialdemokratischen Partei Deutschlands (Hg.) 1938, neu herausgegeben von Klaus Behnken 1980: Deutschland-Berichte der Sozialdemokratischen Partei (Sopade), Der Nahrungsmittelmangel, 631–641, Paris, Frankfurt/M.

Rinner, Erich, im Auftrag des Exilvorstandes der Sozialdemokratischen Partei Deutschlands (Hg.) 1939, neu herausgegeben von Klaus Behnken 1980: Deutschland-Berichte der Sozialdemokratischen Partei Deutschlands (Sopade), Die Lebensmittelversorgung, 624–627, Paris, Frankfurt/M.

Rödelheim, Kleingärtnerverein 1969: 50 Jahre Kleingärtnerverein e.V. 1919 Frankfurt am Main-Rödelheim, Frankfurt/M.

Römerhof, Kleingärtnerverein 1987: Kleingärtnerverein Römerhof e.V. 40 Jahre 1947–1987, Frankfurt/M.

Rollfeld, Kleingärtnerverein 1959: Festschrift zum 10jährigen Bestehen des Kleingartenvereins Rollfeld e.V., Frankfurt/M.

Rosisten, Kleingärtnerverein e.V. 1894 Frankfurt am Main-Süd 1969: Festschrift zum 75jährigen Bestehen am 4. Oktober 1969, Frankfurt/M.

Runderlaß des Ministers für Volkswohlfahrt vom 19. Juni 1931 betr. Kleingartenwesen und Erwerbslosenfürsorge, Volkswohlfahrt, **12**, 20, 945/946

Sack, Manfred 1972: Reglements für deutsche Kleingartenlauben, ZeitMagazin, 33, 14–17

Sallmann, Johannes o.J. (um 1960): Frankfurt am Main, eine Stadt im Grünen, in: Frankfurter Wochenschau. Der grüne Weg durch die Großstadt, S. 4–7

Sallmann, Johannes 1984: Die Entwicklung der Zusammenarbeit der Grünflächenämter, Referat anläßlich des 30jährigen Bestehens der Arbeitsgemeinschaft Hessischer Garten- und Friedhofsämter, vervielfältigtes Manuskript

Schaper, Marie 1913: Die Bedeutung des Gartenbaues für Mädchenerziehung und Frauenarbeit, Zentralstelle für Volkswohlfahrt (Hg.), Familiengärten und andere Kleingartenbestrebungen in ihrer Bedeutung für Stadt und Land, Heft 8 der neuen Folge der Schriften der Zentralstelle für Arbeiter-Wohlfahrtseinrichtungen, 339–344, Berlin

Schilling, Kurt 1964: Dr. D. G. M. Schreber und wir, Fachberater für das deutsche Kleingartenwesen, **14**, 52, 1–23

Schmidt, Paul 1897: Die Bedeutung der Kleingartenkultur in der Arbeiterfrage. Der Arbeiterfreund. Zeitschrift für die Arbeiterfrage. Organ des Centralvereins für das Wohl der arbeitenden Classen, **35**, 221–270; 302–310

Schneider, Camillo 1913: Die ‚Deutsche Gesellschaft für Gartenkunst' und die ‚Dendrologische Gesellschaft zur Förderung der Gartenkunst und Gehölzkunde in Österreich-Ungarn', Möllers Deutsche Gärtner-Zeitung, **28**, 12, 142–144 und 154–155

Schwarzbach, Kleingärtnerverein 1982: 1932–1982. 50 Jahre Kleingärtnerverein Schwarzbach e.V., Frankfurt/M.

Seldte, Franz 1939: Der Kleingarten im Kriege, Rundfunkansprache am 16.12.1939, in: Steinhaus, Hermann 1940, Die Arbeiten der Kleingärtner-Organisation im Kriege, 36–41, Berlin

Seldte, Franz 1939: Reichsarbeitsminister Franz Seldte über die Bedeutung des Kleingartenwesens, Reichsarbeitsblatt, **19,** Teil II (19), 243–244

Sondernachrichten des Reichsbundes deutscher Kleingärtner e.V. 1938: Sieger im Wettbewerb um den Goldenen Spaten, Berlin, S. 180

Sossenheim, Kleingärtnerverein e.V. (Hg.) 1970: 1920–1970, ein Rückblick, Frankfurt/M.

Stadt Frankfurt am Main (Hg.), Magistratsberichte für die Jahre 1882/83, 1905, 1912, 1917, 1920–1924, 1924/25, 1926/27, 1927/28, 1928/29, Frankfurt/M. (alle Magistratsberichte im Institut für Stadtgeschichte Frankfurt)

Stadt Frankfurt am Main (Hg.): Verwaltungsberichte für die Jahre 1929/30, 1933/34, 1935/36, 1937/38, 1950/51, 1956/57, 1960, 1961, 1962, 1963, Frankfurt/M. (alle Verwaltungsberichte im Institut für Stadtgeschichte Frankfurt)

Stadt Frankfurt am Main (Hg.): Beilage zum Verwaltungsbericht für die Jahre 1916, 1917, 1918, Frankfurt/M.

Stadt Frankfurt am Main, Stadtverordnetenversammlung vom 14. November 1991, GrünGürtel-Verfassung, Anlage zum Bericht des Magistrats an die Stadtverordnetenversammlung

Stadtgruppe Frankfurt der Kleingärtner e.V. (Hg.) 1990, 75 Jahre Stadtgruppe Frankfurt der Kleingärtner e.V., Frankfurt/M.

Steinhauer, Dieter und Sigrid Kurzidim 1990: 75 Jahre Stadtgruppe Frankfurt der Kleingärtner, in: Stadtgruppe Frankfurt der Kleingärtner e.V. (Hg.): 75 Jahre Stadtgruppe Frankfurt der Kleingärtner e.V., Frankfurt/M.

Steinhaus, Hermann 1938: Die Neuordnung des deutschen Kleingartenwesens, Gartenkunst, **51,** o.H., 2–4

St. Gallus, Kleingärtnerverein 1990: 75 Jahre Kleingärtnerverein St. Gallus e.V., Frankfurt/M.

Studtrucker, Franz und W. Müller 1976: Die Chronik, in: Landesverband Hessen der Kleingärtner e.V. (Hg.), 50jähriges Jubiläum, 17–20, Frankfurt/M.

Sutter, Otto Ernst 1917: Ein Kleingartenbauamt, Kleine Presse, Nr. 266, 12.11.1917

Sutter, Otto Ernst 1918: Schafft Kleingartenämter! (Nachdruck), Förster, Heinrich und Otto Ernst Sutter 1924, Kleingartenämter und Kleingartenbeiräte, Reichsverband der Kleingartenvereine Deutschlands (Hg.), Schriftenreihe, Heft 4, Frankfurt/M.

Valentien, Otto und Albrecht Bailly 1931: Dauerkleingärten, Bauwelt, **22,** 4, 101–104

Verband der Kleingarten-Vereine für Frankfurt und Umgebung 1915: 1. Jahresbericht für das Vereinsjahr 1915, Frankfurt/M.

Verband der Kleingartenbauvereine Frankfurt a. M. und Umgegend 1921: Denkschrift über die Lage des Kleingartenbaus zu Frankfurt am Main, Frankfurt/M.

Verein zur Förderung des Kleingartenbaues 1902: 4. Jahresbericht, Frankfurt/M.

Verein zur Förderung des Kleingartenbaues 1903: 5. Jahresbericht, Frankfurt/M.

Verein zur Förderung des Kleingartenbaues 1904: 6. Jahresbericht, Frankfurt/M.

Verein zur Förderung des Kleingartenbaues 1906: 8. Jahresbericht, Frankfurt/M.

Verein zur Förderung des Kleingartenbaues 1907: 9. Jahresbericht, Frankfurt/M.

Verein zur Förderung des Kleingartenbaues 1908: 10. Jahresbericht, Frankfurt/M.

Verein zur Förderung des Kleingartenbaues 1912: 14. Jahresbericht, Frankfurt/M.

Verein zur Förderung des Kleingartenbaues 1914: 16. Jahresbericht, Frankfurt/M.

Verein zur Förderung des Kleingartenbaues 1915: 17. Jahresbericht, Frankfurt/M.

Verein zur Förderung des Kleingartenbaues 1918: 20. Jahresbericht, erstattet vom Vorstand in der Hauptversammlung vom 7. November 1918, 3–23, Frankfurt/M.

Versuchsgartenverein Frankfurt am Main-Sachsenhausen (Hg.) 1907: Der Versuchsgartenverein Frankfurt am Main im ersten Vierteljahrhundert seines Bestehens 1881–1906, Frankfurt/M.

Wa. 1989: Kleingärten – Objekte kreativer Freizeitgestaltung. Schulungstagung des BDG in Rüsselsheim, Der Fachberater für das Kleingartenwesen, **40**, 3, 8–9

Waldfried, Kleingärtnerverein 1985: 1935–1985. 50 Jahre Kleingärtnerverein Waldfried e.V., Frankfurt/M.-Niederrad

Westend, Kleingärtnerverein 1983. Festschrift zum 70jährigen Bestehen des Kleingärtnervereins Westend e.V. Frankfurt am Main, Frankfurt/M.

Westpark, Kleingärtnerverein 1987: Festschrift zum Jubiläum. 40 Jahre Kleingärtnerverein Westpark e.V. 1947 und Kleingärtnerverein Gartenfreunde 1947 e.V., Frankfurt/M.

Wolschke-Bulmahn, Joachim 1990: Auf der Suche nach Arkadien. Zu Landschaftsidealen und Formen der Naturaneignung in der Jugendbewegung und ihrer Bedeutung für die Landespflege, in: Herlyn, Ulfert und Gert Gröning (Hg.), Arbeiten zur sozialwissenschaftlich orientierten Freiraumplanung, Band 11, München

Wolschke-Bulmahn, Joachim 1990: Vom „Kriegsgarten" (War garden) zum „Siegesgarten" (Victory Garden). Zur Politisierung und Ideologisierung der Gartenkultur in den USA während des Ersten Weltkriegs, Garten und Landschaft, **100**, 5, 54–60

Wolschke-Bulmahn, Joachim und Gert Gröning 1988: 1913–1988. 75 Jahre Bund Deutscher Landschaftsarchitekten (BDLA), Teil 1, Zur Entwicklung der Interessenverbände der Gartenarchitekten in der Weimarer Republik und im Nationalsozialismus, Bund Deutscher Landschaftsarchitekten (Hg.), Bonn

Wolschke-Bulmahn, Joachim und Gert Gröning 1989: Historische Aspekte demokratischer Freiraumpolitik am Beispiel Hannover, Hannoversche Geschichtsblätter, Neue Folge, Band 43, 202–216

Zentralstelle für Volkswohlfahrt (Hg.) 1913: Familiengärten und andere Kleingartenbestrebungen in ihrer Bedeutung für Stadt und Land, Schriften der Zentralstelle für Volkswohlfahrt, Heft 8 der neuen Folge der Schriften der Zentralstelle für Arbeiter-Wohlfahrtseinrichtungen, Berlin

14. Stichwortverzeichnis

17. Anmerkungen

1 siehe dazu z.B. Förster 1931, Brando 1965, Gröning 1974

2 Cronberger o.J.: 4

3 Becker 1941: 28

4 Becker 1941: 4; vgl. auch Klötzer 1976

5 vgl. Becker 1941: 28

6 Sallmann o.J.: 4; vgl. auch Klötzer 1976

7 Garten- und Friedhofsamt 1989: 8

8 vgl. Gartenamt 1952: 1

9 vgl. Sallmann o.J.: 4. Dies gilt im wesentlichen auch noch für die Folgezeit bis 1992, in der - abgesehen von einer Interimszeit von 1977 bis 1980 - nur zwei weitere Gartendirektoren tätig waren

10 Die „Entwicklung der Gärten und Grünflächen in Frankfurt am Main“ wurde 1988 kursorisch in einer Broschüre zu einer Ausstellung dargestellt; vgl. Heinzberger/Meyer/Meyer 1988

11 Die Entwicklung des Gartenamtes und - ab 1986 - des Garten- und Friedhofsamts als Teil der kommunalen Selbstverwaltung könnte Aufgabe einer eigenständigen, differenzierten Untersuchung sein

12 Gröning 1974: 12

13 Gröning 1974: 12

14 Richter 1927

15 Versuchsgartenverein 1907: 7

16 Versuchsgartenverein 1907: 7

17 Versuchsgartenverein 1907: 8

18 Versuchsgartenverein 1907: 8

19 Verband 1915: 3

20 Kleingärtnerverein Louisa e.V. 1979: o.S.Abb.

21 vgl. Stadtgemeinde Frankfurt a. M. 1937, Formblatt für Stifter oder Geschenkgeber (Institut für Stadtgeschichte Frankfurt, Bestand Stiftungsabteilung, 551)

22 Ickstadt 1988 o.S.

23 Gresser 1965: 9

24 Hill 1969: 12

25 Auf der 6. Konferenz der Zentralstelle für Volkswohlfahrt in Danzig am 18. Juni 1912 hatte der Vorsitzende des Verbandes der Leipziger Schrebervereine darauf hingewiesen, daß die dortigen Vereine „keine reinen Garten- sondern Erziehungsvereine sein wollen und sind ... Sie betonen immer und immer wieder, daß sie Erziehungsvereine sind und als solche nicht nur für ihre Mitglieder und deren Familien, sondern auch für die Allgemeinheit, also gemeinnützig, wirken wollen“ (Fritzsche 1913: 361)

26 Hill 1969: 12

27 Gröning/Wolschke-Bulmahn 1986: 214

28 Hill 1969: 12

29 Gresser 1965: 9

30 Cronberger 1918: 24

31 vgl. Zentralstelle 1913: Tabelle 26 und 38

32 Verband 1915: 3

33 Der Verein der Pfadfinderinnen hatte 1915 250 Mitglieder und bearbeitete eine Gartenkolonie an der Louisa (Verband 1915: 16). Er gehörte wohl zu der „Genossenschaft von 700 Mädchen, Schulkindern und Schulentlassenen aus allen Gesellschaftsschichten, die der Pfadfinderbund ins Leben gerufen“ (Schaper 1913: 343) hatte

[34] Verband 1915: 3/4
[35] siehe dazu ausführlich WOLSCHKE-BULMAHN 1990
[36] RASCH 1914: 543
[37] CRONBERGER 1918: 27
[38] Verband 1915: 79
[39] vgl. RICHTER 1927
[40] Bundesverband 1992: 6
[41] vgl. GRÖNING 1974
[42] Verband 1915: 5
[43] Auszug aus dem Sitzungsbericht der Stadtverordneten-Versammlung Frankfurt vom 26. Februar 1914, p. 311 (Institut für Stadtgeschichte Frankfurt, Mag.Akten, R 1066)
[44] Stadtgemeinde Frankfurt a. M. 1937, Formblatt für Stifter oder Geschenkgeber (Institut für Stadtgeschichte Frankfurt, Bestand Stiftungsabteilung, 551)
[45] Verein 1912: 39
[46] vgl. CRONBERGER 1909; KRAMER gibt eine Darstellung aus der ‚Kleinen Presse' vom 2. Oktober 1895 wieder, die Cronberger zeigt, wie er „in der Turnhalle der Glauburgschule Prämien an die besten Blumenpfleger der Schule in Gestalt von Topfpflanzen und Gartengerätschaften" (1974: 243) verteilt
[47] Verband 1915: 78
[48] Protokoll der 45. Sitzung der Stadtverordneten-Versammlung vom 12. Dezember 1911 (Institut für Stadtgeschichte Frankfurt, Mag.Akten R 1066)
[49] Verein 1914: 32
[50] 1907 lag der Anteil der Arbeiter an den Erwerbspersonen im Deutschen Reich bei 53, 1 Prozent (vgl. KUCZYNSKI 1966: 37)
[51] Protokoll der Sitzung der Stadtverordneten-Versammlung vom 4.3.1913, Etatberatung (Institut für Stadtgeschichte Frankfurt, Mag.Akten R 1066)
[52] Verein 1915: 37
[53] Verein 1915: 37
[54] Verein 1912: 30
[55] Verein 1912: 34/35
[56] Verein 1912: 31
[57] Verein 1912: 31/32
[58] vgl. GRÖNING 1989
[59] Verein 1918: 22
[60] Statistik über die dem Verband der Kleingartenbauvereine Frankfurt a. M. und Umgebung angeschlossenen Vereine, 21. Oktober 1920 (Institut für Stadtgeschichte Frankfurt, Mag.Akten, R 1872/II)
[61] Verein 1918: 4
[62] Statistik über die dem Verband der Kleingartenbauvereine Frankfurt a. M. und Umgebung angeschlossenen Vereine, 21. Oktober 1920 (Institut für Stadtgeschichte Frankfurt, Mag.Akten, R 1872/II)
[63] SUTTER 1917
[64] SUTTER 1917
[65] Verein 1918: 22
[66] SUTTER 1918: 6
[67] SUTTER 1918: 11
[68] Schreiben des Verbandes der Kleingartenbauvereine Frankfurt a. M. und Umgebung an den Magistrat, 6. August 1920, Abschrift, S. 1 (Institut für Stadtgeschichte Frankfurt, Mag.Akten, R 1872/II)
[69] siehe (64)
[70] siehe (64)
[71] vgl. dazu die Stellungnahme des Stadtverordneten Thormann aus dem Jahr 1913, der sich für eine Überlassung von Kleingartengelände an einzelne Interessenten und gegen die an Kleingartenbau-Vereine ausgesprochen hatte

72 Schreiben des Verbandes der Kleingartenbauvereine Frankfurt a. M. und Umgebung an den Magistrat, 6. August 1920, Abschrift S. 1f. (Institut für Stadtgeschichte Frankfurt, Mag.Akten, R 1872/II)

73 Förster/Bielefeldt/Reinhold 1931

74 ab 1920 hieß die Zeitschrift ‚Der Kleingärtner‘

75 Albrecht 1921: 177

76 vgl. dazu auch Gröning 1974

77 Reinhold 1931: 36

78 Reinhold 1931: 36/37

79 Förster 1924: 13

80 Reinhold 1931: 37

81 Förster 1924: 13

82 Protokoll-Auszug der Stadtverordneten-Versammlung der Stadt Frankfurt am Main, 31. August 1920 (Institut für Stadtgeschichte Frankfurt, Mag.Akten, R 1421)

83 Magistrat der Stadt Frankfurt (Hg.) 1921: Ordnung betr. die Errichtung einer gemischten Deputation für das Kleingarten- und Kleintierzuchtwesen, Sonderabdruck aus Nr. 15 des ‚Anzeigeblattes der städtischen Behörden‘ vom 10. April 1921 (Institut für Stadtgeschichte Frankfurt, Mag.Akten, R 1421)

84 siehe Magistrat ... 1921

85 vgl. Gröning/Wolschke-Bulmahn 1989

86 Entwurf der Geschäftsordnung für die Amts- und Geschäftsstelle des Kleingartenamtes (Institut für Stadtgeschichte Frankfurt, Mag.Akten, R 1421)

87 vgl. Schreiben des Verbandes der Kleingartenbauvereine Frankfurt a. M. u. Umgebung e.V. vom 5. April 1924 an den Bürgermeister (Institut für Stadtgeschichte Frankfurt, Mag.Akten, R 1421)

88 siehe Magistrat ... 1921

89 vgl. dazu die Einlassung des Stadtverordneten Bindewald, der auf einer Sitzung der Stadtverordneten-Versammlung am 12. Dezember 1921 auf die Benachteiligung der „Berufsgärtner“ gegenüber den Kleingärtnern bei der „Wasserzuführung“ aufmerksam macht (Protokoll der 45. Sitzung der Stadtverordneten-Versammlung vom 12. Dezember 1921, Institut für Stadtgeschichte Frankfurt, R 1066); vgl. auch die Auffassung der Stadtkämmerei, die 1914 darauf hinweist, daß die Stadt bislang „schon eine Fläche von rund 183 ha bereitgestellt“ hat, „die in etwa 3.800 Einzelparzellen vergeben ist“ und daher meint „aus Rücksichten auf die Volksernährung und auf den Berufsstand selbst“ müsse „verhindert werden, daß die Existenz-Bedingungen für den Berufsgärtner nicht durch weitere Entziehung von städtischem Gelände noch mehr verschlechtert werden“ (Schreiben der Stadtkämmerei an den Herrn Oberbürgermeister vom 24. Oktober 1914, Institut für Stadtgeschichte Frankfurt, Mag.Akten, S 1872/I)

90 Verein zur Beförderung des Kleingartenbaues 1918: 19

91 Verband 1921: 2

92 Verband 1921: 10

93 Magistrat der Stadt Frankfurt a. M. 1922, Entwurf eines Schreibens an den Verband der Kleingartenbauvereine vom 31.3.1922 (Institut für Stadtgeschichte Frankfurt, Mag.Akten, R 1872/II)

94 siehe (90)

95 Anzeigeblatt, städtisches 1923: Beschaffung von Kleingartenland, Notiz vom 20.10.1923 (Institut für Stadtgeschichte Frankfurt, Mag.Akten, R 1417/II)

96 Brief der Philipp Holzmann AG an den Magistrat der Stadt Frankfurt, 15. März 1923 (Institut für Stadtgeschichte Frankfurt, Magistrats-Akten, R 1417/I)

97 Schreiben des Verbands der Kleingartenbauvereine Frankfurt a. M. u. Umgebung e.V. vom 5. April 1924 an den Bürgermeister der Stadt Frankfurt am Main (Institut für Stadtgeschichte Frankfurt, Mag.Akten, R 1421)

98 Schreiben des Städtischen Revisionsamtes, Frankfurt a. M. vom 12.4.1924 (Institut für Stadtgeschichte Frankfurt, Mag.Akten, R 1421)

99 Förster/Sutter 1924

100 Einrichtung und Geschäftsordnung der Siedlungs-Deputation, genehmigt durch Magistrats-Beschluß Nr. 2449 vom 8.3.1926 (Institut für Stadtgeschichte Frankfurt, Mag.Akten, R 1421)

101 19. Sitzung der Stadtverordneten-Versammlung vom 13. September 1927, S. 919 (Institut für Stadtgeschichte Frankfurt, Akten der Stadtverordneten-Versammlung, 779)

102 Verband der Kleingartenbauvereine Frankfurt a. M. und Umgebung e.V. 1924: Stellungnahme vom 8. November 1924 gegen die Absicht den Flughafen am Rebstock auszubauen und zu diesem Zwecke die dort gelegenen drei Kleingartenbaukolonien der Vereine Westend, Einigkeit und Gutleut in Größe von insgesamt 22,80 ha und mit fast 1.000 Mitgliedern am 11. November zur Räumung während des Winters zu kündigen (Institut für Stadtgeschichte Frankfurt, Akten der Stadtverordneten-Versammlung, 779)

103 Die Ära Bromme in der Frankfurter Garten- und Friedhofsverwaltung währte ein Dritteljahrhundert von 1912 bis 1945; Bromme (1878–1974) war von 1912–1918 Leiter der Stadtgärtnerei, von 1919 bis 1926 Direktor der Stadtgärtnerei, 1926–1933 Leiter der Abteilung Garten- und Kleingartenwesen, 1933–1945 Leiter des Gartenamts

104 der Vorsitzende des Verbandes der Kleingartenbauvereine schrieb dazu, Kleingärtner werden „als eine bevorzugte Gruppe an(ge)sehen, wie eine der führenden Persönlichkeiten der städtischen Gartenverwaltung neulich in einem Artikel gemeint hat" (Grabe 1928: 22)

105 Grabe 1928: 21/22

106 Grabe 1928: 23

107 Ortsverband 1928

108 Schreiben des Verbandes der Kleingartenbauvereine Frankfurt a. M. vom 29. Januar 1928 an das Bureau der Stadtverordnetenversammlung (Institut für Stadtgeschichte Frankfurt, Akten der Stadtverordneten-Versammlung, 1065)

109 vgl. Förster 1931

110 Reuss 1931: 104

111 Stadtgruppe 1990: 31

112 Vorstand der Kleingartenbauvereine Frankfurt a. M. und Umgebung, Rundschreiben an die Kleingartenbauliche Organisation zu …, Frankfurt a. M. im März 1920 (Archiv der Stadtgruppe Frankfurt der Kleingärtner e.V.)

113 Reuss 1931: 105

114 Fischer 1931: 112

115 vgl. Schreiben vom 20. Oktober 1929 an den Stadtrat Dr. Müller in dem ein Briefkopf des Verbandes der Kleingartenbau-Vereine verwendet und mit Ortsverband der Kleingartenbauvereine gezeichnet wurde (Institut für Stadtgeschichte Frankfurt, Akten der Stadtverordneten-Versammlung, 1065)

116 Reuss 1931: 104/105

117 Studtrucker/Müller 1976: 18

118 Förster 1931: 44

119 Förster 1931: 45

120 Förster 1931: 50

121 vgl. Förster 1931: 54

122 Förster 1931: 52

123 Ortsverband der Kleingartenbauvereine von Frankfurt a. M. 1928: Eingabe an den Magistrat und die Stadtverordneten-Versammlung, betrifft: Die Notlàge des Frankfurter Kleingartenbaues, verursacht durch die drohenden Kündigungen, Frankfurt am Main (Institut für Stadtgeschichte Frankfurt, Mag.Akten, R 1872/II)

124 siehe (123)

125 Bromme 1928

126 Sutter 1917

127 Antrag des Magistrats der Stadt Frankfurt vom 22. Mai 1919, Nr. 572, den Ausbau des Parkgeländes auf dem Lohrberg zu dauernden Kleingartenkolonien betr., 18. Sitzung vom 27. Mai 1919, 785ff. (Institut für Stadtgeschichte Frankfurt, Mag.Akten, R 1066)

128 siehe (127), 787

129 Protokoll der Stadtverordnetenversammlung vom 27. Mai 1919 (Institut für Stadtgeschichte Frankfurt, Mag.Akten, 1066)

130 Bauer, Jakob 1965, zit. nach Gresser 1965: 11

131 Förster 1931: 64

132 Albrecht 1924: A.III.

133 Reichsverband 1928

134 Pauly 1928: 9

135 Bromme 1928

136 Regierungsbezirksverband 1929, Entschliessung vom 6. Mai 1929; verhandelt in der Sitzung der Stadtverordneten-Versammlung am 28.1.1930 (Institut für Stadtgeschichte Frankfurt, Akten der Stadtverordneten-Versammlung, 1065)

137 Geschäftsordnung der Siedlungs-Deputation, genehmigt durch Magistrats-Beschluß Nr. 909 vom 4.8.1930 (Institut für Stadtgeschichte Frankfurt, Mag.Akten, 911/II)

138 Schreiben des Ortsverbandes der Kleingartenbauvereine Frankfurt an den Magistrat vom 25. Juni 1932, Betr.: Neuregelung der Höchstpachtpreise für Daueranlagen, Laubenmiete und Erlass der Pachten für Erwerbslose; in dem Schreiben sind einige orthographische Fehler enthalten, die bei der Wiedergabe als Zitat korrigiert wurden (Institut für Stadtgeschichte Frankfurt, Mag.Akten, R 3740/I)

139 Abteilung Gartenwesen, Antrag an den Magistrat vom 27. September 1932, Betr.: Antrag des Verbandes der Kleingartenbauvereine auf Herabsetzung der Pachthöchstpreise für Kleingartenland (Stadtarchiv Frankfurt, Mag.Akten, R 3740/I)

140 Runderlaß 1931

141 Herget, Robert und F. Schäfer, Kleingärtner-Verein Miquel, Schriftliche Mitteilung 1990 (Archiv der Stadtgruppe Frankfurt der Kleingärtner e.V.)

142 Bauer 1965

143 Rinner 1936: 907

144 Nationalsozialistische Deutsche Arbeiterpartei, Gauleitung Hessen-Nassau 1933, Schreiben an die Stadtverwaltung Ffm. vom 16.9.33 (Institut für Stadtgeschichte Frankfurt, Mag.Akten, 3741/I)

145 Rinner 1935: 264

146 Rinner 1936: 909

147 Kaiser 1936: 4

148 siehe (147)

149 siehe (147)

150 Rinner 1937: 279

151 Kaiser 1936: 5

152 siehe (151)

153 Kaiser 1936: 6

154 siehe (153)

155 siehe (153)

156 Kaiser 1936: 7

157 Schreiben Otto Krug an den Oberbürgermeister der Stadt Frankfurt (Main) vom 7. Januar 1936 (Institut für Stadtgeschichte Frankfurt, Mag.Akten 3740/I)

158 vgl. Rinner 1938

159 Deutsche Arbeitsfront, Zelle 3, Schreiben vom 20. März 1936: Betr. Grünhof, Frankfurt (Main) (Institut für Stadtgeschichte Frankfurt, Mag.Akten, 3740/I)

160 Arbeitsminister, der Reichs- und Preußische 1936: Betrifft: Kündigungsschutz für Kleingärtnern, IVa 5 Nr. 22–13/36, Berlin

161 Rinner 1937: 1427/1428

162 Rinner 1938: 632

163 vgl. Rinner 1937: 1010f. und 1029f.

164 Rinner 1938: 1113

165 vgl. dazu auch Egner, Kager und Naleppa 1938

166 vgl. Berghäuser 1933

[167] vgl. Eckenheim 1970: 15
[168] Fechenheim 1980
[169] Cronberger 1959; Heddernheim 1979
[170] Satzungen und Pachtvertrag des Kleingärtnervereins Eckenheim e.V. im Reichsbund der Kleingärtner und Kleinsiedler Deutschlands e.V., Frankfurt/M. 1934 (Institut für Stadtgeschichte Frankfurt, KS 3047)
[171] Satzungen des Eckenheimer Kleingartenbau-Vereins e.V. 1920: § 2 (Institut für Stadtgeschichte Frankfurt, KS 3048)
[172] Satzungen 1920: §§ 5 und 6
[173] Satzungen 1934: § 3
[174] Graumann 1939: 16
[175] Satzungen 1920: §§ 11 und 14
[176] Satzungen 1934: § 4
[177] Satzungen 1934: § 6
[178] Satzungen 1920: § 16
[179] Satzungen 1934: § 7
[180] vgl. Institut für Stadtgeschichte Frankfurt, Personalakte Bromme
[181] Satzungen 1920: § 2
[182] Satzungen 1934: § 2
[183] Rinner 1939: 626
[184] Geschäftsbericht der Stadtgruppe Frankfurt a. M. der Kleingärtner für das Jahr 1939: 8f. (Archiv der Stadtgruppe Frankfurt a. M. der Kleingärtner)
[185] siehe (181)
[186] Seldte 1939: 38
[187] Seldte 1939: 38
[188] Seldte 1939: 38
[189] Geschäftsbericht der Stadtgruppe Frankfurt a. M. der Kleingärtner für das Jahr 1939: 3 (Archiv der Stadtgruppe Frankfurt a. M. der Kleingärtner)
[190] siehe (186)
[191] siehe (186), 4
[192] Stadtgruppe Frankfurt a. M. der Kleingärtner im Reichsbund Deutscher Kleingärtner e.V. 1940: Wie komme ich zu einem Dauer-Kleingarten, Flugblatt (Archiv der Stadtgruppe Frankfurt am Main der Kleingärtner)
[193] Seldte 1939: 41
[194] Geschäftsbericht der Stadtgruppe Frankfurt a. M. der Kleingärtner für das Jahr 1939: 7 (Archiv der Stadtgruppe Frankfurt a. M. der Kleingärtner)
[195] siehe (191), 8; vgl. auch die Notiz ‚Ausbau der neuen Kleingartenanlage „Zum goldenen Spaten“ am Stadtpark Höchst‘ im städtischen Anzeigeblatt, Nr. 19, vom 12.5.1939 (Institut für Stadtgeschichte Frankfurt, Mag.Akten, 3741/II)
[196] vgl. dazu auch Kapitel 8
[197] Landesbund Hessen-Nassau der Kleingärtner e.V. 1945, Schreiben an das Bauamt-Gartenwesen vom 8.2.1945, Betr. Baustoffe für Kleingärten (Archiv der Stadtgruppe Frankfurt a. M. der Kleingärtner)
[198] Städtisches Gewerbeamt Frankfurt a. M., Richtlinien für die Anträge auf Zulassung von unpolitischen Clubs, Vereinen, Vereinigungen usw., um 1946 (Archiv der Stadtgruppe Frankfurt a. M. der Kleingärtner)
[199] Military Government 1946 (?): Application for Adult Club (Archiv der Stadtgruppe Frankfurt a. M. der Kleingärtner)
[200] Blaum 1945: Vergebung von Kleingärten, Mitteilungen der Stadtverwaltung Frankfurt am Main, Nr. 11, S. 2 (Institut für Stadtgeschichte Frankfurt, Mag.Akten 3740/II)
[201] Brando 1965: 77/78
[202] siehe (198)

[203] Schreiben der Stadtgruppe Frankfurt a. M. der Kleingärtner vom 15.1.1951 an den Oberbürgermeister, den Magistrat und alle Stadtverordneten (Institut für Stadtgeschichte Frankfurt, Mag.Akten, 3741/II)

[204] Entwurf eines Schreibens des Magistrats der Stadt Frankfurt vom 9. Februar 1951, Betr.: Kleingartenwesen: Beschaffung von Dauergelände (Institut für Stadtgeschichte Frankfurt, Mag.Akten, 3741/II)

[205] vgl. dazu Gröning 1989

[206] Gröning 1989: 84

[207] Verein 1902: 7; alle in dieser Untersuchung verwendeten Jahresberichte des Vereins zur Förderung des Kleingartenbaues sind im Institut für Stadtgeschichte Frankfurt (Mag.Akten, S 1872/I)

[208] Schreiben des Vorsitzenden der Internationalen Kunstausstellung und grossen Gartenausstellung Düsseldorf 1904, Prof. Roeber, an den Magistrat der Stadt Frankfurt a. M. vom 17. November 1903 (Institut für Stadtgeschichte Frankfurt, Mag.Akten, S 2263/II)

[209] Fragebogen zur Internationalen Kunstausstellung und großen Gartenausstellung Düsseldorf 1904 (Institut für Stadtgeschichte Frankfurt, Mag.Akten, S 2263/II)

[210] Verein 1904: 18

[211] Graumann, Otto 1939: Begrüßungs- und Festansprache zur Jubiläumsfeier des Kleingärtnervereins Cronberger e.V. aus Anlaß seines 40jährigen Bestehens, Frankfurt am Main (Institut für Stadtgeschichte Frankfurt, S 1/196)

[212] Verein 1918: 7

[213] Verein 1902: 6

[214] Verein 1902: 6

[215] Verein 1903: 21

[216] Verein 1904: 18

[217] Verein 1906: 23

[218] Verein 1918: 27

[219] Verein 1918: 12

[220] 1907 war diese Zeitschrift durch die ‚Deutsche Villenzeitung' ersetzt worden

[221] Verein 1906: 23

[222] Verein 1918: 27

[223] Verein 1918: 11

[224] Verein 1904: 21

[225] Verein 1907: 25

[226] Verein 1918: 13

[227] Verein 1918: 27

[228] Hirschfeld 1790: VIII

[229] Verein 1908: 30

[230] Verein 1906: 25

[231] Verein 1904: 26

[232] Verein 1918: 25

[233] vgl. Verein 1906: 29

[234] Verein 1906: 30

[235] Verein 1918: 25

[236] Verein 1904: 18

[237] Verein 1915: 5

[238] Verein 1906: 30

[239] Verein 1906: 30/31

[240] Verein 1906: 31

[241] Verein 1908: 31

[242] Schreiben des Vorstands des Vereins zur Beförderung des Kleingartenbaues an den Wohllöblichen Magistrat Frankfurt a. M. vom 31. Dezember 1910 (Institut für Stadtgeschichte Frankfurt, Mag.Akten, S 1872/I)

[243] Verein 1912: 30

[244] Verein 1918: 6

[245] Graumann 1939: 13

[246] Cronberger 1959: o.S.

[247] 1992 hatte der Verein 564 Mitglieder (Auskunft, Stadtgruppe Frankfurt der Kleingärtner e.V. vom 2.9.1992)

[248] Verein 1918: 3

[249] Verein 1918: 40/41

[250] Verein 1918: 7

[251] Verein 1918: 19

[252] Greiner 1992: 147

[253] Verein 1918: 16

[254] Verein 1918: 16

[255] Greiner 1992: 147

[256] Ähnlich spiegeln sich die gartenkulturellen Interessen während des Ersten Weltkrieges in den USA in der Idee des sogenannten „Victory Garden" (Siegesgarten) wider. Diese Gärten wurden mit dem Kriegseintritt der USA im Jahr 1917 im Rahmen großangelegter Werbekampagnen als sogenannte „War Gardens" (Kriegsgärten) begonnen; mit dem Ende des Krieges wurde der Name in „Victory Garden" geändert; dieser ist heute noch für viele Garteninteressierte in den USA ein Begriff (vgl. Wolschke-Bulmahn 1990)

[257] Verein 1918: 7

[258] Verein 1918: 18

[259] Verein 1918: 20/21

[260] vgl. dazu Wolschke-Bulmahn/Gröning 1988

[261] Verein 1918: 20

[262] Verein 1914: 39

[263] Verein 1915: 3

[264] Graumann 1939: 16

[265] siehe (261)

[266] Alle Zahlenangaben zu Ausgaben der Stadt Frankfurt am Main für das Grünflächenwesen sind den jeweiligen Haushaltsplänen der Stadt Frankfurt am Main entnommen (Institut für Stadtgeschichte Ffm., SD 1/115). Für einige Jahre standen nicht die Haushaltspläne, sondern nur Entwürfe dazu zur Verfügung. Das ist u.E. in diesem Zusammenhang allerdings nicht von Bedeutung; es sind keine gravierenden Unterschiede bezüglich der Ausgaben in Entwurf und tatsächlich verabschiedetem Haushaltsplan zu vermuten.
Sämtliche Angaben beziehen sich, sofern nicht besonders kenntlich gemacht, auf die ordentlichen Ausgaben.

[267] Ab 1921 sind in den Haushaltsplänen zwei unterschiedliche Ausgabenkategorien verzeichnet: 1. „Nach der tatsächlichen Veranschlagung (Personalausgaben und sachliche Verwaltungsausgaben bei Abt. A, Baubebedürfnisse bei Abt. E)" und 2. „Bei Einrechnung der zentral veranschlagten Verwaltungsausgaben bei den entsprechenden Verwaltungszweigen". Wir beziehen uns nur auf die zweite Kategorie, da sie die Aufwendungen der Kommune für das Kleingartenwesen vollständiger erfasst.

[268] vgl. Wolschke-Bulmahn/Gröning 1989

[269] Stadt Frankfurt am Main 1924: 95

[270] Von 1929 bis einschließlich 1936 ist der Grünflächenhaushalt der Bezirksverwaltung Höchst gesondert in den Haushaltsplänen ausgewiesen; er ist in den hier ausgewerteten Zahlen enthalten.

[271] Deputation für Kleingarten- und Kleintierzuchtwesen, Kleingartenamt an den Magistrat, Schreiben vom 23. November 1921 (Institut für Stadtgeschichte Frankfurt, Akten der Stadtverordnetenversammlung, 1920–23, fol. 27)

[272] Heyer 1935: 119

[273] Steinhaus 1938: 3/4

[274] vgl. Gröning/Wolschke-Bulmahn 1990, insbes. Kap. 3.4.2

[275] In Hannover wurde bereits ab 1974, nicht erst wie in Frankfurt ab 1975, die Haushaltsführung vom ordentlichen und außerordentlichen auf einen Verwaltungs- und Vermögenshaushalt umgestellt.

[276] Stadt Frankfurt am Main 1883: 52

[277] Stadt Frankfurt am Main 1905: 233

[278] Stadt Frankfurt am Main 1912: 251

[279] vgl. Gröning 1974

[280] Stadt Frankfurt am Main 1912: 26

[281] Stadt Frankfurt am Main 1916: Beilage ..., XXIII

[282] siehe (281), XXIV

[283] siehe (281), XXIV

[284] Stadt Frankfurt am Main 1917: Beilage ..., XXIV

[285] Stadt Frankfurt am Main 1917: 9

[286] Stadt Frankfurt am Main 1918: Beilage ..., XXVI

[287] siehe (286), XXVII

[288] Allein der Umfang der Berichterstattung über das Kleingartenwesen in den Magistratsberichten ist aussagekräftig; so befassen sich im Bericht für die Jahre 1919/20 bis 1923/24 von 257 Seiten immerhin zwei Seiten ausschließlich mit dem Thema Kleingärten.

[289] Stadt Frankfurt am Main 1924: 95

[290] siehe (289)

[291] siehe (289), 96

[292] siehe (289)

[293] Stadt Frankfurt am Main 1925: 122

[294] siehe (293), 124

[295] Stadt Frankfurt am Main 1927: 12

[296] siehe (293), 122

[297] siehe (293), 119

[298] Stadt Frankfurt am Main 1925: 125

[299] Stadt Frankfurt am Main 1927: 122

[300] Stadt Frankfurt am Main 1928: 139

[301] Stadt Frankfurt am Main 1927: 139/140

[302] siehe (301) 140

[303] Stadt Frankfurt am Main 1929: 152

[304] Stadt Frankfurt am Main 1930: Verwaltungsbericht ..., 25

[305] Stadt Frankfurt am Main 1929: 153

[306] Geschäftsordnung der Siedlungs-Deputation, genehmigt durch Magistrats-Beschluß Nr. 909 vom 4.8.1930 (Institut für Stadtgeschichte Frankfurt, Mag.Akten, 911/II)

[307] siehe (306)

[308] Schreiben des Ortsverbandes der Kleingartenbauvereine Frankfurt a. M. vom 25. Juni 1932 an den Magistrat der Stadt Frankfurt am Main, durch das städtische Siedlungsamt, Abt. Kleingartenbau (Stadtarchiv Frankfurt, Mag.Akten, 3740/I)

[309] Antrag des Stadtbauamts, Abt. Gartenwesen vom 27. September 1932 an den Magistrat der Stadt Frankfurt am Main

[310] Stadt Frankfurt am Main 1934: 22

[311] Stadt Frankfurt am Main 1936: 34

[312] Stadt Frankfurt am Main 1938: 43

[313] Textentwurf ‚Die Lage und Entwicklung des Kleingartenwesens in Frankfurt am Main seit dem Jahre 1933' des Oberbürgermeisters der Stadt Frankfurt am Main vom 27. Juli 1937 für den Regierungspräsidenten in Wiesbaden (Institut für Stadtgeschichte Frankfurt, Mag.Akten, 3740/I)

314 Die Grüne Post 1938: Frankfurt am Main freut sich über den Goldenen Spaten, Die Grüne Post, 35, 28.8.1938 (Institut für Stadtgeschichte Frankfurt, Mag.Akten, 3741/II)

315 Schreiben des Bauamts an das Hauptverwaltungsamt der Stadt Frankfurt am Main vom 20.6.1938, betr.: Wettbewerb um den „Goldenen Spaten“ (Institut für Stadtgeschichte Frankfurt, Mag.Akten, 3741/II)

316 siehe (315)

317 Stadt Frankfurt am Main 1938: 43

318 Hillenbrand, Gg. 1947, Schreiben an die Stadtverordneten-Versammlung z.Hd. des Vorstehers Wilhelm Auth vom 30. September 1947 (Archiv der Stadtgruppe Frankfurt der Kleingärtner e.V.)

319 siehe (318)

320 Schreiben des Kleingärtnervereins Frankfurt am Main-Niederrad an die Stadtverordneten – Versammlung vom 15.6.1948 (Institut für Stadtgeschichte Frankfurt, Mag.Akten, 3740/II)

321 Stadt Frankfurt am Main 1951: 48

322 Stadt Frankfurt am Main 1956: 19

323 siehe (322)

324 Stadt Frankfurt am Main 1957: 41

325 siehe (324), 40

326 Sallmanns Interesse am Kleingartenwesen mag auch darin zum Ausdruck kommen, daß er dem 1959 beim Bundesminister für Wohnungsbau gebildeten Ausschuß für ein neues Kleingartengesetz angehörte (vgl. Brando 1965: 225). Ein neues Kleingartengesetz, das Bundeskleingartengesetz (BKleingG), wurde jedoch erst 1983 verabschiedet.

327 Stadt Frankfurt am Main 1959: 117

328 Stadt Frankfurt am Main 1960: 134

329 Stadt Frankfurt am Main 1961: 120

330 siehe (329)

331 Stadt Frankfurt am Main 1962: 139

332 Stadt Frankfurt am Main 1963

333 siehe (332)

334 Steinhauer/Kurzidim 1990: 21

335 Schreiben des Kleingärtnervereins e.V. 1950 Bergen-Enkheim an den Gemeindevorstand Bergen-Enkheim vom 5.11.1962

336 siehe (335)

337 Magistrat der Stadt Frankfurt am Main 1965: 228

338 Arndt 1972: 11

339 siehe (338)

340 Stadt Frankfurt am Main 1929: 150

341 Stadt Frankfurt am Main 1930: 25

342 vgl. dazu Gröning et al. 1985 und Gröning/Wolschke 1985

343 Bromme 1926: 7

344 Bromme 1926: 7/8

345 Bromme 1926: 8

346 Bromme 1926: 7

347 Bromme 1926: 9

348 Ausstellungsbestimmungen, zit. nach Bromme 1926

349 siehe (348)

350 Bromme 1926: 18

351 Bromme 1926: 21

352 Bromme 1926: 22

353 Bromme 1926: 23/24

[354] Bromme 1926: 41
[355] Bromme 1926: 22
[356] Bromme 1926: 24/25
[357] Bromme 1926: 27/28
[358] Bromme 1926: 29
[359] Bromme 1926: 33
[360] Bromme 1926: 37
[361] Bromme 1926: 38; 40
[362] Bromme 1926: 43
[363] Förster 1931: 60
[364] Förster 1931: 60
[365] Förster 1931: 62
[366] Förster 1931: 63
[367] Förster 1931: 64
[368] Förster 1931: 65
[369] Förster 1927
[370] Förster 1927: 7/8
[371] Richter 1926
[372] Fritzsche/Schilling 1924
[373] Fritzsche 1927: 79
[374] Fritzsche 1927: 79
[375] Richter 1929
[376] Richter 1927: 83
[377] vgl. Schilling 1964
[378] Richter 1927: 84
[379] Pauly 1927: 71;
[380] Pauly 1927: 72
[381] Rödelheim, Kleingartenbau-Verein e.V., Antrag an den Magistrat der Stadt Frankfurt a. Main vom 17. Dezember 1927 (Institut für Stadtgeschichte Frankfurt, Mag.Akten, R 1872/III)
[382] Pauly 1927: 72
[383] vgl. auch Gröning/Wolschke-Bulmahn 1990
[384] Reinhold 1927: 86
[385] Krüger 1927: 88
[386] Freytag 1927: 88
[387] vgl. dazu auch Wolschke-Bulmahn 1990, insbesondere Kapitel 5, Kriegsspiel und Naturgenuß
[388] Kaisenberg 1927: 89
[389] Reichsverband ... 1927: 12
[390] Reichsverband ... 1927: 13
[391] vgl. Migge 1913
[392] Pauly 1928: 20
[393] vgl. Gröning 1975
[394] Albrecht 1927: 93
[395] Albrecht 1927: 93
[396] Albrecht 1927: 93
[397] Förster 1931: 68
[398] Förster 1927: 96
[399] Schmidt 1897: 304
[400] Bielefeldt 1913: 335

[401] Hans 1913: 350/351
[402] Sutter 1918: 7
[403] Heicke 1918: 66
[404] vgl. Gröning/Wolschke-Bulmahn 1987
[405] Schneider 1913: 143
[406] Heicke 1918: 66
[407] Heicke 1918: 68
[408] Lange 1920: 21/22
[409] Kaup 1913: 197
[410] Heicke 1918: 68/69
[411] Bielefeldt 1913: 330/331
[412] Antrag des Magistrats der Stadt Frankfurt vom 22. Mai 1919, Nr. 572, den Ausbau des Parkgeländes auf dem Lohrberg zu dauernden Kleingartenkolonien betr., 18. Sitzung vom 27. Mai 1919, 676, 785–787 (Institut für Stadtgeschichte Frankfurt, Mag.Akten, R 1066)
[413] Magistrat 1919: 786
[414] Eingabe des Ortsverbandes der Kleingartenbauvereine von Frankfurt a. M., Die Notlage des Frankfurter Kleingartenbaues, verursacht durch die drohenden Kündigungen, vom 28. August 1928 (Institut für Stadtgeschichte Frankfurt, Akten der Stadtverordneten-Versammlung, 1065)
[415] Valentien/Bailly 1931: 103
[416] Lemmer 1927: 23
[417] Bromme 1928: s.p.
[418] vgl. Förster 1931: 61
[419] vgl. Bromme 1928
[420] Bromme 1928: s.p.
[421] Bromme 1928: s.p.
[422] Bromme 1928: s.p.
[423] Valentien/Bailly 1931: 101
[424] Reichsverband der Kleingartenvereine Deutschlands 1925
[425] Reichsverband der Kleingartenvereine Deutschlands, um 1927: Richtlinien für Dauer-Kleingartengebiete, Teil II B 2. Aufteilung, o.O. (Institut für Stadtgeschichte Frankfurt, Mag.Akten, R 1872/III, Vorlagenmappe)
[426] vgl. dazu auch das Kapitel „Der Verein zur Beförderung des Kleingartenbaues in Frankfurt am Main"
[427] Reichsverband 1927: Teil II, A, 1.
[428] Reichsverband 1927: Teil II, B, 2., 3., 7., 11.
[429] May 1927: 73
[430] Migge 1928: 55
[431] Migge 1928: 55
[432] May 1927: 73
[433] Valentien/Bailly 1931: 102
[434] Garten- und Friedhofsamt 1989
[435] Hegemann 1913: 313
[436] Garten- und Friedhofsamt 1985
[437] vgl. Garten und Friedhofsamt 1989
[438] Sack 1972: 17
[439] Langner 1992: 4/43
[440] Schreiben des Bauamts vom 20.6.1938 an den Oberbürgermeister (Institut für Stadtgeschichte Frankfurt, Mag.Akten, 3741/II)
[441] siehe (440)
[442] siehe (440)
[443] Telegramm des Deutschen Verlages, Grüne Post an den Oberbürgermeister der Stadt Frankfurt, Krebs, vom 11.8.1938 (Institut für Stadtgeschichte Frankfurt, Mag.Akten, 3741/II)

[444] Frankfurt am Main freut sich über den Goldenen Spaten, Die Grüne Post, Nr. 35, vom 28.8.1938

[445] KREBS 1938: 176

[446] KREBS 1938: 177

[447] siehe (446)

[448] Entwurf eines Schreibens des Oberbürgermeisters an den Herrn Regierungspräsidenten, Wiesbaden, vom 27. Juli 1937, Die Lage und Entwicklung des Kleingartenwesens in Frankfurt a. M. seit dem Jahre 1933 (Institut für Stadtgeschichte Frankfurt, Mag.Akten, 3740/I)

[449] siehe (448)

[450] KREBS 1938: 177

[451] Schreiben des Bauamts vom 20.6.1938 an den Oberbürgermeister der Stadt Frankfurt (Institut für Stadtgeschichte Frankfurt, Mag.Akten, 3741/II)

[452] Sondernachrichten 1938: 180

[453] Allgemeine Anordnung 1942: 51; vgl. dazu auch GRÖNING und WOLSCHKE-BULMAHN 1987

[454] Gisbertz war Ministerialrat im Reichsarbeitsministerium der Nationalsozialisten. Auf dem Kleingärtnertag des gleichgeschalteten Reichsbundes der Kleingärtner in Chemnitz, 1937, hatte er, nach Einschätzung des späteren langjährigen Vorsitzenden des Verbandes Deutscher Kleingärtner in der Bundesrepublik, Brando, einen wegweisenden Vortrag ‚Die Zukunft des deutschen Kleingartenwesens – Aufgaben des Reichsbundes' gehalten.
Gisbertz spielte auch nach dem Ende des Nationalsozialismus als Ministerialrat a.D. im Kleingartenwesen der Bundesrepublik eine bedeutende Rolle. So nahm er 1947 an der konstituierenden Sitzung für einen Verband der Kleingärtner in der damaligen britischen Zone teil, war 1951 Ehrenvorsitzender der Prüfungskommission des von der Zeitschrift ‚Das Grüne Blatt' organisierten Kleingartenwettbewerbs auf Bundesebene und wurde 1959 in den Ausschuß für ein neues Kleingartengesetz berufen, der beim Bundesministerium für Wohnungsbau eingerichtet worden war (vgl. BRANDO 1965)

[455] vgl. dazu FÖRSTER 1931

[456] siehe (455)

[457] BRANDO 1965: 253

[458] Hauptverwaltungsamt, Bewilligung einer ausserplanmäßigen Ausgabe im Haushalt des Bauamts, Abteilung Kleingärten, 31. März 1939 (Institut für Stadtgeschichte Frankfurt, Mag.Akten, 3741/II)

[459] Notiz „Ausbau der neuen Kleingartenanlage ‚Zum goldenen Spaten' am Stadtpark Höchst", Städtisches Anzeigeblatt, Nr. 19, vom 12.5.1939 (Institut für Stadtgeschichte Frankfurt, Mag.Akten, R 3741/II)

[460] SELDTE 1939

[461] RENDSCHMIDT 1936: 5/6

[462] KAMMLER zit. nach RENDSCHMIDT 1936: 6

[463] Eschersheim 1968: 11

[464] Rosisten 1969: 20

[465] Bockenheim 1978: o.S.

[466] Eckenheim 1970: 14

[467] Eschersheim 1968: 3f.

[468] Hoechst 1920, 1970: 34

[469] Römerhof 1987: 29

[470] Rollfeld 1959: o.S.

[471] Eschersheim 1968: 5f.

[472] Cronberger 1989: 17

[473] Römerhof 1987: 45

[474] Verein 1918: 20

[475] Am Marbachweg 1982: 29

[476] Ackermann 1976: o.S.

[477] Fechenheim 1980: o.S.

[478] vgl. Garten- und Friedhofsamt, o.J.
[479] Geib 1988: 89
[480] Ackermann 1976: 21
[481] Römerhof 1987: 33
[482] Am Marbachweg 1982: 21
[483] An der Wolfsweide 1962: 11
[484] Ginnheimer Wäldchen 1972: 3
[485] Ginnheimer Wäldchen 1982: o.S.
[486] St. Gallus 1990: o.S.
[487] vgl. Dixi 1993
[488] Rollfeld 1959: o.S.
[489] Rosisten 1969: 21
[490] vgl. Waldfried 1985: o.S.
[491] Brando 1965: 91/92
[492] Gresser 1965: 14f.
[493] Schwarzbach 1982: 35
[494] Rödelheim 1969: o.S.
[495] Gutleut 1963: o.S.
[496] Westend 1983: o.S.
[497] Bielefeldt 1913: 337
[498] vgl. Steinhauer/Kurzidim 1990: 23
[499] vgl. dazu auch Blecken 1985, 1987, 1988, 1989, 1993
[500] Cronberger 1959: o.S.
[501] Am Kastanienwald 1981: 16
[502] Am Kastanienwald 1981: 17
[503] Eckenheim 1970: 15
[504] Ackermann 1976: 15
[505] Riederwald 1988: 39
[506] Ginnheimer Wäldchen 1982: 2
[507] Abschrift eines Schreibens an den amtierenden Bürgermeister der Stadt Frankfurt/M., 31. Mai 1945 (Archiv der Stadtgruppe Frankfurt der Kleingärtner e.V.)
[508] Sossenheim 1970: 43
[509] Eschersheim 1968: 12f.
[510] vgl. Westpark 1987: o.S.
[511] Bockenheim 1978: o.S.
[512] Waldfried 1985: o.S.
[513] vgl. Westpark 1987: o.S.
[514] hg. 1990: 251
[515] Anonym 1988: 196
[516] Steinhauer/Kurzidim 1990: 26f.
[517] Stadt Frankfurt am Main, Stadtverordneten-Versammlung vom 14.11.1991, GrünGürtel-Verfassung
[518] Luppe 1911, zit. nach Hans 1913: 350
[519] Garten- und Friedhofsamt, Stadt Frankfurt am Main 1989: 12f.
[520] vgl. Gröning/Wolschke-Bulmahn 1992
[521] Garten- und Friedhofsamt, Stadt Frankfurt am Main 1989: 27
[522] Koenigs 1991: 36
[523] Presse- und Informationsdienst 1965
[524] Anonym 1991
[525] Koenigs 1991: 33

16. Ortsverzeichnis

17. Namensverzeichnis

18. Verzeichnis der Vereine, Verbände und Gesellschaften

19. Liste der der Stadtgruppe Frankfurt am Main der Kleingärtner angehörenden 110 Vereine (Stand 1995)

Ackermann e.V.
Am Brünnchen e.V.
Am Bügel e.V.
Am Hochwald e.V.
Am Kastanienwald e.V.
Am Marbachweg e.V.
Am Mühlgarten e.V.
Am Ochsengraben e.V.
Am Schönhof e.V.
Am Schreberweg e.V.
Am Wiesenweg Nied e.V.
An der Flensburger Straße e.V.
An der Wolfsweide e.V.

Bergen Enkheim e.V.
Biegwald e.V.
Bockenheim e.V.
Bonames e.V.
Bonifatiusbrunnen e.V.
Bornheimer Hang e.V.
Brühlwiese e.V.
Buchenhau e.V.
Buchhang e.V.

Cronberger e.V.

Eckenheim e.V.
Einigkeit e.V.
Enkheimer Wald e.V.
Erbbaublock e.V.
Eschborn e.V.
Eschersheim e.V.

Fechenheim e.V.
Feldbergblick e.V.
Flughafen e.V.
Frankfurt Süd e.V.
Freundschaft e.V.
Fuchstanz e.V.

Gartenfreunde 1947 e.V.
Gartenfreunde Fechenheim e.V.
Gartenfreunde Raunheim e.V.
Ginnheim e.V.
Ginnheimer Höhe e.V.
Ginnheimer Wäldchen e.V.
Gneisenau e.V.
Goldstein e.V.
Griesheim 1888 e.V.
Griesheimer Kirchpfad e.V.
Günthersburg e.V.
Gutleut e.V.

Häuserwiese e.V.
Hattersheim-Eddersheim e.V.
Hausen e.V.
Heddernheim e.V.
Heilsberg e.V.
Höchst e.V.

Idylle Zeilsheim

Kriegsopfer Bockenheim e.V.
Kriftel e.V.
Kuhwald e.V.

Lohrberg e.V.
Louisa e.V.

Mainperle e.V.
Mainwasen e.V.
Miquel e.V.

Nardholz e.V.
Neuland Eschborn e.V.
Niddatal e.V.
Nidda-Ufer e.V.
Nieder-Erlenbach e.V.
Nieder-Eschbach e.V.
Niederhöchstadt e.V.
Niederrad e.V.
Nordend e.V.
Nord-Ost e.V.
Nordweststadt e.V.

Oberrad e.V.
Ornberg e.V.
Ostend e.V.

Pfingstweide e.V.
Praunheim e.V.

Rebstock e.V.
Reifenberger e.V.
Riederwald e.V.
Rödelheim 1895 e.V.
Rödelheim 1919 e.V.
Römerhof e.V.
Rohrwiese Schwalbach e.V.
Rollfeld e.V.
Rosisten e.V.
Rothwiese e.V.

Schwanheim e.V.
Schwarzbach e.V.
Selbsthilfe e.V.
Sindlingen e.V.
Sossenheim e.V.
St. Gallus e.V.
Süd-West e.V.

Tannenwald e.V.
„Taunus" Sulzbach e.V.
Taunusblick e.V.
Taunusgärten e.V.
Teutonenweg e.V.

Unterliederbach e.V.

Waldeck e.V.
Waldfried e.V.
Westend e.V.
Westhausen e.V.
Westpark e.V.

Ziegelhütte e.V.
Zu den drei Brunnen e.V.
Zur alten Scheune e.V.

20. Erfolge im Bundes-Wettbewerb ‚Gärten im Städtebau'

Teilnahme an Wettbewerben 1965, 1984, 1987, 1990

Ergebnisse:

1965: Stadt Frankfurt am Main
1. Preis
in der Gruppe der Städte über 200.000 Einwohner für vorbildliche Leistungen bei der Pflege und Ausgestaltung ihrer kleingärtnerischen Anlagen

1984: Goldplakette für
- Stadt Frankfurt am Main
- Stadtgruppe Frankfurt der Kleingärtner e.V.
- Kleingartenanlage Starkenburg des Kleingärtnervereins Fechenheim e.V.
- Kleingartenanlage IV Niedwiesenstraße des Kleingärtnervereins Am Marbachweg e.V.
- Kleingartenanlage II Häusergasse des Kleingärtnervereins Nordend e.V.

1987: Goldplakette für
- Stadt Frankfurt am Main
- Stadtgruppe Frankfurt der Kleingärtner e.V.
- Kleingärtnerverein Schwarzbach e.V.

1990: Goldplakette für
- Stadt Frankfurt am Main
- Stadtgruppe Frankfurt der Kleingärtner e.V.
- Kleingärtnerverein Nordend e.V.

(nachfolgend fand kein weiterer Wettbewerb statt)

21. Planungsrechtliche Sicherung von Kleingartenanlagen
Sachstand Mai 1995

Gesamtzahl Kleingartenanlagen		223
davon planungsrechtlich gesichert	98	
nicht gesichert	125	
davon Bebauungsplan-Verfahren eingeleitet	51	
künftig entfallend (lt. Flächennutzungsplan des Umlandverbandes Frankfurt am Main)	8	
Bebauungsplan-Verfahren noch einzuleiten	66	

(nach Angaben des Garten- und Friedhofsamtes)

Zu den Autoren

Gert Gröning, Univ. Prof. Dr. rer. hort. habil.; Jahrgang 1944; Hochschullehrer an der Hochschule der Künste Berlin, Fachbereich Architektur, Fachgebiet Gartenkultur und Freiraumentwicklung; 1973–74 Beatrix-Farrand-Stipendium, University of California/Berkeley; Peter-Joseph-Lenné-Preis Berlin 1975; Wilhelm-Naulin-Plakette 1988; Fellow, Center for Studies in Landscape Architecture, Dumbarton Oaks, Washington, D.C., Harvard University 1994/95; Herausgeber der Reihe ‚Arbeiten zur sozialwissenschaftlich orientierten Freiraumplanung' zusammen mit Ulfert Herlyn; Zusammenarbeit mit Joachim Wolschke-Bulmahn in der Arbeitsgruppe Gartenkultur; Arbeitsschwerpunkte: Geschichte der Gartenkultur, sozialwissenschaftliche Aspekte der Freiraumplanung.

Joachim Wolschke-Bulmahn, Dr.-Ing.; Jahrgang 1952; Director, Center for Studies in Landscape Architecture, Dumbarton Oaks, Harvard University, Washington D. C.; Studium der Landespflege an der Universität Hannover; 1981–82 Tätigkeit in einem Planungsbüro in Ahrensburg; 1983–1991 Forschungstätigkeit an der Universität Hannover und an der Hochschule der Künste Berlin; Peter-Joseph-Lenné-Preis 1985/86; 1989–90 Forschungsstipendium an der Abteilung Studies in Landscape Architecture/Dumbarton Oaks; Zusammenarbeit mit Gert Gröning in der Arbeitsgruppe Gartenkultur; Arbeitsschwerpunkte:Geschichte der Gartenkultur, sozialwissenschaftliche Aspekte der Freiraumplanung.

Die Redaktion besorgte Frank Blecken.

Dem Frankfurter Geschichtsverein sei gedankt für Aufnahme in seine Studienreihe. Der Druck wurde ermöglicht durch freundliche Unterstützung der Frankfurter Historischen Kommission, ferner durch von Dieter Steinhauer eingeworbene Spenden von:

Mannesmann Anlagenbau AG, Frankfurt a. M.
Ingenieurgesellschaft Kruck GmbH, Frankfurt a. M.
Architekturbüro Franzke/Mäckler, Frankfurt a. M.
Architekturbüro J. S. K. Perkins & Will, Frankfurt a. M.
Kessler & Luch GmbH, Giessen
Minimax GmbH, Bad Oldesloe
Höwa Feuerschutz GmbH, Freigericht
Pettersson und Ahrens, Ober-Mörlen
Ingenieurbüro Gerrath und Enk GmbH, Frankfurt a. M.

ABB Fläckt GmbH, Butzbach
Stöbich Brandschutz GmbH, Goslar
Securitas-Kleingarten-Versicherungsdienst, Köln
BHF-Bank, Frankfurt a. M.
Binding Brauerei AG, Frankfurt a. M.
Frankfurter Neue Presse, Frankfurt a. M.
Druck- und Verlagshaus Frankfurt am Main GmbH, Frankfurt a. M.
Miki Reisen GmbH, Frankfurt a. M.
W. Neudorff GmbH KG, Emmerthal
Warning Garten- und Landschaftsbau, Maintal-Bischofsheim
3 S-Gartenlauben, Mörfelden